LA TENSIÓN ENTRE EL PRINCIPIO DE LAICIDAD Y EL DEBER DE PROTEGER EL PATRIMONIO CULTURAL RELIGIOSO
ANÁLISIS DEL CASO COLOMBIANO

SERGIO ALEJANDRO
FERNÁNDEZ PARRA

LA TENSIÓN ENTRE EL PRINCIPIO DE LAICIDAD Y EL DEBER DE PROTEGER EL PATRIMONIO CULTURAL RELIGIOSO
ANÁLISIS DEL CASO COLOMBIANO

UNIVERSIDAD EXTERNADO DE COLOMBIA

Fernández Parra, Sergio Alejandro

La tensión entre el principio de laicidad y el deber de proteger el patrimonio cultural religioso : análisis del caso colombiano / Sergio Alejandro Fernández Parra. -- Bogotá : Universidad Externado de Colombia. 2022.
400 páginas ; 24 cm.

Incluye referencias bibliográficas (páginas 373-400)

ISBN: 9789587908213 (impreso)

1. Libertad religiosa -- Aspectos constitucionales – Colombia 2. Libertad de conciencia -- Aspectos jurídicos – Colombia 3. Laicismo -- Aspectos constitucionales – Colombia 4. Patrimonio cultural -- Aspectos jurídicos -- Colombia I. Universidad Externado de Colombia II. Título

342.22   SCDD 15

Catalogación en la fuente -- Universidad Externado de Colombia. Biblioteca. Área de Procesos Técnicos.
abril de 2022

ISBN 978-958-790-821-3

© 2022, SERGIO ALEJANDRO FERNÁNDEZ PARRA
© 2022, UNIVERSIDAD EXTERNADO DE COLOMBIA
Calle 12 n.º 1-17 Este, Bogotá
Teléfono (57-1) 342 02 88
publicaciones@uexternado.edu.co
www.uexternado.edu.co

Primera edición: abril del 2022

Imagen de cubierta: *La crucifixion*, por Pablo Picasso, 1930, cubismo surrealista, óleo sobre lienzo, 50 x 65,5 cm., Museo de Picasso París
Diseño de cubierta: Departamento de Publicaciones
Corrección de estilo: Alfonso Mora Jaime
Composición: Karina Betancur Olmos
Impresión y encuadernación: Xpress Estudio Gráfico y Digital S.A.S. - Xpress Kimpres
Tiraje: de 1 a 1.000 ejemplares

Impreso en Colombia
Printed in Colombia

BIC	Bien de interés cultural
CE	Constitución Española de 1978
CP	Constitución Política de Colombia de 1991
DESC	Derechos económicos, sociales y culturales
ICANH	Instituto Colombiano de Antropología e Historia
PEMP	Plan Especial de Manejo y Protección
PES	Plan Especial de Salvaguardia
PIDCP	Pacto Internacional de Derechos Civiles y Políticos
PIDESC	Pacto Internacional de Derechos Económicos, Sociales y Culturales
Unesco	Organización de las Naciones Unidas para la Educación, la Ciencia y la Cultura

Las relaciones entre el Estado y las confesiones religiosas están muy presentes en el constitucionalismo moderno, ya sea para articular un sistema que garantice de forma efectiva el ejercicio del derecho a la libertad de pensamiento, conciencia y religión, ya sea para salvaguardar el principio de laicidad –entendido en clave de neutralidad ideológica y religiosa de los poderes públicos, y de la separación entre la ética pública y la ética privada–, ya sea para legitimar un modelo político en el cual el Estado coopere con las confesiones religiosas, cuando esté en peligro el ejercicio del derecho de libertad religiosa de los individuos.

En este terreno debe contextualizarse la investigación realizada por Sergio Alejandro Fernández Parra, que analiza la tensión entre el principio de laicidad y el deber de proteger el patrimonio cultural religioso. Se trata de un trabajo muy serio y riguroso que, si bien se circunscribe al contexto colombiano en el apartado de la propuesta de soluciones de *lege ferenda*, utiliza como punto de partida la teoría general del derecho en el ámbito de los derechos y libertades fundamentales. En concreto, la obra bascula sobre la garantía de un elenco de derechos reconocidos en los principales tratados de derechos humanos, entre los que se destacan: la libertad de pensamiento, conciencia y religión, la creación artística, el acceso a la cultura y la protección del patrimonio cultural.

La realización de una investigación de las características señaladas requiere, en la medida en que se quiera realizar un análisis que agote la materia, el estudio del ordenamiento jurídico desde una perspectiva transversal y multidisciplinar; pues tanto la doctrina como la legislación y la jurisprudencia sobre la materia requieren sumergirse en diversas ramas jurídicas del Derecho público, como el Derecho constitucional, el Derecho administrativo, el Derecho eclesiástico del Estado y el Derecho tributario, entre otras materias. Desde la perspectiva de las fuentes utilizadas, este ha sido el complejo reto al que se ha enfrentado el profesor Fernández Parra con solvencia y rigor científico.

Las principales señas de identidad del modelo colombiano de relaciones entre el Estado y las confesiones religiosas son las siguientes. Por una parte, la ausencia de una declaración expresa de laicidad en la Constitución colombiana ha obligado a la Corte Constitucional a elaborar una compleja jurisprudencia que, tomando como punto de partida la ausencia de una declaración de confesionalidad, ha deducido de la letra del texto constitucional el principio de laicidad de los poderes públicos. Por otra, el ordenamiento jurídico colombiano valora positivamente el fenómeno religioso, lo cual se ha traducido en la cooperación del Estado con las confesiones religiosas, habilitada por el Concordato de 1973 y el Convenio Interno de Derecho Público Interno n.º 1 de 1998, suscrito entre el Estado colombiano y algunas organizaciones religiosas cristianas no católicas. Y, por último, tomando como punto de partida que la Iglesia católica disfruta de un régimen privilegiado, el ordenamiento jurídico ha venido reconociendo los privilegios de los que disfruta la principal institución religiosa del país frente al resto de las confesiones religiosas. Lo anterior supone que Colombia se conforma como un modelo pluriconfesional, dado que un conjunto de confesiones religiosas disfruta de un tratamiento privilegiado por parte de los poderes públicos, que de esta manera dejan de ser neutrales.

Aquí se localiza el talón de Aquiles del modelo colombiano de relaciones entre el Estado y las confesiones religiosas, pues, como argumenta el profesor Fernández Parra, la Corte Constitucional debería haber declarado inconstitucionales los privilegios de los que disfruta la Iglesia católica, al lesionar el principio de igualdad y no discriminación por motivos religiosos. Sin embargo, el alto tribunal, lejos de eliminar los supuestos de discriminación, ha interpretado el principio de igualdad extendiendo los privilegios de lo que inicialmente solo disfrutaba la Iglesia católica al resto de las confesiones religiosas, y especialmente en el terreno de las exenciones tributarias. De esta manera, se profundiza en la lesión del principio de laicidad, ya que el Estado incumple en mayor medida su obligación de ser religiosamente neutral, y discrimina entre sus ciudadanos en función de que estos tengan —o no— unas u otras creencias o convicciones.

Desde la perspectiva del principio de laicidad, la labor obligada de conservación del patrimonio cultural religioso debería tener una doble lectura. Primero, los poderes públicos no pueden discriminar —negativa o positivamente— a las confesiones religiosas en este ámbito, y estas deben someterse al Derecho común al igual que las organizaciones no religiosas titulares de patrimonio cultural. Y, segundo, el Estado puede financiar la conservación del patrimonio cultural de las confesiones religiosas sin temor a lesionar el principio de laicidad, siempre que la labor de promoción y conservación desplegada por los poderes públicos se dirija exclusivamente a la faceta cultural del patrimonio, con independencia de cuál sea su naturaleza o valor para una determinada comunidad religiosa. En otras palabras, el hecho de que los poderes públicos cooperen con las confesiones religiosas para conservar su patrimonio histórico y artístico no tiene por qué ser lesivo *per se* con el principio de laicidad.

De acuerdo con este planteamiento, el autor defiende la tesis de que, salvo por motivos de carácter netamente cultural, la regla general debe ser la ausencia de símbolos de naturaleza religiosa en los espacios tutelados por los poderes públicos, así como evitar que los poderes y las instituciones públicas puedan identificarse con símbolos diferentes a los símbolos nacionales.

El derecho a la cultura se conforma como un derecho fundamental en el ordenamiento jurídico colombiano, lo cual exige un especial deber de actuación de los poderes públicos, tanto en el ámbito de la conservación del patrimonio declarado de interés cultural, con independencia de que su propietario sea una organización religiosa, como para permitir que los individuos disfruten de dicho patrimonio.

En Colombia, la Iglesia católica ha desempeñado tanto históricamente como en la actualidad un papel relevante en los contextos religioso, social y político. La llegada de los conquistadores españoles a América se tradujo en la imposición de la tradición cultural española, que en aquel momento era netamente católica. Esta situación se ha visto fuertemente reflejada en la arquitectura del país, cuyos lugares de culto más antiguos son católicos, y se ha plasmado en la tradición y la cultura colombiana, así como en números objetos muebles con un fuerte componente mixto religioso y cultural. La conservación del patrimonio de la Iglesia católica, en la medida en que tiene valor histórico y artístico, es necesaria para conservar la cultura del país, pues en muchos casos, aunque se trata de bienes muebles o inmuebles que sirven de cauce para el ejercicio del derecho de libertad religiosa, estos tienen una serie de connotaciones históricas y artísticas que le dotan de un significado cultural secular de especial relevancia para un sector importante de la población colombiana.

Las fronteras entre la cultura, el arte y las manifestaciones religiosas son a veces muy difíciles de establecer, especialmente cuando concurren una serie de factores. En ocasiones los elementos referidos están conectados a través de una historia común y se vinculan de manera indisoluble, al formar parte de un todo que tiene un significado autónomo e independiente a los elementos que lo integran. Por ejemplo, un retablo colocado en una Iglesia es una manifestación tanto artística y cultural como religiosa, quedando en el terreno de la subjetividad individual la decisión de cuál de las facetas mencionadas es más relevante, pero el retablo puede ser interpretado y valorado, bien como una pieza única con sus connotaciones artísticas, religiosas y culturales, bien desde solo una de las manifestaciones referidas.

Así mismo, en clave netamente histórica, tradicionalmente se han creado fuertes vínculos entre la religión, el arte y la cultura, de un mismo país; de forma que en ocasiones se hace extremadamente difícil apreciar la cultura o el arte adecuadamente sin conocer cuál es la tradición religiosa que ha permeado esos valores durante siglos en un mismo contexto geográfico o país. Y, por último, la cultura, el arte y la religión se conforman, desde la perspectiva netamente jurídica, como manifestaciones de un conjunto de derechos y libertades fundamentales, que les confieren, tanto de forma individual como conjunta, una especial protección.

Uno de los principales debates que existen respecto del patrimonio declarado cultural que es propiedad de las confesiones religiosas es la financiación de su conservación. Las cuestiones que surgen en este contexto son numerosas. Por su complejidad, se destacan las siguientes: ¿es coherente con el principio de laicidad que los poderes públicos financien la conservación del patrimonio histórico y artístico de las confesiones religiosas?; en caso de que la respuesta anterior sea positiva, ¿cómo se articula la financiación?, ¿mediante ayudas económicas directas?, ¿mediante deducciones fiscales?, ¿las ayudas deben cubrir todo o parte del importe necesario para la conservación?; desde la perspectiva de las organizaciones religiosas, ¿qué obligaciones deben asumir estas a cambio de recibir las ayudas públicas?, ¿pueden impedir el acceso o disfrute de su patrimonio histórico y artístico a las personas que no practiquen su fe?; y, por último, ¿cómo se articula un sistema de rendición de cuentas adecuado en este terreno?

En la misma línea se plantea el debate sobre el papel que deben desempeñar los poderes públicos respecto al patrimonio cultural inmaterial de las confesiones religiosas, en la medida en que dicho patrimonio sea objeto de un tratamiento diferenciado y privilegiado por parte de los poderes públicos, y su fomento y promoción pueda poner en peligro los principios de neutralidad religiosa y de separación entre el Estado y las confesiones religiosas.

Estas son solo algunas de las cuestiones a las que el profesor Fernández Parra da respuesta en su magnífica monografía, conectando su investigación con los problemas reales y en ocasiones sin resolver adecuadamente desde la perspectiva jurídica, presentes en el ordenamiento jurídico colombiano.

Como telón de fondo de los debates aludidos es necesario tener en cuenta dos ingredientes del modelo colombiano de relaciones entre el Estado y las confesiones religiosas, que están presentes en otros ordenamientos jurídicos, como ocurre con el modelo español. En primer lugar, el sistema permite una excesiva falta de transparencia de las políticas públicas en este ámbito. Y, en segundo lugar, pero íntimamente conectado con el planteamiento anterior, está la posición de los poderes públicos cuando un solo operador, habitualmente la Iglesia católica, monopoliza tanto la propiedad del patrimonio cultural como la percepción de ayudas en este contexto; de forma que esta institución es la principal —y en ocasiones la única— beneficiaria de labor de fomento y promoción cultural realizada por los poderes públicos.

El principio de laicidad es la coordenada a partir de la cual el profesor Fernández Parra tamiza el ordenamiento jurídico colombiano. La conexión entre la laicidad y el derecho a la libertad de conciencia es interpretada, en la línea de los principales tratados y declaraciones internacionales sobre derechos humanos, como el derecho la igualdad en el ejercicio y titularidad de la libertad de creencias y convicciones, sin que nadie pueda ser discriminado –o privilegiado– por tener unas u otras creencias o convicciones.

El papel de la Corte Constitucional, en cuanto intérprete de la carta magna, es determinante para asegurar que los poderes públicos sean respetuosos con el principio de laicidad. Sin embargo, como se pone de manifiesto en reiteradas ocasiones a lo largo de la obra, el alto tribunal ha interpretado que el principio de igualdad y no discriminación requiere la extensión de privilegios de los que goza la Iglesia católica a las demás confesiones religiosas. De forma que, a partir de un teórico modelo laico, el modelo colombiano ha evolucionado a un modelo pluriconfesional.

El último estadio de la evolución de la jurisprudencia la Corte Constitucional lo encontramos en la interpretación de la Corte Constitucional del denominado "*Lemon test* criollo", pues, como señala Fernández Parra en sus conclusiones, "la finalidad del *Lemon test* criollo es evaluar cuándo las medidas estatales –administrativas o legislativas– vulneran el carácter laico del Estado. Y aunque la mayoría de los puntos que contiene la prueba apunta al respeto de los deberes de separación y neutralidad, el sexto criterio desnaturaliza la prueba. En efecto, el sexto criterio del *Lemon test* criollo permite la adopción de medidas estatales con justificaciones o motivaciones religiosas, siempre y cuando vayan acompañadas de una justificación o motivación secular".

Esta línea jurisprudencial se ha trasladado en gran medida al debate sobre la conservación del patrimonio cultural de titularidad religiosa, agudizándose la crisis del sistema por el elevado grado de discrecionalidad del que disponen los poderes públicos para determinar que bienes deben someterse al régimen de protección cultural. Así mismo, el profesor Fernández Parra denuncia el hecho de que si bien hasta ahora casi todos los bienes declarados patrimonio cultural son propiedad de la Iglesia católica, el carácter pluriconfesional del modelo colombiano permitiría en el medio / largo plazo que a discrecionalidad del régimen aludido fuese aplicado en iguales términos al resto de las confesiones religiosas.

Para finalizar, me gustaría resaltar la calidad global que tiene la monografía, así como la relevancia y complejidad de la temática analizada en ella. Sin lugar a duda, la obra y su autor ilustran las bondades del sistema de ayudas destinadas a la captación de talento y formación de doctores. La investigación que ahora se publica, y que tengo el privilegio de prologar, pudo realizarse gracias al apoyo de la Universidad Externado de Colombia y la Fundación Carolina, en el prestigioso programa de Doctorado en Derecho de la Universidad Carlos III de Madrid.

Sergio Alejandro Fernández Parra, tal y como atestiguan su brillante trayectoria académica y la excelencia y el rigor académico de su investigación, pertenece a una generación de jóvenes investigadores, que está llamada a tomar el relevo de sus maestros en el medio plazo, así como a liderar líneas y proyectos de investigación interdisciplinares y novedosos, cuyos resultados contribuirán a redefinir el papel del ordenamiento jurídico y sus operadores. Por todo ello, la Universidad Carlos III de Madrid y la Universidad Externado de Colombia deben sentirse orgullosas por haber incorporado al doctor Fernández Parra a sus respectivos claustros.

Óscar Celador Angón
Catedrático de Derecho Eclesiástico del Estado,
Universidad Carlos III de Madrid.
En Getafe, a 12 de octubre de 2021

Esta obra es fruto de la investigación académica que realicé, durante los años 2016 a 2021, para obtener el título de doctor de la Universidad Carlos III de Madrid. Mi estancia en España fue posible gracias al apoyo de la Universidad Externado de Colombia y la Fundación Carolina. Quiero en este espacio empezar por resaltar la importante labor que realiza la Universidad Externado, con un programa de ayudas económicas para la investigación mucho más amplio que las becas que ofrece el Estado colombiano. Este programa de estímulos ha permitido que varias generaciones puedan realizar estudios de posgrado en importantes universidades extranjeras. El programa ha dado importantes frutos como, por ejemplo, la publicación de rigurosos trabajos académicos que han contribuido significativamente al desarrollo de la ciencia jurídica en Colombia. Espero con este libro poder realizar algún aporte al desarrollo y la consolidación del Estado laico en el país, y así retribuir la confianza depositada por la Universidad al otorgarme la beca que me permitió realizar la presente investigación.

Desde mi ingreso al Departamento de Derecho Constitucional de la Universidad Externado de Colombia, en el año 2009, he contado con el apoyo de todos los miembros de esa unidad académica, quienes siempre han estado dispuestos a orientarme en las dudas jurídicas y apoyarme en los proyectos de investigación que he emprendido. Quiero agradecer a todos ellos y a todas ellas por su generosidad. De manera especial agradezco a los siguientes profesores y profesoras, que han sido fundamentales en mi proceso de formación: Néstor Osuna Patiño, Magdalena Correa Henao, Alfonso Palacios Torres, Héctor Santaella Quintero, Pedro Pablo Vanegas Gil, Lina Malagón Penen, Yolanda Sierra León, Jorge Ernesto Roa y Fabio Estrada Valencia.

Me vinculé al Departamento de Derecho Constitucional de la Universidad Externado como monitor cuando el profesor Néstor Osuna Patiño dirigía, de manera acertada, esa unidad académica. Desde ese momento he contado con la fortuna de tener como guía académico al profesor Osuna Patiño, un extraordinario jurista, constitucionalista excelso, y sobre todo una gran persona. Debo reconocer que descubrí mi vocación por la investigación jurídica gracias a las innumerables y productivas horas que Néstor dedicaba a orientar a los monitores que ingresábamos al departamento. Precisamente, el antecedente remoto de este libro es el trabajo de grado que realicé bajo su tutoría en el año 2012. Con posterioridad, he tenido la suerte de seguir contando con su generosidad intelectual y sus orientaciones académicas. Muchos de los argumentos e ideas que defiendo en este trabajo son fruto de las reflexiones que he realizado después de las conversaciones con las que él me ha honrado y de las lecturas que me ha recomendado.

Para realizar mis estudios de doctorado también conté con el apoyo financiero de la Fundación Carolina. La destacable labor de cooperación internacional que realiza esta agencia para unir a España con Latinoamérica ha permitido que varios jóvenes crucemos el Atlántico para adelantar estudios de maestría y doctorado en la península ibérica. Sin duda alguna, una de las cosas más fructíferas de mi doctorado fue haber podido vivir en España, enriquecerme con su amplia cultura y constatar todos los lazos que nos unen.

Mi proceso de formación académica, que inició en la Universidad Externado de Colombia, continuó en la Universidad Carlos III de Madrid. En esa institución universitaria conocí al profesor Óscar Celador Angón, catedrático de Derecho Eclesiástico del Estado. Tuve la oportunidad de conocer a Óscar en las clases del Máster de Derecho Público que realicé en el periodo académico 2016-2017. Después de finalizar las clases, no dudé en solicitarle que fuera el tutor de mi trabajo de fin de máster. Durante la elaboración de este, pude ser testigo de primera mano de su rigurosidad académica, de su generosidad intelectual y de su respeto por la libertad de investigación de sus pupilos. Lo anterior me llevó a solicitarle que guiara el trabajo de investigación que formalmente termina con la publicación de este libro. Óscar, además de ser un gran guía académico, se convirtió en uno de esos profesores que uno quiere tomar como referente por su claridad intelectual y compromiso con sus discentes. Si este trabajo logra tener acierto alguno es sin duda gracias a la excelente labor que él realizó. Por supuesto, los errores y desaciertos son consecuencia de que el pupilo no pudo comprender con exactitud las orientaciones del maestro.

En este espacio quiero rememorar el año 2016, año en que las personas andaban sin tapabocas y estornudaban impunemente en las calles. En ese año llegué a España y a la Universidad Carlos III de Madrid. En ese entonces no conocía a nadie en el país que se convertiría en mi segunda casa, solo tenía algunos referentes académicos que previamente había leído, como el profesor Dionisio Llamazares Fernández y el rector Gregorio Peces-Barba. Por ende, sin duda alguna, lo más valioso de los cinco años que pasé en la península ibérica son los amigos que la vida universitaria me puso en el camino. En las diferentes clases, seminarios y simposios que realiza mi casa de estudios madrileña tuve la oportunidad de conocer a varios jóvenes investigadores que aportaron mucho en mi proceso de formación académica y que con el paso del tiempo ser convirtieron en grandes amigos. En consecuencia, quiero agradecer a Jesús Ignacio Delgado Rojas, Juan José Janampa Almora, Elena María Escobar Arbeláez, Carolina Reina Martínez, Cástulo Fernando Cisneros Trujillo, Juan David Aponte, Diego Chacón Wilche, Pamela Tenorio Calvo, Cristian Montero Cartes, Lina Fernanda Restrepo, David García, Luis Felipe Guzmán, Digno Montalván,

Germán Arenas Arias y Rubén García Higuera por haberme acompañado en esta etapa de mi vida y por los diferentes aportes, que ayudaron a consolidar mis ideas y sobre todo mis dudas, que son las más importantes en la labor de investigación. En similar sentido, tengo una deuda enorme con los profesores de la Universidad Carlos III de Madrid, Óscar Pérez de la Fuente, Mª Cruz Llamazares Calzadilla y Eusebio Fernández García. Ellos me recomendaron innumerables lecturas que ayudaron a reforzar algunas ideas y repensar otras. A ellos, y a ella, muchas gracias por el tiempo que dedicaron a orientar a un alumno que no era formalmente su discípulo, pero que materialmente siempre lo será.

Mención aparte merecen los profesores de la Universidad de Guadalajara (México) Luis Corona Macías y de la Universidad Externado de Colombia, Juan David Ubajoa Osso. Además de ser mis compañeros de piso en los años que viví en Madrid, las innumerables discusiones y charlas con ellos me permitieron depurar y afianzar muchas de las ideas que se defienden en este trabajo. Quiero agradecerles por siempre estar dispuestos a escuchar mis argumentos, para luego señalar qué puntos compartían y las razones por las que diferían. A ellos muchas gracias por su amistad y apoyo incondicional en esta bonita y exigente etapa de mi vida, que está acabando juntamente con la publicación de este libro.

Por último, y por supuesto más importante, dedico este libro a mi familia (Ana Lucía Parra Ortega, Carolina Fernández Parra, Juan José Ninco Fernández) y a mis amigos de toda la vida (Diego Gómez, Cristian Rovis, Yureny Sánchez, Marcela Ossa y Andrés Felipe Muñoz). De verdad, espero que esta dedicatoria contribuya a reparar en algo todos los años que tuve que estar ausente y dedicado de tiempo completo a preparar este trabajo. La dedicatoria también es para Germán Fernández, mi padre, pues mientras yo viva, él no se convertirá en el olvido que algún día todos seremos.

Las comunidades y los pueblos que vivieron durante el período precolombino en el territorio que hoy conforma el Estado colombiano eran de diferentes familias lingüísticas, con tradiciones y creencias heterogéneas. El territorio habitado por múltiples grupos culturales se transformó, con la conquista y la colonización, en un lugar con una sociedad mayoritaria que tenía un solo dios (el cristiano) y una única religión (católica). España impuso su dios, su Iglesia y un número importante de sus costumbres en las poblaciones que pasaron a conformar sus colonias en América. El paso del tiempo y el mestizaje racial crearon las condiciones para que el dios y las tradiciones españolas pasaran a formar parte de la cultura mayoritaria de la población de los nuevos territorios. Uno de los rasgos identitarios más importantes adoptados en este periodo fueron la fe católica y las tradiciones propias del catolicismo[1].

El arraigo y la fuerza de la Iglesia católica explican la razón por la que los Estados iberoamericanos, en general, y Colombia, en particular, construyeron su identidad como naciones católicas. Esta organización religiosa estaba tan arraigada en el siglo XIX que el proceso de independencia y el surgimiento de los

---

[1] Bushnell (2004) apunta los siguientes datos que reflejan la importancia que tenía la Iglesia católica en la Colonia: "La Iglesia desempeñaba un importante papel mediador entre el Estado y la sociedad hispánica y las comunidades indígenas de los altiplanos andinos, que habían sido cristianizadas, al menos superficialmente, poco después de la Conquista. Se ocupó menos de la población de esclavos africanos, aunque el misionero catalán Pedro Claver fue canonizado por su trabajo con los recién llegados a Cartagena. Finalmente, a las comunidades españolas y mestizas la Iglesia católica no sólo les suministraba atención religiosa, sino también la mayoría de los servicios sociales disponibles en la época, incluida la educación. Para cumplir con sus funciones, la Iglesia mantenía un clero que, al final de la era colonial, contaba con cerca de 1.850 hombres y mujeres, entre regulares y seglares. Para una población total de 1.400.000 habitantes, esto significaba aproximadamente un miembro del clero para cada 750 personas, proporción mucho mayor que la que existe hoy en cualquier país de América Latina. No obstante, se presentaba una relativa concentración de miembros del clero de todo tipo en Bogotá, Popayán y otros pocos centros urbanos. El clero no solamente era numeroso con referencia a las estadísticas actuales. También era relativamente rico, pues percibía ingresos por derechos parroquiales y diezmos (requeridos no solamente por la ley eclesiástica sino también por la civil) y disfrutaba de los beneficios de extensas propiedades que había adquirido a través de donaciones e inversiones. Es difícil calcular con precisión el grado de riqueza del clero. Sin lugar a dudas, era menor de lo que los anticlericales del siglo XIX proclamaron para justificar sus ataques a las propiedades eclesiásticas. La Iglesia bien podría haber poseído cerca de un cuarto del total de las propiedades urbanas de Bogotá; pero tal vez es más acertado estimar que era la dueña del 5% del total de propiedades urbanas y rurales (excluida la vasta extensión de dominios públicos no reclamados). Aun así, la Iglesia, como principal propietario urbano y rural, no tenía rivales. Además, buena parte de las tierras que no le pertenecían directamente estaban hipotecadas a ella a través de gravámenes aceptados como pago de préstamos –puesto que las instituciones de la Iglesia eran así mismas las principales entidades crediticias– o como apoyo voluntario a dotaciones y obras piadosas" (pp. 40-41).

Estados independientes no alteró la hegemonía de la Iglesia católica, debido a que la mayoría de las personas que participaron en el proceso de emancipación americana no se oponía a los privilegios de la Iglesia católica. Como muestran diferentes historiadores, una de las pretensiones de los padres fundadores de las naciones latinoamericanas era el traslado de los privilegios que tenía la monarquía española en materia religiosa (patronato regio) a las nuevas repúblicas (patronato republicano)[2]. El proceso de independencia americano fue un movimiento de liberación política y militar, pero no cultural ni mucho menos religioso[3].

En el Estado que sustituyó al Virreinato de la Nueva Granada (actual República de Colombia)[4] surgieron muchas disputas políticas sobre la forma de gobierno que se debía adoptar y los principios políticos básicos que debían regir: centralismo o federalismo, mercantilismo o proteccionismo, sufragio universal o censitario. De hecho, en el siglo XIX existió un movimiento político (liberalismo radical) que pretendió limitar los privilegios políticos de los que

---

2   Sobre este punto, Prieto Martínez (2019) apunta: "Durante este periodo [independencia y primeros años de vida republicana] no se puso nunca en duda la continuidad del régimen de Patronato. Se discutió si hacía falta la conformación de la Santa Sede a través de un concordato, o si la nueva República, cuya soberanía no podía ser menor que la de la Corona española, era la heredera 'natural' de las prerrogativas de los reyes de España. No obstante, se daba por sentado que el sistema mismo, que contaba con una tradición de siglos, debía continuar" (p. 53). Para un estudio histórico de las diferentes posturas jurídicas y teológicas de la época sobre la continuidad del patronato regio en cabeza de la nueva República, véase a Cavelier Gaviria (1988, pp. 102-111).

3   González González (1987) anota lo siguiente sobre el deseo de continuidad en materia religiosa de las autoridades de la nuevas repúblicas americanas: "La ruptura de la Independencia hispanoamericana significó una oportunidad para replantear las relaciones de la Santa Sede con las nuevas naciones en formación: Roma quiso aprovechar la ocasión para acabar con una situación que consideraba anómala y restablecer los vínculos normales con las iglesias hispanoamericanas. Pero, desde el punto de vista de las nuevas autoridades nacionales esto era considerado como un recorte de las normales prerrogativas heredadas del Estado español: ¿por qué ahora los gobernantes republicanos iban a ser considerados de inferior categoría que los Austria y Borbones, algunos de ellos no muy favorables a la Iglesia? Además, para los nuevos gobernantes republicanos era obvia la necesidad de controlar el inmenso poder político que la Iglesia derivaba del enorme peso social, económico y moral que ejercía en la sociedad" (p. 93).

4   Es importante aclarar que en el siglo XIX el nombre de la actual República de Colombia cambió varias veces entre "Colombia" y "Nueva Granada". Para denominar al Estado en las constituciones de 1832, 1943, 1853 y 1858 se prefirió el apelativo Nueva Granada sobre el de Colombia. Así, por ejemplo, los títulos de las referidas constituciones eran: Constitución Política del Estado de Nueva Granada (1832), Constitución de la República de Nueva Granada (1843) Constitución de la República de Nueva Granada (1853) y Constitución para la Confederación Granadina (1858). Sobre este punto anota Hernández Becerra (2018): "Debido a que la república colombiana se denominó Nueva Granada durante más de un siglo, quizá se ha dificultado a historiadores y comparatistas extranjeros detectar la temprana aparición de la República de Colombia y hacer el seguimiento de su trayectoria en el transcurso del siglo XIX. Resulta explicable esta confusión, por el hecho de que los colombianos de hoy, por entonces se denominaban 'granadinos'" (p. 28).

gozaba la Iglesia católica[5]. Sin embargo, esas disputas no lograron desestabilizar la cultura ni las tradiciones católicas que se habían formado en la Conquista y consolidado en la Colonia. Para ese entonces, ya estaban fuertemente arraigadas en la sociedad las costumbres de la Iglesia católica, pues los colombianos eran en su gran mayoría fervientes seguidores de esa organización religiosa[6].

Esta situación terminó de consolidarse a finales del siglo XIX con la llegada al poder del movimiento conservador de la Regeneración. Ese sector político construyó un proyecto de nación sustentado en dos grandes pilares: la Iglesia católica y la lengua española. Para cumplir tal propósito, los dirigentes políticos de la Regeneración promovieron la expedición de la Constitución Política de 1886. Esta constitución otorgó a la Iglesia católica el carácter de religión de la nación y estableció diversos mecanismos para la consolidación de un proyecto de nación católica[7]. Uno de estos mecanismos fue la entrega de la administración del sistema educativo a la Iglesia católica, puesto que para construir una nación católica era fundamental que los ciudadanos fueran formados según los dogmas de esa organización religiosa[8]. Algunos ejemplos de la unión entre la

---

5 Una de las medidas adoptadas en este periodo para contrarrestar los privilegios de la Iglesia católica fue el reconocimiento del derecho a la libertad religiosa. Con el reconocimiento de este derecho, la Iglesia católica perdió la condición de ser la única organización religiosa permitida en Colombia. Para un estudio detallado de las medidas tomadas para limitar los privilegios de la Iglesia católica durante el periodo del liberalismo radical, véase, entre otros, a González González (1987) y Cavelier Gaviria (1988, pp. 338-470).

6 En la Colonia, y en el siglo XIX, las ideas de la Reforma y el movimiento religioso del protestantismo no serían acogidos, ni muy conocidos, en el territorio que hoy conforma la actual República de Colombia. Este hecho se debió al especial empeño de la Corona española por evitar que esas ideas se conocieran en la península y en los territorios de ultramar. Solo a mediados del pasado siglo ideas religiosas diferentes al catolicismo empezaron a tener una influencia importante en Colombia. Sobre este punto véase, entre otros, a López Michelsen (2006), Beltrán Cely (2019) y Meier (2019).

7 Constitución Política de Colombia de 1886. Artículo 38: "La Religión Católica, Apostólica, Romana, es de la Nación; los Poderes públicos la protegerán y harán que sea respetada como elemento esencial del orden social".

8 Constitución Política de Colombia de 1886. Artículo 41: "La educación pública será organizada y dirigida en concordancia con la Religión Católica. La instrucción primera costeada con fondos públicos será gratuita y no obligatoria".
Ley 35 de 1888. Mediante la cual se aprobó el Concordato celebrado entre la Santa Sede y la República de Colombia en 1887. Artículo 12: "En las universidades y en los colegios, en las escuelas y en los demás centros de enseñanza, la educación é instrucción pública se organizará y dirigirá en conformidad con los dogmas y la moral de la Religión Católica. La enseñanza religiosa será obligatoria en tales centros, y se observarán en ellos las prácticas piadosas de la Religión Católica".
Ley 35 de 1888. Mediante la cual se aprobó el Concordato celebrado entre la Santa Sede y la República de Colombia en 1887. Artículo 13: "Por consiguiente, en dichos centros de enseñanza los respectivos Ordinarios diocesanos, ya por si, ya por medio de delegados especiales, ejercerán el derecho en lo que se refiere a la religión y la moral, de inspección y de revisión de textos. El Arzobispo de Bogotá

Iglesia católica y el Estado colombiano en el siglo pasado fueron: (1) la consagración oficial de Colombia al Sagrado Corazón de Jesús, mediante las leyes 33 de 1927 y 1 de 1952, (2) el establecimiento del calendario laboral del país, en que se reconoció como días de descanso ciertas fechas que coinciden con las principales celebraciones de la Iglesia católica[9].

La longevidad de la Constitución Política de 1886 (105 años) y la estrecha relación en este periodo entre el Estado colombiano y la Iglesia católica llevaron a buen puerto el objetivo de la Regeneración de construir una nación católica[10]. Sobre este punto, Malagón Penen advierte que en términos culturales Colombia puede catalogarse como un país de "catolicidad", en el que la identidad cultural de la nación se construyó de conformidad con los dogmas de esa organización religiosa[11]. Este hecho dio lugar a que la cultura colombiana se haya impregnado de diferentes manifestaciones y bienes que tuvieron origen en los dogmas de la Iglesia católica. Por ejemplo, celebraciones de origen católico como el Festival de San Pedro o la Fiesta de San Pacho adquirieron una connotación popular y festiva tan importante que en ciertas regiones del país estas celebraciones forman parte de la identidad cultural. En similar sentido, algunos edificios de

---

designará los libros que han de servir de texto para religión y la moral en las universidades; y con el fin de asegurar la uniformidad de la enseñanza en las materias indicadas, este Prelado de acuerdo con los otros Ordinarios diocesanos, elegirá los textos para los demás planteles de enseñanza oficial. El Gobierno impedirá que, en el desempeño de asignaturas literarias, científicas y, en general, en todos los ramos de instrucción, se propaguen ideas contrarias al dogma católico y al respeto y veneración debidos a la Iglesia".

Ley 35 de 1888. Mediante la cual se aprobó el Concordato celebrado entre la Santa Sede y la República de Colombia en 1887. Artículo 14: "En el caso de que la enseñanza de la religión y la moral, a pesar de las órdenes y prevenciones del Gobierno, no sea conforme a la doctrina católica, el respectivo Ordinario diocesano podrá retirar a los Profesores ó Maestros la facultad de enseñar tales materias".

9   Al respecto, véase el artículo 1 de la Ley 51 de 1983.

10   Arias Trujillo (2009) resalta de la siguiente manera la importancia de la Iglesia católica en Colombia durante el siglo xx: "Contrariamente a lo que se puede observar en otros países de la región, a lo largo del siglo xx la Iglesia católica colombiana logró no sólo conservar buena parte de los privilegios de los que había gozado en el pasado, sino que además supo mantener un gran protagonismo en los asuntos más variados de la sociedad. Trátese del mundo político o social; de los asuntos morales o culturales; de la vida privada de los individuos o de los debates públicos, la voz del clero no sólo estuvo siempre presente: fue también determinante" (p. 48).

11   La autora citada señala que, "En efecto, en Colombia, la influencia del catolicismo ha sido particularmente importante puesto que, desde la Colonia y hasta finales de la década de los cincuenta, la Iglesia fue la institución más poderosa en las esferas pública y privada. A nivel cultural, su hegemonía se tradujo en un nacional-catolicismo en virtud del cual, en un país marcado por la fracturación geográfica y la diversidad de la población, el catolicismo se convirtió en el elemento central de la identidad colombiana de manera que, hasta la mitad del siglo xx, la Iglesia se benefició de un monopolio cultural que no permitió el desarrollo de ideas contrarias ni de sistemas alternativos de creencias" (Malagón Penen, 2018, p. 142).

la Iglesia católica tienen una relevancia arquitectónica, política e histórica tan importante que fueron incluidos por el Estado en el catálogo del patrimonio cultural de la nación.

El anterior contexto sociocultural es el escenario en el que se desenvuelve la Constitución Política de Colombia de 1991 (en adelante, CP). Esta carta política, aún joven, sustituyó el proyecto jurídico de nación vinculada con la lengua castellana y la religión católica. Ahora se busca consolidar un proyecto plural que reconoce y valora positivamente la diversidad étnica y cultural del país[12]. Así, por ejemplo, en la nueva Constitución los distintos idiomas de las comunidades indígenas son reconocidos como lenguas oficiales del Estado[13]. A su vez, por expreso mandato del artículo 19.2 de la CP, la Iglesia católica perdió su condición de organización religiosa oficial, pues ahora todas las organizaciones religiosas son iguales ante la ley.

El nuevo proyecto jurídico de nación –plural, diverso y laico– promovido por la CP debe enfrentarse a varios retos. Estos desafíos son propios de una Constitución expedida en el marco de una sociedad altamente religiosa, en el que la población es mayoritariamente católica y en el que la presencia de grupos cristianos cada vez es mayor, especialmente los de origen pentecostal[14]. Es oportuno aclarar que el auge de los grupos cristianos no ha dado lugar a un cambio significativo en materia cultural porque la mayoría de esos grupos

---

12 CP. Artículo 7: "El Estado reconoce y protege la diversidad étnica y cultural de la Nación colombiana".

13 CP. Artículo 10: "El castellano es el idioma oficial de Colombia. Las lenguas y dialectos de los grupos étnicos son también oficiales en sus territorios. La enseñanza que se imparta en las comunidades con tradiciones lingüísticas propias será bilingüe".

14 En Colombia no existen datos oficiales sobre la filiación religiosa de la población. En los diferentes censos y encuestas que ha realizado el Departamento Administrativo Nacional de Estadística no se ha incluido ningún tipo de pregunta sobre las preferencias religiosas de los colombianos. Sobre la ausencia de esta información, Beltrán Cely (2013) resalta que "A lo largo de la mayor parte del siglo XX Colombia no contó con estadísticas oficiales sobre la filiación religiosa de sus ciudadanos. Este vacío ha sido suplido con las cifras que ofrecen las propias organizaciones religiosas, que revisten problemas de exactitud. Por un lado, la mayoría de los nuevos movimientos religiosos no tiene registros estadísticos confiables sobre sus feligresías, y los que tienen suelen alterarlos –inflarlos o reducirlos–, de acuerdo con sus intereses y conveniencias. Como si esto fuera poco, las dinámicas del cambio religioso hacen que estas cifras se desactualicen rápidamente" (Beltrán Cely, 2013, p. 62). La ausencia de datos oficiales ha sido suplida, en parte, por organizaciones privadas como el Latinobarómetro, que en su estudio estadístico anual sobre el país ha incluido preguntas sobre las preferencias religiosas de los colombianos. Los resultados del Latinobarómetro (2018) señalan que el 72,3% de la población colombiana se considera católico. En el mismo sentido, el trabajo independiente que realizó Beltrán Cely (2012) arrojó que el 70,9% de los colombianos se considera católico. El estudio estadístico más reciente y detallado sobre este asunto fue realizado por Beltrán Cely y Larotta Silva (2020). En este se indica que los católicos en Colombia representan el 57,2% de la población, los diferentes grupos cristianos el 22,5% y los creyentes no afiliados a ninguna organización religiosa el 13%.

comparten los principales rasgos culturales distintivos del catolicismo[15]. En los pocos casos en que las manifestaciones culturales de origen católico no son compartidas por las organizaciones cristianas, no se ha presentado ningún tipo de problema social. En estos casos, los miembros de las organizaciones religiosas minoritarias han optado por una sana tolerancia hacia las manifestaciones culturales de origen católico.

A pesar de la aparente ausencia de problemas sociales significativos en torno a los bienes culturales de origen religioso, el reconocimiento implícito del principio de laicidad realizado por la CP puede dar lugar a que se presenten problemas jurídicos en esta materia. En efecto, la estrecha relación entre la cultura y el fenómeno religioso puede implicar una tensión entre el principio de laicidad y el deber del Estado de promover la cultura y proteger el patrimonio cultural. Mientras que la laicidad exige la neutralidad del Estado en materia religiosa e ideológica, la protección y promoción de la cultura y el patrimonio cultural le impone al Estado tomar postura a favor de los valores que representan los bienes culturales. Por ende, una interpretación estricta del principio de laicidad puede llevar a que no se proteja ni promueva las manifestaciones culturales de origen o interés religioso. Por su parte, una interpretación laxa de este principio puede llevar a que el Estado promueva el fenómeno religioso bajo el pretexto de que está cumpliendo con el mandato constitucional de proteger a la cultura.

En Colombia, la regulación de la cultura y el patrimonio cultural debe tener en cuenta que la mayoría de los elementos culturales provenientes del fenómeno religioso es de origen católico. En consecuencia, se debe ser especialmente cuidadoso para que el marco de protección jurídica de la cultura y el patrimonio cultural no termine beneficiando injustificadamente a la antigua iglesia oficial.

Precisamente, en el presente trabajo se pretende mostrar que el ordenamiento jurídico colombiano en materia cultural es contrario a los postulados teóricos básicos del principio de laicidad. El régimen colombiano permite que la Iglesia católica sea beneficiaria de múltiples beneficios y prerrogativas –en especial económicas– por ser la propietaria de la mayoría de los bienes culturales de origen religioso. Esos beneficios son otorgados sin que exista certeza

---

15 Sobre este fenómeno, Beltrán Cely (2013) sostiene: "Si bien la secularización de la sociedad colombiana conlleva la disminución del número de católicos y la pérdida relativa de influencia de la Iglesia católica en la sociedad, esto no significa el declive de la religión en general. En Colombia la secularización y el proceso de pluralización religiosa, en lugar de conducir al declive de la religión, han incentivado el fervor religioso entre ciertos sectores sociales, al generar una situación de competencia en la cual las diversas organizaciones religiosas se ven presionadas a multiplicar sus esfuerzos para satisfacer mejor las necesidades religiosas de sus fieles" (p. 79).

sobre la importancia cultural del bien o la manifestación. La situación se agrava porque a la Iglesia católica no se le ha impuesto ningún tipo de deber que la obligue a proteger sus bienes y manifestaciones culturales ni a garantizar las condiciones para que todos los ciudadanos puedan acceder a ellos. En definitiva, se demostrará que el marco jurídico establecido para regular la protección del patrimonio cultural de origen religioso ha dado lugar a la promoción de los valores y los dogmas de la Iglesia católica.

Para desarrollar la investigación planteada, esta obra se dividirá en cinco capítulos. En el primer capítulo se explicarán los fundamentos y el contenido teórico del principio de laicidad. Se sostendrá que la laicidad es el principio orgánico que mejor garantiza el ejercicio en condiciones materiales de igualdad del derecho a la libertad de conciencia. En el segundo capítulo se explicará el régimen jurídico de la laicidad en Colombia. Aquí se realizará un estudio crítico del modelo de laicidad creado por la jurisprudencia de la Corte Constitucional. Como se verá, este modelo se basa en una interpretación flexible del principio de laicidad que permite que se puedan evadir fácilmente los deberes de neutralidad y separación en materia religiosa. Los dos criterios adoptados por la Corte Constitucional para resolver los casos en que se discuten temas relacionados con la libertad religiosa permitirán sostener que el modelo colombiano se asemeja más un Estado pluriconfesional.

En el tercer capítulo se establecerá el significado de los conceptos jurídicos de cultura, patrimonio cultural y bien cultural. Una vez establecidos los alcances de los anteriores conceptos, se analizarán los derechos que el Estado pretende satisfacer cuando cumple con el deber de proteger la cultura y el patrimonio cultural. El objetivo principal de esta parte del trabajo es mostrar que no todos los bienes culturales pueden adquirir el carácter de patrimonio cultural porque en algunos casos estos bienes representan valores contrarios a los principios constitucionales. Uno de los casos donde más se advierte la tensión entre el deber de proteger el patrimonio cultural sin desconocer los principios constitucionales es en la protección y promoción de los bienes culturales de origen o interés religioso, pues debe realizarse sin vulnerar el carácter laico del Estado.

En el cuarto capítulo se examinará el régimen jurídico de la cultura en Colombia, donde se pretende demostrar que este régimen permite que diferentes bienes puedan adquirir el carácter de patrimonio cultural sin que previamente se verifique su importancia cultural y los valores que representan. En materia cultural, el régimen jurídico colombiano admite que cualquier bien o manifestación religiosa pueda adquirir el carácter de patrimonio cultural sin que se requiera determinar si dicho reconocimiento vulnera el principio de laicidad y los deberes de neutralidad y separación en materia religiosa.

En el último capítulo se estudiarán en detalle los bienes y manifestaciones de origen religioso que han sido declarados en Colombia parte del patrimonio cultural de la nación. Este estudio se llevará a cabo teniendo en cuenta el procedimiento –administrativo o legislativo– utilizado por el Estado para realizar tal declaratoria. Se pretende determinar en cada caso si la inclusión en el catálogo del patrimonio cultural es acorde con el principio de laicidad y, en especial, con los deberes de separación y neutralidad. Como se podrá advertir, en la mayoría de los casos el procedimiento legislativo de declaratoria de un bien o manifestación como parte del patrimonio cultural se realiza con el único objetivo de poder otorgar beneficios y prebendas a la Iglesia católica. Dichas declaratorias no obedecen a criterios culturales ni buscan establecer un plan de protección cultural para los bienes y manifestaciones de origen religioso. Estas solo pretenden autorizar al Estado a asignar sendas partidas presupuestas a favor de la Iglesia católica.

Las nuevas constituciones latinoamericanas, expedidas desde finales de la década de los años ochenta del siglo pasado –por lo general para superar etapas de regímenes totalitarios–, se han caracterizado por establecer un catálogo amplio de derechos fundamentales[1]. Este catálogo va más allá de las libertades clásicas y de los tradicionales derechos económicos, sociales y culturales. En efecto, estas constituciones reconocen varios derechos fundamentales de carácter colectivo como, por ejemplo, derechos especiales para las minorías culturales y el derecho a un medio ambiente adecuado[2]. Junto a la ampliación del catálogo de derechos, las nuevas constituciones latinoamericanas se caracterizan por establecer diferentes mecanismos de participación democrática directa como la revocatoria de mandato o la consulta previa. En la mayoría de tales cartas políticas, la cultura tiene el carácter de derecho fundamental, especialmente cuando se trata de asuntos relacionados con la protección de las minorías, dado que el elemento cultural es indispensable para su supervivencia. En este caso, el carácter fundamental de la cultura se explica porque la protección y supervivencia de los grupos minoritarios depende, en gran medida, de una salvaguardia eficaz de la identidad cultural.

La importancia de la protección del entorno cultural de las minorías se debe tener en cuenta cuando se pretende abordar estudios relacionados con el principio de laicidad y con el régimen jurídico de la cultura. En este sentido, es

---

1 Un sector de la doctrina denomina la ola de nuevas constituciones en el continente el "nuevo constitucionalismo latinoamericano". Para este sector, las nuevas constituciones tienen varias características comunes como la legitimidad democrática del poder constituyente, una protección judicial fuerte de los derechos económicos y sociales, con lo que se pretende atacar la desigualdad persistente en la región, establecen varios mecanismos de participación democrática directa y reconocen unos derechos especiales para la protección de las minorías culturales. Las constituciones de Venezuela (1999), Ecuador (2008) y Bolivia (2009) reflejarían con mayor precisión las características del nuevo constitucionalismo. Para un estudio detallado del origen y de las características del nuevo constitucionalismo latinoamericano, véase a Viciano Pastor y Martínez Dalmau (2011) y Viciano Pastor (2012). Otro sector importante de la doctrina, aunque reconoce algunas características comunes y positivas en las nuevas constituciones latinoamericanas, es crítico de ciertos atributos como, por ejemplo, la debilidad en el diseño orgánico de las instituciones. Para un estudio de las posturas de este sector véase a Gargarella y Courtis (2009), Uprimny Yepes (2011) y Salazar Ugarte (2013).

2 En el marco de las nuevas constituciones latinoamericanas se ha superado la discusión sobre el carácter fundamental del derecho al medio ambiente, para ir más allá y plantearse la posibilidad de otorgar a los bienes ambientales capacidad para ser sujetos autónomos de derechos. Para un análisis detallado de este debate, pueden consultarse las siguientes posturas a favor de la personalidad jurídica de la naturaleza: Houck (2017), Martínez Dalmau (2019) y Viciano Pastor (2019). En contra de la anterior postura, véase a Dworkin (1994), Peces-Barba Martínez (1997), Cortina Orts (2009) y Guzmán Jiménez y Ubajoa Osso (2020).

recomendable dividir el estudio del tema cultural en dos partes: (I) el régimen general de la cultura y (II) el régimen de protección de las minorías culturales. La separación propuesta se fundamenta en el hecho de que el primer régimen tiene por objeto la protección de la cultura del grupo mayoritario del Estado, grupo que en principio no está amenazado por la imposición forzada de otra cultura. Por su parte, el régimen jurídico de las minorías debe buscar la salvaguardia de la cultura como medio para la protección del grupo, pues la defensa de la cultura desempeña un papel importante en la supervivencia de las minorías. Esta es la razón por la que las nuevas constituciones latinoamericanas adoptaron, por regla general, un régimen de protección de las culturas de las minorías mucho más garantista que el de la cultura del grupo mayoritario[3].

La distinción entre el régimen de protección de la cultura mayoritaria y el régimen de protección de las minorías es importante para los efectos de este trabajo porque permite realizar la siguiente precisión: en el escrito no se abordará el estudio de la cultura como un elemento indispensable para la protección de las minorías culturales[4]. Aquí se abordará el derecho de la cultura y la protección del patrimonio cultural en el contexto del grupo mayoritario. En consecuencia, cuando se haga alguna mención a la cultura, deberá entenderse que se hace referencia a la cultura del grupo mayoritario del Estado. En contraste, cuando se mencione la cultura de los grupos minoritarios expresamente se advertirá sobre ese hecho. Por ende, las reflexiones y conclusiones del escrito deben interpretarse únicamente en clave del contexto cultural del grupo mayoritario[5].

---

3   Las nuevas constituciones latinoamericanas se apartaron de la posición del liberalismo igualitario que considera que los derechos de las minorías culturales se satisfacen con una garantía eficaz de los derechos civiles y políticos. Estas constituciones adoptaron posturas más cercanas al culturalismo liberal, o incluso al comunitarismo, que parten de la importancia que tienen los grupos y el contexto cultural para la formación de la conciencia de los individuos. En consecuencia, reconocen derechos especiales en función del grupo. Para un estudio detallado de los derechos de las minorías culturales en relación con los modelos liberal igualitario, cultural liberal o multiculturalismo, véase a Pérez de la Fuente (2005).

4   Uno de los temas más debatidos en los últimos años sobre el concepto de las *minorías* es si este término debe abarcar a los pueblos indígenas. Algunos autores, como Oliva Martínez (2012), sostienen que los pueblos indígenas no deben catalogarse como minorías culturales por el vínculo especial que tienen con el territorio y porque en algunos casos representan la mayoría de la población, como, por ejemplo, en Bolivia. Aunque los puntos que señala el autor citado permiten diferenciar a los pueblos indígenas de otras minorías como los inmigrantes o las minorías nacionales, estas diferencias solo demuestran que cada minoría tienen sus particularidades y reivindicaciones propias. En consecuencia, cuando en este trabajo se realice una mención a las minorías culturales, deberá entenderse que se incluye a los pueblos indígenas.

5   Uno de los motivos que llevaron a la separación metodológica en este escrito entre cultura de las minorías y la del grupo mayoritario es el hecho que resalta Prieto de Pedro (2008) de que la cultura ha sido estudiada más como un derecho de las minorías culturales, desconociendo la importancia individual

Otra de las aclaraciones necesarias es establecer cuál es el concepto de *grupo mayoritario* que se acogerá para el escrito. Para tal propósito, es importante resaltar que debido a la discriminación y la desigualdad que históricamente han sufrido los diferentes grupos minoritarios, la literatura jurídica especializada se ha ocupado principalmente de estudiar y establecer el concepto de *minoría*, y no el de *mayoría*[6]. En estos casos, para establecer el concepto de *mayoría* se acoge una determinada definición de *minoría* y el grupo mayoritario se determina como oposición al concepto de *minoría*[7]. Otros autores, como Parejo Alfonso, han preferido describir los diferentes grupos que se presentan en el interior de la sociedad descartando una definición del grupo mayoritario[8].

---

de la cultura y su naturaleza grupal, independientemente de que el grupo sea minoritario o mayoritario. Al respecto, el autor mencionado sostiene: "Es urgente superar, de una vez por todas, el actual atasco conceptual a que lleva la consideración de los derechos culturales como derechos predicables únicamente de las minorías. Esto es un error, porque comprenden tanto una dimensión individual, como derechos de todos los seres humanos, como una dimensión colectiva, como derechos de los grupos en que aquéllos desarrollan su vida, con independencia de su situación postergada o ventajosa" (Prieto de Pedro, 2008, p. 21).

6   Una de las definiciones de *minoría* más aceptadas por la doctrina jurídica continental es la propuesta por Comanducci (2000), quien distingue entre minorías *by force* y minorías *by will*. Según esta clasificación, los grupos minoritarios *by force* son los grupos que, por razones históricas, económicas o políticas, se encuentran en una situación de desventaja, por lo que buscan equiparar las injusticias históricas cometidas contra ellos. Por su parte, las minorías *by will* son los grupos culturales que pretenden que el ordenamiento jurídico reconozca, proteja y promueva su especificidad y diferencia. Por descarte, el grupo mayoritario será el que no encaje en las definiciones anteriores.

7   Por ejemplo, Llamazares Fernández y Llamazares Calzadilla (2011b) definen a las minorías justamente utilizando criterios para diferenciarla del grupo mayoritario. La definición propuesta por estos autores es la siguiente: "Entendemos como minorías, sean o no territoriales, los grupos integrados por personas, nacionales o no, que tienen características comunes, raza/o religión y/o tradiciones y/o costumbres sociales comunes que los diferencian de la mayoría dominante, que viven esas características comunes como parte integrante de su identidad, que se siente solidarios en razón de ella y, explícitamente o implícitamente, están decididos a conservarlas y fomentarlas en condiciones de igualdad, de hecho y derecho, con el resto de la población, sin separarse de ella" (Llamazares Fernández y Llamazares Calzadilla, 2011b, p. 708).

8   Parejo Alfonso (2013) describe los grupos que se presentan en los diferentes Estados de la siguiente manera: "[…] 2.1. Grupos-asociación. Su reconocimiento y garantía aparecen referidos siempre exclusivamente a su espacio interior propio, es decir, al acotado por sus fines lícitos conforme al ordenamiento jurídico de que se trate. Estos grupos sociales plantean en todo caso la cuestión de las minorías. Pues su existencia y funcionamiento generan de suyo una específica tensión entre la persona-individuo y su autonomía y el grupo y su cohesión. […] 2.2. Grupos-comunidades históricos, étnicos, lingüísticos, etc… El espacio propio de éstos depende siempre de la composición misma de la comunidad política global y de la entidad del grupo-comunidad de que se trate. Cuando en el seno de la aludida comunidad política global solo exista un grupo-comunidad o, todo lo más, unos pocos grupos-comunidades diferenciados cuyo peso en aquélla sea relativamente pequeño, la cuestión del espacio de estos últimos se ofrece igualmente en términos de respeto a las minorías. Si bien ahora a la tensión interior (persona-individuo respecto al grupo-comunidad) se añade la que media entre éste y la comunidad política global en términos de autoafirmación (respeto)-asimilación. […] 2.3. Comunidades grupos territoriales: Es

Osuna Patiño clasifica las diferentes definiciones de grupos minoritarios en cuatro categorías. Estas categorías son: minorías cuantitativas simples, minorías cuantitativas cualificadas, minorías culturales y minorías discriminadas[9]. En la categoría cuantitativa simple están las definiciones que acogen el factor numérico para determinar a la minoría. En el criterio cualitativo calificado se agrupan a las definiciones que consideran que el factor de la representatividad política es el determinante para establecer una minoría. El criterio cultural sostiene que en la sociedad existe un grupo racial o étnico dominante, por lo que las minorías serán los grupos que no encajen dentro de los rasgos raciales o étnicos de la mayoría. El criterio de la discriminación agrupa a las definiciones de minorías que se sustentan en los criterios tradicionalmente sospechosos de discriminación, como raza, sexo, origen nacional o religión.

Para efectos de este trabajo se acogerá una definición de *minoría* y, por ende, de *mayoría* que pueden catalogarse como culturales, de manera que el factor relevante para determinar qué grupo es mayoritario y cuáles son minoritarios será el factor cultura. Se entiende por *grupo mayoritario* del Estado a la comunidad nacional dominante en un territorio específico. Siguiendo a Kymlicka, el grupo mayoritario por lo general comparte al menos las siguientes características: ser el grupo con el mayor número de personas en el territorio, que comparte un vínculo histórico con una determinada religión y que tiene un lenguaje compartido que es utilizado de forma obligatoria en las relaciones con las instituciones públicas[10]. Las anteriores características permiten adscribir la

---

decir, comunidades territoriales, tanto las derivadas de la vecindad en virtud de la forma de asentamiento en el territorio (Municipios, entidades locales), como dotadas de identidad propia histórico-cultural (en particular lingüística)" (Parejo Alfonso, 2013, pp. 14-15).

9   Para Osuna Patiño (2006), las diferentes posturas y clasificaciones del concepto de minoría pueden categorizarse de conformidad con los siguientes criterios: "a) cuantitativos simples, que se sirven del número de personas que integran un grupo para determinar su calidad de minoritarios o mayoritarios, b) cuantitativos cualificados, que atienden a la capacidad de representación política del colectivo y así afirman que un grupo que por su composición numérica es mayoritario, como las mujeres, es una minoría por el déficit de representación política que lo acompaña, c) culturales y/o raciales, que fijan su atención en la existencia de una cultura, etnia o raza dominante y por tanto tienen como minorías a las personas que por cualquiera de estas razones no forman parte de aquel grupo, y d) de la discriminación, que tienen como minorías a las personas que integran grupos que tradicionalmente han sido marginados o discriminados" (p. 673).

10   En este escrito se seguirá la clasificación de las minorías culturales propuesta por Kymlicka (1996). Dicho autor dividió a las minorías en dos grandes grupos: nacionales y étnicas. Las minorías nacionales surgen de la coexistencia en el territorio de un Estado de varios grupos con identidad nacional propia, por ejemplo los pueblos indígenas para el caso de los Estados latinoamericanos, o la nación catalana o vasca para el caso de España. La segunda categoría utilizada son las minorías étnicas. Estas minorías son consecuencia de la migración de las personas a Estados con diferentes instituciones culturales y políticas. El concepto de minorías de Kymlicka incluye a los pueblos indígenas. No obstante, algunos

propuesta de definición de *mayoría* con la cultura predominante de la sociedad, pues los criterios señalados son indispensables para el surgimiento de un grupo con unas características culturales homogéneas.

La anterior definición es acogida sin perjuicio de reconocer, tal como pone de presente Young, el hecho de que en el interior del grupo mayoritario existen subculturas generacionales, sexuales, raciales, religiosas y regionales[11]. Esos subgrupos reflejan la diversidad y pluralidad que se presentan en la mayoría de las sociedades modernas. Los miembros de esos grupos tienen en común varias particularidades especiales, como la opresión que sufren por las reglas jurídicas y culturales impuestas por la mayoría. Sin embargo, no constituyen minorías culturales porque no dejan de pertenecer a la sociedad mayoritaria, comoquiera que comparten la lengua, las tradiciones y las demás características básicas que identifican a la comunidad histórica.

El hecho de que algunas normas puedan afectar y oprimir directamente a los integrantes de los subgrupos no los convierte en minorías culturales porque los miembros de esos subgrupos comprenden y comparten un gran número de las tradiciones culturales del grupo mayoritario. Este argumento explica la razón por la que Parekh se refiere a este fenómeno como *diversidad subcultural y de perspectiva*. El hecho de reconocer que la sociedad mayoritaria es plural y que en su interior pueden existir algunos subgrupos no convierte a estos subgrupos

---

autores como Oliva Martínez (2012) sostienen que los pueblos indígenas conforman una categoría independiente: "Lo cierto es que los pueblos indígenas se diferenciarían de las minorías al representar una serie de características añadidas. En primer lugar, deberíamos hacer referencia a la cuestión numérica: los pueblos indígenas como ocurre en el caso de Bolivia o Guatemala, no constituyen una población minoritaria en relación al resto de la población con la que conviven al interior del Estado. A su vez, las minorías no manifiestan necesariamente, una vinculación o apego, real o imaginario, con un territorio ancestral, característica clave de los pueblos indígenas. Como tercer elemento añadido parece que las minorías no han sido sometidas a lo largo de la historia a un proceso de dominación colonial o de invasión por parte de grupos humanos llegados de ultramar como si lo fueron los antepasados de la mayoría de los actuales pueblos indígenas habitantes originarios de una determinada región. Por último, podemos afirmar que los pueblos indígenas asumen una actitud de resistencia que los emparenta o solidariza con las luchas y reivindicaciones de otros pueblos indígenas de otras partes del mundo, cuestión muy vinculada con la consolidación de un movimiento indígena trasnacional que no ha acontecido con las minorías étnicas" (p. 743). Aunque las diferencias y particularidades que señala este autor son ciertas, no son suficientes para sostener que los pueblos indígenas constituyen una categoría independiente al concepto de minorías. Todas las minorías étnicas y culturales tienen unas particularidades y reivindicaciones propias, junto a unas características comunes. Las características que señala el autor citado son las que permiten diferenciar a los pueblos indígenas de otras minorías culturales. Sin embargo, existen unas características comunes que identifican a todas las minorías étnicas y culturales como, por ejemplo, la discriminación histórica que han sufrido sus miembros y el permanente riesgo de desaparecimiento de sus tradiciones y cultura.

[11] Young (2000).

en minorías culturales[12]. En casi todas las sociedades liberales democráticas, los homosexuales, las mujeres, entre otros, aún sufren opresión y discriminación por las reglas establecidas por el grupo mayoritario. No obstante, por este hecho no dejan de pertenecer al grupo cultural que los oprime, ya que comparten la lengua, el territorio y hasta las costumbres de la religión histórica.

En cambio, los grupos étnicos y nacionales son minorías culturales porque se diferencian culturalmente del grupo mayoritario. Las mujeres, los homosexuales o las personas en situación de discapacidad no pueden ser considerados minorías culturales porque no cuentan con los elementos para diferenciarse del grupo mayoritario. Sobre este punto es preciso señalar que Kymlicka decidió no incluir a las subculturas dentro de su clasificación de minorías étnicas o nacionales porque estimó que la discriminación sufrida por esos grupos se presentaba indistintamente en el interior de los grupos nacionales o étnicos y, por ende, el estudio de los subgrupos debía ser una labor transversal en la que se combata la discriminación que sufren, independientemente de si forman parte de un grupo mayoritario, de una minoría nacional o de una étnica[13]. En definitiva, se

---

12 Parekh (2005) define la diversidad subcultural y de perspectiva de la siguiente manera: "En las sociedades modernas, la diversidad cultural adopta muchas formas, de entre las cuales tres son las más comunes: En primer lugar, si bien sus miembros comparten una cultura en sentido amplio, algunos de ellos, o bien defienden creencias y prácticas distintas en ciertos ámbitos de la vida, o bien crean por su cuenta modo de vida relativamente diferentes. Los gays, las lesbianas, y todos aquellos que hacen gala de estilos de vida o estructuras familiares no convencionales pertenecen a la primera de las categorías y los mineros, pescadores, ejecutivos transnacionales que viven en el avión, artistas y otros, a la segunda. Todos ellos comparten en un sentido amplio el sistema dominante de significados y valores de su sociedad de referencia e intentan hacer un hueco dentro de él para sus estilos de vida divergentes. No representan una cultura alternativa sino que intentan pluralizar la existente. Por razones de comodidad voy a denominar a este fenómeno diversidad subcultural. En segundo lugar, algunos de los miembros de la sociedad se muestran muy críticos respecto de ciertos principios o valores centrales de la cultura prevaleciente e intentan reconstruirlos de forma adecuada. Las feministas atacan el profundamente arraigado prejuicio patriarcal; las personas religiosas su orientación secularizante; los ecologistas el perjuicio antropocéntrico y tecnocrático. Estos y otros grupos no representan subculturas ya que a menudo suponen un reto para la base misma de la cultura existente. Tampoco se trata de comunidades culturales distintas que viven con arreglo a sus propios valores y formas de ver el mundo, ya que se limitan a ofrecer argumentos intelectuales sobre la forma correcta de reconfigurar la cultura dominante. Voy a llamar a esto diversidad de perspectiva" (pp. 16-17).

13 Acerca de este punto en particular, Kymlicka (1996) sostuvo: "No incluyo aquí el tipo de estilo de vida grupal, movimientos sociales y asociaciones voluntarias que otros engloban dentro del ámbito del multiculturalismo. Y no porque piense que las cuestiones que platean estos grupos no sean importantes; antes al contrario, doy por supuesto que la acomodación de las diferencias étnicas y nacionales es sólo uno de los aspectos de una lucha más amplia para lograr una democracia más tolerante e inclusiva. La marginación de las mujeres, los gays, las lesbianas y los discapacitados atraviesa las fronteras étnicas y nacionales: se da en las culturas mayoritarias y en los Estados-nación, así como dentro de las minorías nacionales y los grupos étnicos, por lo que debe combatirse en todos esos lugares. [...] Por su parte,

utilizará un concepto de *mayoría cultural* que no desconoce la diversidad que se presenta en el interior de la sociedad.

La última aclaración necesaria que se debe realizar antes de empezar el estudio del presente trabajo es acerca del alcance del principio de laicidad. Los presupuestos teóricos de este principio y los deberes de neutralidad y separación que se defenderán en este trabajo son predicables en el contexto de la cultura mayoritaria. Respecto de las minorías culturales, en especial de los pueblos indígenas, el principio de laicidad debe ser matizado porque el Estado tiene un deber especial de protección y promoción de la identidad de estos grupos. Este deber puede implicar que en algunos casos sea necesario proteger y promover valores religiosos que son importantes para la identidad de las minorías culturales.

Taylor sostiene que el principio de laicidad debe ser ajustado para adecuarlo a los retos de sociedades cada vez más diversas y multiculturales[14]. Este autor propone un interesante concepto de *laicidad multicultural* que tiene como objeto afrontar los desafíos propios de un Estado que debe ser neutral en materia religiosa, y a su vez tiene que proteger la identidad de ciertas minorías con una cultura impregnada por normas de conducta y comportamientos religiosos. Se comparte plenamente esta postura. Para la región latinoamericana es imperioso adecuar los postulados del principio de laicidad para que sean compatibles con la adecuada protección de los pueblos indígenas y su cosmovisión. Pese a esta urgente necesidad, en este trabajo no se abordará la protección de la cultura de las minorías ni se intentará abordar un concepto de *laicidad* que se ajuste a este deber especial de protección, dado que esta labor desbordaría ampliamente los objetivos planteados para esta investigación. En consecuencia, el principio de laicidad y los deberes de separación y neutralidad religiosa que se estudiarán son planteados únicamente para el contexto de la mayoría cultural.

---

minorías nacionales y grupos étnicos se distinguen de lo que suele denominarse 'nuevos movimientos sociales' –es decir, asociaciones y movimientos gays, mujeres, pobres, y discapacitados– que han sido marginados dentro de su propia sociedad nacional o de su grupo étnico" (pp. 36-37).

14 Taylor (2012).

CAPÍTULO PRIMERO

El principio de laicidad

Para los objetivos de este trabajo es importante contar con una noción clara del alcance y el contenido del principio de laicidad. Establecer el concepto y el fundamento de este principio permitirá tener las bases necesarias para poder sostener la hipótesis que se pretende demostrar. Precisamente aquí empiezan los retos de la investigación porque, como han dicho Llamazares Fernández y Llamazares Calzadilla, no existe un modelo único de laicidad[1]. Cada ordenamiento jurídico que ha establecido un Estado laico presenta unos matices y unas reglas propias que son producto del contexto histórico y cultural de cada nación. De igual forma, existen diferentes posiciones doctrinales que explican el alcance y el contenido teórico del principio de laicidad. Encontrar un modelo que corresponda con las diferentes creaciones teóricas es prácticamente imposible porque en cada Estado laico se presentan algunas particularidades propias[2].

Pese a que no existe un modelo único de laicidad, para Blancarte es posible identificar ciertos elementos comunes que permiten diferenciar la laicidad de otros modelos de relación entre Estado y las organizaciones religiosas[3]. En el presente capítulo se intentará identificar los presupuestos teóricos comunes que permiten identificar al Estado laico y distinguirlo de otros modelos de Estado. Para realizar tal labor y poder comprender este concepto jurídico es

---

1   Sobre este punto, Llamares Fernández y Llamazares Calzadilla (2011a) anotan lo siguiente: "Como veremos, en el Derecho comparado no es posible encontrar un modelo laico químicamente puro. Algo que se comprenderá, si se tiene en cuenta que los modelos existentes no son el resultado de elucubraciones de la razón en el laboratorio, sino un producto histórico y cultural. Según que las circunstancias históricas de su conformación hayan sido unas u otras, y según que conserven más o menos acusadas reminiscencias de modelos anteriores (confesionales o laicistas), nos toparemos con concreciones distintas del Estado laico" (p. 57).

2   Sobre las particularidades del principio de laicidad, Blancarte (2012) resalta lo siguiente: "Cuáles constituyen los principales componentes del Estado laico o qué puede ser definido como una medida laica o secular depende en muchas ocasiones de la perspectiva local o de la experiencia nacional en esta materia. Así, por ejemplo, en Francia la prohibición para usar el velo musulmán en la escuela pública (junto con otros símbolos religiosos ostensibles) o la 'burka' en las calles, es vista como una medida 'laica'. En México, esa medida no parece tan importante como la vigente prohibición de que los nombres de los partidos políticos tengan referencias confesionales. Por lo tanto, en este país latinoamericano cualquiera puede entrar a una escuela pública con un velo, pero no puede existir un partido que se llame 'Demócrata Cristiano'" (p. 233).

3   Al respecto, Blancarte (2013) sostiene: "Se hace necesario definir o tratar de describir lo que en el mundo o en México se entiende por laicidad. Para ello, hay por lo menos tres enfoques posibles: puede intentarse una aproximación idealista acerca de lo que la laicidad 'debe' ser, a partir de un modelo supuestamente original o auténtico, o puede reconstruirse lo que esta laicidad ha sido en la práctica, caso por caso, pensando en una especie de excepcionalidad permanente, donde cada país tendría una vía propia a la laicidad. La tercera opción, que aquí tomaremos, hace referencia más bien a un conjunto de experiencias similares, interconectadas e incluso retroalimentadas en diversas partes del mundo. Esto permite identificar los comunes denominadores del fenómeno social y político llamado laicidad, al mismo tiempo que se recogen las especificidades de cada experiencia histórica nacional" (p. 6).

necesario previamente tener claro que se pretende alcanzar con esta forma de organización política.

De conformidad con la posición de Llamazares Fernández, se defenderá la postura de que la laicidad es un principio constitucional de carácter orgánico que busca garantizar el ejercicio en condiciones de igualdad del derecho fundamental a la libertad de conciencia y religión[4]. Como resalta Blancarte, la laicidad protege el igual derecho de las personas de poder llevar sus proyectos de vida de conformidad con sus convicciones y creencias[5]. El principio de laicidad es hasta ahora la mejor fórmula de organización política creada para garantizar el igual ejercicio del derecho a la libertad de conciencia y religión[6]. Como se verá, otros modelos de relación entre el Estado y las organizaciones religiosas también protegen este derecho. Sin embargo, solo la laicidad busca crear las condiciones para que este derecho se pueda ejercer en condiciones materiales de igualdad.

Como el principio de laicidad pretende garantizar la igualdad en el ejercicio del derecho a la libertad de conciencia y religión, es pertinente empezar el presente capítulo con un análisis del alcance y contenido de este derecho. Luego se realizará un análisis teórico y comparado entre el Estado laico y las otras tipologías que también garantizan el derecho a la libertad de conciencia y religión. Se intentará demostrar que aunque esas formas de organización son un claro progreso en materia de protección de los derechos en comparación con sus antecesoras intolerantes, solo el Estado laico garantiza en condiciones materiales de igualdad el ejercicio del derecho a la libertad de conciencia y religión. Con posterioridad se abordará el análisis de los deberes de neutralidad y separación como elementos principales del principio de laicidad. Se verá que estos dos deberes son los ejes centrales que permiten garantizar que el derecho a la libertad de conciencia y religión se pueda ejercer en condiciones materiales de igualdad. Finalmente se estudiará el alcance del deber de proteger el derecho a la libertad de conciencia y religión en un Estado laico.

---

4   Sobre esta postura, Llamazares Fernández (2006a) sostiene: "La laicidad es un principio informador del ordenamiento cuya función fundamental es garantizar real y eficazmente el derecho de libertad de conciencia, religiosa y no religiosa" (p. 72).

5   Blancarte (2012): "La laicización del Estado se vuelve una garantía de derechos iguales para todos, asegurando a cada uno, democráticamente y en el respeto de las libertades, la oportunidad de vivir de acuerdo con su conciencia y sus creencias. El Estado laico es entonces un instrumento jurídico–político al servicio de las libertades en una sociedad que se reconoce como plural y diversa" (p. 237).

6   Al respecto Llamazares Fernández y Llamazares Calzadilla (2011a) sostienen: "La laicidad del Estado es el único marco que garantiza el ejercicio de la libertad de conciencia en toda su plenitud, libre de trabas artificiales o arbitrarias y, en definitiva, el más pleno desarrollo en libertad de la persona como radical libertad" (p. 184).

I. EL DERECHO A LA LIBERTAD DE CONCIENCIA Y DE RELIGIÓN

A. ACLARACIÓN PREVIA SOBRE LA EXPRESIÓN "LIBERTAD DE CONCIENCIA Y DE RELIGIÓN"

Es importante empezar el primer capítulo de este escrito aclarando la denominación que se va a utilizar para referirse al derecho que es objeto central de protección del principio de laicidad. La aclaración es necesaria porque este derecho en algunos tratados internacionales, como es el Convenio Europeo para la Protección de los Derechos Humanos y las Libertades Fundamentales o el Pacto Internacional de Derechos Civiles y Políticos (en adelante, PIDCP), es nombrado "libertad de pensamiento, conciencia y religión". En el sistema americano de derechos humanos, la Convención Americana sobre Derechos Humanos se refiere a esta garantía como "libertad de conciencia y de religión", sin mencionar la palabra *pensamiento*. Por su parte, la CP reconoce de manera independiente, en disposiciones autónomas, las libertades de conciencia y de religión[7].

En este trabajo se adoptará la expresión que establece la Convención Americana sobre Derechos Humanos. Por tanto, en adelante se va a hacer referencia a la "libertad de conciencia y de religión" como el principal derecho que pretende proteger el Estado laico. Se utilizará como sinónimo la expresión "libertad de pensamiento, conciencia y religión". Aunque esta solo se utilizará cuando

---

7   Un ejemplo llamativo de la forma en que este derecho es reconocido en los textos constitucionales se presenta en España. El artículo 16 de la Constitución Española denomina el derecho como "Libertad ideológica, religiosa y de culto". Para autores como Llamazares Fernández y Llamazares Calzadilla (2011a), Celador Angón (2011) y Souto Paz (1995) aunque el artículo 16 de la CE no utilice la expresión libertad de conciencia sino libertad ideológica, de una interpretación sistemática de esta disposición se puede llegar a la conclusión de que la libertad ideológica abarca tanto la libertad de conciencia como la religiosa. Al respecto Celador Angón (2011) sostiene: "Aunque la Constitución española no utiliza la terminología de libertad de conciencia o pensamiento para referirse a las creencias o convicciones, el bien jurídico protegido en el artículo 16.1 de nuestra Constitución es la libertad de pensamiento, conciencia y religión a la que se refiere la Declaración Universal, tanto por la propia hermenéutica del texto, como porque el artículo 10.2 de la Constitución ordena que las normas relativas a los derechos fundamentales y a las libertades que la Constitución reconoce se interpreten de conformidad con la Declaración Universal de Derechos Humanos y los Tratados y acuerdos internacionales sobre las mismas materias ratificados por España" (p. 23). Aunque se comparte la postura de que en España la expresión "libertad ideológica" incluye en su contenido a las libertades de conciencia y religiosa, para el caso colombiano no es acertado utilizar este concepto porque la CP no lo menciona. Por tanto, para el ordenamiento jurídico colombiano es más adecuado sostener que los artículos 18 y 19.1 de la CP reconocen dos libertades que conforman un único derecho: el derecho a la libertad de conciencia y de religión.

se haga una referencia expresa del Convenio Europeo para la Protección de los Derechos Humanos y Libertades Fundamentales.

Los motivos que explican la elección de la expresión "libertad de conciencia y religiosa" son los siguientes. El primero es porque el objeto de estudio de este trabajo es el ordenamiento jurídico colombiano, el cual debe interpretarse según las disposiciones de la Convención Americana sobre Derechos Humanos, por expreso mandato del artículo 93 de la CP[8]. El segundo motivo que justifica la adopción de la expresión es para apartarse y descartar posturas que sostienen la autonomía –como derechos autónomos– de la libertad de pensamiento, de conciencia y de religión. Como se abordará un poco más adelante, estas libertades constituyen un único derecho. Por ahora, basta con señalar que el reconocimiento que realiza la CP de la libertad de conciencia y de la libertad de religión como derechos autónomos, reconocidos en disposición diferentes, contribuye a la conformación del particular modelo colombiano de laicidad en el que el fenómeno religioso es calificado positivamente. Como se verá en el segundo capítulo de este trabajo, esta distinción no es baladí porque desconfigura uno de los presupuestos teóricos del principio de laicidad, que es la neutralidad en materia religiosa e ideológica. La tercera y principal justificación es porque los términos *conciencia* y *religión* abarcan todas las posibles manifestaciones que se protegen con el principio de laicidad.

Con la decisión de acoger la expresión "derecho a la libertad de conciencia y de religión" no se busca invisibilizar el hecho de que la conciencia está conformada por las ideas íntimas y profundas que pueden provenir de sistemas religiosos o seculares. Por ello, en principio es innecesario agregar la palabra *religión* a la libertad de conciencia[9]. No obstante, lo que se busca resaltar con la expresión "libertad de conciencia y de religión" es el hecho de que las ideas íntimas y profundas que conforman la conciencia tienen origen en convicciones seculares (libertad de conciencia en sentido estricto) y creencias religiosas (libertad religiosa).

---

8   CP. Artículo 93: "Los tratados y convenios internacionales ratificados por el Congreso, que reconocen los derechos humanos y que prohíben su limitación en los estados de excepción, prevalecen en el orden interno. Los derechos y deberes consagrados en esta Carta, se interpretarán de conformidad con los tratados internacionales sobre derechos humanos ratificados por Colombia".

9   La evolución de la obra de Llamazares Fernández refleja la preferencia de este autor por la expresión "libertad de conciencia" para referirse tanto a las creencias y a las convicciones que son objeto de protección por el principio de laicidad. En efecto, los primeros títulos de la principal obra de este autor se denominaban "Derecho Eclesiástico del Estado. Derecho de la Libertad de Conciencia". Con posterioridad, el autor eliminó la palabra "Eclesiástico", para denominar su obra simplemente "Derecho de la Libertad de Conciencia". Este cambio de postura es explicado en Llamazares Fernández y Llamazares Calzadilla (2011a, pp. 11-13).

B. LAS CONVICCIONES SECULARES
Y LAS CREENCIAS RELIGIOSAS
COMO ELEMENTOS DE LA CONCIENCIA

Aclarados los motivos que llevaron a la adopción de la expresión "derecho a la libertad de conciencia y de religión", es importante resaltar que en un sentido amplio la conciencia está conformada por las ideas íntimas y arraigadas que determinan la vida de las personas. Como advierte Ortega y Gasset, existe una diferencia importante entre una simple idea y una creencia o convicción. Las ideas son producto de los pensamientos y reflexiones de las personas, mientras que las creencias o convicciones son previas a las personas y determinan significativamente sus comportamientos y estilos de vida[10]. Las creencias o convicciones son esas ideas arraigadas y fuertes que precondicionan la forma de pensar de los seres humanos. Mientras que las personas pueden cambiar de ideas y dudar de las que tienen, las creencias son difíciles de dejar, y cuando las personas las cambian en realidad han realizado una transformación significativa en sus vidas.

La diferenciación entre ideas y creencias que realiza Ortega y Gasset para distinguir entre ideas simples e ideas arraigadas y profundas de las personas que conforman la conciencia ha sido retomada por autores como Llamazares Fernández, Llamazares Calzadilla y Souto Paz para sostener que el derecho a la libertad de conciencia abarca tanto las convicciones seculares como las creencias religiosas[11]. Para estos autores no es muy difícil advertir que la libertad de religión, entendida como la posibilidad de tener unas determinadas creencias y llevar una vida conforme a ellas, forma parte del contenido del derecho amplio a la libertad de conciencia porque las creencias son, en definitiva, una clase de ideas íntimas y profundas de las personas[12].

---

10 En palabras de Ortega y Gasset (1942), "Las creencias constituyen la base de nuestra vida, el terreno sobre que acontece. Porque ellas nos ponen delante lo que para nosotros es la realidad misma. Toda nuestra conducta, incluso la intelectual, depende de cuál sea el sistema de nuestras creencias auténticas. En ellas 'vivimos, nos movemos y somos'. Por lo mismo, no solemos tener conciencia expresa de ellas, no las pensamos, sino que actúan latentes, como implicaciones de cuanto expresamente hacemos o pensamos. Cuando creemos de verdad en una cosa no tenemos la 'idea' de esa cosa, sino que simplemente 'contamos con ella'" (p. 6).

11 Al respecto véase Llamazares Fernández y Llamazares Calzadilla (2011a) y Souto Paz (1995).

12 Llamazares Fernández y Llamazares Calzadilla (2011b) definen de una manera amplia el derecho a la libertad de conciencia y su relación con otros derechos fundamentales: "La libertad de conciencia implica el derecho a tener unas u otras creencias, unas [u] otras ideas, a silenciarlas o manifestarlas, tanto de palabra (libertad de expresión y libertad de enseñanza) como de obra, con conductas y actitudes, acomodando éstas a las propias creencias o convicciones (derecho a la privacidad y objeción de

Para Llamazares Fernández y Souto Paz, que siguen la distinción de Ortega y Gasset entre ideas y creencias, las ideas íntimas y profundas que determinan el estilo de vida de las personas pueden provenir de diferentes dogmas religiosos o de sistemas éticos o ideológicos seculares[13]. En el primer caso se denominan *creencias*, y en el segundo, *convicciones*. Las creencias y las convicciones tienen en común que son ideas íntimas y arraigadas en la mente de las personas. Su arraigo llega a tal punto que determinan los comportamientos humanos. Actuar en contra de ellas puede generar que las personas experimenten graves sentimientos de pena, angustia y dolor. Tener clara la diferencia entre las simples ideas y las convicciones o creencias permite advertir la importancia que tienen estas últimas en la consolidación de la conciencia de las personas.

La anterior diferenciación es importante porque un Estado laico que reconoce como principio y valor la dignidad humana está en la obligación de garantizar que todas las personas puedan realizar sus diferentes proyectos de vida de conformidad con los mandatos dictados por sus respectivas creencias o convicciones. Precisamente, el derecho a la libertad de conciencia y de religión busca proteger la autonomía de las personas en relación con sus creencias y convicciones, y la posibilidad de poder llevar una vida acorde con esas ideas íntimas. En este sentido, Fernández-Coronado y Pérez Álvarez resaltan que para cumplir con los objetivos del principio de laicidad es importante que se reconozca y se proteja la pluralidad. La pluralidad debe ser protegida porque es uno de los elementos indispensables para que las personas puedan tener varias opciones para sus proyectos de vida[14].

Con el reconocimiento del derecho a la libertad de conciencia y de religión no se pretende proteger unas determinadas creencias y convicciones porque

---

conciencia), y previamente a todo ello, entraña el derecho a la formación de la propia conciencia en libertad y para la libertad (derecho a la educación y a la información)" (p. 311).

13   Al respecto, véanse Llamazares Fernández y Llamazares Calzadilla (2011a, pp. 15-34) y Souto Paz (1995, pp. 17-32).

14   Sobre la importancia de reconocer y proteger la pluralidad como uno de los elementos indispensables del principio de laicidad, Fernández-Coronado y Pérez Álvarez (2018) sostienen: "En este sentido se puede decir que el pluralismo es el presupuesto necesario para la libertad de conciencia, puesto que ésta no puede existir sin aquel. Nadie puede formar sus convicciones personales, sobre la base de las ideas y creencias sentidas como propias, si carece de la posibilidad de elegir en libertad entre las diferentes opciones posibles. Por esta razón, un sistema pluralista es aquel que permite y valora positivamente la pluralidad ideológica como factor necesario para facilitar la realización del propio derecho de libertad de conciencia. El pluralismo es, en definitiva, la columna vertebral del sistema democrático y el único marco adecuado para la formación de la propia identidad personal y el libre desarrollo de la personalidad" (p. 24).

sean en sí mismas valiosas, sino porque son importantes para las personas[15]. El derecho a la libertad de conciencia protege a las personas y sus ideas arraigadas. Por ende, es irrelevante que se esté ante unas creencias (ideas íntimas de origen religioso) o ante una convicción (idea íntima de origen ideológico). Lo relevante es que esa idea sea tan importante para la persona que actuar en su contra le podría ocasionar un daño emocional grave y afectar el libre desarrollo de su personalidad[16].

Así, por ejemplo, algunas personas no consumen ciertos alimentos, como carnes rojas, porque sus creencias se lo impiden. Otras personas no consumen este tipo de alimentos porque sus convicciones éticas relacionadas con el bienestar animal se lo impiden. En caso de que una de estas personas esté privada de la libertad en un centro penitenciario se le debe ofrecer una dieta alimenticia que sea acorde con sus creencias o convicciones. En ambos casos se debe proteger el derecho que tienen las personas a no consumir un determinado tipo de alimento que afectaría gravemente su conciencia y estima personal. Cuando el Estado ofrece una dieta alternativa a la persona no está tomando partido a favor de posturas veganas o de determinados dogmas religiosos. Aquí simplemente se está protegiendo la conciencia de la persona, la cual sería gravemente afectada si se ve obligada a consumir ciertos tipos de carnes.

Como se mencionó al inicio de este apartado, el artículo 18 del PIDCP, el artículo 12 de la Convención Americana sobre Derechos Humanos y el artículo 9 del Convenio Europeo para la Protección de los Derechos Humanos y de las Libertades Fundamentales reconocen de manera genérica el derecho a la libertad de pensamiento, conciencia y religión. De una lectura de lo establecido en estas normas internacionales se puede advertir que las libertades de conciencia y religión fueron reconocidas en una sola disposición, de una forma en la que no hay duda de que ambas conforman un único derecho: el derecho a la libertad

---

15 Al respecto, Llamazares Fernández (2006a) sostiene: "Lo que el Estado laico valora positivamente no son las creencias religiosas, sino el derecho de libertad religiosa, en las mismas condiciones que el de libertad de convicción no religiosa, como derecho civil fundamental, que es cosa harto diferente" (p. 80).

16 Sobre este punto, Llamazares Calzadilla (2015) apunta lo siguiente: "Todo depende de cómo perciba el propio sujeto la relación de esas creencias o ideas con la propia identidad: si las percibe como inseparables de ella, de manera que el no comportarse de acuerdo con ellas o el comportase en su contra equivale[n] a una traición a esa identidad, aunque la incoherencia sólo la perciba él y no implique pérdida de la fama ante los otros pero sí del honor como aprecio de sí mismo" (p. 30).

de conciencia[17]. Lo anterior no podía ser de otra manera porque estas libertades protegen, como se ha explicado, las ideas arraigadas de las personas[18].

Sostener que el derecho a la libertad de conciencia está comprendido por la libertad de religión (creencias) y por la libertad de conciencia en estricto sentido (convicciones) no supone desconocer el hecho que cada una de estas dos libertades tiene unas particularidades propias. Por regla general, el hecho religioso da lugar a la creación de organizaciones jerárquicamente organizadas con unas dinámicas colectivas particulares. Estas particularidades deben ser tenidas en cuenta cuando el Estado regule, por ejemplo, las asociaciones religiosas. Sin embargo, esta circunstancia no justifica la autonomía de la libertad de religión porque, como se ha explicado, la finalidad del Estado laico es la protección de la persona y sus ideas íntimas, y no las particulares circunstancias que pueden llegar a tener los miembros de una organización privada[19]. Desde la perspectiva

---

17   En este sentido, el Comité de Derechos Humanos interpretó, en la Observación General n.º 22, el artículo 18 del PIDCP y las libertades reconocidas en esa disposición internacional: "1. El derecho a la libertad de pensamiento, de conciencia y de religión (que incluye la libertad de tener creencias) en el párrafo 1 del artículo 18 es profundo y de largo alcance; abarca la libertad de pensamiento sobre todas las cuestiones, las convicciones personales y el compromiso con la religión o las creencias, ya se manifiesten a título individual o en comunidad con otras personas. El Comité señala la atención de los Estados Partes el hecho de que la libertad de pensamiento y la libertad de conciencia se protegen de igual modo que la libertad de religión y de creencias".

18   Sobre este punto, Celador Angón (2011) sostiene lo siguiente: "La mayoría de las constituciones de la postguerra, así como los principales tratados internacionales suscritos por los países europeos en materia de derechos humanos, protegen expresamente el derecho a la libertad de pensamiento o de conciencia y, como una subespecie de este derecho, a la libertad religiosa. La delimitación operada en el bien jurídico protegido por la libertad de creencias y convicciones es la culminación del proceso secularizador que nace con las revoluciones ilustradas que triunfaron en la Europa del XVIII, tanto de los Estados y sus ordenamientos jurídicos como de la sociedad misma. El concepto de libertad religiosa se seculariza debido a la obligación de los poderes públicos de aplicar el principio de igualdad y no discriminación a aquellas creencias o convicciones que, si bien no son religiosas, tienen una entidad axiológica equiparable para los sujetos. Así las cosas, el bien jurídico protegido por los textos constitucionales es la libertad de creencias o convicciones (con la forma jurídica de libertad de pensamiento o de conciencia), con independencia de su carácter religioso o ideológico, y sin que los poderes públicos puedan discriminar entre sus ciudadanos por tener unas u otras creencias, o por carecer de las mismas" (p. 32).

19   Dworkin (2016) propuso eliminar la regulación especial para la libertad religiosa, y en su lugar, abordar todo el tema relativo a la conciencia como un derecho genérico que denominó *independencia ética*. Al respecto, Dworkin (2016) sostuvo: "Ahora puedo sugerir algo. Los problemas que no hemos encontrado para definir la libertad religiosa provienen del intento por conservar el carácter especial de ese derecho al tiempo que se rompe el vínculo entre religión y dios. En vez de esto, deberíamos abandonar la idea de un derecho especial a la libertad religiosa con sus grandes barreras de protección y, por lo tanto, su necesidad apremiante de límites más estrictos y de una definición más cuidadosa. En su lugar, deberíamos considerar aplicar sobre la materia tradicional de este supuesto derecho sólo el derecho más general a la independencia ética. La diferencia entre estos dos enfoques es importante. Un derecho especial fija la atención sobre la materia en cuestión: un derecho especial a la religión establece que el gobierno no debe limitar el ejercicio religioso en forma alguna, a no ser que se presente una emergencia

jurídica, lo relevante para el Estado no son unas determinadas creencias o convicciones, sino el papel que estas juegan en el fuero interno de las personas, en la medida en que pueden condicionar el libre desarrollo de la personalidad.

Es de resaltar que no obstante lo sostenido en los párrafos anteriores, un sector importante de los estudiosos del Derecho eclesiástico del Estado sostiene que la libertad de conciencia y de religión constituyen dos derechos independientes, que deben ser regulados por ramas jurídicas diferentes[20]. Para este sector, la libertad de religión es un derecho autónomo cuyo contenido es la protección de las creencias de las personas[21]. La anterior postura ha dado lugar a uno de los debates más importantes entre los autores que defienden la autonomía científica del Derecho eclesiástico del Estado[22]. En efecto, los eclesiasticistas no tienen una postura única sobre si esa rama del Derecho se debe encargar únicamente del estudio de las normas relacionadas con el ejercicio de la libertad de religión o si también tiene que abarcar el estudio de la libertad de conciencia y la protección de las convicciones que no tienen origen en los dogmas religiosos[23].

Para algunos autores, la presencia de un ser trascendente justificaría la autonomía de la libertad de religión respecto del derecho a la libertad de conciencia[24]. Para otros, las especiales características de la manera como se manifiesta la dimensión colectiva de la libertad de religión justificaría la autonomía

---

extraordinaria. Por el contrario, el derecho general a la independencia ética se fija en la relación entre el gobierno y sus ciudadanos: restringe las razones por las que el gobierno puede limitar la libertad de los ciudadanos en cualquier medida" (p. 83).

20 Al respecto puede consultarse, entre otros, a Lombardía Díaz y Fornés de la Rosa (2007), Viladrich Bataller y Ferrer Ortiz (2007), Ollero Tassara (2009) y Prieto Martínez (2011 y 2015).

21 Polo Sabau (2002) describe la postura de este sector de la siguiente manera: "Partiendo de esta noción, la exteriorización de las convicciones religiosas constituiría en la esfera de lo social, de lo intersubjetivo, un objeto bien delimitado y dotado por ello de una especificidad que haría posible su protección especial bajo la vigencia del derecho fundamental a la libertad religiosa. La autonomía conceptual de este derecho, pues, descansaría sobre la naturaleza típicamente religiosa de su objeto susceptible de ser captada por el Derecho" (pp. 38-39).

22 Para un estudio claro de las diferentes posturas doctrinales de los eclesiasticistas puede consultarse a Polo Sabau (2002).

23 Es importante aclarar que en Colombia no existe un debate en torno al papel de la rama Derecho Eclesiástico del Estado porque esa especialidad no existe en el país. El debate en Colombia ha girado en torno a si la libertad de conciencia y religiosa son un único derecho fundamental o dos derechos independientes y autónomos. Este debate se ha efectuado desde el derecho constitucional, en especial, con los autores que se ocupan del análisis de los derechos fundamentales. Al respecto puede consultarse a Fernández Parra (2019a, pp. 61-72).

24 Esta posición es defendida por Barrero Ortega (2006) de la siguiente manera: "En última instancia, reducir la libertad religiosa a una clase de libertad ideológica tendría como consecuencia, acaso no prevista por los autores, privar al fenómeno religioso de su contenido más específico cual es la relación vital y comprometida del hombre con lo sagrado trascendental para contemplarlo como una manifestación cultural o costumbrista de los pueblos. De este modo, se difuminan los aspectos básicos de la

de esta libertad[25]. De este modo, las personas titulares del derecho a la libertad de religión son exclusivamente las personas creyentes, pues si no tienen creencias no se estaría ante el valor que se pretende proteger mediante esta libertad. Además, algunos sostienen que lo religioso no es indiferente para el Estado. Arguyen que el fenómeno religioso es un hecho que el Estado valora positivamente, por lo que es válido que se proteja y promueva la visión teísta del mundo mediante un derecho especial y autónomo.

Las anteriores posturas son incompatibles con el principio de laicidad porque en un Estado laico el fenómeno religioso no es un hecho valioso por sí mismo. Este fenómeno es tenido en cuenta por el Estado laico porque es una manifestación de un derecho fundamental. En consecuencia, es irrelevante que las creencias requieran como presupuesto un ser superior trascendente. Lo importante para el Estado es que las ideas tengan la capacidad suficiente para determinar el proyecto y el modo de vivir de las personas. El Estado no valora ni protege a un ser superior trascedente, ni los fundamentos éticos que hay detrás de las convicciones. Se protege a las personas y el derecho a tener una vida conforme con los mandatos de su conciencia. Por consiguiente, para el Estado son baladíes los fundamentos que hay detrás de una idea fuerte de una persona, pues lo importante es que esa idea sea tan profunda que obligar a la persona a actuar en contra de ella afectaría su conciencia.

El hecho de que algunas creencias se manifiesten de manera colectiva tampoco es una razón suficiente que permita predicar la autonomía de la libertad de religión. Ello se debe a que muchas convicciones también se manifiestan mediante actos colectivos como, por ejemplo, las ceremonias de iniciación de ciertas organizaciones ideológicas. En igual sentido, hay experiencias religiosas que se expresan mediante actos individuales que no requieren la presencia de organizaciones religiosas[26]. Por ende, justificar la autonomía de la libertad de religión solo porque algunas creencias se manifiestan a través de actos colectivos

---

fe religiosa en el cajón de sastre de la omnímoda libertad ideológica y, a la postre, la libertad religiosa deja de ser un derecho liberal cultual para serlo, simplemente, de libertad cultural" (pp. 103-104).

25   Vázquez Alonso (2012) justifica la autonomía del derecho a la libertad religiosa afirmando: "En mi opinión, parte de las divergencias entre el derecho a la libertad ideológica y el derecho a la libertad religiosa surgen cuando consideramos la dimensión comunitaria de la libertad religiosa o, mejor dicho, la importancia del elemento comunitario para la satisfacción de determinadas manifestaciones del derecho a la libertad religiosa, exclusivas de quien se haya dado una respuesta positiva al interrogante religioso abrazando una determinada confesión" (p. 435).

26   Beltrán Cely y Larotta Silva (2020) ponen de presente que en Colombia la tendencia de personas creyentes que no se identifican con las organizaciones religiosas viene en aumento. Según el estudio estadístico de estos autores este tipo de personas representan el 17,8% de la población colombiana.

implica desconocer el hecho de que existen creencias que no requieren expresiones colectivas porque son actos individuales de fe. También implica desconocer que muchos actos que son consecuencia de convicciones profundas de las personas se realizan por medio de ceremonias y rituales colectivos que no tienen relación con lo religioso.

La postura que mejor se compatibiliza con el principio de laicidad es la que sostiene que la libertad de religión forma parte del derecho genérico a la libertad de conciencia. Esto es así porque la supuesta autonomía del derecho a la libertad de religión puede dar lugar a que el fenómeno religioso sea calificado como un bien jurídico importante para el Estado. Esta valoración positiva del fenómeno religioso es contraria al principio de laicidad porque, como se abordará un poco más adelante, uno de los presupuestos de este principio exige al Estado comportarse de manera neutral en materia religiosa e ideológica. Con la neutralidad se pretende evitar cualquier tipo de discriminación positiva o negativa por la valoración que el Estado realice de las creencias o convicciones de las personas.

Como se ha sostenido, el principio de laicidad pretende proteger a las personas y garantizar que el derecho a la libertad de conciencia y de religión se pueda ejercer en condiciones materiales de igualdad. Cuando se afirma que la libertad de conciencia y la de religión conforman un único derecho, el bien jurídico protegido no es el fenómeno religioso ni los sistemas éticos que hay detrás de las convicciones. Aquí el bien jurídico amparado es la persona y su conciencia. Se tutelan las creencias y las convicciones, independientemente de que su origen sea el fenómeno religioso o un sistema ético secular.

El otro gran problema con la valoración positiva del fenómeno religioso es que este hecho desconoce que muchos comportamientos y dogmas religiosos son contrarios a los principios constitucionales. Por ejemplo, algunas posturas religiosas fomentan las discriminaciones contra las personas LGBTQ+ o son reacias a reconocer los derechos sexuales y reproductivos de las mujeres[27].

---

27 En este sentido, la Corte Interamericana de Derechos Humanos resaltó, en la Opinión Consultiva 24/17 en la que trató temas relativos a la identidad de género, e igualdad y no discriminación a parejas del mismo sexo, que uno de los obstáculos para el reconocimiento del matrimonio entre parejas del mismo sexo en la región son las creencias que sostienen algunas organizaciones religiosas: "[…] 223. […] En ese sentido, la Corte observa que, en ocasiones, la oposición al matrimonio de personas del mismo sexo está basada en convicciones religiosas o filosóficas. El Tribunal reconoce el importante rol que juegan dichas convicciones en la vida y en la dignidad de las personas que la profesan; no obstante, éstas no pueden ser utilizadas como parámetro de convencionalidad puesto que la Corte estaría impedida de utilizarlos como una guía interpretativa para determinar los derechos de seres humanos. En tal sentido, el Tribunal es de la opinión que tales convicciones no pueden condicionar lo que la Convención establece respecto de la discriminación basada en orientación sexual. Es así como en sociedades democráticas debe

Por ende, no se puede sostener que el fenómeno religioso es valioso para el Estado, pues en este abanico existen muchos comportamientos que son contrarios a los principios y valores establecidos en la Constitución. Lo que realmente debe ser valioso para el Estado son las personas y la protección de sus convicciones y creencias.

Para finalizar este apartado, es importante resaltar que existe un relativo consenso en la doctrina eclesiástica sobre el alcance y contenido del derecho a la libertad de conciencia y de religión[28]. Este derecho se manifiesta principalmente en tres dimensiones. La primera es la posibilidad de tener unas determinadas creencias o convicciones, y abandonarlas cuando se considere pertinente[29]. La segunda dimensión de la libertad de conciencia es la posibilidad de poder expresar, difundir y hacer publicidad de las convicciones y creencias que se siguen. Por último, la libertad de conciencia y de religión comprende la facultad de poder llevar una vida acorde con las convicciones y creencias que tienen las personas[30].

II. EL PRINCIPIO DE LAICIDAD COMO LA MEJOR FÓRMULA PARA GARANTIZAR EL DERECHO A LA LIBERTAD DE CONCIENCIA Y DE RELIGIÓN

Para demostrar la hipótesis de que el principio de laicidad es la mejor fórmula, hasta ahora conocida, para garantizar la igualdad en el ejercicio del derecho a la libertad de conciencia y de religión es importante tener en cuenta que existen varias clasificaciones de modelos de Estados según su relación con el fenómeno

---

existir coexistencia mutuamente pacífica entre lo secular y lo religioso; por lo que el rol de los Estados y de esta Corte, es reconocer la esfera en la cual cada uno de éstos habita, y en ningún caso forzar uno en la esfera de otro" (Corte Interamericana de Derechos Humanos, Opinión Consultiva 24/17, párrafo 223).

28   De forma clara, Celador Angón (2007) explica: "Esta labor se realiza desde la óptica del Derecho eclesiástico del Estado, en cuanto que esta rama del Derecho tiene por objeto el estudio y la ordenación sistemática de las normas reguladoras de la libertad de conciencia, la cual, como es sabido, se define como el derecho a tener unas u otras creencias, unas u otras ideas, unas u otras opiniones, así como a expresarlas, a comportarse de acuerdo con ellas y a no ser obligado a comportarse en contradicción con ellas" (p. 14).

29   Souto Paz (1995) ha dicho que aquí se crea "un ámbito de autonomía personal protegido por el derecho, donde el sujeto puede elaborar sus propias ideas" (p. 18).

30   Al respecto Fernández-Coronado González, Rodríguez García, Murillo Muñoz y Pardo Prieto (2002) sostienen: "Cuando se habla de libertad de conciencia, se está haciendo referencia a tres cosas diferentes íntimamente relacionadas entre sí. Libertad para creer o no creer, esto es, para tener unas u otras convicciones o creencias; libertad para expresar, manifestar y participar esas convicciones o creencias; y libertad para comportarse de acuerdo a ellas y para no ser obligado a comportarse en su contra" (p. 18).

religioso[31]. En este amplio abanico, algunos de los modelos no reconocen el derecho a la libertad de conciencia y de religión. Estos, por lo general, reconocen una religión oficial y prohíben la pertenencia a otras organizaciones religiosas (iglesias de Estado y Estados confesionales intolerantes). Otro tipo de Estado intolerante es el que se muestra hostil con el fenómeno religioso e incluso prohíbe a los ciudadanos pertenecer a alguna organización religiosa (Estado laicista o Estado con ideología totalitaria como el comunista).

Para los objetivos de este trabajo no es necesario abordar el estudio de los modelos de relación entre el Estado y las organizaciones religiosas que no reconocen el derecho a la libertad de conciencia y de religión porque estas formas de organización no son acordes con los principios establecidos en la CP ni con el mínimo consenso internacional en materia de derechos humanos. En efecto, en el campo internacional existe un amplio consenso que ha llevado al reconocimiento y la positivización del derecho a la libertad de conciencia y religión en la mayoría de los tratados internacionales de derechos humanos, tanto universales como regionales[32]. En el contexto colombiano, la CP garantiza expresamente este derecho en los artículos 18 y 19. Por ende, en este trabajo solo se estudiarán los modelos que reconocen el derecho a la libertad de conciencia y de religión, pues el marco jurídico colombiano y el consenso internacional en materia de derechos humanos son incompatibles con los Estados intolerantes en materia religiosa.

A. LOS ESTADOS CONFESIONALES Y PLURICONFESIONALES QUE RECONOCEN EL DERECHO A LA LIBERTAD DE CONCIENCIA Y DE RELIGIÓN

Para empezar, es necesario resaltar que el proceso histórico que llevó al reconocimiento del derecho a la libertad de conciencia tiene origen en una primera etapa de mera tolerancia religiosa. El primer paso para el reconocimiento del derecho a la libertad de conciencia fue la etapa de la tolerancia. Aunque la

---

31   Para un estudio detallado de las diferentes clasificaciones de los Estados según su relación con el derecho a la libertad de conciencia y religiosa puede consultarse, entre otros, a Llamazares Fernández y Llamazares Calzadilla (2011a, pp. 48-58), Ruiz Miguel (2013, pp. 1-5), Espinosa Díaz (2016, pp. 60-66), Prieto Sanchís (2004, pp. 39-45) y Fernández-Coronado González *et al.* (2002, pp. 17-26). Para un estudio de la clasificación creada por la Corte Constitucional colombiana véanse, entre otras, las sentencias C-350 de 1994, C-817 de 2011 y C-224 de 2016.

32   En ámbito universal, el derecho a la libertad de conciencia y religiosa fue reconocido en el artículo 18 de PIDCP. En el contexto regional este derecho fue reconocido en el artículo 12 de la Convención Americana sobre Derechos Humanos y en el artículo 9 del Convenio para la Protección de los Derechos Humanos y de las Libertades Fundamentales del Consejo de Europa.

tolerancia religiosa no implicó el reconocimiento del derecho a la libertad de conciencia y de religión, fue un gran paso hacia este objetivo porque debilitó la doctrina imperante del *cuius regio, eius religio* (una fe, una ley, un rey). Este cambio fue sustentando por autores como Locke y Voltaire, que defendieron la idea de la tolerancia religiosa para evitar las guerras y las injusticias cometidas hasta ese momento en nombre de la religión[33].

Es importante resaltar que en esta etapa se pasó de la persecución al disidente religioso a su mera tolerancia. En algunos casos solo se toleraba la práctica de culto de manera privada, en otros incluso se permitió al disidente realizar actos de culto de manera pública[34]. Sin embargo, la tolerancia no implicó el reconocimiento del derecho a la libertad de conciencia y de religión, por lo que el Estado no tenía ningún tipo de obligación de garantía frente a las creencias y convicciones de los ciudadanos que no pertenecían a la organización religiosa oficial. El Estado se comprometió a no perseguir al disidente religioso, pero no reconoció el derecho a la libertad de conciencia y de religión.

Los Estados confesionales tolerantes son aquellos que tienen una religión oficial, pero que admiten que las personas profesen creencias diferentes a las defendidas por la organización religiosa oficial[35]. En principio, estos Estados

---

33 Es importante aclarar que la tolerancia religiosa solo se predicaba para las personas que eran miembros de organizaciones religiosas diferentes a la oficial, pero de ninguna manera se toleraba al ateísmo o el agnosticismo. Así, por ejemplo, Locke sostenía lo siguiente sobre la no tolerancia del ateísmo: "En cuarto y último lugar, no deben ser tolerados de ninguna forma quienes niegan la existencia de Dios. Las promesas, convenios y juramentos, que son los lazos de la sociedad humana, no pueden tener poder sobre un ateo. Pues eliminar a Dios, aunque sólo sea en el pensamiento, lo disuelve todo. Además, aquellos que por su ateísmo socavan y destruyen toda religión no pueden pretender que la religión les conceda privilegio de tolerancia" (Locke, 1999, p. 110). John Locke publicó en 1666 "An Essay on Tolerance" y en 1685 "Epistola de tolerantia". En el presente escrito se trabajará con la traducción al español realizada por Carlos Mellizo, titulada "Ensayo y carta sobre la tolerancia", publicada en 1999.

34 El Estado tolerante es descrito de la siguiente manera por Ruiz Miguel (2013): "Históricamente, la idea de tolerancia apareció primero como un simple *modus vivendi*, cuyo valor es meramente negativo; esto es, como un régimen jurídico que intenta evitar los conflictos y conforme al cual el Estado concede el derecho a cierta disidencia religiosa sin renunciar a su propia declaración de confesionalidad. Desde la preferencia que tal confesionalidad comporta hacia un cierto culto, por razones pragmáticas el Estado soporta o, justamente, tolera otros cultos, muchas veces prohibiendo a estos una abierta expresión pública" (pp. 26-27).

35 Es preciso resaltar que la doctrina especializada diferencia entre el "Estado confesional" e "Iglesia de Estado". La diferencia fundamental que resalta la doctrina eclesiástica entre estos dos tipos de Estados es que en uno la organización religiosa oficial hace parte de la estructura orgánica de la Administración Pública (Iglesia de Estado), mientras que en el otro existe una relativa separación orgánica, pero acompañada de una relación estrecha y privilegiada (Estado confesional). Para los efectos de este escrito, el Estado confesional y las iglesias de Estados se tomarán como especies de un mismo género. Para un estudio detallado de los Estados europeos que tienen un modelo de Iglesia de Estado, véase a Ferreiro Galguera (2010).

solo toleraban al disidente religioso, sin garantizar su derecho a la libertad de religión[36]. Como sostiene Garzón Valdés (1992), la tolerancia lleva implícita una "idea del mal", pues se tolera el ejercicio de algo que se considera malo o erróneo.

El reconocimiento y positivización de los derechos humanos llevó a algunos Estados a perder su naturaleza tolerante cuando decidieron reconocer el derecho a la libertad de conciencia y de religión[37]. En este caso, el Estado se transforma en una institución confesional, pero a su vez garante del derecho a la libertad de conciencia y de religión[38]. Independientemente de que el Estado confesional se identifique con una organización religiosa y otorgue prerrogativas y beneficios a dicha organización, asume la obligación de garantizar que todas las personas puedan ejercer el derecho a la libertad de conciencia y de religión[39].

Por su parte, los Estados pluriconfesionales se caracterizan por reconocer a varias organizaciones religiosas como iglesias oficiales. De manera similar que los Estados confesionales que reconocen el derecho a la libertad de conciencia y de religión, la mayoría de los Estados pluriconfesionales también pasó por una etapa de mera tolerancia en materia religiosa, para con posterioridad reconocer plenamente el derecho a la libertad de conciencia y de religión.

Por lo general, la pluriconfesionalidad es adoptada en el contexto de los Estados federales para que cada uno de los entes estatales pueda tener la libertad

---

36   Como anotan Llamazares Fernández y Llamazares Calzadilla (2011a), "La tolerancia vertical es sólo el primer paso hacia la libertad religiosa, pero no debe confundirse con ella. Está a medio camino entre ésta y la intolerancia: tanto el reconocimiento y respeto del derecho a la libertad de conciencia y no discriminación son limitados; en el mejor de los casos, simplemente la disidencia o heterodoxia no está penalizada, la autoridad aplica la pena con benignidad o simplemente se da por no enterada, mira para otro lado y no la aplica" (p. 33).

37   Para un estudio detallado de los presupuestos históricos y teóricos del paso de la tolerancia religiosa al reconocimiento del derecho a la libertad de conciencia y religiosa, véase a Barrero Ortega (2000).

38   Sobre esta evolución, Ruiz Miguel (2013) anota: "Cuando la tolerancia evoluciona hasta garantizar positivamente el igual derecho de todas las personas a profesar sus creencias religiosas, la idea se termina por transformar hasta perder el significado inicial de que se está tolerando o soportando una creencia o su manifestación desde una creencia distinta que en realidad es incompatible con ella y que, por tanto, no puede aceptarla internamente como válida o verdadera. En este segundo sentido, que idealmente debe conducir a la aconfesionalidad estatal, es natural que en el plano del Estado, y en sus consiguientes relaciones con los individuos, la terminología de la tolerancia terminara por ser sustituida por el lenguaje de los derechos y de la libertad religiosa, de conciencia o de creencias" (p. 27).

39   El reconocimiento y positivización de los derechos humanos transforma significativamente a los Estados porque asumen el compromiso de garantizar y proteger un catálogo mínimo de derechos. Esta nueva obligación implica una autolimitación del poder estatal porque en todas sus decisiones tendrán que respetar el contenido de esos derechos. Como apunta Peces-Barba Martínez (1995): "Esa incorporación se decide a sabiendas de que el sistema jurídico y muy especialmente sus derechos fundamentales, actuarán sobre el mismo poder limitando su libertad, sujetándole a restricciones en su voluntad y en su capacidad de acción. Sería un hecho fundante básico que asume como valores los que fundamentan los derechos y también la función de estos como límites al poder" (p. 348).

de reconocer como oficial a la respectiva religión histórica o mayoritaria de su población[40]. En otros casos, el Estado pluriconfesional se configura como una consecuencia de la lucha de algunas organizaciones religiosas minoritarias por alcanzar las prerrogativas que fueron creadas para la iglesia oficial. Aquí los privilegios de la iglesia oficial son extendidos a otras organizaciones religiosas, por lo que el Estado confesional se transforma en pluriconfesional. Algunos de los Estados pluriconfesionales reconocen expresamente a organizaciones religiosas oficiales, por lo que está formalmente establecido cuáles son las iglesias oficiales. En otros no existe un reconocimiento formal, pero sí un trato privilegiado que permite identificar a ciertas organizaciones religiosas como iglesias oficiales.

Actualmente, la mayoría de los Estados confesionales y pluriconfesionales que reconocen el derecho a la libertad de conciencia y religiosa se caracterizan por ser Estados democráticos y garantistas de los derechos fundamentales de las personas. Por consiguiente, la mayoría de estos Estados forman parte de los sistemas universales y regionales de derechos humanos, y en términos generales son reconocidos por garantizar los derechos fundamentales de sus ciudadanos[41]. En principio, el anterior hecho permitiría sostener que no es necesario el régimen de laicidad en los Estados confesionales y pluriconfesionales que reconocen y garantizan plenamente el derecho a la libertad de conciencia y de religión, dado que los estándares de protección de los derechos son altos en la mayoría de los países que tienen este modelo de relación.

---

40   En los Estados Unidos de América, país referente del sistema federal, se estableció en la primera enmienda la prohibición de establecer una religión oficial (*establishment clause*). No obstante, como advierte Celador Angón (2014, 2017), en principio esta prohibición fue interpretada de una forma en que solo se dirigía al Estado federal, por lo que algunos Estados establecieron constituciones que otorgaban privilegios y trato de Iglesia oficial a la respectiva organización mayoritaria en esos territorios. Sobre este punto Celador Angón (2017) explica que "Un segundo grupo de Estados, como Massachusetts, Nuevo Hampshire, Carolina del Sur o Connecticut, permitieron que el Estado financiase la religión y se opusieron a ratificar la primera enmienda en sus constituciones. Es más, los Estados aludidos establecieron una Iglesia cuasi oficial donde 'todos los ciudadanos estaban obligados a pagar un impuesto religioso para financiar la parroquia de la Iglesia congregacionista de donde residiesen'" (p. 81). Solo hasta el siglo XX la *establishment clause* va a ser interpretada de una manera que también prohíbe a los Estados federales establecer una Iglesia oficial. Para un estudio detallado de la historia de la interpretación de la *establishment clause* en los Estados Unidos de América, véase a Celador Angón (2014, 2017) y Vázquez Alonso (2012).

41   El Reino Unido, Dinamarca y Finlandia son algunos ejemplos de Estados confesionales que reconocen el derecho a la libertad de conciencia y religiosa. Asimismo Alemania es clasificada como un Estado pluriconfesional. Los anteriores países tienen en común que son reconocidos internacionalmente por sus altos estándares en la protección de los derechos humanos de sus ciudadanos. Para un estudio de derecho comparado sobre estos modelos de relación, véase a Celador Angón (2011) y Fernández-Coronado González (2002 y 2012).

No obstante, aunque algunos de los Estados confesionales y pluriconfesionales garanticen el derecho a la libertad de conciencia y de religión con estándares altos, los ciudadanos que forman parte de las organizaciones religiosas oficiales siempre contarán con algunas prerrogativas y ventajas que les permitirán practicar de una manera privilegiada los rituales que son propios de los dogmas de su organización. Los privilegios que gozan los miembros de las organizaciones religiosas oficiales les posibilitan ejercer su derecho a la libertad de conciencia y de religión en unas condiciones de ventaja en comparación con las personas que no comparten los dogmas de la Iglesia oficial. Por ende, siempre se presentará una desigualdad en el ejercicio de este derecho. Por ejemplo, algunos Estados confesionales y pluriconfesionales sostienen con recursos públicos a las organizaciones religiosas oficiales, por lo que miembros de esas asociaciones no deben preocuparse por mantener y sostener a su organización. En contraste, los miembros de las iglesias no oficiales deben sostener con sus propios recursos a sus organizaciones religiosas, sin perjuicio de que además terminen contribuyendo vía pago de impuestos con el sostenimiento de las organizaciones religiosas oficiales.

En los Estados confesionales, por regla general, los dogmas de las organizaciones religiosas oficiales son transmitidos en el sistema educativo mediante la asignatura de adoctrinamiento religioso. Aunque los hijos de los miembros de las demás organizaciones religiosas no son obligados a asistir a la clase de adoctrinamiento, existe una clara ventaja a favor de las organizaciones religiosas oficiales, que podrán contar con la colaboración del Estado para transmitir sus dogmas en el sistema educativo. Este hecho puede generar en los niños la asociación automática entre Estado y religión. En efecto, en esta etapa temprana de la vida la mayor relación directa que tienen los menores con el Estado se presenta en las aulas escolares públicas. Por tanto, la enseñanza de los dogmas religiosos en el sistema educativo público, con profesores estatales dedicados a la labor de adoctrinamiento, crea las condiciones para que los niños asocien al Estado con la religión que se imparte en el sistema educativo[42].

En los Estados confesionales y pluriconfesionales que garantizan el derecho a la libertad de conciencia y de religión existen varios privilegios para algunas organizaciones religiosas y sus miembros, ventajas que tienen sustento constitucional en el carácter oficial de esas organizaciones. Los privilegios hacen que los miembros de la iglesia oficial cuenten con unas ayudas del Estado para el

---

42   Para un estudio detallado de los problemas y tensiones que ocasiona la asignatura de adoctrinamiento religioso en un Estado laico, véase a Cubillas Recio (1997), Valero Heredia (2009) y Espinosa Díaz (2016).

ejercicio de sus rituales, cultos y la promoción de sus dogmas, ayudas a las que no tienen acceso los miembros de las demás organizaciones religiosas.

En contraste, en el Estado laico todas esas prerrogativas tienen serios problemas de constitucionalidad porque constituyen un marco jurídico de desigualdad que no permite el ejercicio del derecho a la libertad de conciencia y de religión en condiciones materiales de igualdad[43]. La laicidad impide otorgar cualquier tipo de privilegios, prerrogativas o subsidios directo a las organizaciones religiosas. Esta prohibición permite defender al Estado laico sobre los modelos de Estado confesionales y pluriconfesionales que garantizan el derecho a la libertad de conciencia y de religión, pues en estos últimos persisten algunos privilegios que impiden el ejercicio en condiciones de igualdad de dicho derecho. Lo anterior porque algunas organizaciones y sus miembros son objetos de privilegios que les permitirán ejercer el derecho a la libertad de conciencia y de religión en una situación muchas más cómoda que los integrantes de las organizaciones no privilegiadas.

Como se verá en el último epígrafe de este capítulo, el modelo de laicidad que se defiende en este trabajo no es incompatible con que en ciertas circunstancias el Estado coopere con las organizaciones religiosas para garantizar el ejercicio del derecho a la libertad de conciencia en casos especiales como, por ejemplo, cuando las personas se encuentran impedidas para ejercer este derecho por encontrarse recluidas en centros sanitarios o penitenciarios. Esta situación no vulnera el principio de laicidad porque la cooperación tiene como objetivo garantizar el ejercicio del derecho a una persona y no beneficiar a una organización religiosa[44].

Además de garantizar el derecho a la libertad de conciencia y de religión, la laicidad busca eliminar cualquier tipo de discriminación o privilegio en el ejercicio de este derecho. En esta forma de organización, las creencias y las convicciones íntimas de las personas no dan lugar a la concesión de ningún tipo de privilegio por parte de la Administración Pública o del legislador. Para cumplir con este objetivo, el Estado debe abstenerse de beneficiar o promover, así sea simbólicamente, cualquier tipo de cosmovisión, pues este hecho podría generar

---

43   Como resalta Prieto Sanchís (2004), "La libertad solo puede ser real en una situación de relativa igualdad y, sin duda, el fenómeno del 'Estado creyente' distorsiona de tal modo la atribución de los derechos individuales que propiamente éstos tienden a quedar asfixiados bajo el enorme peso del poder. De ahí que en un Estado confesional sea viable la libertad religiosa en el sentido mínimo antes indicado, pero que resulte inconcebible en términos plenos e igualitarios" (p. 26).

44   Al respecto véanse Fernández-Coronado González (1985), Llamazares Fernández (1989), Ferreiro Galguera (2017) y Fernández-Coronado González y Pérez Álvarez (2018).

un marco de desigualdad respecto de otras visiones del mundo, también válidas dentro del marco constitucional vigente. En el mercado de las convicciones y las creencias, el Estado tiene el deber de comportarse de manera neutral para que exista una libre competencia entre las organizaciones religiosas e ideológicas. De manera similar al mercado económico, se debe evitar que se creen monopolios religiosos o ideológicos cuya fuerza se deba al alto número de prerrogativas y beneficios otorgados por el Estado. Los poderes públicos solo deben intervenir en el mercado religioso e ideológico para garantizar los derechos de los ciudadanos cuando se encuentren vulnerados o amenazados.

B. CONFESIONALIDAD HISTÓRICA-SOCIOLÓGICA

La confesionalidad histórica-sociológica es un modelo de Estado que no reconoce formalmente a una organización religiosa como oficial. La estructura orgánica del Estado está separada de la estructura de las organizaciones religiosas. En este tipo de Estado se reconoce y garantiza el derecho a la libertad de conciencia y de religión. Sin embargo, por razones históricas-sociológicas, se adopta una posición positiva frente al fenómeno religioso y se establecen ciertas medidas que favorecen a la organización religiosa histórica o mayoritaria de la sociedad[45].

Como anotan Llamazares Fernández y Llamazares Calzadilla, las razones que se invocan para justificar el trato privilegiado para la organización religiosa son los aportes que esta ha realizado para la consolidación de la identidad nacional o por ser la mayoritaria de la población[46]. Se alega que la nacionalidad se construyó de conformidad con unos determinados dogmas religiosos. Por consiguiente, para este modelo es válida la promoción de los valores religiosos porque son esenciales para mantener los rasgos comunes que identifican a la

---

45   La confesionalidad histórica-sociológica corresponde, en la tipología creada por la Corte Constitucional colombiana, al Estado con orientación confesional. En efecto, para el tribunal constitucional, este tipo de Estado se caracteriza porque "si bien no se establece una religión oficial, el régimen jurídico acepta tomar en consideración el hecho social e histórico del carácter mayoritario de una o más confesiones religiosas, a las cuales confiere una cierta preeminencia" (Corte Constitucional, sentencia C-350 de 1994).

46   Llamazares Fernández y Llamazares Calzadilla (2011a) definen la confesionalidad histórica-sociológica de la siguiente manera: "Es una fórmula mitigada de confesionalidad, que a menudo marca el proceso de transición hacia el modelo de neutralidad. El Estado no identificado con ninguna persona singular, en cuanto tal, no cree ni confiesa, no se considera competente para declarar verdaderas unas creencias religiosas y falsas otras; pero si se siente legitimado para privilegiar a unas respecto a otras, no por razones religiosas (no emite ningún juicio de valor en ese sentido), sino por razones históricas (contribución de esas creencias a la conformación histórica de la conciencia de identidad nacional) o sociológicas (ser miembros de una determinada confesión y profesar las correspondientes creencias religiosas la mayoría de los ciudadanos de ese Estado)" (p. 53).

mayoría de la población. El otro motivo que se aduce para promover y otorgar beneficios a una particular organización religiosa es el hecho de que la mayoría de la población pertenece a esa organización. Se justifica que el Estado otorgue varias prerrogativas y beneficios a la organización mayoritaria para así garantizar el ejercicio efectivo del derecho a la libertad de conciencia y de religión de sus miembros[47].

Aunque en estos Estados no existe formalmente una organización religiosa oficial, materialmente es fácil identificar a la Iglesia oficial porque ésta goza de varios privilegios y prerrogativas que no tienen las demás organizaciones religiosas. En consecuencia, en este tipo de Estado también se presentan ciertas desigualdades en el ejercicio del derecho a la libertad de conciencia y de religión, pues los miembros de una organización religiosa en particular (mayoritaria o histórica) cuentan con unos privilegios que les permite practicar sus creencias en mejores condiciones que los miembros de las demás organizaciones religiosas.

El problema con los argumentos que se sostienen para justificar este modelo es que los Estados democráticos que se toman en serio la protección de los derechos fundamentales no pueden aceptar el criterio de la mayoría para justificar las desigualdades en el ejercicio de los derechos. Aunque el criterio mayoritario puede servir válidamente para tomar algunas de las decisiones más importantes de la vida en democracia, los derechos fundamentales están excluidos de la preferencia de las mayorías. Estos derechos se deben proteger de manera igualitaria, incluso en contra de la opinión de la mayoría. En términos de Ferrajoli, los derechos fundamentales son unas garantías a favor de las personas que forman parte de la esfera de lo que no puede ser decidido por las mayorías y por el Estado[48]. Otorgar privilegios con el argumento de que la organización religiosa es la mayoritaria de la población es un hecho que discrimina a las minorías, pues no podrán ejercer sus derechos en unas condiciones similares al de las mayorías[49].

---

47   Celador Angón (2011) considera que el modelo de Estado de confesionalidad histórica-sociológica es un modelo de tránsito hacia la laicidad. Este autor explica el modelo de la siguiente manera: "El tercer grupo está compuesto por aquellos Estados que se declaran ideológica y religiosamente neutrales, pero donde todavía existen reminiscencias confesionales […]. Los modelos confesionales que actualmente perviven en Europa se encuentran en proceso de transición hacia la laicidad, ya que reconocen expresamente en sus respectivas constituciones el derecho a la libertad de conciencia y el principio de igualdad y no discriminación por motivos ideológicos o religiosos; sin embargo, estos Estados privilegian a un grupo religiosos o a varios sobre los demás grupos religiosos e ideológicos, bien debido al papel que históricamente ha desempeñado una religión en dicho Estado, o bien porque la mayoría de sus ciudadanos profesan la religión que es privilegiada por el Estado" (p. 45).

48   Al respecto, véase a Ferrajoli (2016).

49   Sobre este punto, Fernández-Coronado González (2012) sostiene: "De este modo, aunque la libertad de conciencia individual se reconoce en toda su amplitud, en el plano colectivo existe una evidente

El argumento de que los beneficios a la organización religiosa son justificables porque sus dogmas constituyen elementos esenciales de la identidad nacional es discutible, debido a que estos elementos pueden válidamente protegerse sin beneficiar a la organización de la que surgieron. En efecto, la protección de estos elementos, que por lo general conforman la categoría de patrimonio cultural de la nación, debe realizarse de una manera en que únicamente se proteja el contenido cultural de la manifestación. El modelo de confesionalidad histórica-sociológica toma partida por la protección de la organización religiosa y no por la protección específica de los bienes y las manifestaciones culturales de origen religioso que conforman la categoría de patrimonio cultural de la nación. Justamente este comportamiento es el que constituye un privilegio incompatible con el objetivo de garantizar el ejercicio del derecho a la libertad de conciencia y de religión en condiciones materiales de igualdad.

El hecho de que algunos bienes y manifestaciones de una organización religiosa pueden conformar la identidad nacional no es desconocido por el principio de laicidad. El Estado laico debe proteger los elementos que conforman la identidad nacional, siempre que sean acordes con los principios y valores constitucionales. Sin embargo, a diferencia del modelo de confesionalidad histórica-sociológica, esta protección debe realizarse sin otorgar ningún tipo de privilegio a la organización religiosa en la que tuvo origen el rasgo distintivo de la identidad nacional. Lo importante es la protección del elemento cultural que constituye ese rasgo distintivo. La protección cultural no debe implicar el desconocimiento del principio de laicidad y, por ende, no debe dar lugar al desconocimiento de la igualdad ante la ley de todas las organizaciones religiosas. Para que esto suceda se debe proteger el valor cultural del bien o la manifestación, pero no se puede otorgar ningún tipo de prerrogativa o beneficio que ponga en ventaja a la organización religiosa histórica o mayoritaria.

C. EL ESTADO ACONFESIONAL O LAICO POSITIVO

El modelo aconfesional o laico positivo es un tipo de Estado creado principalmente por la doctrina italiana y española. En el caso de España, el modelo tiene origen en la doctrina del Tribunal Constitucional que en una primera etapa se abstuvo de señalar que el modelo establecido por la Constitución Española de

---

discriminación en relación con la posición jurídica de las distintas confesiones, recogida en algún caso en el propio texto constitucional y se produce una importante cooperación entre el Estado y las confesiones de mayor relevancia social, adquirida por razones históricas culturales, jurídicas, etc." (p. 292).

1978 (en adelante, CE) era laico. Esto se debió a los temores que generaba el concepto de laicidad en un importante sector social, que asociaba la laicidad con el proyecto político de la Segunda República y algunas políticas hostiles adoptadas en ese periodo contra la religión. El Tribunal decidió utilizar el concepto de Estado aconfesional para evitar revivir uno de los fantasmas de la Segunda República, que dio lugar a la dictadura de Francisco Franco. Con la utilización de este concepto se busca poner de presente que el Estado no debe comportarse hostilmente con los sentimientos religiosos de las personas y debe cooperar activamente con las organizaciones religiosas para garantizar el derecho a la libertad de conciencia y de religión[50].

En una etapa posterior, el Tribunal Constitucional empezó a utilizar de manera conjunta los conceptos: aconfesional y laicidad positiva[51]. Para esa entidad judicial, el régimen establecido por la CE era el de un Estado aconfesional o laico positivo[52]. La incorporación del término *laicidad* se explica porque para la primera década de los años dos mil ya se habían disipado los temores que con la CE se pudiera regresa a un régimen similar al de la Segunda República. Por esa razón, el Tribunal ya no tenía excusa alguna para no utilizar el concepto "laicidad". Sin embargo, agregó un adjetivo: "laicidad *positiva*".

Este concepto de aconfesionalidad o laicidad positiva fue acogido con entusiasmo por un importante sector de la doctrina española, que se opone a que se denomine al régimen español como simplemente laico[53]. Para este sector, la

---

50   El Tribunal Constitucional Español empezó a utilizar la expresión "Estado aconfesional" en las primeras sentencias en las que abordó temas relacionados con el derecho a la libertad de conciencia y religiosa. Este término es utilizado, entre otraś, en las siguientes sentencias: STC 1/1981, STC 5/1981, STC 24/1982, STC 19/1985, STC 340/1993 y STC 166/1996.

51   Esta equiparación tuvo lugar en la STC 46/2001. Posteriormente fue reiterada, entre otras, en las sentencias STC 128/2001 y 154/2002.

52   Ruiz Miguel (2008) crítica fuertemente la asimilación realizada por el tribunal constitucional en la STC 46/2001 entre los términos "aconfesionalidad" y "laicidad positiva". Lo anterior porque en esa providencia se intentó sugerir que la expresión "laicidad positiva" se había utilizado previamente como sinónimo de aconfesionalidad, lo cual no es cierto según este autor. Al respecto, sostiene: "He dicho que esta idea de la 'laicidad positiva' se incorporó de soslayo –y se puede añadir que subrepticiamente– por el modo en el que la sentencia adopta este nuevo concepto. Su texto dice: '[…] introduciendo de este modo una idea de aconfesionalidad o laicidad positiva que veda cualquier tipo de confusión entre fines religiosos y estatales (STC 177/1996)', con lo que no sólo da a entender que aquella idea había sido ya introducida por la STC 177/1996, en la que en vano se podrán buscar rastros de ella, sino el contrasentido de que la laicidad positiva hace lo contrario de lo que efectivamente hace, que es confundir Estado y religión" (Ruiz Miguel, 2008, p. 12).

53   Llamazares Fernández (2006a) sostiene lo siguiente sobre la preferencia de algunos autores por el término "aconfesional": "La opción en pro del término *aconfesionalidad* con exclusión del término *laicidad* no es ni inocua ni inocente. Lo que se está defendiendo es una interpretación de nuestro texto constitucional [CE] que deja abierta la puerta a la desigualdad y al privilegio de unas creencias religiosas

aconfesionalidad o laicidad positiva es un modelo en que el Estado está separado orgánicamente de las organizaciones religiosas y en que no existe una Iglesia oficial. Sin embargo, el hecho religioso es valorado positivamente, por lo que el Estado puede válidamente otorgar beneficios al fenómeno religioso y, sobre todo, a las organizaciones religiosas[54].

Los defensores de este modelo consideran que el Estado tiene la obligación de cooperar activamente con las organizaciones religiosas para que los ciudadanos puedan ejercer su derecho a la libertad de conciencia y de religión. Por tanto, el derecho a la libertad de religión es equiparado a un derecho económico y social que debe ser garantizado por el Estado mediante la cooperación activa con las organizaciones religiosas[55]. Esto da lugar a que se realicen diferentes acuerdos de cooperación para otorgar beneficios a las organizaciones religiosas. Esta cooperación tiene como finalidad garantizar a los integrantes de las organizaciones religiosas el ejercicio efectivo de su libertad de religión[56].

Algunos autores sostienen que la denominación "laicidad positiva" se justifica para diferenciar el modelo español de otros modelos en que el hecho religioso es abordado con hostilidad por parte del Estado[57]. También afirman que el calificativo "positivo" es utilizado para diferenciar la laicidad de la clásica concepción liberal del Estado que aboga por la no intervención de la Administración

---

respecto de otras, de una o unas confesiones religiosas respecto de las otras" (Llamazares Fernández, 2006a, p. 73).

54 Para un análisis detallado de la posición de los autores que defiende el concepto de *aconfesionalidad* o *laicidad positiva*, véase, entre otros, a Navarro-Valls (2008a), Ollero Tassara (2009, 2017) y Prieto Martínez (2019).

55 Castro Jover (2003) describe de la siguiente manera la postura de los que defiende el concepto de *aconfesionalidad* o *laicidad positiva*: "Los que se ubican en la primera posición sostienen que la valoración positiva abarca todas las manifestaciones del hecho religioso, incluyendo la financiación directa de las confesiones y encuentra su fundamento jurídico, según unos en el mandato jurídico recogido en el 16.3 [CE] y dirigido a los poderes públicos de que tendrán en cuenta las creencias religiosas de la sociedad española; según otros la cooperación es una expresión de la valoración positiva del fenómeno religioso y del papel de las iglesias en particular materializable en acuerdos con las confesiones, que permitan crear un derecho especial en el que sea posible el ejercicio real de la libertad religiosa; también se ha intentado explicar desde la comprensión del derecho de libertad religiosa como un derecho que tiene una faceta prestacional en sentido amplio que forma parte de su contenido esencial" (pp. 12-13).

56 Para Llamazares Calzadilla (2015), la defensa del concepto *aconfesionalidad* sobre el de *laicidad* por un sector importante de la doctrina española se explica precisamente porque el contenido de ese término permite la creación de un marco jurídico privilegiado a favor del fenómeno religioso. Al respecto, la autora sostiene: "Es frecuente encontrar el término 'aconfesionalidad' como el preferido en ocasiones para definir el modelo español de relaciones Iglesia-Estado. Se dice que el nuestro no es un Estado laico, sino un Estado aconfesional. Lejos de tratarse de una afirmación inocente, oculta una interpretación interesada de nuestro texto constitucional tras la que se esconde el intento de calificar ese modelo como de confesionalidad histórica-sociológica" (p. 51).

57 Al respecto, véase Ollero Tassara (2009, pp. 51 y ss.).

en asuntos de libertades[58]. Para los autores que sostienen esta segunda postura, la expresión "laicidad positiva" se justifica porque en este modelo el Estado no solo tiene la obligación de abstenerse de no interferir en las creencias de las personas (libertad negativa), sino porque adicionalmente el Estado tiene el deber de garantizar que las personas efectivamente puedan ejercer el derecho a la libertad de conciencia y de religión (libertad positiva)[59].

No se comparten las anteriores posturas porque la denominación "laicidad positiva" genera la impresión de que existe un tipo de laicidad "negativa" que desconoce o limita excesivamente el derecho a la libertad de conciencia y de religión, y que, por el contrario, la laicidad "positiva" garantizaría plenamente este derecho. Esta división es artificiosa porque un Estado laico busca garantizar el ejercicio del derecho a la libertad de conciencia y de religión en condiciones materiales de igualdad[60]. En consecuencia, el calificativo "positiva" es

---

58 Por ejemplo, Ollero Tassara (2017) defiende esta postura de la siguiente manera: "La dimensión *positiva* de nuestra laicidad constitucional queda en seguida de relieve, al señalarse que respecto a las actividades religiosas 'se exige a los poderes públicos una actitud positiva, desde una perspectiva que pudiéramos llamar asistencial o prestacional'. La libertad religiosa deja pues de considerarse como mera libertad negativa, sin otro eco en los poderes públicos que el veto a cualquier injerencia, para poder convertirse en un peculiar derecho de prestación, como consecuencia del establecido compromiso de cooperación con las confesiones" (p. 109).

59 Como se verá con mayor detenimiento en el siguiente capítulo, en Colombia la expresión "laicidad positiva" no es utilizada por la CP, ni en las leyes que regulan el asunto religioso. El concepto tampoco es usado por la jurisprudencia de la Corte Constitucional, que se refiere al modelo colombiano como simplemente laico. Sin embargo, algunos autores, como Prieto Martínez (2009, 2011, 2015), han defendido la posición de que el modelo de laicidad colombiano es "laico positivo". Esta posición es sostenida para promover un modelo que privilegie en términos abstractos al fenómeno religioso y para resaltar la importancia del deber de cooperación económica entre el Estado y las diferentes organizaciones religiosas. Por ejemplo, Prieto Martínez (2015) señala que "Entre las manifestaciones más notorias de la 'laicidad positiva' se encuentra precisamente la posibilidad de acuerdos de cooperación con las iglesias y confesiones religiosas, la educación religiosa en la escuela pública, las exenciones tributarias, la destinación de espacios para templos religiosos en los planes urbanísticos, la asistencia religiosa en establecimiento militares, penitenciarios y asistenciales, el reconocimiento de efectos civiles a los matrimonios religiosos, etc." (p. 11).

60 Ruiz Miguel (2013) describe de la siguiente manera los problemas que tienen el concepto de laicidad positiva: "Para esbozar sintéticamente una crítica del conjunto de esta doctrina, conviene insistir en que con la noción de laicidad positiva se pretende defender que la única buena laicidad por parte del Estado es la que mantiene medidas favorables y prestacionales hacia las religiones (en principio hacia todas indistintamente, aunque en la práctica muchas de ellas son menos iguales que otras). Desde luego, hay que reconocer el habilísimo diseño lingüístico de la expresión, para mí de ignoto origen, que busca las connotaciones emotivas de lo positivo: benignidad, asertividad, aceptabilidad, bondad, etcétera. Pero con independencia de su felicidad expresiva, un análisis riguroso de la idea de 'laicidad positiva' muestra su carácter tramposo, pues viene a afirmar que la aconfesionalidad o neutralidad estatal en materia religiosa es compatible con una consideración favorable de ciertas confesiones, que se debe traducir en forma de ayudas promocionales y prestacionales a distintos colectivos que las incluyen o las representan" (p. 12).

innecesario porque un Estado que se muestre hostil con las creencias religiosas de los ciudadanos o que valore negativamente el fenómeno religioso no es laico. La laicidad implica neutralidad, por lo que el Estado no puede realizar ningún tipo de valoración, negativa o positiva, del fenómeno religioso o de cualquier otra doctrina ética, filosófica o ideológica.

El calificativo "positiva" tampoco es necesario para resaltar las obligaciones con carácter prestacional que el Estado debe asumir para garantizar el derecho a la libertad de conciencia y de religión. Los Estados que se toman en serio la protección de los derechos fundamentales, en especial los que reconocen la fórmula Estado social de Derecho, siempre están obligados a garantizar el ejercicio efectivo de todos los derechos fundamentales. Cuando las personas no puedan ejercer sus derechos por hechos y circunstancias ajenas a su voluntad, el Estado tiene la obligación de garantizar su ejercicio[61].

Un Estado aconfesional o laico positivo que no tiene una Iglesia oficial, pero que valora el fenómeno religioso como un hecho positivo que debe protegerse independientemente de la organización religiosa, puede generar la apariencia de que garantiza en condiciones materiales de igualdad el derecho a la libertad de conciencia y de religión. Lo anterior porque no se protege a los miembros de una organización religiosa en particular, sino a todas las personas que tienen creencias religiosas. A pesar de esta apariencia, el Estado aconfesional o laico positivo tiene dos importantes problemas que no permiten que se presenten los presupuestos para una efectiva igualdad material en el ejercicio del derecho a la libertad de conciencia y de religión.

El primer problema es la presunción general de que el fenómeno religioso es un hecho que debe valorarse de una manera positiva por parte del Estado. Esta presunción desconoce que las creencias y el fenómeno religioso abarcan un inmenso abanico de posibilidades, que deben ser valoradas caso por caso porque ciertos hechos y creencias religiosas pueden ser incompatibles con los principios y valores constitucionales. Algunas de estas creencias religiosas son hostiles ante la diversidad sexual, son intolerantes con otras organizaciones religiosas o sostienen valores abiertamente discriminatorios contra las mujeres. Esos hechos y valores religiosos no pueden ser calificados positivamente por

---

61   Sobre este punto, Castro Jover (2003) advierte: "Así, en el modelo de Estado liberal la neutralidad tiene una denotación negativa, ya que los poderes públicos deben regir su actuación de acuerdo con los principios básicos del Estado liberal de igualdad ante la ley y abstención de intervenir en la sociedad. Por el contrario en el Estado social la neutralidad tiene un contenido positivo porque una característica esencial del Estado social es la intervención de los poderes públicos con el objetivo de hacer posible la igual libertad de todas las personas. Elemento esencial de la neutralidad positiva es la igualdad pero la igualdad material cuya efectividad exige la intervención del Estado" (p. 4).

el Estado porque son contrarios a algunos principios constitucionales, como la dignidad humana, el libre desarrollo de la personalidad y la igualdad. En cada caso se debe evaluar si la manifestación o la creencia religiosa son acordes con la Constitución. Lo que el Estado laico protege es a las personas, su autonomía moral y la libertad para comportarse conforme con sus más íntimas convicciones y creencias, siempre que estas sean acordes con los valores y principios constitucionales[62]. En síntesis, el hecho religioso no debe valorarse positivamente por el Estado. Este hecho debe protegerse en los casos en que sea una manifestación del ejercicio del derecho a la libertad de conciencia y de religión, siempre que su ejercicio no afecte los derechos de terceras personas y no sea contrario a los principios y valores establecidos en la Constitución.

El segundo problema del Estado aconfesional y la valoración positiva del fenómeno religioso es el trato desigual que se presenta entre las personas que pertenecen a alguna organización religiosa y las personas que no forman parte de ninguna de esas organizaciones. La valoración positiva del fenómeno religioso da lugar a que otras visiones del mundo, que no tienen sustento en ideas religiosas ni en deidades, queden en desventaja frente al fenómeno religioso. Esto se debe a que en los Estados aconfesionales se crea un marco jurídico que beneficia al fenómeno religioso. Este marco excluye de sus beneficios a otras cosmovisiones y organizaciones que no tienen sustento en los dogmas religiosos. Así, por ejemplo, en un Estado aconfesional la decisión de una persona privada de la libertad de no comer ningún tipo de carne porque sus creencias religiosas se lo impiden tiene por regla general una mayor protección que la conducta de una persona que toma una decisión similar, pero por convicciones asociadas con la protección y bienestar de los animales[63].

En contraste, en el Estado laico el origen de las ideas íntimas y arraigadas de las personas es un hecho irrelevante. En este modelo se protege a la persona, su conciencia y los compartimientos que son fruto de las ideas inseparables de

---

62   Sobre este punto Ruiz Miguel (2013) sostiene: "Por otra parte, debe criticarse filosóficamente la tesis de que el derecho a la libertad religiosa sea valioso (y, por tanto, definible y delimitable) por el contenido sustantivo que protege, la religión misma, y no por el respeto que las personas merecen en su autonomía, entendida como capacidad de buscar, comprometerse y desarrollar ideas, acciones y planes de vida, en el caso de la libertad religiosa en referencia al ámbito de las creencias sobre el significado básico de la vida, la existencia o no de seres que nos trascienden, etcétera" (p. 48).

63   En el caso colombiano, los artículos 28 y 29 de la Ley 48 de 1993 establecieron como causales de exoneración del servicio militar obligatorio el hecho de ser estudiante de los seminarios de la Iglesia católica o clérigo de esa organización religiosa. Por vía jurisprudencial, la Corte Constitucional extendió ese beneficio a los líderes de otras organizaciones religiosas (al respecto, véase la sentencia C-478 de 1999). Sin embargo, la exoneración general al servicio militar obligatorio por motivos seculares de conciencia solo fue reconocida hasta la expedición de la Ley 1861 de 2017.

sí misma. En términos de Souto Paz (1995), el Estado es incompetente en materia religiosa, por lo que no debe valorar positiva o negativamente el fenómeno religioso u otras ideologías, dado que el objeto de protección son las personas y sus creencias o convicciones. Por ende, tanto organizaciones religiosas como otras organizaciones seculares que agrupan a personas con convicciones consolidadas tendrán el mismo trato y régimen jurídico.

En el Estado laico el fenómeno religioso no cuenta con privilegios y prerrogativas respecto a otros fenómenos que no se basan en creencias y deidades. Todas las cosmovisiones que reflejen valores acordes con los principios constitucionales deben ser tratadas de manera igual por parte del Estado[64]. Este trato igual permite advertir que en los Estados aconfesionales o laicos positivos no se garantiza un marco en el que se pueda ejercer en condiciones materiales de igualdad el derecho a la libertad de conciencia y de religión. El fenómeno religioso siempre tendrá ciertos privilegios que harán que esa libertad sea ejercida de una manera más cómoda por las personas creyentes que por las personas que tienen convicciones seculares.

III. LOS DEBERES DE NEUTRALIDAD Y SEPARACIÓN COMO PRINCIPALES ELEMENTOS DEL PRINCIPIO DE LAICIDAD

En el apartado anterior se realizó el análisis de los principales modelos de relación entre el Estado y las organizaciones religiosas que reconocen el derecho a la libertad de conciencia y de religión. El estudio fue efectuado para mostrar que, pese al reconocimiento de este derecho, estos modelos no garantizan que el derecho a la libertad de conciencia y de religión se pueda ejercer en condiciones materiales de igualdad. Esto se debe a que estos regímenes jurídicos tienen un diseño que beneficia al fenómeno religioso en general y a los integrantes de algunas organizaciones religiosas en particular.

Para que se pueda garantizar el ejercicio del derecho a la libertad de conciencia y religiosa en condiciones materiales de igualdad es necesario que el Estado se comporte de manera neutral frente a todas las visiones del mundo y que la organización estatal se encuentre totalmente separada de la estructura de las

---

64 Sobre este punto, Llamazares Fernández y Llamazares Calzadilla (2011a) sostienen lo siguiente: "El concepto de laicidad se ensancha y, si se nos permite la expresión, se seculariza. Implica separación del Estado no sólo respecto de la religión sino también de la sociedad. Es neutralidad religiosa, sí, pero también ideológica, y excluye la discriminación de cualquier tipo de convicción, sea o no religiosa; algo que, por otra parte, no impide que el Estado defienda y promueva los valores constitucionales supremos, los comunes, que constituyen su seña de identidad" (p. 56).

organizaciones religiosas. Separación y neutralidad son los dos deberes básicos que emanan del principio de laicidad. En esta parte del trabajo se verá cómo el principio de laicidad se sustenta en el deber de separación entre el Estado y las organizaciones religiosas y en el deber de comportarse de manera neutral respecto a todas las religiones, las ideologías, las creencias y las convicciones; siempre que no sean contrarias a los principios y valores constitucionales.

A. LA SEPARACIÓN ENTRE EL ESTADO Y LAS ORGANIZACIONES RELIGIOSAS

La historia del mundo occidental refleja que en varios períodos el Estado ha intentado controlar a las organizaciones religiosas y servirse de ellas para cumplir con los objetivos de la Administración Pública. En otras etapas han sido las organizaciones religiosas las que han pretendido cooptar al Estado para utilizarlo como una herramienta más para el cumplimiento de sus propósitos espirituales. Como anota Suárez Pertierra (2002), la cuestión religiosa en el ámbito jurídico hace referencia a las tensiones que siempre han caracterizado las relaciones entre el Estado y las organizaciones religiosas. Por ejemplo, cuando el cristianismo fue reconocido como la religión oficial del Imperio romano, se inició una etapa conocida como el cesaropapismo, en la que los emperadores eran a su vez las máximas autoridades religiosas y podían dictar leyes de contenido eclesiástico. El reconocimiento del cristianismo como religión oficial fue una estrategia política que buscaba la consolidación de las instituciones políticas romanas que en ese momento estaban debilitadas por el crecimiento de la nueva religión.

Solo con la pérdida de fuerza del Imperio la Iglesia logró independizarse del poder temporal de los emperadores (*gelesianismo*). Inclusive, con el paso del tiempo y el derrumbe definitivo del Imperio romano de Occidente la Iglesia adquiere la potencia suficiente para intentar someter a los nacientes Estados modernos y a sus soberanos.

En la Francia revolucionaria, para contrarrestar el fuerte poder político que había adquirido la Iglesia católica y dado que esa organización era defensora de los privilegios del *Ancien Régime*, se intentó crear una Iglesia nacional separada del poder del papa. La idea era que la Iglesia nacional estuviese sometida al poder de la República y a los fines de la Revolución (galicanismo). Similar situación se presentó un poco antes en Inglaterra cuando la Iglesia anglicana fue creada para legitimar los comportamientos privados del rey Enrique VIII[65].

---

65   Para un estudio histórico detallado de las rivalidades, las tensiones y la confusión entre el Estado y las

En el contexto latino-mediterráneo, la Iglesia católica, para evitar una ruptura fuerte con el Estado, optó por otorgarle al monarca (monarquías católicas) la potestad de regular asuntos eclesiásticos. Bajo la condición de que la Administración tenía que promover y defender los dogmas de esa organización religiosa, se le permitió al Estado tomar decisiones en materia eclesiástica (regalismo). La delegación de esas funciones por regla general se realizó mediante acuerdos llamados "patronatos regios" y materializados mediante la figura de los concordatos[66]. Para el caso latinoamericano, la figura del patronato regio es importante porque con la independencia de las naciones americanas, las nuevas repúblicas solicitaron ser reconocidos como las sucesoras naturales de esos acuerdos, ahora denominados "patronatos republicanos"[67].

Los ejemplos descritos en párrafos anteriores reflejan algunas de las tensiones e intentos de dominación que se han presentado entre el Estado y las organizaciones religiosas a lo largo de la historia. El problema con los intentos de sometimiento es que en ambos escenarios se presentan graves problemas para el ejercicio del derecho a la libertad de conciencia y de religión. En ambos casos se pretende imponer a los ciudadanos unos determinados dogmas y convicciones. En el primer evento se utiliza el Estado para imponer los dogmas de una determinada organización religiosa. En la segunda hipótesis, se instrumentalizan a las organizaciones religiosas para crear una identidad nacional y consolidar el poder del Estado. Ambos escenarios, por regla general, no permiten a las personas actuar de conformidad con los mandatos que les impone su conciencia, sino que los obliga a comportarse conforme a los dogmas y las convicciones defendidos por el poder dominante. En el caso de predominio

---

organizaciones religiosas en Occidente, véanse Souto Paz (1995, pp. 20-46), Llamazares Fernández y Llamazares Calzadilla (2011a, pp. 59-185) y Prieto Martínez (2008, pp. 7-38).

66 Suárez Pertierra (2006) describe de la siguiente manera el sistema regalista de las monárquicas católicas: "En los países católicos latinos no triunfa, como es sabido, la reforma protestante, de modo que no hay quiebras en la unidad religiosa de las sociedades nacionales. Mientras en los reinos de la Europa central surgen las iglesias nacionales, apoyadas en el principio *cuius regio eius et religio*, en el sur se mantiene la confesionalidad católica del Estado. La Iglesia recurre al brazo secular para imponer su doctrina y a cambio presta su apoyo político y social a las monarquías absolutas. Los monarcas transfieren la doctrina religiosa al ámbito civil y garantizan la unidad religiosa en la fe verdadera que, de paso, es un elemento clave de la unidad política nacional a partir de mediados del siglo XIX y la barrera contra la penetración de las nuevas ideologías. Las monarquías católicas practican el regalismo. Intervienen en el nombramiento de los obispos y filtran las normas eclesiásticas, que deben contar con el *placet regio*. La Iglesia desarrolla ciertas funciones públicas (por ejemplo, la actividad registral) e influye socialmente a través de la educación y el Estado financia el ejercicio de su actividad mediante un presupuesto asignado al culto y clero" (pp. 17-18).

67 Para un estudio riguroso de la historia de cómo la naciente República de Colombia intentó el reconocimiento de los privilegios otorgados por la Iglesia católica al rey de España, véase Cavelier Gaviria (1988).

del poder religioso, el heterodoxo será a su vez considerado un peligro para el Estado. En el caso de predominio del Estado, el disidente político será también excomulgado de la organización religiosa[68].

Para evitar todos los problemas que genera la unión entre el Estado y las organizaciones religiosas, la laicidad tiene entre uno de sus presupuestos más importantes el deber de garantizar la separación entre el Estado y las organizaciones religiosas. Este deber es de doble vía porque pretende garantizar tanto la autonomía del Estado frente a las organizaciones religiosas como la independencia de estas últimas en sus asuntos internos frente a cualquier tipo de injerencia estatal. En otras palabras, la separación contiene dos caras que buscan el mismo objetivo: la no confusión entre el Estado y las organizaciones religiosas.

La primera cara de la separación pretende garantizar que el Estado pueda cumplir con sus deberes, establecidos en la Constitución y en la ley, sin ningún tipo de interferencia de las organizaciones religiosas. Este hecho lleva a que los dogmas de la fe no puedan ser tomados como parámetros de validez de las normas jurídicas[69]. Igualmente, las organizaciones religiosas y sus líderes no pueden ser asimilados a servidores públicos ni deben ejercer funciones estatales.

Para Blancarte, el principal objetivo del deber de separación es garantizar la autonomía del Estado respecto a los dogmas y las posturas de las organizaciones religiosas. Para este autor, lo relevante no debe ser la separación orgánica entre el Estado y las organizaciones religiosas, sino que exista una autonomía real de las instituciones públicas frente a las organizaciones religiosas[70]. Si bien es cierto que la autonomía es un elemento fundamental para que opere el deber de separación entre el Estado y las organizaciones religiosas, la separación orgánica entre estos dos poderes también es importante para garantizar plenamente el principio de laicidad. En efecto, la existencia de iglesias oficiales, aunque no tenga materialmente privilegios, genera una desigualdad, por menos simbólica,

---

68   Como sostienen Llamazares Fernández y Llamazares Calzadilla (2011a), "A mayor identificación y unión entre esos polos [Estado e Iglesia] le corresponde un mayor grado de intolerancia y a menor identificación y mayor separación un más alto nivel de tolerancia y libertad de conciencia" (p. 181).

69   Sobre este punto, Capdevielle (2015) anota: "Desde la perspectiva jurídica, exige una separación entre ley y pecado; es decir, entre las normas que valen para todos y las reglas que sólo conciernan a los creyentes con base en una adhesión voluntaria" (p. 65).

70   Al respecto, Blancarte (2012) anota: "Podemos entonces encontrar un proceso de laicización –es decir, de creciente autonomía del Estado ante las religiones– en países donde no existe una separación formal, como Inglaterra, Noruega, Dinamarca o incluso Japón o Marruecos. Por la misma razón, no es crucial la forma de gobierno adoptada. El proceso de laicización puede ocurrir no sólo en una república, sino también en una monarquía, como en los países ya mencionados. El elemento crucial es por lo tanto la 'autonomía' del Estado ante cualquier doctrina religiosa" (p. 237).

entre la iglesia oficial y las demás organizaciones religiosas e ideológicas que no tienen el estatus de oficiales.

El segundo presupuesto de la separación implica que las organizaciones religiosas tienen el derecho a ser independientes del Estado en los asuntos propios de su fe. Estas asociaciones deben ser libres de cualquier tipo injerencia estatal en temas relacionados con la organización interna de su asociación, con la interpretación de sus dogmas y con la práctica de sus rituales. Siempre que la práctica de esos asuntos no implique acciones contrarias a los principios y valores establecidos en la Constitución, las organizaciones religiosas son autónomas.

La separación es una buena fórmula para evitar los problemas que se presentan con la confusión entre el Estado y las organizaciones religiosas, y los consiguientes atropellos al derecho a la libertad de conciencia y de religión. Para solucionar las tensiones, tanto el Estado como las organizaciones se comprometen a no interferir en los asuntos que son competencia del otro. Con este deber se pretende garantizar que el cumplimiento de las funciones estatales se realice de una forma autónoma e independientemente de la postura de las organizaciones religiosas[71]. Con la separación se disminuye el riesgo de que el Estado termine capturado o cooptado por las organizaciones religiosas. En consecuencia, se impide que el cumplimiento de las funciones públicas se termine realizando según los dogmas de una determinada organización religiosa.

Ruiz Miguel pone de presente que con la separación se disminuye el riesgo de que existan problemas de intolerancia. Esto debido a que las reglas y las pautas de convivencia establecidas en el ordenamiento jurídico no buscarán hacer cumplir la ética privada de las organizaciones religiosas sino garantizar la convivencia pública en un contexto de pluralidad y diversidad[72].

---

71 Suárez Pertierra (2006) considera que la separación lleva a la independencia y a la autonomía tanto del Estado como de las organizaciones religiosas. Al respecto, este autor sostiene que la separación debe ser entendida como "la garantía de la mutua independencia entre el Estado y el fenómeno religioso, en el bien entendido que esto significa autonomía de la acción pública respecto de las ideas religiosas, que en ningún caso pueden estar equiparadas al Estado, tanto como autonomía de las confesiones religiosas garantizada por el principio de no intervención" (p. 33).

72 Sobre este punto, Ruiz Miguel (2013) sostiene: "La confusión derivada de la connivencia entre Estado e iglesias es negativa para ambos desde el punto de vista de una sana sociedad democrática: para el Estado, porque, con independencia de los rendimientos que en legitimación local y temporal puedan recibir unos u otros grupos políticos, la influencia oficial o paraoficial de alguna o algunas iglesias compromete, como he insistido, la imparcialidad del Estado, así como la naturaleza abierta y universalista que debe tener el debate público democrático; para las iglesias, porque, por beneficioso que pueda ser para sus objetivos e intereses, que no tienen por qué coincidir con los colectivos, el condicionamiento a su libre desarrollo y a su propia capacidad de crítica tampoco es beneficioso para el buen ejercicio de las libertades, incluida la libertad religiosa, propias de un sistema democrático" (p. 43).

Además, la separación evita que las organizaciones religiosas sean manipuladas para crear un tipo de identidad nacional o legitimar al Estado. Al mantenerse separado de las organizaciones religiosas, el Estado permite que actúen libremente sin ningún tipo de presión externa en los asuntos concernientes a las creencias. En términos de Souto Paz, la separación implica la incompetencia del Estado en materia religiosa[73]. Este hecho garantiza que los fieles puedan cumplir con las obligaciones que les impone su fe según las reglas de la organización religiosa a la que se pertenece y no conforme a las pautas establecidas por el Estado[74]. Por consiguiente, el derecho a la libertad de conciencia y de religión se ejerce de una manera mucho más libre porque no existe ningún tipo de coerción o interferencia por parte de la Administración Pública.

Para Castro Jover y Llamazares Fernández, la separación implica las siguientes obligaciones: 1. La no equiparación entre entidades públicas y organizaciones religiosas. Este deber tiene como consecuencia que los líderes religiosos no deben ser asimilados a servidores públicos y que las organizaciones religiosas no deben sustituir a la Administración en el cumplimiento de las funciones del Estado. 2. Los dogmas y los valores de las organizaciones religiosas no pueden ser considerados estándares de validez de ninguna norma jurídica. 3. La independencia de las organizaciones religiosas en asuntos internos que solo tienen que ver con sus dogmas, pero el sometimiento en los demás asuntos al imperio de la Constitución y la ley[75]. Los deberes y obligaciones indicados por estos

---

73 Souto Paz (1995).

74 Un caso interesante que conoció el Tribunal Europeo de Derechos Humanos sobre las interferencias ilegítimas del Estado en los asuntos internos de las organizaciones religiosas fue el caso Hassan y Tchaouch contra Bulgaria (Demanda 30985, sentencia del 26 de octubre del 2000). En esta providencia, el Tribunal conoció un caso en el que el Estado se abstuvo de reconocer como representante de una organización religiosa a la persona que había sido reconocida por la mayoría de sus miembros como el líder máximo. En su lugar, reconoció como representante a uno de los líderes de la minoría derrotada, persona que era afín con las políticas del gobierno búlgaro. El Tribunal señaló que las disputas por el liderazgo de las organizaciones religiosas era un asunto interno de dichas asociaciones en el que no podía interferir el Estado. Por tanto, la Administración búlgara estaba obligada a reconocer como líder al designado por los miembros de la organización, según sus reglas internas.

75 Al respecto, Castro Jover (2003) sostiene que la separación implica: En primer lugar que "[…] los valores e intereses religiosos no pueden erigirse en parámetros para medir la justicia de las normas y actos de los poderes públicos". En segundo lugar, que se "veda cualquier confusión entre funciones religiosas y funciones estatales". En tercer lugar que "[…] las confesiones religiosas en ningún caso pueden trascender los fines que les son propios y ser equiparadas al Estado, ocupando una igual posición jurídica" (pp. 6-7). En el mismo sentido, Llamazares Fernández (2006a) señala: "1). Autonomía del Estado respecto de la religión y de las confesiones religiosas y autonomía de estas respecto de aquel. La laicidad así entendida es la mejor, por no decir la única garantía de la autonomía plena de las iglesias en relación con los asuntos internos, con el único límite que le señala al derecho de libertad de conciencia. 2). No equiparabilidad de las entidades religiosas, de sus funciones, actividades y fines con las entidades,

autores, que constituyen el contenido esencial del deber de separación, pueden explicarse de una manera un poco más detallada en los siguientes términos:

1. La no equiparación entre las entidades públicas y las organizaciones religiosas impide que se puedan establecer religiones oficiales o iglesias de Estado. Incluso aunque formalmente no se reconozca una iglesia oficial, son contrarios al deber de separación los privilegios de facto que pueden otorgar a una asociación religiosa el carácter de iglesia oficial. La inexistencia de iglesias oficiales disminuye el riesgo de interferencias del poder político sobre lo religioso y viceversa. A su vez, esta situación garantiza la igualdad de todas las organizaciones religiosas.

2. La no equiparación implica que a las organizaciones religiosas y a los líderes de esas asociaciones no se les puede reconocer el carácter de entidades oficiales o de servidores públicos. Excepcionalmente, en algunos casos puntuales, los líderes religiosos podrán tener la posición de servidores públicos cuando obtengan el cargo por los mecanismos ordinarios establecidos en la Constitución o en la ley. Es decir, lo que se pretende es evitar que solo por su posición religiosa estas organizaciones y sus líderes religiosos ostenten la calidad de instituciones estatales o servidores públicos. Es importante aclarar que algunas personas jurídicas que son parte de organizaciones religiosas pueden colaborar con el Estado en la prestación de ciertos servicios públicos como, por ejemplo, los educativos y los sanitarios. Sin embargo, esta colaboración tiene como fundamento la naturaleza del servicio y no el hecho de que esas organizaciones tengan carácter religioso.

3. Las funciones públicas deben ser prestadas por las entidades que conforman el Estado. Por ende, las organizaciones religiosas no deben ejercer funciones públicas. Hasta hace poco, era muy usual que en los países latinoamericanos la Iglesia católica llevara el registro civil de las personas o que fuese la encargada de organizar y regular el sistema educativo. Este hecho tuvo como consecuencia que la Iglesia cerrara las puertas del sistema educativo a los hijos extramatrimoniales que eran fruto de una unión contraria a los dogmas de esa organización. También ordenaba la expulsión de los colegios a los jóvenes que tenían comportamientos

---

actividades y fines públicos. Quiere decirse que las confesiones y entidades religiosas no son personas jurídicas públicas, sino personas jurídicas privadas, asociaciones privadas, no lucrativas, pero de interés particular. 3). Los criterios y principios religiosos no son parámetros de la justicia de las decisiones de los poderes públicos, ejecutivo, legislativo y judicial; ni de las decisiones del Gobierno, ni de las leyes ni de las sentencias judiciales; y consecuentemente deberán adoptarse por el titular del poder público al margen de cuáles sean sus creencias religiosas. Parámetro de esas decisiones no es ninguna ética privada por más mayoritaria que sea, sino la ética pública que el TC define como mínimo común ético de una sociedad determinada en un momento histórico determinado acogido por el derecho" (p. 76).

contrarios a la moral sexual defendida por ella[76]. Con la separación se garantiza que los ciudadanos no sean excluidos de la prestación de los servicios públicos por llevar una vida contraria a la ética privada de las organizaciones religiosas. Es importante aclarar que la afirmación de que estas organizaciones no deben ejercer funciones públicas no es contraria a que en ciertos casos esas organizaciones puedan colaborar con el Estado para el cumplimiento eficaz de algunos servicios públicos. La separación impide que el sistema educativo sea administrado y regulado por una organización religiosa, pero admite la posibilidad de que en ciertas circunstancias existan colegios privados de propiedad de dichas organizaciones, que en todo caso estarán sometidos al control y la vigilancia del Estado.

4. La separación también conlleva el reconocimiento de la supremacía de la Constitución. La validez del ordenamiento jurídico depende de su concordancia con los valores y principios constitucionales. Por ende, los dogmas de las organizaciones religiosas no pueden servir de fundamento para determinar la constitucionalidad y legalidad de las normas jurídicas. La ética privada de las organizaciones religiosas no puede condicionar la existencia y validez de las normas públicas.

Los anteriores puntos llevan a reconocer la autonomía del Estado frente a las organizaciones religiosas. En el cumplimiento de las funciones estatales no debe existir ningún tipo de injerencia de las organizaciones religiosas. El Estado actuará de conformidad con los principios y los valores constitucionales, por lo que no puede invocar la ética privada de las organizaciones religiosas para justificar la manera como cumple con sus funciones y ejerce su autoridad. La esfera política y las decisiones del Estado deben estar alejadas de cualquier tipo de injerencia de las organizaciones religiosas. A su vez, las organizaciones religiosas, en asuntos propios de fe, gozan de autonomía respecto del Estado. Siempre que el ejercicio de estos asuntos no implique el desconocimiento de los derechos de terceras personas, el Estado es incompetente para controlar esta materia.

---

76   Esta conducta de la Iglesia católica se presentó con relativa frecuencia en Colombia durante la vigencia de la Constitución Política de 1886. A lo largo de este periodo, era muy común que no se admitiera a los hijos extramatrimoniales o se expulsara a las jóvenes que quedaban en estado de embarazo de los colegios católicos privados, e incluso en los planteles educativos públicos administrados por esa organización religiosa. En vigencia de la CP, la Corte Constitucional amparó los derechos fundamentales de varios jóvenes que fueron expulsados de sus instituciones educativas por comportamientos que no se ajustaban a los dogmas de la Iglesia católica. Al respecto puede consultarse las siguientes sentencias de la Corte Constitucional: T-393 de 1997, T-101 de 1998 y T-800 de 2002.

B. LA NEUTRALIDAD EN MATERIA
RELIGIOSA E IDEOLÓGICA

Defender la idea de que el Estado se debe comportar de manera neutral fácilmente puede ser calificado como un contrasentido evidente cuando existen varias disposiciones constitucionales que ordenan a los poderes públicos precisamente realizar lo contrario[77]. Como advierte Prieto Sanchís, el Estado en múltiples asuntos no se comporta de manera neutra porque la Constitución lo obliga asumir unas posturas comprometidas con ciertos asuntos[78]. Así, por ejemplo, el Estado tiene la obligación de proteger y promover activamente los principios y valores constitucionales. Igualmente, debe realizar actos y políticas públicas tendientes a promover el respeto y la protección de los derechos fundamentales de los ciudadanos, entre ellos el derecho a la libertad de conciencia y de religión. En similar sentido, algunos autores advierten que cuando el ordenamiento jurídico establece los símbolos patrios o impone la lengua oficial, toma una postura a favor de unos rasgos distintivos que pueden no ser precisamente neutrales[79]. A su vez, la obligación constitucional de proteger la cultura y el patrimonio cultural obliga al Estado a resguardar y promover ciertos rasgos identitarios de la sociedad, que no son neutrales.

El deber del Estado de tomar partido en varios asuntos relevantes hace necesario aclarar que cuando se sostiene que los poderes públicos se deben comportar de manera neutral no se pretende que esta obligación abarque

---

77 Existe una interesante discusión entre Ruiz Miguel (2020 y 2021) y Vásquez Cardozo (2021) sobre la pertinencia del término "neutralidad" y su posible sustitución por la palabra "imparcialidad". En efecto, para Vásquez Cardozo (2021) la neutralidad se refiere a inactividad, mientras que la imparcialidad permite al Estado actuar, pero sin tomar postura alguna. Por ende, para este autor el Estado laico es imparcial en materia religioso, no neutral, pues debe proteger y garantizar el ejercicio del derecho a la libertad de conciencia y de religión.

78 Sobre este punto, el autor citado argumenta: "Distribuir cargas y beneficios, deberes y derechos, entraña siempre una decisión perfectamente valorativa que descansa de modo irremediable en razones de ética material. Tener en cuenta las necesidades, merecimientos, aptitudes o posición social de los individuos a la hora de establecer distinciones normativas equivale a asumir una cierta filosofía política (de raíz religiosa o secular) acerca de que *debe ser* tratado de modo igual o desigual. El llamado juicio de razonabilidad por el que se justifica la conexión entre ciertas propiedades fácticas y ciertas consecuencias normativas es sin duda un juicio moral para el que, por cierto, contamos con muy escasas orientaciones constitucionales. En particular, decidir a la luz del artículo 9.2 [CE] que debemos remover determinados obstáculos para lograr que la libertad y la igualdad de los individuos y de los grupos sean reales y efectivas, es algo que sólo podemos fundamentar en alguna concepción de lo justo" (Prieto Sanchís, 2005, pp. 132-133).

79 Al respecto véanse Kymlicka (1996) y Pérez de la Fuente (2005).

todos los comportamientos y los asuntos en que se desenvuelve el Estado[80]. La neutralidad estatal es predicable únicamente para determinados asuntos en los que es indispensable tratar a los ciudadanos de una manera igualmente libre. Estos asuntos tienen una estrecha relación con las convicciones y creencias de las personas, sus posturas políticas y con los diferentes proyectos de vida que desean emprender. En tanto que los planes y los proyectos individuales no atenten contra los derechos de terceras personas, el Estado se debe abstener de valorar, tomar partido o descalificar esas diferentes maneras de entender el mundo. En similar sentido, el Estado debe abstenerse de valorar o clasificar a las personas por sus posturas ideológicas o políticas, por lo que los poderes públicos no deben tomar partido en materia electoral[81].

---

80 Sobre el alcance de la neutralidad, Llamazares Fernández y Llamazares Calzadilla (2011b) anotan: "La laicidad entraña la neutralidad más exquisita por parte del Estado y de todas las instituciones públicas a las que obliga, según nuestro Tribunal Constitucional [España], como garantía de la libertad de conciencia de éstos. Neutralidad ideológica y religiosa, no solo ésta última. Lo cual no quiere decir que el Estado laico sea un Estado carente de valores. El Estado laico está asentado sobre cimientos axiológicos. Esos valores son su misma seña de identidad: Estado de Derecho, democrático, y social que considera como valores superiores de su ordenamiento la igualdad, la libertad, la justicia y el pluralismo como garantía de la dignidad de la persona de su derecho más enraizado, el derecho al libre desarrollo" (p. 316).

81 Sobre el deber de neutralidad del Estado en los asuntos relacionados con el ejercicio de las libertades de los ciudadanos, es importante resaltar el fallo de tutela del 22 de septiembre del 2020 de la Corte Suprema de Justicia, Sala de Casación Civil. En esta providencia, la Corte estudió una acción de tutela interpuesta por diversas personas, representantes de la sociedad civil, en el que solicitaban que se protegiera su derecho a la protesta. Para los demandantes, este derecho estaba gravemente amenazado, entre otras cosas, por los comportamientos generalizados de los funcionarios de la rama ejecutiva del nivel nacional que constantemente realizan pronunciamientos públicos en los que deslegitimaban las razones de la protesta social y estigmatizaban a las organizaciones promotoras de dicha forma de participación ciudadana. La Corte encontró que los pronunciamientos realizados por los servidores públicos contra la protesta social eran contrarios al deber de neutralidad del Estado. En consecuencia, consideró que efectivamente se configuró una amenaza grave al derecho fundamental a la protesta. En palabras de la Corte: "Una Nación que busca recuperar y construir su identidad democrática no puede ubicar a la ciudadanía que protesta legítimamente en la dialéctica amigo-enemigo; izquierda y derecha, buenos y malos, amigos de la paz y enemigos de la paz, sino como la expresión política que procura abrir espacio para el diálogo, el consenso y la reconstrucción no violenta del Estado constitucional de Derecho. En este contexto, resulta cuestionable que las autoridades no guarden neutralidad frente a las manifestaciones, pues, justamente, de ellas, es de quienes se espera mesura frente a las limitaciones o restricciones del ejercicio de las libertades individuales, máxime si la Constitución les exige promover el ejercicio de los derechos fundamentales". Por lo anterior, la Corte Suprema de Justicia ordenó al Estado: "A). Expedir un acto administrativo en el cual ordene a todos los miembros de la Rama Ejecutiva en el nivel nacional, mantener la neutralidad cuando se produzcan manifestaciones no violentas, incluso, si las mismas se dirigen a cuestionar las políticas del Gobierno Nacional, en el cual se incluya la obligación permanente de garantizar y facilitar, de manera imparcial, el ejercicio de los derechos fundamentales a la expresión, reunión, protesta pacífica y libertad de prensa" (Corte Suprema de Justicia, Sala de Casación Civil, fallo de tutela de 22 de septiembre de 2020, rad. n.° 11001-22-03-000-2019-02527-02).

La neutralidad evita que la valoración positiva o negativa del Estado dé lugar a situaciones y hechos de discriminación directa o indirecta. El deber de neutralidad del Estado en estas materias busca garantizar la plena igualdad de las personas, independientemente de sus convicciones y creencias. Los poderes públicos no deben tomar partido por unas convicciones o unas creencias determinadas porque podrían generar situaciones fácticas de ventaja para las personas que defienden esas ideas arraigadas al generar la apariencia de que esos dogmas son los respaldados por el Estado. Cuando se toma postura por unos determinados dogmas religiosos se pueden presentar situaciones que den lugar al otorgamiento de beneficios, así sean simbólicos, para los miembros de la organización que predica la postura calificada positivamente por el Estado. Esto puede generar hechos y situaciones de discriminación para las personas que no comparten los dogmas que el Estado calificó positivamente.

El hecho de que se establezca la separación formal entre el Estado y las organizaciones religiosas no garantiza automáticamente la igualdad en el ejercicio del derecho a la libertad de conciencia y de religión. Para que se cuente con los presupuestos teóricos que permiten que este derecho se pueda ejercer en condiciones materiales de igualdad, es necesario que el Estado otorgue un trato igual a todas las organizaciones religiosas, filosóficas e ideológicas que reúnen a los diferentes grupos de interés creados por motivos de conciencia o religiosos[82]. Ruiz Miguel sostiene que para garantizar la igualdad de trato es necesario que el Estado se comporte de una manera neutral o imparcial respecto de todas las organizaciones religiosas e ideológicas[83].

El Estado no debe valorar los fines que las organizaciones religiosas o ideológicas persiguen ni calificar los dogmas que defienden, mientras estos no sean contrarios a los mandatos constitucionales. Para cumplir con este cometido, es indispensable que el Estado se abstenga de emitir juicios de valor respecto

---

82 En este sentido, Prieto Sanchís (2005) sostiene: "Quiero advertir que cuanto digamos de las creencias religiosas y de las confesiones vale también para cualquier ideología, sistema filosófico o concepción ética. No pretendo decir que sean la misma cosa, pero sí que un Estado puede ser laico o confesional tanto en relación con un credo religioso como con un credo no religioso. En suma, la laicidad tiene que ver con la actitud de los poderes públicos ante las doctrinas comprensivas de cualquier naturaleza, por utilizar la terminología de Rawls" (p. 115).

83 Al respecto, Ruiz Miguel (2013) apunta lo siguiente: "La neutralidad del Estado significa que las leyes y las instituciones no pueden tratar mejor a las personas y grupos con creencias religiosas que a quienes persisten en mantenerse ajenos a ellas, ni a la inversa: para un Estado aconfesional debe ser indiferente que se crea en este o en aquel Dios o en ninguno, con tal de que se respeten los derechos ajenos y el orden público. [...] La neutralidad estatal sirve y debe servir también, en segundo lugar, a la garantía de la igual libertad religiosa de los individuos, de modo que las actividades del Estado en materia religiosa ni les favorezcan ni les perjudiquen en sus creencias en materia religiosa" (pp. 13 y 44).

a las diferentes doctrinas omnicomprensivas del mundo, ya sean religiosas, metafísicas, ideológicas o filosóficas. Según explica Llamazares Fernández, los únicos valores con los que el Estado está comprometido son los establecidos en la Constitución, por lo que no debe calificar los de las organizaciones privadas[84]. En consecuencia, como resalta Suárez Pertierra, la neutralidad no es contraria al hecho de que el Estado defienda y promueva los valores y principios constitucionales[85]. Pero sí es contraria a que se califiquen las creencias y convicciones de los particulares.

Celador Angón sostiene que la neutralidad es un presupuesto necesario para garantizar la armónica convivencia en las sociedades diversas en que el marco constitucional admite diferentes y variados proyectos de vida[86]. Si el Estado no se comporta de forma neutral se corre el riesgo de que algunos grupos y comunidades se sientan discriminados y excluidos por el comportamiento parcializado del Estado frente a unas creencias y convicciones que no comparten. Por ende, en aras de garantizar la igualdad de todas las cosmovisiones –religiosas e ideológicas–, el Estado se debe comportar de manera neutral respecto a todas ellas.

Un Estado que reconoce la diversidad y la pluralidad presentes en la sociedad debe abstenerse de calificar las diferentes opciones de vida que escogen los ciudadanos. En este aspecto, la neutralidad debe entenderse como imparcialidad del Estado respecto de la valoración de los diferentes proyectos de vida. Como apunta Capdevielle, la neutralidad protege el derecho fundamental de las personas a esperar un trato igual del Estado, independientemente del proyecto

---

84   Sobre este punto en particular, Llamazares Fernández (2006a) sostiene: "La exigencia más característica de la laicidad es la neutralidad. El Estado y los poderes públicos no se identifican con las creencias concretas (religión o ideología) de sus ciudadanos, salvo con los valores comunes de los que emana lo que hemos llamado la ética pública. En relación con esos valores comunes el Estado es beligerante, tiene no sólo que respetarlos él, sino obligar a que los respeten los demás, también los ciudadanos, a defenderlos y a fomentarlos, excluyendo los antivalores por entrar en contradicción con ellos" (p. 77).

85   Acerca de esta materia, Suárez Pertierra (2006) afirma: "En cuanto al componente de neutralidad, la consecuencia más importante es la imparcialidad de los poderes públicos en relación con las convicciones, religiosas o no, de los ciudadanos. La imparcialidad es una exigencia del pluralismo ideológico y debe ser entendida como una posición activa del Estado en la defensa de los valores que constituyen su propia identidad, los valores sociales y civiles que constituyen el 'mínimo ético acogido por el derecho'" (p. 33).

86   Al respecto, esto es lo que señala Celador Angón (2020a): "La neutralidad se conforma como un presupuesto para la convivencia pacífica de aquellos que tienen diferentes convicciones, ideas y opiniones, en una sociedad plural y democrática. […] el principio de neutralidad de los poderes públicos se fundamenta en el pluralismo, en cuanto valor superior de nuestro ordenamiento jurídico, y se define como un principio constitucional inherente a la naturaleza del Estado democrático, que limita la capacidad de actuación de los poderes públicos. El principio de neutralidad obliga a los poderes públicos a ser objetivos, neutrales e imparciales, y especialmente en todo aquello que pueda afectar a las creencias, convicciones, ideas u opiniones de sus ciudadanos" (pp. 1, 7).

de vida elegido[87]. Mientras esos proyectos no se salgan del amplio margen que permite el marco constitucional liberal, las ramas del poder público no deben calificar las opciones escogidas por los ciudadanos.

La neutralidad le impone al Estado varios comportamientos que buscan garantizar que las personas puedan ejercer su derecho a la libertad de conciencia y de religión en condiciones materiales de igualdad. El alcance del deber de comportarse de manera neutral se manifiesta de diferentes formas, por lo que a continuación se abordarán las que se consideran más relevantes.

I. NEUTRALIDAD EN EL EJERCICIO DE LA ACTIVIDAD PÚBLICA Y LA PRESENCIA DE SÍMBOLOS EN LOS EDIFICIOS DEL ESTADO

La neutralidad abarca un componente simbólico que le impide al Estado realizar actividades alegóricas en las que se identifique con una determinada organización religiosa o ideológica. No es conveniente que en los actos y en las celebraciones oficiales se realicen rituales de una determinada organización religiosa o ideológica porque ese hecho implicaría una toma de postura a favor de esa organización. Los actos y las celebraciones de las instituciones públicas deben buscar que todos los ciudadanos se sientan identificados con el Estado.

La realización de rituales religiosos por parte de las instituciones públicas es contraria a la neutralidad porque excluye a los ciudadanos que no comparten los dogmas que sustentan esos rituales. En Colombia, por ejemplo, los actos oficiales que se realizan para conmemorar el grito de la independencia se iniciaban hasta hace poco con un ritual de la Iglesia católica (Tedeum)[88]. El anterior comportamiento excluía de las celebraciones patrias a un grupo significativo de colombianos que no se sentían identificados con la Iglesia católica. Con este

---

87 Sobre este punto particular, Capdevielle (2015) sostiene: "El reconocimiento de la capacidad de los individuos para determinar libremente sus planes de vida, y en última instancia, vivir conforme con sus convicciones, reclama necesariamente el actuar neutro del Estado. El principio de neutralidad debe entenderse como la prohibición, para el legislador, de interferir en el proceso de evaluación y elección individual. De igual forma, sostiene que la misión del Estado no es realizar el bien moral de sus ciudadanos, sino proteger sus derechos y regular sus relaciones sobre pautas de justicia" (p. 50).

88 La Sección Primera del Consejo de Estado mediante auto del 5 de septiembre de 2016 suspendió provisional el decreto que ordenaba iniciar las fiestas del 20 de julio con el ritual católico Tedeum. Este auto fue confirmado en súplica el 1.º de diciembre de 2016. El proceso aún no ha sido resuelto definitivamente y a la fecha se encuentra en la etapa procesal de alegatos de conclusión [consultado el 14 de abril de 2021]. Al respecto, véase Consejo de Estado, Sección Primera, autos 5 de septiembre y 1.º de diciembre de 2016, rad. n.º 11001-03-24-000-2014-00573-00.

ejemplo claramente se advierte cómo el incumplimiento del deber de comportarse de forma neutral tiene como resultado el desconocimiento del derecho a la igualdad porque una conmemoración que debe unir a toda la ciudadanía termina siendo representativa solo para los miembros de una organización religiosa. Es inconstitucional por ser contrario al carácter laico del Estado asociar una fiesta patria con un acto litúrgico católico.

Como advierte Llamazares Calzadilla (2015), "[L]os símbolos significan algo y se identifican con algo. No son neutrales" (p. 347). Por consiguiente, el Estado debe evitar el uso de símbolos que lo puedan identificar con una organización religiosa o ideológica. La utilización estos símbolos en los edificios y demás bienes públicos es incompatible con el principio de neutralidad porque crea la apariencia de que el Estado se identifica con esa organización.

La utilización de esta clase de símbolos puede llevar a la exclusión, o autoexclusión, de los ciudadanos que no comparten los dogmas que sustentan la simbología que es exhibida por el Estado. Estas personas identificarán al Estado como una organización ajena a ellos, pues el ente estatal se presenta ante la sociedad con unos símbolos de una cosmovisión extraña o repudiada. Para que esta exclusión no ocurra, y los edificios del Estado representen a todos los ciudadanos, se debe evitar que los bienes públicos sean decorados con imágenes o símbolos religiosos e ideológicos. Es importante resaltar que la neutralidad abarca tanto los símbolos religiosos como los ideológicos. Es igual de reprochable, y vulnera en similar medida la neutralidad, que un edificio público sea decorado con imágenes católicas, como los crucifijos, o con símbolos de grupos ideológicos, como, por ejemplo, los de la masonería[89].

El deber de neutralidad simbólica del Estado es uno de los asuntos más polémicos del alcance del principio de laicidad. Entre los asuntos más sobresalientes están la controversia de los símbolos religiosos estáticos en los edificios escolares. En efecto, es frecuente que en las escuelas y los colegios de Europa y Latinoamérica las aulas escolares sean decoradas con imágenes religiosas como los crucifijos. Este hecho dio lugar, por ejemplo, al asunto Lautsi en Italia, que fue resuelto por el Tribunal Europeo de Derechos Humanos. En este caso, una

---

89   Un interesante debate sobre este tema es si los poderes públicos pueden utilizar símbolos no oficiales como la bandera de la comunidad LGBTQ+ o las banderas independentistas. En España, por ejemplo, la justicia ha ordenado en varias oportunidades a las autoridades municipales y autonómicas retirar de los edificios públicos símbolos diferentes a los oficiales. Estos casos se han presentado, especialmente, en comunidades en las que existen movimientos independentistas como el País Vasco y Cataluña. El argumento de los jueces españoles para ordenar el retiro de esas banderas es porque no son símbolos oficiales de la respectiva comunidad autónoma o del municipio. Para un estudio detallado de este conflicto en España, véase a Celador Angón (2020a).

madre consideraba que la presencia de crucifijos en las aulas escolares en el colegio público donde estudiaban sus hijos vulneraba el derecho a la libertad de conciencia y de religión de los menores y el derecho de ella a educar a sus hijos según sus creencias y convicciones. La Sección Segunda del Tribunal Europeo de Derechos Humanos consideró, en un primer fallo, que la presencia de símbolos religiosos estáticos fuertes como los crucifijos pueden incidir en la formación de la personalidad y conciencia de los niños, razón por la que determinó que se había configurado la vulneración que alegaba la demandante[90]. Es importante resaltar que la Gran Sala del Tribunal Europeo de Derechos Humanos decidió revocar la primera decisión y, en su lugar, aplicó la teoría del margen de apreciación nacional[91].

La teoría del margen de apreciación nacional fue creada por el Tribunal Europeo de Derechos Humanos para sostener que los Estados cuentan con una amplia discrecionalidad para establecer los límites de los derechos cuando no exista un consenso en las naciones que conforman el Consejo de Europa sobre el alcance y el contenido de las garantías reconocidas por el Convenio para la Protección de los Derechos Humanos y de las Libertades Fundamentales[92]. En este caso, para la Gran Sala del Tribunal no existía un consenso europeo respecto a la presencia de los símbolos religiosos en las aulas escolares. Por

---

90 Al respecto, la Sección Segunda del Tribunal Europeo de Derechos Humanos consideró: "[…] 48. Para el Tribunal estas consideraciones conllevan la obligación por parte del Estado de abstenerse de imponer, ni siquiera indirectamente, unas creencias, en los lugares donde las personas dependen de él o incluso en los lugares donde éstas son particularmente vulnerables. La escolarización de los niños representa un sector particularmente sensible toda vez que, en este caso, la facultad de coaccionar del Estado se impone a unas mentes que todavía carecen (según el grado de madurez del niño) de capacidad crítica que permita distanciarse del mensaje que se colige de una elección preferente manifestada por el Estado en materia religiosa. […] 55. La presencia del crucifijo puede fácilmente ser interpretada por alumnos de todas las edades como un signo religioso y se sentirán educados en un entorno escolar marcado por una religión concreta. Lo que puede ser estimulante para algunos alumnos religiosos, puede ser emocionalmente perturbador para los alumnos de otras religiones o para aquellos que no profesan ninguna. Este riesgo está particularmente presente en los alumnos pertenecientes a las minorías religiosas. La libertad negativa no se limita a la ausencia de servicios religiosos o de enseñanza religiosa. Se extiende a las prácticas y los símbolos que expresan, en particular o en general, una creencia, una religión o el ateísmo. Este derecho negativo merece una protección especial si es el Estado el que expresa una creencia y si se coloca a la persona en una situación que no puede evitar o que puede evitar solamente mediante un esfuerzo y un sacrificio desproporcionados" (Tribunal Europeo de Derechos Humanos, Asunto Lautsi contra Italia. Demanda 30814/2006, sentencia del 3 de noviembre de 2009. Traducción propia).

91 El fallo de la Sección Segunda del Tribunal Europeo de Derechos Humanos dio lugar a una interesante discusión entre algunos autores que defendían el fallo inicial y los que sostenían que la Gran Sala debía revocar dicha decisión. Para un estudio de estas dos posiciones, véase a Weiler (2012) y Llamazares Fernández (2012).

92 Para un estudio detallado de la figura del margen de apreciación nacional, véase a García Roca (2007, 2010).

lo tanto, decidió que el Estado italiano contaba con un amplio margen que le permite someter a los niños a educarse en presencia de símbolos religiosos[93]. Independientemente de las implicaciones que este hecho tenga para la conformación de la conciencia de los niños, como no existe un consenso europeo, los Estados son soberanos para regular la materia[94].

La decisión de la Gran Sala del Tribunal Europeo de Derechos Humanos es desacertada porque, en vez de aplicar la teoría del margen de apreciación nacional, debió determinar si los símbolos religiosos tienen la potencialidad de poder afectar la conciencia de los niños, en especial de los más pequeños, y el derecho de los padres de educar a los hijos conforme a sus creencias y convicciones. En caso afirmativo, en aras de la garantía del derecho a la libertad de conciencia y de religión, se deben retirar los símbolos religiosos de las aulas escolares. La teoría del margen de apreciación nacional es utilizada frecuentemente por el Tribunal de Estrasburgo para eludir la labor de determinar si en el caso objeto de estudio se configura la vulneración del derecho alegado por la parte actora[95].

---

93   Sobre este aspecto, la Gran Sala del Tribunal Europeo de Derechos Humanos sostuvo: "[…] 70. En el presente caso, el Tribunal deduce de ello que la opción de la presencia del crucifijo en las aulas de los colegios públicos compete, en principio, al margen de apreciación del Estado demandado. Por lo demás, la circunstancia de que no exista un consenso europeo sobre la cuestión de la presencia de símbolos religiosos en los colegios públicos confirma este enfoque" (Tribunal Europeo de Derechos Humanos, Asunto Lautsi contra Italia. Demanda 30814/2006, sentencia del 18 de marzo de 2011).

94   Llamazares Calzadilla (2015) critica, de manera acertada, en los siguientes términos la decisión de la Gran Sala del Tribunal Europeo de Derechos Humanos: "El Tribunal encuentra legítimo que el Estado italiano obligue a la colocación de crucifijos en todas las aulas de centros docentes públicos, sin que importe si eso lesiona o no el derecho a la libre formación de la conciencia de los alumnos sometidos a su influjo adoctrinador o si, cuando menos, se corre el riesgo de crear en los alumnos la convicción de que hay una opción religiosa, la cristiana, que es la preferida por el Estado y que por tanto es, digámoslo con la simplicidad del lenguaje infantil que viene al caso 'la buena'" (p. 346).

95   En otro trabajo defendí la idea de que la utilización frecuente de la figura del margen de apreciación nacional en asuntos relacionados con el alcance del derecho a la libertad de pensamiento, conciencia y religión impide establecer el contenido y alcance de esa garantía en el Sistema Europeo de Derechos Humanos. Al respecto sostuve: "La teoría del margen nacional de apreciación, utilizada por el TEDH, desnaturaliza la función interpretativa de los tribunales regionales de derechos humanos, pues la frecuente utilización de esta figura no permite establecer el contenido de los derechos convencionales. En algunos casos, el TEDH ha entrado en abierta contradicción con los estándares establecidos previamente en casos en los que aplicó de forma estricta el test de Estrasburgo con el fin de determinar la proporcionalidad de la medida reguladora. La ausencia de una interpretación homogénea y estudiar los casos según el contexto interno de cada Estado impide que las personas que habitan el continente europeo puedan disfrutar de unas garantías de protección similares en el espacio que conforma su sistema regional de derechos humanos. 4. Uno de los ejemplos más paradigmáticos sobre la falta de un contenido uniforme del alcance de un derecho en el Sistema Europeo de Derechos Humanos es el caso de la libertad de conciencia, pensamiento y religión (art. 9 CEDH). Gracias a la utilización frecuente de la teoría del margen de apreciación nacional por parte del TEDH en casos relacionados con esta materia, se ha llegado a prohibir el vestuario religioso en el ámbito escolar en Suiza, pero a su vez ha permitido

Es importante aclarar que la cuestión que tuvo que resolver el Tribunal Europeo de Derechos Humanos en el asunto Lautsi solo se podía enmarcar en la posible vulneración del derecho a la libertad de pensamiento, conciencia y de religión. La forma de organización de los Estados y sus relaciones con las organizaciones religiosas no forma parte del Convenio para la Protección de los Derechos Humanos y de las Libertades Fundamentales. En consecuencia, el Tribunal de Estrasburgo no tiene competencia para realizar juicios de valor sobre la vulneración del principio de laicidad. Además, es importarte tener en cuenta que la mayoría de los Estados que conforman el Consejo de Europa son Estados confesionales, pluriconfesionales e iglesias de Estado[96]; por lo que en términos de Celador Angón el modelo laico, aunque deseable, no constituye una tradición constitucional común en Europa[97]. No obstante, el Tribunal Europeo de Derechos Humanos debió determinar si los hechos que dieron lugar a la demanda configuraban una vulneración del derecho a la libertad de conciencia y de religión porque la garantía de este derecho sí forma parte de su competencia[98].

En los Estados laicos, la presencia de los símbolos religiosos o ideológicos en los edificios públicos da lugar a una innecesaria identificación del Estado con una organización. Esta innecesaria identificación pone en peligro el ejercicio en condiciones materiales de igualdad del derecho a la libertad de conciencia y de religión porque unos ciudadanos se sentirán más identificados con esos

---

el uso de símbolos estáticos con connotación religiosa en las aulas escolares en Italia. Por otra parte, el TEDH determinó que la prohibición establecida por el Estado turco de prohibir el uso de prendas religiosas en el espacio público era desproporcionada. Sin embargo, negó el amparo solicitado por una ciudadana francesa que alegó que no podía salir a la calle con un elemento importante de su vestuario religioso porque una ley de ese país prohíbe cubrirse el rostro en el espacio público" (Fernández Parra, 2019b, p. 95).

96 Para un estudio detallado de los diferentes modelos de Estados según su relación con el fenómeno religioso en los países que conforman el continente europeo, véase a Fernández-Coronado González *et al.* (2002) y Fernández-Coronado González (2012). Para un estudio específico de los Estados que conforman el Consejo de Europa y que tienen un modelo confesional de Iglesia de Estado, véase a Ferreiro Galguera (2010).

97 Aunque el modelo de laicidad no es tipo común en los Estados europeos, Celador Angón (2011) resalta que "Pese a la diversidad de modelos de relación entre el Estado y las confesiones religiosas que operan en Europa, como ha señalado Robbers, el denominador común de todos ellos es que se soportan en el reconocimiento del derecho de libertad de conciencia, y sólo se diferencian en el trato privilegiado y diferenciado del que disfrutan algunos grupos religiosos, toda vez que se aprecia una clara tendencia, bien hacía el desestablecimiento de las iglesias oficiales, bien hacia la perdida de privilegios de los que disfrutan algunas iglesias en los Estados confesionales" (pp. 45-46).

98 Para un estudio detallado de alcance y contenido del derecho a la libertad de pensamiento, conciencia y religión en el Sistema Europeo de Derechos Humanos, véase a Celador Angón (2011).

símbolos y, por ende, con el Estado[99]. Para otros, el Estado será una entidad con la que no pueden identificarse, dado que este usa los símbolos de una organización religiosa de la que no hacen parte. Así mismo, en el caso de las aulas escolares públicas, la presencia de símbolos religiosos pone en un excesivo peligro a los niños y la formación libre de sus conciencias, así como el derecho de los padres a educar a los hijos conforme a sus propias creencias y convicciones. En consecuencia, el Estado laico debe comportarse neutralmente en materia simbólica y abstenerse de utilizar símbolos religiosos e ideológicos en los bienes públicos, en especial en los edificios educativos, dado que los niños apenas están consolidando los rasgos de su identidad personal, esto es, de su conciencia[100].

2. NEUTRALIDAD Y SÍMBOLOS OFICIALES DEL ESTADO

Los símbolos oficiales buscan representar a todos los ciudadanos y constituir un factor de unidad nacional. Este hecho explica por qué algunas constituciones se encargan de determinar cuáles son los símbolos del Estado. Así, por ejemplo, el artículo 4 de la CE establece que uno de estos es la bandera de España[101]. En otros Estados como, en Colombia, la CP no se encargó de este asunto, pero esta omisión fue suplida por el Congreso de la República, que mediante una ley determinó los símbolos patrios de este país[102]. La preocupación del constituyente o del legislador por establecer los símbolos patrios se explica porque, además de representar la unidad nacional y ayudar a la cohesión social, son figuras distintivas del Estado en el ámbito internacional.

Las importantes funciones que cumplen los símbolos patrios hacen necesario que estos elementos sean neutrales en materia religiosa e ideológica, para que todos los ciudadanos puedan sentirse identificados con estas figuras[103]. En principio, la Administración y el resto de los poderes públicos pueden utilizar

---

99   Como resalta Ferreiro Galguera (2017), "Desde esta misma lógica, la presencia de símbolos religiosos en una institución pública (en tanto que símbolos religiosos, esto es, por su valor religiosos y no por su valor cultural) sería tan incoherente con el principio de separación como la presencia de símbolos políticos en tiempos religiosos" (p. 15).

100   Como lo recuerda Restrepo Piedrahita (2016), "la conciencia es lo más 'creable' de la naturaleza humana" (p. 108).

101   CE. Artículo 4: "1. La bandera de España está formada por tres franjas horizontales, roja, amarilla y roja, siendo la amarilla de doble anchura que cada una de las rojas. 2. Los Estatutos podrán reconocer banderas y enseñas propias de las Comunidades Autónomas. Estas se utilizarán junto a la bandera de España en sus edificios públicos y en sus actos oficiales".

102   Ley 12 de 1984, por la cual se adoptan los símbolos patrios de la República de Colombia.

103   Para un estudio detallado de la neutralidad de los poderes públicos y los símbolos patrios, véase a Celador Angón (2020a).

los símbolos oficiales sin vulnerar el deber de neutralidad porque representan al Estado y no a las organizaciones religiosas o ideológicas. Por lo tanto, *prima facie* su uso no es contrario al principio de laicidad y al deber de comportarse neutral en materia religiosa e ideológica. Además, como se mencionó, en algunos casos los símbolos patrios tienen expreso reconocimiento constitucional, por lo que su uso por parte de los poderes públicos no puede ser tachado de ser contrario a la Constitución.

Pese a que en principio es legítimo que los poderes públicos utilicen los símbolos oficiales, no se puede desconocer que son varios los problemas que se pueden presentar al usarlos. En algunos casos, los símbolos oficiales no logran ser factores de unidad nacional dado que se asocian a un determinado sector de la población[104]. En otros, los símbolos no son neutrales en materia religiosa o ideológica o pueden representar valores contrarios a los principios constitucionales. La ausencia de neutralidad de los símbolos puede generar problemas sociales cuando ciertos Estados imponen sanciones penales a los actos de ultraje contra estos símbolos. En efecto, si el símbolo oficial no representa a la comunidad política, el sector que no se siente identificado por el símbolo muchas veces opta por ultrajarlo como una forma de protesta[105].

En Colombia, el himno nacional tiene una letra en la que se hace referencia a la Virgen María y en la que se sugiere a los ciudadanos "comprender las palabras del que murió en la cruz"[106]. Esta letra es claramente contraria al carácter laico del Estado y al deber de neutralidad porque identifica al Estado con el

---

104   En España, por ejemplo, existen fuertes tensiones simbólicas por el himno nacional. Estas tensiones tienen su origen en los periodos de la Primera y la Segunda República, en los que se sustituyó a la "Marcha Real" por la "Marcha de Riego" como himno nacional. Con el regreso de la monarquía y con la dictadura de Franco se volvió a reconocer a la "Marcha Real" como himno nacional. Esto ocasiona que un sector importante de la sociedad española, afín a las ideas republicanas, no se sientan representados por el actual himno nacional porque consideran que solo representa las ideas monárquicas. Para un estudio histórico-jurídico detallado del himno nacional de España, véase a Oehling de los Reyes (2012).

105   En Colombia, el ultraje a los símbolos patrios estaba tipificado por el artículo 461 del Código Penal (Ley 599 de 2000). La Corte Constitucional declaró inexequible este artículo en la sentencia C-575 de 2009. En otros Estados, por ejemplo España, el delito de ultraje a los símbolos patrios está vigente y es aplicado con regularidad por los jueces penales. Una sentencia que ejemplifica la cuestión española es la STC 190/2020. El Tribunal Constitucional negó en este asunto un amparo solicitado por un ciudadano que fue condenado a una pena privativa de la libertad por gritar "aquí tenéis el silencio de la puta bandera" y "hay que prenderle fuego a la puta bandera".

106   De conformidad con lo establecido en la Ley 12 de 1984, los símbolos patrios en Colombia son: el Himno Nacional, la bandera y el escudo. Sobre el Himno Nacional, el artículo 4.º de la ley dispone: "El Himno Nacional de Colombia continuará siendo el que compuso Oreste Sindici con letra de Rafael Núñez, ya adoptado por norma legal y aceptado universalmente por la comunidad colombiana".

dios de una religión determinada (el cristianismo). Incluso, la invocación de la Virgen María asocia al Estado con la Iglesia católica porque esa organización religiosa es precisamente la que más promueve el culto mariano[107].

La fuerza normativa de la Constitución y el deber de neutralidad propio del principio de laicidad son motivos que obligan a revaluar la legitimidad de los símbolos oficiales que representen valores contrarios a los principios constitucionales, en especial el de laicidad. Todos los actos del Estado deben ajustarse a los estándares constitucionales. Esta obligación abarca a los símbolos patrios, que por regla general son reconocidos mediante leyes y actos administrativos. Por tanto, los símbolos oficiales no se escapan del examen de constitucionalidad y de la obligación de ser acordes con el principio de laicidad y con el deber de neutralidad en materia religiosa.

Si el objetivo de los símbolos oficiales es ser un factor de unidad nacional, no pueden contener referencias religiosas o ideológicas porque este hecho puede excluir a sectores importantes de la población que no se sentirán identificados con ese símbolo. Es importante que el principio de laicidad y el deber de neutralidad operen sobre los símbolos oficiales, pues tienen la función de representar al Estado y ser factores de unidad nacional.

Si los símbolos oficiales tienen una marcada alegoría religiosa, pueden generar la identificación del Estado con una determinada organización religiosa o con el fenómeno religioso. Ambas situaciones son contrarias al principio de laicidad porque se excluye, al menos simbólicamente, a los ciudadanos que no se sienten identificados con lo religioso. Por consiguiente, los símbolos oficiales contrarios a la Constitución deben ser reemplazados por otros símbolos que necesariamente tienen que ser neutrales en materia religiosa e ideológica y tener la potencialidad de representar a todos los ciudadanos. La anterior exigencia garantiza la igualdad de todas las personas, pues al excluirse las alusiones religiosas de los símbolos patrios, más personas se podrán sentir identificadas con dichos símbolos y con el propio Estado.

3. NEUTRALIDAD Y PATRIMONIO CULTURAL DE LA NACIÓN

En este epígrafe se hará alusión a los espacios públicos tutelados por el Estado para hacer alusión a los lugares como calles, parques, plazas y para referirse a

---

107   Para un estudio riguroso de la importancia constitucional de los himnos nacionales, véase a Häberle (2012).

los edificios en los que funcionan los poderes públicos[108]. Como se ha señalado, el principio de laicidad pretende garantizar la igualdad en el ejercicio del derecho a la libertad de conciencia y de religión. Para cumplir este objetivo el Estado debe tratar igual a todas las organizaciones religiosas e ideológicas. Por ello, debe evitar usar los símbolos e imágenes representativas de los dogmas de esas organizaciones. Con esta abstención, el Estado previene que se genere la sensación de que una organización es la privilegiada u oficial[109].

En los espacios tutelados por el Estado no se deben utilizar objetos religiosos o ideológicos. Este hecho constituyente una violación del principio de laicidad por desconocimiento del deber de neutralidad. El símbolo religioso o ideológico asocia al Estado con una determinada organización y su cosmovisión. La presencia de obras –estáticas y estéticas– como crucifijos, estatuas de vírgenes y murales religiosos vulnera el deber neutralidad porque generan la apariencia de que el Estado se identifica y promueve una determinada organización, o al menos valora positivamente al fenómeno religioso[110]. Además, la presencia de estas obras puede ser interpretada como un hecho de hostilidad por los ciudadanos que necesitan utilizar los servicios prestados en esos edificios públicos, pero que no se sienten identificados por esas figuras y monumentos[111].

Cañamares Arribas sostiene que, salvo en el sistema educativo, se debe tolerar la presencia de los símbolos religiosos en los espacios tutelados por el Estado porque no representan una afectación directa al derecho a la libertad de conciencia y de religión[112]. Según esta postura, a las personas no se les obliga

---

108　Para un estudio detallado de la regulación de los bienes de uso público en Colombia, véase a Pimiento Echeverri (2010 y 2015).

109　Sobre la neutralidad del Estado en los espacios tutelados por la Administración, véase a Celador Angón (2020a).

110　Al respecto, véase a Llamazares Calzadilla (2015) y Celador Angón (2016).

111　Un caso que ejemplifica como algunos símbolos religiosos pueden ser percibidos con hostilidad por los ciudadanos en el Asunto Lautsi contra Italia. (Demanda 30814/06, sentencia del 18 de marzo de 2011). Como se explicó, en este caso una ciudadana estimaba que la presencia de crucifijos en las aulas escolares públicas en las que estudiaban sus hijos vulneraba su derecho, y el de sus hijos, a la libertad de pensamiento, conciencia y religión. La señora Lautsi no era cristiana y había decidido educar a sus hijos libres de dogmas e imposiciones religiosas. El Estado italiano alegó, en su defensa, que los crucifijos en las aulas escolares públicas no tenían finalidades religiosas. El Estado adujo que los crucifijos simbolizaban la cultura cristiana, uno de los rasgos que identifican a esa nación. En una primera decisión, la Sección Segunda del Tribunal Europeo de Derechos Humanos determinó que la presencia de crucifijos en las aulas escolares vulneraba el derecho a la libertad de pensamiento, conciencia y religión. Sin embargo, esta decisión fue revocada por la Gran Sala del Tribunal Europeo de Derechos Humanos. Para una defensa de la postura de la Sección Segunda, véase a Llamazares Fernández (2012). Para un estudio de la posición contraria, véase a Weiler (2012).

112　Al respecto, véase Cañamares Arribas (2010, 2011).

a adherirse o seguir los dogmas religiosos que representan los símbolos, por lo que no se afecta su derecho a la libertad de conciencia y de religión. El autor citado sostiene que la presencia de estos símbolos no da lugar a una afectación directa de derecho alguno, por lo que no se deben retirar únicamente con el fin de proteger la sensibilidad de los ciudadanos[113]. Si bien es cierto que la presencia de estos símbolos en los espacios tutelados por el Estado no implica una afectación directa del derecho a la libertad de conciencia y de religión, pues no se obliga a las personas a adorar esas imágenes, también es necesario tener en cuenta que la presencia de estos símbolos genera la apariencia de que el Estado valora o se identifica con una determinada organización religiosa. El principio de laicidad pretende que todos los ciudadanos se sientan identificados con los poderes públicos y la presencia de estos símbolos poco ayuda a esa importante labor. Un ciudadano musulmán o ateo que deba acudir a una institución pública llena de crucifijos y vírgenes poco se identificará con el Estado.

Es importante aclarar que el deber de neutralidad en materia religiosa e ideológica se predica únicamente del Estado. Los particulares, titulares del derecho a libertad de conciencia y de religión, pueden en ejercicio de este derecho portar los símbolos que expresen sus preferencias ideológicas y religiosas[114]. Cosa diferente sucede con los servidores públicos, sobre los cuales recae el deber de neutralidad en materia religiosa e ideológica (el alcance del deber de neutralidad de los funcionarios será objeto de un detenido estudio en el siguiente epígrafe). Por ahora es pertinente recalcar que el principio de laicidad, en especial el deber de neutralidad, impide al Estado el uso de símbolos religiosos en el espacio público. Lo anterior sin perjuicio de que los particulares puedan utilizar estos

---

113   El autor citado sostiene: "Al margen de ello, como ha recordado la jurisprudencia comparada en abundantes ocasiones, la libertad religiosa viene referida a la protección de las conciencias individuales frente a toda forma de imposición objetivamente vejatoria, sin extenderse a la tutela de la sensibilidad individual y a la percepción subjetiva de mensajes considerados discriminatorios, sobre todo cuando no pueda hallarse un fundamento objetivo en una concreta actuación discriminatoria de los poderes públicos" (Cañamares Arribas, 2011, p. 67).

114   La prohibición para los particulares de portar símbolos religiosos en el espacio público es contraria al carácter del Estado laico. Como se ha sostenido, el objetivo principal de este modelo de Estado es la garantía y protección del derecho a la libertad de conciencia y de religión. En ejercicio de este derecho es legítimo que los ciudadanos porten los símbolos y atuendos que consideren acordes con sus creencias. El deber de neutralidad en materia religiosa no es exigible a los particulares. Por tal razón, no se comparte la sentencia proferida por el Tribunal Europeo de Derechos Humanos en el Asunto SAS contra Francia (Demanda 43835, sentencia de 1.º de julio de 2014). El Tribunal consideró en este caso que el Estado francés no vulneró el derecho a la libertad de pensamiento, conciencia y religión de una mujer musulmana que no puede usar el *burka* y el *niqab* en la calle debido a una ley que prohíbe cubrir el rostro en el espacio público. Para un estudio detallado del asunto SAS contra Francia, véase, entre otros, a Camarero Suárez y Zamora Cabot (2015) y Polo Sabau (2016).

símbolos, pues este hecho hace parte del ejercicio legítimo del derecho a la libertad de conciencia y de religión[115].

Realizada la anterior aclaración, es necesario señalar que uno de los argumentos que se utilizan para defender la existencia de símbolos e imágenes religiosas en los espacios tutelados por el Estado es el de su naturaleza histórica y cultural. Según esta postura se debe permitir la utilización de estos símbolos, pues tienen un fuerte contenido histórico-cultural y algunos incluso tienen la naturaleza de patrimonio cultural[116]. En el capítulo tercero de este trabajo se estudiará con detenimiento el concepto y la naturaleza jurídica de la figura de patrimonio cultural. Por ahora basta con señalar que la inclusión de los bienes y las manifestaciones de origen religioso en el catálogo del patrimonio cultural da lugar a una fuerte tensión entre el principio de laicidad, en especial el deber de neutralidad, y la obligación constitucional de proteger el patrimonio cultural. La tensión se presenta porque el Estado tiene la obligación constitucional de proteger y promover el patrimonio cultural. A su vez, el principio de laicidad le impide promover los valores y los dogmas religiosos. Por ende, cuando la Administración incluye bienes y manifestaciones de origen religioso en el catálogo del patrimonio cultural, debe ser especialmente cuidadosa para que la promoción de la cultura no implique el fomento de los valores religiosos.

Anotado lo anterior, es importante resaltar que la historia del arte y de la cultura no se pueden comprender sin los importantes aportes provenientes del fenómeno religioso. Es innegable que un gran número de obras artísticas tuvieron un origen relacionado con este fenómeno porque fueron creadas por encargo de las diferentes organizaciones religiosas, que querían representar sus dogmas, o porque los particulares pagaban a los artistas para que realizaran trabajos alegóricos a sus creencias. Muchas de esas obras tienen actualmente una gran importancia histórica, artística y cultural, motivo por el cual un considerable número fueron declaradas patrimonio cultural.

Es usual encontrar bienes de origen religioso que forman parte de la categoría patrimonio cultural en los edificios donde funcionan los poderes públicos.

---

115   En este sentido, Aláez Corral (2017) sostiene que tanto la utilización de símbolos religiosos por parte del Estado, como la prohibición de que los particulares los utilicen en el espacio público son contrarias al principio de laicidad. Al respecto este autor señala: "En este sentido, la colocación de crucifijos en los espacios públicos por el Estado compromete fundamentalmente su neutralidad religiosa, mientras que la prohibición del uso del velo islámico en el espacio público tiende a comprometer su neutralidad ideológica, aunque indirectamente también la religiosa" (p. 225).

116   Al respecto, véase, entre otros, a Aldanondo Salaverría (2006, 2014), Cañamares Arribas (2011) y Palomino Lozano (2014).

Las principales edificaciones de los Estados fueron construidas en periodos de confesionalidad, por lo que fueron adornadas con diferentes obras religiosas que con el paso del tiempo han adquirido el carácter de patrimonio cultural[117]. La pregunta obligada que genera la presencia de los símbolos religiosos con el carácter de patrimonio cultural en los espacios tutelados por el Estado es si este hecho es acorde con el principio de laicidad.

Para dar respuesta a la pregunta planteada es importante reiterar que, por regla general, los espacios públicos tutelados por el Estado deben estar libres de cualquier símbolo que identifique al poder público con una organización religiosa o ideológica. Lo anterior para garantizar la igualdad en esta materia, fin del principio de laicidad. De manera excepcional, un motivo que puede justificar mantener obras religiosas en los edificios y espacios públicos es porque estos objetos tienen el carácter de patrimonio cultural y, además, es imposible retirarlos sin afectar su contenido cultural. Cuando este hecho ocurra, en aras de cumplir con el deber de neutralidad, es indispensable que la Administración explique que la razón que justifica la presencia de esos símbolos de origen religioso es su importancia cultural. Igualmente es necesario que se abstenga de darle cualquier uso o interpretación religiosa. Así, por ejemplo, se debe explicar que la razón por la que existe un mural que representa un pasaje bíblico en un edificio público es porque el inmueble fue construido antes de que el Estado adquiriera el carácter de laico y en el proceso de su construcción se elaboró el mural. Es necesario que se indique, además, que el mural tiene una importancia histórica y artística que justifica su conservación. En este caso hipotético, el Estado debe señalar de manera clara que la razón de la permanencia del símbolo es su importancia artística y cultural y no su carácter religioso.

---

117   La Corte Suprema de los Estados Unidos de América resolvió el 20 de junio de 2019, en el caso American Legion vs. American Humanist Association, un interesante asunto en el que se le solicitó ordenar el retiro de un monumento religioso (la cruz de Bladensburg). Esta obra está ubicada en terreno de una entidad pública. Es pertinente aclarar que la obra fue construida en 1925 como homenaje a los soldados que murieron en la Primera Guerra Mundial en un predio de una asociación privada que posteriormente fue adquirido por el Estado. Los demandantes solicitaban el retiro de la obra porque consideraban que la conservación y el mantenimiento de este símbolo religioso vulneraba la primera enmienda de la Constitución de ese país (Establishment Clause). Para resolver este asunto, la Corte determinó que el paso del tiempo y el hecho que durante muchos años no se hubiese cuestionado la constitucionalidad de la obra hace que surja una presunción de constitucionalidad que obliga a flexibilizar la aplicación del *Lemon test*. Esta presunción de constitucionalidad está amparada en la naturaleza histórica que adquirió el monumento cristiano. Por ende, la Corte Suprema de los Estados Unidos de América determinó que la presencia de ese símbolo en un terreno público no desconocía la primera enmienda de la Constitución de ese país. Para un estudio detallado de esta providencia, véase a Polo Sabau (2020).

En los demás casos, cuando los bienes de origen religioso que conforman el patrimonio cultural puedan ser removidos sin afectar su naturaleza cultural, estos deben ser retirados. Estos bienes deben ser trasladados de los edificios públicos en los que el Estado ejerce sus funciones a espacios culturales como los museos. Estas instituciones, además de conservar el bien, pueden explicar la importancia histórica y cultural que justificó su inclusión en el catálogo del patrimonio cultural. Lo anterior posibilita la neutralización del contenido religioso del bien, para que su protección y promoción no implique la vulneración del deber de neutralidad en materia religiosa.

El traslado de los bienes culturales de origen religioso a los museos contribuye a que todas las personas puedan acceder a ellos y disfrutar de su contenido cultural. En Colombia, por ejemplo, los crucifijos con supuesto valor cultural que están en las salas en que se reúnen los altos poderes del Estado, en especial las altas cortes judiciales, no son accesibles para los ciudadanos de a pie, por lo que es imposible disfrutar de su supuesto valor cultural. En contraste, el traslado de estos crucifijos a los museos facilitaría que todas las personas puedan tener la posibilidad de acceder a esos bienes[118].

Es importante resaltar que, por diferentes motivos, como expropiaciones y donaciones, una cantidad considerable de bienes artísticos de origen religioso son propiedad del Estado. Estos bienes, independientemente de que hayan sido declarados patrimonio cultural, deben estar en los museos o en instituciones culturales similares porque en esos lugares se puede garantizar que todas las personas puedan disfrutar de estos bienes. En Colombia, el Museo de Arte Colonial (entidad pública) es el encargado de recopilar y exhibir las principales obras artísticas del periodo colonial. Por razones históricas propias de la Colonia, la mayoría de las obras de ese periodo representan imágenes y símbolos de la Iglesia católica. En consecuencia, no afecta el principio de laicidad y el deber de neutralidad que existan obras de contenido religioso en el Museo de

---

118   En Colombia es un hecho notorio la presencia de crucifijos enormes en las salas de reunión de las altas cortes judiciales (Corte Constitucional, Corte Suprema de Justicia y Consejo de Estado). Un funcionario de la Corte Constitucional solicitó el retiro del crucifijo de la sala plena de esa corporación porque estimaba que la presencia de ese objeto constituía un acto de discriminación contra los funcionarios no católicos, que deben soportar en su lugar de trabajo un elemento religioso propio de una organización a la que no pertenecen. La Corte Constitucional negó la solicitud del funcionario porque consideró que el crucifijo tenía un importante valor histórico, aunque fue donado por un magistrado hace apenas veintiún años (1999). La Corte también señaló que el crucifijo tiene un importante valor cultural porque fue elaborado por un artesano del barrio La Candelaria de Bogotá. Aunque no se discute las calidades artísticas del artesano –la Corte no lo identificó–, este simple hecho no otorga al crucifijo la naturaleza de patrimonio cultural. La respuesta de la Corte Constitucional a la solicitud del funcionario puede encontrarse en el anexo I de este trabajo.

Arte Colonial, siempre que se expliquen las razones históricas por las que en la Colonia predominó el arte religioso. Igualmente, se debe resaltar la importancia artística y estética de esas obras.

Son las instituciones culturales, como los museos, las que mejor pueden neutralizar el contenido religioso del bien y resaltar su importancia histórica, artística y cultural. No se desconoce que desde la museología se crítica fuertemente el concepto de neutralidad de los museos e instituciones culturales similares porque se sostiene que estos espacios trasmiten unos valores y visión del mundo determinada[119]. Y, en efecto, los bienes culturales no son neutrales, pues representan determinados valores. En consecuencia, los museos trasmiten valores y formas de entender el mundo relacionados con los objetos que exhibe. No obstante, en materia religiosa, se debe buscar neutralizar los valores religiosos que representan los bienes culturales. Para tal fin, se puede realizar una reinterpretación de estos objetos para que sea acorde con el principio de laicidad. En contraste, si se excluyera las obras de origen religioso de los museos estatales para salvaguardar la laicidad del Estado, instituciones culturales tan importantes como el Louvre en París o el Prado en Madrid perderían un importante acervo artístico, con un exquisito valor estético y que refleja la forma en que se entendió el mundo en tiempo pasados.

La existencia de bienes culturales de origen religioso en los museos no vulnera el carácter laico del Estado ni el deber de comportarse neutral en materia religiosa, si la causa de la exhibición y protección de esos bienes es justificada por razones históricas y culturales. En este caso, el deber de neutralidad no es desconocido ni vulnerado porque la razón que justifica que el Estado pueda proteger, conservar y fomentar esas obras es su contenido histórico y artístico, y no su eventual significado o trascendencia religiosa. Como sostienen Sierra León y Asprilla Arriaga, los museos pueden aportar mucho en el proceso de consolidación del Estado laico. En cumplimiento de esta labor, pueden realizar

---

119   Sobre la ausencia de neutralidad en los museos, Matiz López (2020) sostiene: "Uno de los presupuestos más cuestionados en el campo de la museología es la imaginaria pretensión de considerar a los museos como espacios neutrales, libres de presiones políticas o religiosas. Sin embargo, nada más lejano a la realidad que considerar a los museos como instituciones de absoluta autonomía por fuera de los circuitos de poder y legitimización estatal, o cuanto menos, escenarios absueltos de las batallas de confrontación política e ideológica. Los museos estatales, no sólo por su filiación institucional, sino por los objetos que resguarda, representan una carga semántica y simbólica ligada no sólo a la tradición sino a la concepción dominante en variados ámbitos sociales. Adicionalmente, el arte moderno y contemporáneo en particular, considera su pilote en la autonomía e independencia de su lenguaje, que en contadas ocasiones juega de forma metafórica con dicho contenido simbólico de los objetos y espacios museales, apuntando justamente al ámbito político del museo y sus piezas" (p. 311).

una reinterpretación del significado de las obras de origen religioso para que sean acordes con el principio de laicidad. Por ejemplo, los museos públicos podrían explicar que las obras reflejan los valores sociales imperantes en un periodo determinado, mostrar los contrastes entre los valores que expresan esas obras con los principios constitucionales vigentes o resaltar las causas históricas que explican la relación entre el arte y el fenómeno religioso[120].

---

120   Al respecto, Sierra León y Asprilla Arriaga (2020) sostienen: "Con la finalidad de contribuir a una relación incluyente entre los Museos Públicos y la laicidad en Colombia, se proponen seis criterios que bien podrían tenerse en cuenta como referencia para ampliar la comprensión sensitiva y emocional de los principios fundantes del Estado de Derecho. A saber: 1. Neutralidad Religiosa del Estado. Como manifestación de este criterio en las exposiciones permanentes no se puede promover, acentuar, ni perpetuar símbolos de una religión sobre otra porque se vulneran las características propias del Estado laico, entonces, si se pretenden diálogos entre lo sagrado y la diversidad cultural, ninguna religión, ni siquiera la católica debería ser la finalidad de las demás, por ello, el sincretismo vertical o mixtura entre lo afrocolombiano, lo indígena con lo católico necesita ampliarse y permitir a las personas o visitantes cuestionarse sobre la naturaleza del mismo. La puesta en escena de la pluralidad religiosa, debe pasar por un proceso amplio de investigación y de consultoría, para que dé lugar a una curaduría inclusiva. 2. Enunciación explícita de Laicidad. Para evitar la violación de este principio y garantizar el pluralismo religioso, en los diálogos, guiones, catálogos, exhibiciones temporales y permanentes e incluso en las piezas mismas se precisan, alusiones a esta norma, por ejemplo, incluyendo explícitamente estos mecanismos desde el Proyecto de Renovación en los valores fundantes y pilares del museo, a través de estrategias de acción concretas y claras. Así mismo, debe reconocerse la laicidad en las acciones explicitas de los museos del Estado, con la exhibición de colecciones que en determinado caso puedan explicar la ausencia ya sea dentro de los materiales o con espacios vacíos que denoten la existencia de una realidad en contraste con la ausencia de una pieza que la represente dentro del museo. 3. Acceso a información actualizada. Con el objeto de ampliar la perspectiva de los visitantes, es deseable señalar que, pese a los sincretismos con la religión católica, se han presentado y se siguen presentado, nuevas formas de asumir lo sagrado y lo religioso. En este sentido, el acceso a información completa es vital porque está ligada, al conocimiento y a la educación cognitiva y emocional, de infantes, adultos, escolarizados o no, extranjeros y nacionales. Si la información del museo es diversa e incluyente, se reforzará en el imaginario de Colombia, una sociedad emancipada, respetuosa de la diferencia y critica. Al respecto, debe señalarse que la labor de curaduría tiene que ser continua y fundamentada en la investigación para generar nuevos procesos en los museos que permitan hacer del museo un espacio representativo, sobre todo cuando se está hablando de lo sagrado y lo religioso. 4. Incorporación de reivindicaciones sociales. Es un llamado a que las exposiciones incorporen al concepto de lo sagrado las nuevas luchas sociales y, no solamente las contiendas históricas. Es preciso ampliar el diálogo a decisiones individuales, como la orientación sexual o el aborto, que no necesariamente comparten las posturas católicas o étnicas, sino que tienen un fuerte lugar en reivindicaciones modernas, y que pueden verse amenazadas por una visión sesgada de lo sagrado. El museo es un lugar de interpelación y debe estar abierto para que coexistan diferentes narrativas. 5. Inclusión lingüística. La utilización de otras lenguas, ya sean escritas, orales o por señas en la descripción inherente a la relación de las personas con lo sagrado, que amplié el espectro de inclusión y pluralismo social, caracterizándose por ser un espacio de encuentro para dialogar sobre la historia y futuro del país, irradiando con diferentes símbolos, la política nacional y las directrices para los museos, desarrolla un sistema neutral de diálogos y mensajes que transmiten los museos públicos a las personas, creando una comunicación completa, transversal, participativa e incluyente y garantizando los derechos de los ciudadanos en materia de patrimonio cultural museológico. 6. Coherencia constitucional museológica. Resaltar que

Para terminar, es importante aclarar que no todo el arte religioso puede conformar la categoría de patrimonio cultural de la nación. En cada caso se deberá determinar si la obra contiene el suficiente valor histórico o artístico para conformar esa categoría. En Colombia, como se estudiará en los últimos capítulos de este trabajo, la figura del patrimonio cultural es utilizada de manera abusiva para evadir el principio de laicidad, pues muchos bienes y objetos religiosos de la Iglesia católica son declarados parte del patrimonio cultural únicamente para que exista una justificación que permita al Estado financiar a esa organización religiosa.

4. NEUTRALIDAD Y FUNCIÓN PÚBLICA

Como se mencionó, la neutralidad implica que el Estado se debe abstener de utilizar las doctrinas de las organizaciones religiosas e ideológicas para justificar las actividades que realiza. Por ende, no debe promover conductas de los ciudadanos mediante la utilización de códigos morales propios de las organizaciones religiosas e ideológicas. Simples actividades administrativas, como la clasificación de las películas, por ejemplo, no se puede realizar según los estándares morales y religiosos de una organización privada[121]. En efecto, el principio de laicidad y el deber de neutralidad exigen que para el cumplimiento de las actividades públicas se cuente con unos estándares objetivos que tengan relación directa con la ética pública establecida en la Constitución[122].

---

no se pretende prohibir la exhibición de arte católico en los museos públicos, sería inverosímil, imposible e incluso iría en contra del Estado Laico imponer esta directriz. Más bien, se entiende el valor histórico y simbólico de estas piezas permiten relatar cierto periodo histórico del país que no puede ser eliminado de la memoria colectiva de los colombianos, por ello, es necesario crear coherencia entre las directrices del museo con la Constitución y los principios fundamentales del Estado colombiano, entre ellos, el principio de laicidad y neutralidad religiosa, incluso, en el diálogo entre lo religioso, lo étnico y lo jurídico, a través de sincretismos y mixturas más allá de las verticales y la influencia del catolicismo en las culturas afrocolombianas e indígena" (Sierra León y Asprilla Arriaga, 2020, pp. 365-367).

121   En Colombia, el Decreto Ley 1355 de 1970 creó el Comité de Clasificación de Películas. Este organismo tiene como una de sus funciones clasificar las películas por la edad en que se considera adecuada para los niños. Hasta el 2004, uno de los miembros del Comité era un sacerdote de la Iglesia católica.

122   Llamazares Fernández (2006b) explica el concepto de ética pública de la siguiente manera: "La ética pública resulta ser el conjunto de normas morales derivadas del conjunto de valores aceptados como comunes en el pacto constitucional que incluye las normas morales comunes a todos los códigos morales en presencia […] se identifica así con las normas morales derivadas de los valores constitucionales, dignidad de la persona, valores superiores y principios democráticos de convivencia, en especial la tolerancia y el respeto del diferente, así como de los valores a los que responden las diferencias, siempre que no entren en contradicción con los comunes" (p. 262). En similar sentido, "Ese conjunto de normas morales, originalmente individuales, y que se han transformado en universalmente compartidas en el ámbito de una comunidad política determinada, recogidas en el texto constitucional,

La neutralidad se predica no solo de las actividades que realiza el Estado, sino también de los funcionarios que las llevan a cabo. El Estado es una persona jurídica que tiene presencia en la sociedad mediante el cumplimiento de diversas actividades que son realizadas por los servidores públicos. Cuando estas personas cumplen con sus deberes no realizan actividades a título personal, sino que lo hacen en nombre y representación del Estado[123]. Por consiguiente, sobre estos funcionarios recae el deber de comportarse de manera neutral en el ejercicio de sus funciones, pues cuando lo hacen, representan al Estado[124].

Pocas consecuencias prácticas tendría sostener que el Estado debe comportarse de forma neutral en materia religiosa e ideológica y garantizar los derechos fundamentales de los ciudadanos, pero permitir que, en el cumplimiento de las diferentes funciones públicas, los funcionarios tomen las decisiones de acuerdo con sus convicciones y creencias. El deber de comportarse de manera neutral en el ejercicio de las funciones públicas implica que las actividades que efectúan los

---

es lo que se denomina moral pública, que nuestro tribunal constitucional [España] ha definido como mínimo común ético de una sociedad determinada, en un momento histórico concreto, acogido por el Derecho" (Llamazares Fernández y Llamazares Calzadilla, 2011b, p. 317).

123 Sobre este punto, es importante anotar que un principio del Derecho Internacional de los Derechos Humanos es la responsabilidad del Estado por los actos y las omisiones que realicen sus servidores públicos en el ejercicio de sus funciones. Al respecto, la Corte Interamericana de Derechos Humanos sostiene: "[…] 181. La Corte recuerda que el Derecho Internacional de los Derechos Humanos tiene por fin proporcionar al individuo medios de protección de los derechos humanos reconocidos internacionalmente frente al Estado (sus órganos, sus agentes, y todos aquellos que actúan en su nombre), y que es un principio básico del derecho de la responsabilidad internacional del Estado, recogido por el Derecho Internacional de los Derechos Humanos, que todo Estado es internacionalmente responsable por todo y cualquier acto u omisión de cualesquiera de sus poderes u órganos en violación de los derechos internacionalmente consagrados" (Corte Interamericana de Derechos Humanos, Caso 19 Comerciantes vs. Colombia, sentencia de fondo del 5 de julio de 2004, párrafo 181).

124 El Tribunal Europeo de Derechos Humanos conoció, en el asunto Kuznetsov y otros contra Rusia, un caso ilustrativo en el que se discutió la responsabilidad del Estado por actos cometidos por sus funcionarios. Este caso tuvo origen en una decisión de unos agentes de policía de interrumpir una ceremonia religiosa y ordenar su terminación. Como las personas que participaban en dicho ritual eran sordas, los agentes de policía solicitaron al ministro de culto, que lideraba el acto religioso, indicar a los participantes la decisión de finalizar la reunión. El ministro cumplió la orden de la autoridad, pese a no estar de acuerdo con ella. Con posterioridad, algunos participantes de la ceremonia interpusieron demandas contra el Estado ruso porque consideraban que la decisión de terminar el ritual vulneró su derecho a la libertad de pensamiento, conciencia y religión, que incluye la potestad de poder reunirse y realizar actos colectivos de culto. El Estado alegó, en su defensa, que no se le podía imputar responsabilidad por este hecho porque la decisión de dar por terminada la reunión fue comunicada por el ministro de culto y no por sus agentes. El Tribunal Europeo de Derechos Humanos rechazó este argumento, por lo que condenó al Estado ruso. Para el Tribunal, el ministro de culto solo cumplió la orden de los agentes de policía. Por ende, el Estado es responsable de la vulneración del derecho de los demandantes, pues la orden pese a ser ejecutada por un particular, la impartió un servidor público. Al respecto, véase Tribunal Europeo de Derechos Humanos, asunto Kuznetsov y otros contra Rusia. Demanda 184/2002, sentencia del 11 de enero de 2007.

servidores públicos deban ser realizadas según los estándares establecidos en el ordenamiento jurídico y no con los códigos éticos particulares de estas personas.

Dado que los servidores públicos tienen la obligación de comportarse de manera neutral en el ejercicio de sus funciones, deben abstener de realizar cualquier manifestación o valoración subjetiva basada en la ética privada que profesan. Los particulares no deben verse afectados por las valoraciones subjetivas de los funcionarios[125]. Además, los servidores estatales deben utilizar un lenguaje neutro que no dé lugar a ningún tipo de confusión entre el Estado y las organizaciones religiosas. Es incompatible con el deber de neutralidad que los servidores públicos invoquen como fundamento de sus decisiones a Dios o cualquier otro dogma religioso o ideológico[126]. En un Estado laico, el ordenamiento jurídico es el que otorga competencia y fundamenta el sentido de las decisiones que deben tomar los servidores en el ejercicio de sus funciones. Por ello, no se debe invocar ningún tipo de dogma privado para justificar las decisiones públicas o para valorar los comportamientos privados de los particulares.

---

125   En Colombia, algunos funcionarios judiciales han invocado sus creencias religiosas para negarse a garantizar y proteger derechos fundamentales plenamente reconocidos por el ordenamiento jurídico. La Corte Constitucional conoció, por ejemplo, en la sentencia T-388 de 2009 un caso en el que un juez invocó sus creencias religiosas para abstenerse de ordenar la interrupción del embarazo a una mujer que cumplía los requisitos establecidos en el ordenamiento jurídico para la práctica legal de este procedimiento. En similar sentido, recientemente el Juez Décimo Civil Municipal de Cartagena invocó sus creencias religiosas para no casar a una pareja del mismo sexo cuando dicha figura fue permitida por la Corte Constitucional en la sentencia SU-214 de 2016. El desafortunado auto del Juez Décimo Civil de Cartagena fue proferido el 31 de agosto de 2020, en el proceso radicado con el número 13001400301020200029900. En igual sentido, en los cuatro años de la Procuraduría de Alejandro Ordóñez Maldonado, el Ministerio Público fue utilizado para la defensa de las ideas y posturas católicas del entonces procurador general de la Nación, lo que implicó varios hechos preocupantes como la tergiversación de la naturaleza de algunos métodos anticonceptivos utilizados por las mujeres en ejercicio del derecho a interrumpir voluntariamente el embarazo. Sobre este último punto se puede consultar la sentencia T-627 de 2012 de la Corte Constitucional.

126   Sobre la neutralidad del lenguaje que deben usar los servidores públicos, la Corte Constitucional determinó, en la sentencia T-453 de 2012, que un juez había vulnerado el carácter laico del Estado al poner como encabezado de sus providencias el siguiente lema: "Tratándose de la justicia, no favorecerás ni siquiera al pobre. Éxodo 23:3". El tribunal constitucional expresamente sostuvo que esa conducta del juez era contraria al carácter laico del Estado y al subprincipio de neutralidad por las siguientes razones: "A juicio de la Sala, tal alusión resulta inadmisible en un documento que, al haber sido suscrito por una autoridad pública, debe estar desprovisto de cualquier expresión que permita suponer un sesgo fundado en las creencias religiosas o en las convicciones personales del funcionario judicial que lo profirió. Independientemente de que eso haya podido ocurrir en el caso fallado —los argumentos jurídicos plasmados en la sentencia lo descartan— lo cierto es que la sola mención de una cita bíblica en el auto admisorio de una acción de tutela, en la sentencia que la decide y en los oficios que enteran a las partes de lo resuelto por un despacho judicial puede dar una idea equivocada acerca de los criterios que guiaron la labor de administrar justicia en el caso concreto" (Corte Constitucional, sentencia T-453 de 2012).

La aparición de las redes sociales y la utilización de estas plataformas digitales por los líderes políticos y por las institucionales del Estado han dado lugar a un interesante debate acerca del alcance del deber de neutralidad en estos espacios digitales. Se discute, por ejemplo, si las cuentas personales de los servidores públicos, cuando son utilizadas para comunicar actos y decisiones propios del cargo, deben estar sujetas al deber de neutralidad en materia religiosa e ideológica.

En Estados Unidos de América, el entonces presidente Donald Trump bloqueó a varias personas de su cuenta personal de Twitter [@realDonaldTrump]. Esta cuenta con frecuencia era utilizada para comunicar en exclusiva decisiones que tomaba el presidente Trump, en el ejercicio de las funciones propias de su cargo. Algunos ciudadanos estadounidenses solicitaron a las autoridades judiciales de ese país que ordenaran el desbloqueo de sus cuentas porque ese hecho era un acto de censura que les impedía ejercer su derecho a la libertad de expresión e información. Tanto el Tribunal del Distrito Sur de Nueva York como el Tribunal de Apelaciones de ese distrito judicial ordenaron al presidente Trump desbloquear las cuentas de los demandantes porque consideraron que el bloqueo les impidió participar en el debate público, y, por ende, constituía un acto de censura prohibido por la primera enmienda de la Constitución de ese país[127].

La asimilación de la cuenta personal de Donald Trump a una cuenta oficial, por el uso dado (comunicar decisiones propias del cargo), permitió a las autoridades judiciales exigir al entonces presidente una utilización de su cuenta de una manera similar a la de una cuenta de una institución pública, de modo que su uso fuera neutral frente a los diversos comentarios de los ciudadanos. Esta neutralidad impide a los servidores públicos bloquear a las personas por las críticas que realicen a las decisiones que se comunicaban en una cuenta personal de Twitter o de cualquier otra red social[128]. Esta asimilación es importante porque obliga a los servidores estatales a emplear sus cuentas personales de redes sociales de manera neutral cuando estas herramientas se utilicen para comunicar decisiones estatales. El uso dado a la cuenta hace que esta se pueda asimilar a una cuenta oficial del Estado, por lo que su manejo debe ser respetuoso de todos los principios constitucionales que rigen la función pública, entre ellos el de la laicidad.

---

127   Al respecto véase: Knight First Amendment Institute at Columbia University vs. Trump, Court District of New York, May 23, 2018. Knight First Amendment Institute at Columbia University vs. Trump, n.º 1: 17-cv-5205 (SDNY), n.º 18-1691 (2d Cir.).

128   Para un análisis detallado de las decisiones judiciales adoptadas en este caso, véase a Vázquez Alonso (2020).

En Colombia, la utilización de cuentas privadas de redes sociales por servidores públicos para comunicar las actividades propias de su cargo también es un fenómeno generalizado. Esta situación ha dado lugar a varios casos recientes en los que se comprometió el deber de neutralidad en materia religiosa. En efecto, en el primer caso, el presidente de la República, Iván Duque Márquez, de una manera similar a su colega estadounidense, utiliza su cuenta personal de Twitter [@Ivanduque] para comunicar al país las diferentes decisiones que toma en el ejercicio de las funciones de su cargo. En esta cuenta es publicada la agenda diaria del presidente y las principales decisiones que toma el Gobierno nacional. El problema surgió porque en un trino publicado en esta cuenta, el presidente Duque se unió a la celebración de los 101 años de la consagración de la Virgen de Chiquinquirá como patrona de Colombia[129]. Este hecho generó que un ciudadano interpusiera una acción de tutela porque consideró que el carácter laico del Estado y su derecho a la libertad religiosa eran vulnerados por el tuit, dado que el presidente de la República asociaba al Estado, y a todos los colombianos, a una fiesta propia de la Iglesia católica.

El Tribunal Superior de Cali concedió el amparo de tutela solicitado por el demandante, pues para esa entidad judicial la cuenta personal del presidente Duque era asimilable a una cuenta oficial del Estado por el uso dado[130]. Una vez realizada la asimilación, el Tribunal determinó que el contenido del mensaje no era neutral porque asociaba al Estado colombiano con la conmemoración de una fiesta de la Iglesia católica[131]. Por consiguiente, el Tribunal ordenó al presidente

---

129   El trino expresaba lo siguiente: "Respetando las libertades religiosas de nuestro país y en clara expresión de mi fe, hoy celebramos los 101 años del reconocimiento a nuestra Virgen de Chiquinquirá como Patrona de Colombia. Todos los días en profunda oración le doy gracias y le pido por nuestro país" (Duque Márquez, 2020). Recuperado de https://twitter.com/IvanDuque/status/1281208926076362752.

130   Sobre este punto expresamente sostuvo el Tribunal Superior de Cali: "Aunque la opinión se anunció en una cuenta personal, lo cierto es que el contenido que se publica en la misma deja la sensación y confusión a la comunidad de no serlo, pues por ahí se da cuenta de todas las actuaciones que despliega el gobierno, más que apreciaciones o situaciones de índole personal del gobernante" (Tribunal Superior de Cali, sentencia del 24 de julio de 2020, radicado n.º 76001-31-05-000-2020-00181-00).

131   Sobre este punto sostuvo el Tribunal Superior de Cali: "Para esta colegiatura no resultan válidas las afirmaciones que hace la apoderada del accionado, en lo relativo a que el tuit resulta una posición personal, dada la celebración de una tradición centenaria que une a los colombianos, pues tal manifestación lejos de unir a la población colombiana –dada la exclusividad del reconocimiento de la figura del credo católico–, deja de manifiesto la adhesión del presidente por esa religión en particular –lo que no le es dable hacer dada la calidad que ostenta– e incita a la exaltación de una figura propia de un culto religioso, lo que de contera, resulta contradictorio con la imparcialidad que debe reinar en sus manifestaciones públicas, pues dichas expresiones implican un reconocimiento estatal de una determinada religión, que va en contravía con la representación del símbolo de la unidad nacional conforme lo señala el art. 188 de la Constitución" (Tribunal Superior de Cali, sentencia del 24 de julio de 2020, radicado n.º 76001-31-05-000-2020-00181-00).

de la República borrar el tuit en cuestión. La anterior decisión, respetuosa del principio de laicidad y del deber de neutralidad en materia religiosa, fue revocada por la Corte Suprema de Justicia. Para el máximo tribunal de la jurisdicción ordinaria el mensaje publicado, aunque problemático, no vulneraba el derecho a la libertad de religión del demandante porque no lo obligaba a profesar las creencias de una organización religiosa en particular. Pese a revocar el fallo de tutela que ordenaba la eliminación del tuit, la Corte Suprema advirtió al presidente Duque que debía ser cuidadoso en el uso de sus redes sociales porque podía comprometer el carácter laico del Estado[132]. Esta decisión fue remitida a la Corte Constitucional para su eventual revisión, pero inexplicablemente este tribunal consideró que el asunto no tenía la suficiente relevancia constitucional para ser objeto de un fallo de revisión.

El segundo caso de neutralidad y redes sociales en Colombia es similar al primero en la medida en que el mensaje fue publicado por la vicepresidenta de la República en sus cuentas personales de Twitter y Facebook. En el mensaje se consagró al país a una deidad propia de la Iglesia católica, la Virgen de Fátima, y se solicitó su protección para la mitigación de los efectos ocasionados por la pandemia generada como consecuencia de la aparición del covid-19[133]. Por este hecho un ciudadano interpuso una acción de tutela porque consideró que el mensaje viola el principio de laicidad y el derecho a la igualdad de todas las organizaciones religiosas. En primera instancia el Tribunal Administrativo de Cundinamarca concedió la razón al demandante y, en consecuencia, ordenó a la vicepresidenta emitir un comunicado en el que rectificaba la consagración del país a esa deidad católica. Para el juez de primera instancia el contenido del mensaje no era de carácter personal sino institucional, dado que el tuit estuvo acompañado de los símbolos patrios y del lema institucional de la Vicepresidencia de la República. Por ende, para el Tribunal el mensaje es contrario al

---

132   La Corte Suprema de Justicia advirtió al presidente de la República lo siguiente: "Es oportuno advertir al funcionario accionado que debe ser particularmente cuidadoso al utilizar sus cuentas personales en redes sociales, en tanto debe procurar que sus pronunciamientos se ajusten en dichos espacios a la *neutralidad* propia del cargo gubernamental que ejerce temporalmente, con el fin de evitar la confusión entre su rol como ciudadano y su investidura de jefe de Estado que, en otras circunstancias, puedan considerarse lesivas de garantías constitucionales fundamentales" (Corte Suprema de Justicia, Sala de Casación Laboral, sentencia del 19 de agosto de 2020, radicado n.º 89841).

133   El mensaje fue el siguiente: "Hoy consagramos nuestro país a nuestra señora de Fátima elevando plegarias por Colombia para que nos ayude a frenar el avance de esta pandemia y que Dios mitigue el sufrimiento de los enfermos, el dolor de los que perdieron seres amados y nos permita repotenciar nuestra economía para generar millones de empleos que acaben con la pobreza" (Corte Constitucional, sentencia T-124 de 2021).

carácter laico del Estado y a la garantía de trato igual a todas las organizaciones religiosas[134]. Esta decisión fue revocada en segunda instancia por la Sección Quinta del Consejo de Estado. El máximo tribunal de la jurisdicción de lo contencioso administrativo consideró que se había configurado la figura de la carencia actual de objeto por hecho superado, dado que el mensaje había sido eliminado de las cuentas de redes sociales de la vicepresidenta[135].

El caso en cuestión fue revisado por la Corte Constitucional en la sentencia T-124 de 2021. En esta providencia se estableció que la utilización por parte de los servidores públicos de sus cuentas personales en redes sociales puede comprometer la neutralidad del Estado cuando estas son utilizadas para comunicar información institucional propia del cargo. Para determinar si la cuenta personal se puede equiparar a una cuenta oficial, el Tribunal Constitucional estableció los siguientes criterios: 1. Nivel de privacidad de la cuenta (acceso público o restringido a los usuarios que son aceptados como amigos). 2. Descripción de la cuenta: ¿la persona se presenta como funcionaria? 3. Uso de la cuenta (mensajes personales o mensajes que tienen relación con el cargo que se ocupa). 4. La manera como se comunica el mensaje (utilización de los símbolos del Estado o lema del gobierno). 5. Contenido del mensaje.

Para resolver este caso, la Corte Constitucional determinó que Martha Lucía Ramírez tiene cuentas en Twitter y Facebook abiertas a todo el público, a cuyo contenido puede acceder cualquier persona. En estas, la señora Martha Lucía se identifica como vicepresidenta de la República de Colombia y comparte frecuentemente información que tiene relación con las actividades que realiza en el importante cargo que ocupa. Aunado a lo anterior, la Corte estudió el contenido del mensaje y encontró que la invocación de la Virgen de Fátima se realizó en una entrada que iba acompañada del escudo oficial de Colombia y del lema institucional del Gobierno. Lo anterior llevó a que la Corte concluyera que las cuentas personales de Martha Lucía Ramírez, en Twitter y Facebook, podían asimilarse a cuentas oficiales del Estado. En consecuencia, su uso debe realizarse de conformidad con el principio de laicidad y del deber de neutralidad en materia religiosa e ideológica. Los anteriores razonamientos llevaron a que la Corte determinara que el mensaje de la vicepresidenta violó el carácter laico del Estado y el derecho a la igualdad en materia religiosa.

---

134   Tribunal Administrativo de Cundinamarca, sentencia del 1.º de junio de 2020, radicado n.º 25000-23-15-000-2020-01905-00.

135   Consejo de Estado, Sección Quinta, sentencia del 30 de julio de 2020, radicado n.º 25000-23-15-000-2020-01905-01.

Así las cosas, en Colombia el principio de laicidad y el deber de comportarse de forma neutral en materia religiosa e ideológica son predicables al mundo de la red, en especial en la manera en que se deben usar las cuentas del Estado en redes sociales. Igualmente, el deber de neutralidad se extiende a las cuentas personales en redes sociales de los servidores públicos cuando por su uso se pueden asimilar a cuentas oficiales del Estado.

Otra de las grandes discusiones sobre el alcance del deber de neutralidad en materia religiosa e ideológica gira en torno a la posibilidad de permitir que los servidores públicos puedan objetar conciencia para no cumplir con una función propia de su cargo[136]. Algunos autores sostienen que el derecho fundamental a la libertad de conciencia y de religión abre la posibilidad de que los servidores públicos puedan objetar conciencia y negarse a cumplir con las funciones que consideren contrarias a sus dogmas religiosos[137]. Según esta postura, si la figura de la objeción de conciencia hace parte del contenido mínimo del derecho fundamental a la libertad de conciencia y de religión, no existe una razón para limitar el ejercicio de esta garantía a las personas que son funcionarias del Estado.

No se comparte la anterior postura porque la objeción de conciencia es una figura que fue creada para que los particulares pudieran tener la posibilidad de abstenerse de acatar un deber legal cuando el cumplimiento de este afecte gravemente su conciencia. La objeción fue pensada como una garantía de los ciudadanos frente al Estado y no para que los servidores incumplan con las obligaciones propias de su cargo. Es importante tener en cuenta que cuando los servidores públicos cumplen con sus funciones no actúan a título personal, sino en nombre y representación del Estado. Por ende, los dilemas de conciencia deben ser evaluados antes de asumir una responsabilidad estatal y no cuando ya se ostenta el cargo de funcionario. Sobre este punto, Prieto Sanchís sostiene que si un Estado laico decide prohibir la utilización de la figura de la objeción de conciencia debe ser por una justificación no religiosa[138]. En este caso se cumple

---

136 Para un estudio detallado del alcance y contenido de la figura de la objeción de conciencia, véase, entre otros, a Llamazares Fernández y Llamazares Calzadilla (2011b, pp. 311-357), Capodiferro Cubero (2013) y Castro Jover (2016).

137 En Colombia, por ejemplo, algunos autores, como Prieto Martínez (2013), Estrada-Vélez (2009) y Hoyos Castañeda (2007), defienden la postura de que la objeción de conciencia pueda ser ejercida por los servidores públicos para no cumplir con una función propia del cargo. En España, algunos autores, como Navarro-Valls (1986, 1996), Navarro-Valls y Martínez Torrón (1997) y Cebriá García (2011), defienden una posición similar.

138 Al respecto, Prieto Sanchís (2005) sostiene: "Si se prohíbe una práctica religiosa –si no se tolera la objeción de conciencia– que sea por cualquier razón distinta a su origen religioso; si se establecen diferencias normativas entre confesiones, que sea también por alguna razón distinta (y universalizable)

con la condición del autor citado porque la justificación de la inadmisibilidad de la objeción de conciencia para los servidores públicos es la garantía eficaz de los derechos fundamentales de los particulares.

Permitir la figura de la objeción de conciencia para los servidores públicos podría comprometer la responsabilidad del Estado, dado que por razones religiosas o ideológicas no se cumple con una actividad que le corresponde realizar a los poderes públicos. Como uno de los principales fines del Estado es garantizar los derechos fundamentales, permitir la objeción de conciencia a los funcionarios implicaría poner en riesgo la efectiva protección de los derechos fundamentales de los ciudadanos[139]. En efecto, las prestaciones a las que tienen derecho las personas estarían condicionadas a ser acordes con la ética privada del

---

al grado de verdad o autoridad que reconozcamos a cada confesión, reconocimiento que en puridad no puede realizar un sistema laico" (p. 126).

139 La Corte Constitucional determinó, en la sentencia T-388 de 2009, que en Colombia los servidores públicos no pueden objetar conciencia. En esta providencia judicial, el tribunal constitucional estudió el caso de una mujer que solicitó el procedimiento médico de interrupción voluntaria del embarazo por estar en uno de los supuestos en que es permitido. Ante la negativa de la entidad prestadora de salud de autorizar el procedimiento médico, la mujer interpuso una acción de tutela para que la autoridad judicial lo ordenara. El juez que conoció el caso reconoció que la mujer tenía el derecho a que se le practicará el aborto, pero objetó conciencia y, en consecuencia, se abstuvo de ordenar dicho procedimiento. Para la Corte Constitucional, esta conducta es inaceptable porque los servidores públicos no pueden objetar conciencia para abstenerse de cumplir con sus funciones. Según el tribunal constitucional, "La objeción de conciencia es un derecho que se garantiza de modo extenso en el campo privado –cuando no está de por medio el desconocimiento de derechos de terceras personas–. No obstante, queda excluido alegarla cuando se ostenta la calidad de autoridad pública. Quien ostenta tal calidad, no puede excusarse en razones de conciencia para abstenerse de cumplir con sus deberes constitucionales y legales pues con dicha práctica incurriría en un claro desconocimiento de lo dispuesto en los artículos 2 y 6 de la Constitución Nacional. […] El papel que desempeñan las autoridades públicas y las diferencias sustanciales que surgen respecto del sentido y alcance de los deberes en cabeza de estas autoridades si se comparan con los que radican en cabeza de las personas particulares en lo relativo al ejercicio de la objeción de conciencia. Cuando se acepta voluntariamente ostentar la calidad de autoridad judicial e, incluso, cuando en calidad de particulares se asumen compromisos que implican el ejercicio de la actividad jurisdiccional, una de las consecuencias, si no la más importante, es el compromiso de velar por el estricto cumplimiento de la normatividad vigente. En efecto, cuando un funcionario o funcionaria judicial profiere su fallo no está en uso de su libre albedrío. En estos casos el juez se encuentra ante la obligación de solucionar el problema que ante él se plantea –art. 230 de la Constitución–, con base en la Constitución y demás normas que compongan el ordenamiento jurídico aplicable. Esto por cuanto su función consiste precisamente en aplicar la ley –entendida ésta en sentido amplio–, de manera que no le es dable con base en convicciones religiosas, políticas, filosóficas o de cualquier otro tipo faltar a su función. Lo anterior no significa que como persona no tenga la posibilidad de ejercer sus derechos fundamentales; significa que en su labor de administrar justicia sus convicciones no lo relevan de la responsabilidad derivada de su investidura, debiendo administrar justicia con base única y exclusivamente en el derecho, pues es esa actitud la que hace que en un Estado impere la ley y no los pareceres de las autoridades públicas, es decir, lo que lo define que en un Estado gobierne el derecho y no los hombres, siendo ésta la vía de construcción y consolidación del Estado de derecho" (Corte Constitucional, sentencia T-388 de 2009).

funcionario que tiene la obligación de proveerla[140]. Poco se gana con reconocer un derecho fundamental cuando su garantía depende de la buena voluntad y la ética privada del funcionario encargado de hacerlo efectivo[141]. Por consiguiente, a los servidores públicos no se les debe permitir alegar motivos de conciencia para no cumplir con sus deberes porque este hecho implicaría la vulneración de uno o más derechos fundamentales de las personas que necesitan la protección del Estado[142].

Es sumamente riesgoso para la protección de los derechos fundamentales que los funcionarios encargados de su garantía puedan invocar razones de conciencia para desconocer las diferentes prestaciones a que tienen derecho las personas. Igualmente se vulnera la neutralidad del Estado y, por tanto, el principio de laicidad, porque se permite que los funcionarios se abstengan de

---

140   Sobre este punto, y refiriéndose al caso particular de la objeción de conciencia a la interrupción voluntaria del embarazo, Capodiferro Cubero (2010) apunta: "Así, la actuación individual del personal médico o paramédico puede tener como consecuencia que el Estado no cumpla con su deber de garantizar a aquella sus derechos como usuaria del servicio sanitario, especialmente el derecho a decidir sobre la propia salud reproductiva, con lo que ejercicio de la objeción de conciencia provocaría una vulneración injustificada de los mismos" (p. 41).

141   Ejemplos en Colombia que dan cuenta de la manera como se materializa este temor pueden encontrarse en los siguientes casos que revisó la Corte Constitucional: En un primer asunto, narrado en una de las citas anteriores, fue revisado por la Corte Constitucional en la sentencia T-388 de 2009. En este caso el tribunal constitucional estudió el impedimento presentado por un juez de la República para no ordenar a una entidad prestadora de salud la prestación del procedimiento médico de interrupción voluntaria del embarazo. El juez, pese a reconocer que la mujer que solicitó el procedimiento se encontraba en uno de los supuestos en que es permitido abortar, decidió declararse impedido y, en consecuencia, no ordenó la práctica de dicho procedimiento médico porque consideró que esa orden era contraria a la ley divina que ordena "no matar". Para un análisis detallado de este caso, véase a Fernández Parra (2010). El segundo caso también fue explicado en una de las anteriores notas de pie de página. En este caso, el Juez Décimo Civil Municipal de Cartagena invocó sus creencias religiosas para no casar a una pareja del mismo sexo. El matrimonio igualitario es permitido en Colombia desde la sentencia SU-214 de 2016 de la Corte Constitucional. El auto del Juez de Décimo Civil de Cartagena fue proferido el 31 de agosto de 2020, en el proceso radicado con el número 13001400301020200029900. Aunque el superior jerárquico revocó el auto y ordenó celebrar el matrimonio, el Juez Décimo Civil de Cartagena se negó a casar a esta pareja porque estimó que su conciencia está por encima de cualquier orden judicial de sus superiores jerárquicos.

142   Como apunta Osuna Patiño (2020), "La objeción de conciencia, que sería una manifestación específica de la libertad de conciencia, sólo tendría cabida si, además de justificarse por la seriedad de las convicciones alegadas, como se ha visto líneas atrás, no se ocasiona menoscabo o negación de derechos para otras personas con el incumplimiento del deber legal. Por ello es más factible admitir la objeción de conciencia al servicio militar, o a los actos de homenaje a símbolos estatales, que la del personal sanitario a prestar servicios médicos cuya omisión menoscabaría el estatus de libertad, dignidad e igualdad de las personas que tienen derecho a esos servicios. También por ese aspecto resulta inaceptable admitir la objeción de conciencia a la celebración de matrimonios entre personas del mismo sexo, pues por unas razones de conciencia se estaría negando el derecho a formar una familia a otras personas" (p. 454).

garantizar los derechos de los ciudadanos por motivos propios de su ética privada. En un Estado laico, la protección de los derechos y las actividades públicas no pueden quedar condicionadas a las creencias y las convicciones de los servidores públicos. Reconocer la posibilidad de que los funcionarios objeten conciencia implica que los particulares no van a poder disfrutar de sus derechos fundamentales en condiciones materiales de igualdad, fin del Estado laico. En efecto, algunas personas tendrían mayores obstáculos para disfrutar de algunos de sus derechos, porque cada vez que requieran de una prestación del Estado para su garantía, tendrán que soportar las trabas y demoras que son consecuencia de los prejuicios de los funcionarios y de la utilización de la figura de la objeción de conciencia[143].

Como pone de presente Capdevielle, es muy frecuente que la figura de la objeción de conciencia sea utilizada por los funcionarios para negarse a celebrar y registrar los matrimonios de parejas del mismo sexo o para no suministrar algunas prestaciones médicas que forman parte del contenido de los derechos sexuales y reproductivos de las mujeres, como la interrupción voluntaria del embarazo en los casos permitidos[144]. Los Estados que permiten la objeción de conciencia de los servidores públicos terminan por dificultar el ejercicio de los derechos de las parejas del mismo sexo, de las minorías sexuales, los derechos sexuales y reproductivos de las mujeres. En últimas, el derecho a libertad de conciencia y de religión es gravemente vulnerado porque unas personas tendrán más dificultades que otras para llevar un proyecto de vida acorde con sus convicciones[145].

Es importante anotar que los Estados que reconocen el derecho a la interrupción voluntaria del embarazo por lo general admiten la figura de la objeción de

---

143   Un caso que ilustra de manera clara los problemas a los que se pueden enfrentar las personas que quieren ejercer sus derechos fundamentales por la negativa de los funcionarios de cumplir con sus deberes es el asunto Eweida y otros contra el Reino Unido (Demandas 48420/10, 59842/10, 51671/10 y 36516/10). En este proceso el Tribunal Europeo de Derechos Humanos conoció varios asuntos, entre ellos el caso de una funcionaria que se negó a registrar los matrimonios entre parejas del mismo sexo porque sus creencias religiosas se lo impedían. En otro de los casos por similares razones, un terapeuta se negó a prestar terapia y asesoría a las parejas del mismo sexo. En ambos casos el Tribunal Europeo de Derechos Humanos consideró que el Estado demandado no había desconocido sus obligaciones en materia de derechos humanos al permitir sanciones disciplinarias por las conductas realizadas por estas dos personas.

144   Para un estudio detallado de las implicaciones jurídicas que tendría aceptar la figura de la objeción de conciencia de los servidores públicos y los graves problemas que se generarían para protección de los derechos fundamentales, véase a Capodiferro Cubero (2013) y Capdevielle (2015).

145   Véase, por ejemplo, Tribunal Europeo de Derechos Humanos, asunto Eweida y otros contra el Reino Unido (Demandas 48420/10, 59842/10, 51671/10 y 36516/10).

conciencia para los funcionarios sanitarios que deben participar en este proce-dimiento médico[146]. La fuerte carga moral que está involucrada en este proce-dimiento (la vida como un bien sagrado) ha llevado a que los Estados permitan la objeción de conciencia a los trabajadores de la salud[147]. La admisibilidad de la objeción de conciencia ha confirmado, al menos en Colombia, que esta figura con frecuencia es utilizada de manera desproporcionada como un mecanismo de protesta contra la decisión de despenalizar el aborto[148]. En consecuencia, esta oposición a cumplir la ley se asemeja más a un acto de desobediencia civil que a uno de objeción de conciencia[149], debido a que su uso es promovido por

---

146   Para un estudio de la figura de la objeción de conciencia en los casos de interrupción voluntaria del embarazo en España, véase, entre otros, a Capodiferro Cubero (2010, 2015). En Colombia, véase a Montoya-Vacadíez (2014).

147   Para un estudio de las posturas que resaltan la importancia de la protección de la vida como un bien sagrado y, en consecuencia, defienden una utilización extensa de la figura de la objeción de concien-cia para el personal sanitario involucrado en la prestación del procedimiento médico de interrupción voluntaria del embarazo, véase para el caso español a Navarro-Valls (1986, 1996), Navarro-Valls y Martínez Torrón (1997) y Cebriá García (2011). Para el caso colombiano, véase Prieto Martínez (2015).

148   Del estudio realizado por Fink, Stanhope, Rochat y Bernal (2016) se puede concluir que la oposición de varios médicos a realizar la interrupción voluntaria del embarazo en la ciudad de Bogotá se asemeja más a la figura de la desobediencia civil que a la objeción de conciencia. En efecto, los autores citados realizaron varias entrevistas a médicos en Bogotá y describen a un grupo de médicos objetores de la siguiente manera: "Los objetores extremos consideraron que es su deber médico, ético y religioso negarse a realizar abortos y evitar que ocurran. Los objetores extremos, basados en la doctrina católica romana, expresaron su creencia de que la vida comienza con la fertilización y que el deber del médico de proteger esa vida a toda costa, empieza en ese preciso momento. Los objetores extremos estuvieron entre los entrevistados más locuaces, expresando profusamente sus creencias desde las perspectivas tanto médica como religiosa. Muchos se refirieron al consuelo que encontraron en su relación personal con Dios. Otros definieron sentimientos de 'deber médico' como su razón más importante para opo-nerse al aborto. Los objetores extremos se esforzaron mucho por cambiar la opinión de sus pacientes. Los objetores extremos usaron frecuentemente el término 'compasión' para describir sus interacciones con las pacientes. Cuando se les pidió abundar en el tema, describieron largas conversaciones con el propósito de comprender los motivos de las pacientes que buscaban un aborto, de tal forma que pudieran convencer a las mujeres de cambiar de opinión. Un objetor describió haber pasado horas con una misma paciente para 'caminar en sus zapatos' y ayudarla a ver cómo ella podría tomar un camino diferente como la adopción. Algunos objetores usaron un lenguaje severo, incluso abusivo, hacia sus pacientes si sus intentos iniciales de cambiar un aborto fueron infructuosos. Algunos compartieron ejemplos de lo que dicen a sus pacientes: 'Piensa en ello. Esto podría tener repercusiones para ti; obviamente tiene repercusiones para el bebé'. –Objetora extrema, mujer, 56 años de edad 'Este es tu hijo; admítelo… ¿Por qué quieres que yo mate a una persona? ¿Por qué quieres que yo sea un verdugo?' –Objetor extremo, hombre, 62 años de edad. Los objetores extremos se niegan a referir a sus pacientes. Cuando se le preguntó por qué no refería a sus pacientes, una objetora extrema afirmó que las referencias no son necesarias debido a que hay suficiente información disponible para que las mujeres encuentren los servicios por ellas mismas. Otro objetor dijo que él se negaba a referir a sus pacientes porque no quería ser 'cómplice' del 'asesinato de una persona'" (p. 76).

149   Osuna Patiño (2020) anota lo siguiente sobre la diferencia entre la objeción de conciencia y la des-obediencia civil: "Cabe resaltar, entonces, a modo de conclusión de este apartado, que la objeción de

seguidores de la Iglesia católica como una forma de oponerse a la despenalización del aborto y con la intención de provocar un cambio legislativo que vuelva a penalizar la interrupción voluntaria del embarazo[150].

5. NEUTRALIDAD Y EL DISCURSO RELIGIOSO EN EL DEBATE PÚBLICO

Una de las discusiones más importantes en la filosofía política contemporánea tiene que ver con el papel que deben tener los argumentos religiosos en el debate público. Rawls utiliza el concepto de "idea de razón pública" para sostener que los debates y las discusiones en la esfera política se deben hacer invocando argumentos razonables que sean comprensibles por todos los participantes[151].

---

conciencia puede ser concebida como un derecho (técnicamente sería un derecho subjetivo), pero solo si se la delimita con las características que se acaban de aludir, esto es, que sea una herramienta de protección de las convicciones morales de una persona cuando estas puedan verse destruidas ante la imposición de una norma. Por el contrario, no cabría caracterizarla como derecho cuando, a pesar de que se utilice el término 'objeción de conciencia', se trate, en realidad, de un mecanismo de participación en la vida colectiva que se vale de una herramienta pacífica, pero extrema, como es la desobediencia civil, para reivindicar la abolición o sustitución de una norma o de una institución. En la desobediencia civil ya no se trata de defender al ser humano frente al poder, sino de un ejercicio de política entre ciudadanos, en el que los opositores a una norma o a una institución se rebelan para lograr así su revocatoria o modificación. La desobediencia civil puede tener, en ocasiones, un amplio grado de aceptación en la opinión pública, pero no por eso se transmuta en un derecho, porque su verdadera finalidad no está en la exoneración a un individuo del cumplimiento de una norma que seguiría aplicándose para los demás, sino en la derogatoria de esa norma, con carácter general, y en su sustitución por otra que se consideraría mejor" (p. 429).

150   Sobre este punto, Capodiferro Cubero (2010) apunta: "La finalidad de la objeción de conciencia, en este o en cualquier otro supuesto, es proteger la autonomía moral del sujeto frente a una imposición externa que se interpreta como lesiva; se trata de un medio destinado exclusivamente a salvar la conciencia individual en una situación concreta, sin que quepa otra finalidad para su planteamiento. Nunca puede considerarse como un medio para entorpecer la práctica de abortos legales, pues estaríamos desnaturalizando su verdadera función en el sistema. Tal planteamiento supondría atentar contra la libertad de la mujer, que no es ninguna delincuente a la que haya que disuadir del acto que quiere (y puede) llevar a cabo, por no decir que se trataría de un intento de imponer las propias convicciones particulares a otra persona con el agravante de aprovechar para ello unos servicios del Estado, neutral respecto de las morales particulares, destinados al servicio del bien común" (p. 67).

151   La idea de razón pública es explicada por Rawls (2001) en los siguientes términos: "Pues una de las características fundamentales de la democracia es el hecho del pluralismo razonable, el hecho de que una pluralidad de doctrinas generales razonables en conflicto (religiosas, filosóficas y morales) es el resultado normal de su cultura de instituciones libres. Los ciudadanos advierten que no pueden alcanzar acuerdos e incluso aproximarse al mutuo entendimiento si se apoyan en sus irreconciliables doctrinas generales. Por ello, necesitan considerar las razones que razonablemente pueden intercambiar cuando están en juegos cuestiones políticas fundamentales. Propongo que, en el ámbito de la razón pública, las doctrinas generales sobre lo verdadero o lo justo sean sustituidas por una idea de lo políticamente razonable que se dirija a los ciudadanos como ciudadanos" (p. 155).

Según este autor, en aras de un deber de civilidad con los otros ciudadanos, los argumentos religiosos no deben ser utilizados en las discusiones políticas en las que se decidan las reglas y normas aplicables para toda la sociedad[152]. Las justificaciones religiosas no se deben usar porque su comprensión y su aceptación requieren compartir los dogmas religiosos que sustentan esas ideas. En caso de que este tipo de argumentos pretendan ser empleados en el debate público, existe el deber de traducirlos para que sean comprensibles por todas las personas que intervienen en la discusión.

Rawls aclara que la idea de razón pública y el deber de traducción solo recaen en los participantes del foro público institucional, que en la teoría de este autor está comprendido por los candidatos a cargos de elección popular, los jueces y los miembros del Parlamento[153]. En definitiva, con el concepto de *razón pública* se sostiene la postura de que en el debate público donde se deciden las normas aplicables para toda la sociedad se deben utilizar argumentos razonables y comprensibles para todas las personas, independientemente de sus creencias y convicciones. En la esfera pública institucional es indispensable dejar a un lado los argumentos religiosos porque las normas que son vinculantes para todos los ciudadanos no se pueden imponer con argumentos que solo vinculan a los miembros de una determinada organización religiosa[154].

Algunos autores sostienen que el deber de traducción de los argumentos religiosos es desproporcionado porque impone a las personas con creencias

---

152 Rawls (1996) afirma lo siguiente sobre el deber de civilidad: "El ideal de la ciudadanía impone un deber moral, no un deber legal, el deber de civilidad, para ser capaces de explicarse unos a otros, cuando se trata de cuestiones fundamentales, cómo los principios y las políticas por las que ellos abogan y votan puedan apoyarse en los valores de la razón pública. Este deber también implica una buena disposición a escuchar a los otros y una ecuanimidad a la hora de decidir cuándo resultaría razonablemente acomodarse a sus puntos de vista" (p. 252).

153 Sobre este punto, Rawls (2001) aclara: "Es imperativo darse cuenta de que la idea de razón pública no se aplica a todos los debates políticos sobre cuestiones fundamentales, sino sólo a aquellas cuestiones que caen dentro de lo que propongo llamar el foro político público. Este foro se puede dividir en tres partes: el discurso de los jueces en sus decisiones y en especial el de los magistrados del Tribunal Supremo; el discurso de los funcionarios públicos y en especial el de los altos funcionarios del ejecutivo y del legislativo; y finalmente el discurso de los candidatos a los cargos públicos y los jefes de sus campañas, especialmente en sus peroratas, plataformas y declaraciones políticas" (p. 158).

154 En este sentido, Ruiz Miguel (2013) sostiene: "En la deliberación política democrática deben excluirse los argumentos estrictamente religiosos, que apelan de manera necesaria a creencias que han de reconocerse como idiosincrásicas y, por tanto, como carentes de objetividad, en el sentido de que no son susceptibles de aceptación de forma voluntaria ni racional, sino como producto de un acto de fe, lo que las convierte en irrelevantes e inaceptables en el debate político, en el que se pretende imponer decisiones coactivamente vinculantes para todos los ciudadanos. Aceptar argumentos religiosos sería como considerar legítima la condena a muerte de un procesado por un jurado armado con una Biblia subrayada en los pasajes que hablan de la pena como venganza" (p. 31).

religiosas fuertes una carga adicional para poder participar en el debate público. Estas personas tienen que participar en el debate con unos argumentos que tal vez no sienten como propios (falta de sinceridad)[155]. A su vez, autores como Habermas y Dworkin resaltan que la postura de Rawls infravalora la importancia que han tenido algunos líderes religiosos para la garantía de los derechos, como las posturas del pastor Martin Luther King Jr. y su lucha por la igualdad racial en los Estados Unidos de América[156].

Como se aclaró, la teoría de la razón pública de Rawls no busca excluir los argumentos religiosos de todo el debate público, sino únicamente del debate institucionalizado (parlamentos, tribunales y altos cargos del ejecutivo). Por ende, las organizaciones religiosas y sus líderes pueden válidamente expresar sus opiniones políticas y justificarlas utilizando dogmas religiosos. Este hecho contribuye a la pluralidad de la sociedad porque permite que las personas cuenten con diferentes ideas y puntos de vista sobre un determinado tema. El mercado libre de ideas, creencias y convicciones es mucho más interesante si se admiten los argumentos religiosos.

El problema jurídico en términos de laicidad no son los argumentos religiosos en la esfera pública informal sino en la institucional. Por esta razón, en los debates de los programas de radio y televisión, en aquellos que adelantan las universidades y sus centros de investigación, o en los que tienen lugar en cafés y bares, se pueden utilizar argumentos de índole religioso para defender las posturas políticas (esfera pública informal). La cuestión importante es si un

---

155   El problema de la ausencia de sinceridad es descrito por Vázquez Cardozo (2010) de la siguiente manera: "Quien no estuviera dispuesto a hacerlo [traducir el argumento religioso] mantiene su sinceridad a costa de ser excluido o autoexcluido de la deliberación pública; quien estuviera dispuesto a hacerlo apelaría a razones prudenciales para incluirse en el debate democrático, pero a costa de una buena dosis de sinceridad" (p. 30).

156   Habermas (2006) describe estas críticas de la siguiente manera: "Los críticos de Rawls se remiten a ejemplos históricos de la influencia política favorable que tan tenido realmente las iglesias y los movimientos religiosos en la consecución o la defensa de la democracia y los derechos humanos. Martin Luther King y el movimiento de los derechos civiles en Estados Unidos ilustran la lucha exitosa por una inclusión más amplia de minorías y de grupos marginales en el proceso político. En este contexto también son impresionantes las profundas raíces religiosas que habitan en las motivaciones de la mayoría de los movimientos sociales y socialistas tanto en Estados Unidos como en los países del continente europeo" (pp. 131-132). En el mismo sentido, Dworkin (2008) sostiene: "Además, no está nada claro que fuera algo deseable para los creyentes mantener sus convicciones separadas de su política, aun cuando pudieran hacerlo. Martin Luther King Jr. era un hombre de fe, y recurrió a su religión para condenar los prejuicios con una gran efectividad; algunos curas católicos hablando en calidad de curas se han situado en la vanguardia de la lucha por la justicia social en Latinoamérica y en otros lugares. En cualquier caso, los liberales no lograrán que los creyentes dejen a un lado sus convicciones religiosas cuando asumen el papel de ciudadanos. Este papel requiere sinceridad y autenticidad, lo cual es imposible para esas personas a menos que mantengan sus creencias religiosas en mente" (pp. 88-89).

Estado laico debe permitir que los miembros del Parlamento, los jueces de las altas cortes y los funcionarios que ocupan importantes cargos en la rama ejecutiva invoquen argumentos religiosos para defender sus posturas y las normas que van a establecer para toda la sociedad (debate público institucionalizado). Este tema se vuelve mucho más complejo cuando existen organizaciones religiosas que participan activamente en política y que incluso han conformado partidos políticos. Es importante resaltar que en Latinoamérica existen varios partidos políticos de origen religioso que han obtenido algunas curules o escaños en los parlamentos de la región[157]. El anterior hecho plantea los siguientes interrogantes: ¿el principio de laicidad y el deber de neutralidad son compatibles con el discurso religioso en el debate público institucionalizado?, ¿los funcionarios que llegan al Parlamento con el apoyo de un partido político religioso deberían poder invocar argumentos propios de la ética privada de la organización que los llevó al órgano legislativo?, ¿se debe exigir a todos los servidores públicos, incluso a los miembros del Parlamento, que invoquen argumentos de razón pública que sean comprensibles para todos los ciudadanos?, ¿el deber de utilizar argumentos razonables en el debate público solo recae en los servidores públicos o se puede extender a todos los participantes de dicho debate?

Los anteriores interrogantes son complejos porque en ellos están involucrados varios derechos fundamentales como la libertad de conciencia y de religión, la libertad de expresión y la libertad de asociación política. Los anteriores derechos entran en tensión con el deber del Estado de tratar igual a todas las personas y, en consecuencia, con la obligación de abstenerse de imponer conductas a los ciudadanos basadas únicamente en justificaciones religiosas, que pueden llegar a no ser comprensibles para ciertos sectores de la población. El problema para el principio de laicidad, y para el deber de neutralidad en materia religiosa, se presenta porque el uso de argumentos religiosos en el debate público institucionalizado da lugar a que las normas del ordenamiento se basen en justificaciones provenientes de dogmas de una organización religiosa.

Las respuestas a los interrogantes planteados deben realizarse de conformidad con el principio de laicidad. En efecto, si se toma en serio este principio y el deber del Estado de comportarse neutralmente en materia religiosa, se debe exigir que las normas jurídicas tengan una justificación razonable, por lo que no deben estar basadas en argumentos religiosos. Lo anterior sin descartar que la decisión adoptada pueda tener una justificación razonable que coincida con una

---

157   Para un estudio periodístico que documenta con rigurosidad y minuciosidad el crecimiento de poder político evangélico en América Latina, véase: https://transnacionalesdelafe.com/.

religiosa. Para que el Estado pueda exigir coercitivamente el cumplimiento de las normas jurídicas, estas deben estar justificadas en motivos razonables, que pueden ser comprendidos por todos los miembros del conglomerado social. Para entender las justificaciones razonables no debe ser necesario pertenecer a una organización religiosa o tener unas determinadas creencias.

En un sentido similar, Dworkin diferencia entre justificaciones personalmente estimativas e impersonalmente estimativas. Las primeras se basan en juicios de valor sobre la vida buena provenientes de teorías omnicomprensivas y las segundas se basan en argumentos objetivos que explican el valor de un comportamiento o una cosa[158]. Para Dworkin, las limitaciones a las libertades de las personas deben estar sustentadas únicamente en justificaciones impersonalmente estimativas. Se comparte la tesis de este autor porque tratar igual a todas las personas, independientemente de sus creencias y convicciones, es uno de los fines esenciales del principio de laicidad. Se desconoce este deber cuando las normas jurídicas, que el Estado puede imponer coercitivamente, se basan en dogmas que únicamente son compartidos por los miembros de una determinada organización religiosa o ideológica.

Una cuestión estrechamente relacionada con la postura de exigir que las normas jurídicas estén justificadas en argumentos razonables es el papel de las organizaciones religiosas en el debate público. No es baladí que en muchos Estados democráticos exista un renovado interés por crear partidos políticos que formal y materialmente hacen parte de la estructura de las organizaciones religiosas. Frente a este fenómeno, algunos Estados, que se pueden calificar como laicos, han optado por prohibir esas asociaciones. Por ejemplo, en México, uno de los primeros Estados en adoptar un modelo de laicidad (1917), está expresamente prohibida la participación política de los ministros de culto y la creación de partidos políticos religiosos[159]. Las leyes electorales de este país impiden

---

158   Al respecto, Dworkin (2008) sostiene: "Una justificación basada en un juicio de valor de tipo personal o personalmente estimativa (*personally judgmental*) apela a una teoría, o la presupone, sobre el tipo de vida que es intrínsecamente bueno, o malo, para las personas de cuya vida se trata. Cualquier justificación de la ilegalización de la sodomía que cite la inmoralidad o la bajeza de esta práctica sexual nace de un juicio de valor de tipo personal. Debemos distinguir estas justificaciones personalmente estimativas de las justificaciones impersonalmente estimativas (*impersonally judgmental*) que apelan al valor intrínseco de algún objeto o hecho más que al valor intrínseco de algún tipo de vida" (p. 95).

159   Constitución Política de los Estados Unidos Mexicanos. Artículo 130: "El principio histórico de la separación del Estado y las iglesias orienta las normas contenidas en el presente artículo. Las iglesias y demás agrupaciones religiosas se sujetarán a la ley. […] d) En los términos de la ley reglamentaria, los ministros de cultos no podrán desempeñar cargos públicos. Como ciudadanos tendrán derecho a votar, pero no a ser votados. Quienes hubieren dejado de ser ministros de cultos con la anticipación y en la forma que establezca la ley, podrán ser votados. e) Los ministros no podrán asociarse con

que los partidos políticos y los candidatos a cargos de elección popular realicen algún tipo de proselitismo religioso, por lo que está prohibido utilizar símbolos religiosos en las campañas electorales o que las organizaciones religiosas apoyen públicamente a un candidato[160]. En Turquía, que también tiene formalmente un modelo de laicidad, existe una prohibición similar que impide la conformación de partidos políticos que defiendan posturas contrarias al principio de laicidad. Esta prohibición ha llevado a que se suspenda la personería jurídica a varios partidos políticos[161].

El problema con esta prohibición es que puede constituir un hecho de discriminación por motivos religiosos porque se basa en un criterio tradicionalmente sospechoso de discriminación para crear una barrera al ejercicio de un derecho fundamental. En el sistema interamericano, por ejemplo, esta prohibición tiene graves problemas de convencionalidad dado que el artículo 23.2 de la Convención Americana sobre Derechos Humanos no contiene a la religión como una causal válida para restringir el ejercicio de los derechos políticos[162]. La Corte Interamericana de Derechos Humanos ha realizado una interpretación literal de esta disposición, por lo que argumenta que las limitaciones y restricciones de los derechos políticos solo pueden ser por los motivos expresamente establecidos en el referido artículo 23.2[163]. No es baladí que el Estado mexicano realizara,

---

fines políticos ni realizar proselitismo a favor o en contra de candidato, partido o asociación política alguna. Tampoco podrán en reunión pública, en actos del culto o de propaganda religiosa, ni en publicaciones de carácter religioso, oponerse a las leyes del país o a sus instituciones, ni agraviar, de cualquier forma, los símbolos patrios. Queda estrictamente prohibida la formación de toda clase de agrupaciones políticas cuyo título tenga alguna palabra o indicación cualquiera que la relacione con alguna confesión religiosa. No podrán celebrarse en los templos reuniones de carácter político [...]".

160 Para un estudio detallado del modelo mexicano de laicidad y de los casos en que candidatos y partidos políticos han sido sancionados por realizar proselitismo religioso durante el proceso electoral, véase a Celador Angón (2009) y Díaz Rendón (2015, 2017).

161 Para un panorama general del modelo turco y las limitaciones para la creación de partidos políticos que sostengan posturas que sean contrarias al principio de laicidad, pueden consultarse las sentencias que profirió el Tribunal Europeo de Derechos Humanos en el asunto Refah Partisi y otros contra Turquía (sentencias del 31 de julio de 2001 y 13 de febrero de 2003).

162 Convención Americana sobre Derechos Humanos. Artículo 23: "1. Todos los ciudadanos deben gozar de los siguientes derechos y oportunidades: a) de participar en la dirección de los asuntos públicos, directamente o por medio de representantes libremente elegidos; b) de votar y ser elegidos en elecciones periódicas auténticas, realizadas por sufragio universal e igual y por voto secreto que garantice la libre expresión de la voluntad de los electores, y c) de tener acceso, en condiciones generales de igualdad, a las funciones públicas de su país. 2. La ley puede reglamentar el ejercicio de los derechos y oportunidades a que se refiere el inciso anterior, exclusivamente por razones de edad, nacionalidad, residencia, idioma, instrucción, capacidad civil o mental, o condena, por juez competente, en proceso penal".

163 Para un estudio detallado de la interpretación que la Corte Interamericana de Derechos Humanos ha realizado del artículo 23.2 de la Convención Americana sobre Derechos Humanos, véanse: Caso

cuando ratificó la Convención Americana sobre Derechos Humanos, una reserva del artículo 23.2 de ese tratado internacional para evitar futuras condenas por la disposición constitucional que impide la participación en política de las organizaciones religiosas y de los ministros de culto.

Celador Angón sostiene que la prohibición a las organizaciones religiosas de participar en política implica una distinción inconveniente que desconoce el deber de tratar igual a todas las organizaciones –religiosas e ideológicas–. En efecto, mientras que las organizaciones ideológicas podrían participar en política y crear partidos para defender sus convicciones en el debate público institucional, las organizaciones religiosas estarían excluidas de participar en dicho debate, especialmente en el debate parlamentario[164]. Lo anterior daría lugar a un privilegio a favor de las personas y los grupos que defienden ideas y convicciones seculares fuertes, los cuales podrán contar con la posibilidad de participar activamente en política.

Es importante tener en cuenta que el principio de laicidad pretende garantizar el ejercicio del derecho a la libertad de conciencia y de religión en condiciones materiales de igualdad. Por consiguiente, uno de sus objetivos es terminar con las diferencias jurídicas entre las organizaciones religiosas e ideológicas. Por ende, prohibir a las organizaciones religiosas participar en política las pone en desventaja frente a otras organizaciones que se basan en cosmovisiones y doctrinas omnicomprensivas, pero que no tienen una relación directa con el fenómeno religioso.

No se desconocen los problemas que a lo largo de la historia ha generado la activa participación en política de algunas organizaciones religiosas. Tampoco se desconoce que en Latinoamérica la mayoría de los partidos políticos creados por las nuevas organizaciones religiosas –en alianza con la Iglesia católica[165]–

López Mendoza vs. Venezuela, sentencia del 1.º de septiembre de 2011 y Caso Petro Urrego vs. Colombia, sentencia del 8 de julio de 2020.

164   Sobre este punto, sostiene Celador Angón (2009): "Probablemente el ordenamiento jurídico mexicano sea uno de los pocos que delimita de una forma tan clara y precisa las funciones del Estado y las confesiones religiosas en los procesos electorales; pero en un exceso de celo discrimina a las confesiones religiosas frente al resto de los grupos ideológicos no religiosos, al permitir que los segundos puedan participar en las campañas electorales, poseer medios de comunicación o presentar a sus líderes a las elecciones. Esa es la paradoja y a la vez la peculiaridad que presenta el ordenamiento jurídico mexicano, y es que, por ejemplo, un grupo soportado en una creencia o convicción que no cumpla los requisitos que prevé la Ley de Asociaciones religiosas y de culto público de 1992 para ser grupo religioso, puede disfrutar de un estatus más favorable en este terreno" (p. 113).

165   Para un estudio estadístico sobre las posiciones políticas y morales de los miembros de las organizaciones religiosas cristianas y de la Iglesia católica en Colombia, véase a Beltrán Cely y Larotta Silva (2020).

defiende unas posturas reprochables e inconstitucionales, que abogan por el desconocimiento de los derechos de las minorías sexuales o por el no reconocimiento pleno de los derechos sexuales y reproductivos de las mujeres[166]. Sin embargo, un Estado laico inmerso en una sociedad plural, postsecular en términos de Taylor[167], en la que existen diferentes organizaciones religiosas e ideológicas, no debe excluir del debate público a ningún grupo representativo de la sociedad. La laicidad no pretende marginar lo religioso al ámbito exclusivamente privado. Todos los grupos que se organicen para fines legítimos deben contar con la posibilidad de participar en la esfera pública, inclusive la institucional. Por ende, es un error que ciertos modelos de laicidad prohíban la participación de las organizaciones y los líderes religiosos en política, especialmente en el Parlamento, uno de los escenarios deliberativos por excelencia en las democracias[168].

---

166   Sobre este fenómeno, Capdevielle (2019) apunta: "En este sentido, la caída de las dictaduras y la consolidación de la democracia en América Latina han replanteado de manera profunda el papel de las iglesias en la vida de las naciones. Las instituciones religiosas, en particular la Iglesia católica, han renunciado en muchos casos a un reconocimiento institucional por parte de los gobiernos; sin embargo, se han posicionado como un actor legítimo del juego democrático y hacen valer, cada vez más, sus reclamos en clave de derechos humanos. En particular, dichos grupos han concentrado su activismo político en temas asociados con la familia, la sexualidad y la educación. Mediante una estrategia de polarización de la sociedad en torno a estas cuestiones, logran una movilización eficaz de la sociedad civil, lo que les permite en muchos casos obstaculizar los avances secularizadores del derecho en materia de derechos sexuales y reproductivos" (p. 117).

167   La expresión "sociedades postseculares" es utilizada por autores como Taylor (2015) y Blancarte (2015) para referirse a la idea que se tenía de que el fenómeno religioso iba a desaparecer con la modernidad y la secularización de las sociedades occidentales. Para estos autores, los hechos demostraron la persistencia de lo religioso o su resurgimiento en las sociedades contemporáneas. Sobre este punto, Bovero (2013) sostiene lo siguiente: "La tesis, por mucho tiempo sostenida y ampliamente compartida, según la cual el proceso de secularización habría conducido, tarde o temprano, al resultado inevitable e irreversible de la extinción de las religiones positivas, en los últimos decenios parece no encontrar referentes y ha perdido credibilidad. Ahora muchos la consideran una interpretación equivocada de una tendencia limitada, contingente y transitoria, si no es que (incluso) aparente e ilusoria. En concomitancia con el colapso del comunismo, hemos presenciado en la escena global un intenso regreso y resurgimiento del fenómeno religioso" (p. 12).

168   El parlamento por mucho tiempo fue considerado el único escenario deliberativo en las democracias representativas. Sin embargo, el concepto de *democracia representativa*, entendida como aquella en la que el ciudadano ejerce su derecho al voto cada cierto periodo de tiempo y delega en sus representantes las discusiones y decisiones públicas relevantes, está en franca crisis en Latinoamérica. Uno de los rasgos más sobresalientes de la nueva ola de constituciones en esta región, denominado "el nuevo constitucionalismo latinoamericano", es su apuesta por el concepto de *democracia deliberativa*. Para esta nueva forma de entender la democracia, las decisiones importantes y los desacuerdos razonables deben ser resueltos por la ciudadanía mediante la utilización de diversas figuras de participación directa como las mesas de diálogo, los cabildos abiertos, las consultas previas, los referendos, los plebiscitos y las audiencias públicas. Por esta razón, el Parlamento ya no es el único escenario deliberativo en los Estados que han acogido el concepto de democracia deliberativa. Gargarella (2011)

Un Estado laico debe encontrar una fórmula adecuada que no excluya del debate político a las diferentes organizaciones religiosas, pero que a su vez garantice que esa participación se realice conforme con los principios constitucionales, en especial con el principio de laicidad. No se debe excluir a las organizaciones religiosas del debate público. Lo que se debe hacer es comprometerlas para que sus posturas políticas sean expresadas mediante la idea de razón pública de Rawls. Igualmente, estas ideas deben ser acordes con la Constitución y no deben pretender el desconocimiento de los derechos de otros grupos sociales como, por ejemplo, la población LGBTQ+[169].

Para garantizar que el principio de laicidad y los deberes de separación y neutralidad no sean afectados por la participación de las organizaciones religiosas en el debate público, se deben tomar algunas medidas. Celador Angón propone que las organizaciones que decidan participar en política asuman todas las cargas que implica esta decisión. Por consiguiente, para este autor, el régimen jurídico –en especial, el fiscal– que se les debe aplicar a las organizaciones religiosas que participan en política deberá ser el de un movimiento o partido político[170].

---

define la democracia deliberativa de la siguiente forma: "Es posible distinguir entre muchas versiones de la concepción deliberativa de la democracia, pero propondré aquí una versión caracterizada por los dos siguientes rasgos: primero, supondré que esta perspectiva de la democracia requiere que las decisiones públicas sean adoptadas luego de un amplio proceso de discusión colectiva. Segundo, supondré que el proceso deliberativo requiere, en principio, la intervención de todos aquellos que se verían afectados (así sea potencialmente) por las decisiones en juego" (pp. 137-138). Sobre el concepto de *democracia deliberativa*, véase a Gargarella (2011, 2015) y Roa Roa (2019).

169   Sobre este punto, Lemaitre Ripoll (2013) asegura: "En consecuencia, ahora asumo la posición consecuente que hay que tomar en serio a las personas que, incluso a partir de su fe, se movilizan como ciudadanos para defender una causa utilizando argumentos racionales y no de autoridad. En este abogo por un tratamiento respetuoso del otro, que busque comprender mejor quiénes son estas personas y qué están argumentando" (p. 4).

170   Celador Angón (2009) sostiene: "En mi opinión, la solución al problema está en el punto intermedio, es decir, en reconocer a los individuos la madurez política que estos tienen en cuanto ciudadanos, y en cuanto titulares del derecho al sufragio. Ellos son los que deben opinar sobre las propuestas de los partidos políticos, con independencia de que dichos mensajes sean apoyados por los grupos religiosos o por aquellos grupos ideológicos establecidos en sus sociedades. De la misma manera que si los grupos religiosos deciden saltar a la arena política deben tener la posibilidad de jugar en esa liga, pero que lo hagan con todas sus consecuencias. Un ejemplo ilustra lo que quiero decir, en los años 80 la agobiante presión de los grupos religiosos cristianos sobre las clínicas abortistas de algunos Estados estadounidenses finalizó cuando el Gobierno federal emitió un comunicado en el cual exhortaba a dichos grupos a constituirse como partidos políticos, y defender sus proposiciones sobre el aborto en el terreno parlamentario, toda vez que los grupos que continuaran alimentando las revueltas perderían su privilegiado estatus fiscal como grupos religiosos, pues estaban realizando labores que no se adecuaban a su estatus jurídico; pues bien, ningún grupo religioso decidió transformarse en partido político, y jugarse su legitimidad ante el voto caprichoso del electorado estadounidense" (pp. 115-116).

Otra medida importante para que la participación política de las organizaciones religiosas no vulnere el principio de laicidad tiene relación con la propuesta de Rawls sobre la idea de razón pública[171]. Primero se debe diferenciar entre esfera pública informal y esfera pública institucional. En la esfera informal se admiten los argumentos religiosos porque estos enriquecen el libre mercado de ideas, necesario para garantizar la pluralidad de la sociedad. Sin embargo, en la esfera pública institucional los partidos políticos de origen religioso deberán asumir la carga de traducir sus argumentos para que estos puedan ser comprendidos por todos. Los partidos políticos deben tener en cuenta que las normas que aprueba el Parlamento son exigibles a todos los ciudadanos, independientemente de sus creencias. En consecuencia, deberá señalar buenas razones por las que toda la ciudadanía acate voluntariamente dichas normas[172]. Los argumentos religiosos, las noticias falsas y los discursos de odio deben ser excluidos del debate público institucionalizado por no cumplir con el presupuesto de la idea de razón pública.

Es necesario extender la idea de razón pública propuesta por Rawls a todas las personas que participen en el debate público institucional. Todos los que vayan a participar en él, independientemente de que ostenten la calidad de servidores públicos, deberán utilizar argumentos de razón pública. Los grupos de interés invitados a participar en los debates en el Parlamento, las personas que interponen acciones judiciales ante los tribunales, los que intervienen en las audiencias públicas que convocan algunos tribunales constitucionales y los ciudadanos que participan en los diferentes procedimientos administrativos se deben abstener de utilizar argumentos religiosos, discursos de odios o noticias falsas. Si el objetivo de la participación de estas personas es ayudar a que los poderes públicos tomen la mejor decisión posible, deben justificar sus posturas en argumentos que Rawls denomina *razonables*. Se debe tener en cuenta que los argumentos expuestos por los particulares en los foros institucionales tienen el objetivo de ayudar a los poderes públicos a tomar una determinada decisión, por cual es necesario que los argumentos sean planteados de conformidad con el deber de razón pública.

---

171   Rawls (1996, 2001).

172   Sobre este punto Vázquez Cardozo (2010) resalta: "No se está negando el derecho de todo creyente a creer lo que les parezca más adecuado para organizar su plan de vida personal. Lo que se argumenta es que, si son ciudadanos y, por tanto, partícipes en la deliberación pública, y tienen la pretensión de que sus convicciones sean coercitivas, entonces deben someter los contenidos de las creencias a un escrutinio racional y razonable. La premisa que subyace en el debate es la que prescribe que es moralmente correcto ejercitar la coerción sólo con base en consideraciones públicamente aceptables" (p. 39).

La anterior postura pretende garantizar la neutralidad de las normas públicas, que deben estar justificadas en motivos y argumentos razonables, comprensibles para todos los ciudadanos. En argumentos impersonalmente estimativos, en términos de Dworkin[173]. Un Estado laico no debe prohibir la participación de los grupos religiosos en política, pero sí tiene la obligación de asegurar que el ordenamiento jurídico esté sustentado en normas con justificaciones razonables y comprensibles por todos los ciudadanos. Así, por ejemplo, para oponerse a la eventual despenalización del aborto o de la eutanasia no se puede sostener que esas conductas son contrarias al mandamiento bíblico de "no matarás". Por el contrario, hipotéticamente, sí se puede sostener que la despenalización de esas conductas es contraria al deber constitucional de proteger la vida humana. Aquí el debate debe girar en torno al alcance y al contenido del deber del Estado de proteger la vida humana y las tensiones que se pueden presentar cuando está comprometida la integridad física y mental de las mujeres o de los enfermos que padecen graves sufrimientos.

Exigir a los participantes del debate público en el parlamento que utilicen argumentos razonables no es una carga desproporcionada, si se compara con el fin legítimo que se persigue. Garantizar que las normas jurídicas estén sustentadas en argumentos razonables, comprensibles para todas las personas, permite que la ciudadanía se sienta identificada con las disposiciones legales, o al menos acepte con menores resistencias los mandatos que prescriben. Aunque no se comparta lo prescrito por la norma, es mucho más fácil acatarla cuando se han aducido argumentos razonables para su aprobación. En contraste, cuando las normas se justifican con argumentos religiosos, las personas que no creen en esos dogmas se sentirán excluidas y no tendrán motivos fuertes para cumplirlas, dado que se basan en unas creencias que no comparten. En definitiva, el principio de laicidad y el deber de neutralidad obligan a que todas las normas jurídicas, exigibles de manera coercitiva por el Estado, deban estar justificadas en argumentos razonables, accesibles para todas las personas y acordes con los principios y valores constitucionales.

Como las leyes y las demás normas del ordenamiento jurídico deben estar sustentadas en motivos razonables y neutrales, los jueces y los tribunales no pueden realizar ningún tipo de interpretación religiosa sobre las disposiciones jurídicas. Las interpretaciones judiciales, el derecho de los jueces, en términos de López Medina[174], se deben realizar de conformidad con los valores y principios

---

173   Dworkin (2008).
174   López Medina (2006).

constitucionales, entre ellos el principio de laicidad. Si al legislador no le está permitido invocar justificaciones religiosas para defender la conveniencia de las disposiciones legales, los jueces tampoco podrán realizar dicha interpretación cuando aplican las normas. En el mismo sentido, en virtud del principio de legalidad, los funcionarios de la rama ejecutiva solo pueden realizar lo que la ley les permite. Por consiguiente, si las leyes y las demás normas del ordenamiento jurídico son neutrales, los funcionarios deberán ejecutarlas de conformidad con las justificaciones seculares invocadas para su aprobación.

En definitiva, en la esfera pública institucional, el Estado se debe comportar de manera neutral en materia religiosa. Este deber se justifica porque las normas públicas, exigibles a todos los ciudadanos, deben estar justificadas por motivos de razón pública que tengan la potencialidad de ser entendidas por todos los ciudadanos. Como las normas públicas solo van a estar justificadas en motivos razonables, los jueces y los funcionarios de la rama ejecutiva deben aplicarlas de conformidad con esas justificaciones y los principios constitucionales.

IV. EL DEBER DE PROTEGER Y GARANTIZAR DE MANERA EFECTIVA EL DERECHO A LA LIBERTAD DE CONCIENCIA Y DE RELIGIÓN

El derecho a la libertad de conciencia y de religión tiene una doble faceta: interna y externa. La primera dimensión de este derecho es inabarcable para el Estado porque se presenta como una relación entre las personas y sus convicciones o creencias íntimas. En otras palabras, una relación entre los individuos y sus conciencias. Por su parte, la faceta externa de este derecho se expresa en diferentes comportamientos –individuales y colectivos– que realizan las personas para cumplir con lo prescrito por sus convicciones y creencias. Justamente en esta etapa, el derecho a la libertad de conciencia y de religión cobra importancia para el ordenamiento jurídico porque las manifestaciones externas que se realizan en el ejercicio de este derecho pueden ser reguladas, limitadas, protegidas, promovidas o prohibidas por el Estado[175].

---

175   Una de las primeras providencias judiciales en las que se señaló la división entre la faceta interna y la faceta externa del derecho a la libertad de conciencia y de religión fue la sentencia *Reynolds vs. United States [Supreme Court of The United States, Reynolds vs. United States, 98 U.S. 145 (1879)]*. En esta providencia se estudió el caso de una persona que estando casada contrajo matrimonio por segunda vez. En esa época, la poligamia estaba prohibida y era considerada una conducta criminal. La persona justificó el segundo matrimonio argumentado que pertenecía a la Iglesia de Jesucristo de los Santos de los Últimos Días (Iglesia mormona) y que los dogmas de su organización religiosa permitían esa conducta. Los anteriores hechos dieron lugar a que fuera condenado penalmente por el delito de

Un Estado confesional tomará medidas para promocionar los ritos y creencias de la Iglesia oficial. Por su parte, un Estado de tendencia laicista, el cual, como se ha explicado, es diferente al Estado laico, tomará medidas para restringir las manifestaciones externas de este derecho y limitarlas a un ámbito meramente privado. Independientemente del modelo de relación entre el Estado y las organizaciones religiosas, en un Estado de derecho se establecerá como límite mínimo a las manifestaciones externas del derecho a la libertad de conciencia y de religión los derechos de terceras personas y el orden público.

Es importante resaltar que sobre la faceta externa existe una fuerte discusión en la doctrina acerca del papel que debe cumplir el Estado con las diversas manifestaciones que los ciudadanos pretenden realizar en ejercicio del derecho a la libertad de conciencia y de religión. Así, por ejemplo, para el liberalismo clásico dicha libertad es el típico derecho respecto del cual el Estado solo tiene el deber de no obstaculizar su ejercicio. Excepcionalmente, los poderes públicos deben intervenir para evitar las obstrucciones ilegítimas que terceros realicen al ejercicio de este derecho[176].

En la otra esquina ideológica, se sostiene que es un deber y una obligación del Estado cooperar con las organizaciones religiosas para asegurar que todas las personas cuenten con los medios para poder ejercer este derecho. Para este sector, el Estado debe garantizar que todos cuenten con las condiciones materiales necesarias para poder realizar las conductas propias de sus creencias. Para cumplir con este objetivo se sostiene que la mejor fórmula posible es la cooperación activa y directa del Estado con las organizaciones religiosas, puesto que la mayoría de las expresiones religiosas se realizan de manera colectiva mediante asociaciones de personas que comparten las mismas creencias. Por ende, es conveniente y efectivo que los poderes públicos cooperen activamente con esas organizaciones para garantizar que todas las personas puedan disponer de los medios materiales para realizar las conductas que les exige sus dogmas religiosos[177].

Las preguntas obligadas que surgen de las posturas descritas son las siguientes: ¿Cuál es el papel que debe desempeñar un Estado laico en la garantía y protección del derecho a la libertad de conciencia y de religión?, ¿tiene el Estado la obligación de cooperar con las organizaciones religiosas e ideológicas para que

---

poligamia. La Corte Suprema revisó este caso y ratificó la condena penal. Para la Corte, el Estado no puede juzgar ni condenar las creencias de los ciudadanos, incluida la creencia en la corrección moral de la poligamia, pero sí las acciones que las personas realizan en virtud de sus creencias.

176   Para una explicación detallada de la postura del liberalismo clásico, véanse, entre otros, a Castro Jover (2003), Ruiz Miguel (2008) y Peces-Barba Martínez (2010).

177   Al respecto véanse, entre otros, a Gutiérrez del Moral (2007), Navarra-Valls (2008b), Ollero Tassara (2009), Palomino Lozano (2018) y Prieto Martínez (2019).

sus miembros puedan realizar cada una de las conductas que son propias de la moral privada de esas asociaciones? Las respuestas a estos interrogantes deberán tener en cuenta que la protección y garantía de este derecho se debe realizar de una manera en la que no se creen ventajas o privilegios para los miembros de una determinada organización religiosa o ideológica.

Para empezar a responder las cuestiones planteadas es importante tener en cuenta que la justificación de la existencia de los Estados democráticos es la protección y garantía de los derechos fundamentales. En efecto, la legitimación de los Estados democráticos está unida a la protección efectiva de los derechos de sus ciudadanos[178]. En este orden de ideas, el carácter fundamental del derecho a la libertad de conciencia y de religión obliga al Estado a protegerlo. Este deber es reforzado por los diferentes instrumentos internacionales –regionales y universales– sobre derechos humanos que reconocen este derecho y obligan al Estado a garantizarlo y protegerlo.

En un Estado laico, comprometido con la protección de los derechos, se debe garantizar el ejercicio en condiciones de igualdad del derecho fundamental a la libertad de conciencia y de religión. Es importante resaltar que la protección de este derecho va más allá del concepto liberal clásico de no interferir en el ejercicio de las libertades y de excepcionalmente intervenir cuando existan restricciones ilegítimas de terceras personas que impidan el ejercicio de los derechos. Es relevante tener en cuenta que la mayoría de los Estados han evolucionado a modelos sociales comprometidos con la garantía efectiva de todos los derechos fundamentales[179]. En un Estado social de derecho, como el colombiano o el español, no basta con que los poderes públicos se abstengan de interferir en el ejercicio de las libertades de las personas[180]. Además, deben crear las

---

178   Como anota Barranco Avilés (2004), "La finalidad política de los derechos consiste, pues, en servir de fundamento de legitimidad a un Estado que pasa a ser Estado de Derecho. Los derechos necesitan al poder para hacerse eficaces, pero además, a partir de determinado momento histórico, el poder necesita a los derechos para asegurarse la obediencia; se dice entonces que los derechos se convierten en criterio de legitimidad del poder político" (p. 77). De manera similar, Asís Roig (2000) sostiene: "En este sentido, respecto a los derechos fundamentales habrá que hablar no sólo de una obligación en el Estado de abstenerse de intervenir en determinado ámbito, no sólo de una obligación de actuar para promover o facilitar el disfrute de ciertos derechos, sino también, de una obligación de proteger ese disfrute. El poder tendrá como misión la protección de una serie de necesidades y pretensiones de los hombres, que no se refiere a una categoría específica de los derechos fundamentales sino a todos en general. No basta con contemplar un planteamiento negativo del poder, hay que asegurar la libertad y garantizar frente en todo evento su efectivo ejercicio" (p. 85).

179   Al respecto véase a Abramovich y Courtis (2004, 2006) y Arango Rivadeneira (2005).

180   Para un estudio de la cláusula de Estado social de derecho en Colombia, véase a Villar Borda (2007) y Upegui Mejía (2009).

condiciones materiales para que todas las personas puedan ejercer y disfrutar de manera efectiva todos sus derechos fundamentales[181]. En ciertos casos, esta obligación también puede implicar remover algunos obstáculos que impiden a las personas ejercer y disfrutar de sus derechos. Para tal propósito, es necesario crear algunas garantías y políticas públicas para que todas las personas puedan disfrutar de sus libertades en unas condiciones similares de igualdad[182]. Estas garantías, mínimas y necesarias para el ejercicio en igualdad de las libertades, son los denominados derechos económicos y sociales[183].

Para entender qué actuaciones puede realizar el Estado para la protección y garantía del derecho a la libertad de conciencia y de religión, sin vulnerar el principio de laicidad, es importante reiterar que mediante este principio orgánico se pretende que todas las personas puedan ejercer en condiciones materiales de igualdad el derecho a la libertad de conciencia y de religión. Por consiguiente, la protección y garantía de este derecho debe tener como propósito la protección de las personas y su conciencia, sin que ello implique el establecimiento de un marco jurídico con unas condiciones de ventaja o privilegio para los miembros de una determinada organización religiosa.

---

181   Sobre este punto, Peces-Barba Martínez (1993) apunta: "La incidencia en los derechos fundamentales será la aparición de nuevos derechos prestación, como créditos de los individuos frente a los poderes públicos, para satisfacer necesidades básicas, como la sanidad, la vivienda o la educación. Al constitucionalismo de la libertad se añade el constitucionalismo de la igualdad, o, si se quiere, se consagra el de la libertad igualitaria. Pero el Estado social también influirá en los viejos derechos de origen liberal, abriéndolos a las nuevas técnicas prestacionales de los derechos sociales. Así, por ejemplo, el derecho a la asistencia letrada, el derecho de defensa, empezará a contar con fondos públicos para facilitarlos. La libertad religiosa no será una excepción y, juntos a las técnicas negativas de la no interferencia, incorporará también técnicas positivas de promoción. La Iglesia católica, que primero estuvo en contra y después sólo mostró un interés moderado por la formulación liberal de la libertad religiosa como derecho del individuo, aumentó ese interés con la evolución producida por el Estado social y por sus posiciones para las confesiones" (p. 407).

182   Un sector importante de la doctrina latinoamericana considera que uno de los elementos más significativos e importantes del constitucionalismo de la región es el compromiso que han asumido los Estados y los jueces –en especial la Corte Interamericana de Derechos Humanos– con la interpretación del derecho para que sea un motor transformador de las desigualdades sociales de esta parte del continente. Para este sector se debe realizar un permanente diálogo entre los jueces nacionales y la Corte Interamericana para establecer unos estándares mínimos para la protección de los derechos. El proyecto transformador en materia social es denominado "Ius Constitutionale Commune en América Latina (ICCAL)". Para un estudio detallado de esta corriente, véase a Bogdandy (2015), García Jaramillo (2016) y Herrera Prieto (2020a, 2020b).

183   Como sostiene Baldasarre (2001), "No cabe duda [de] que, al contrario de los derechos de libertad civil clásicos (que, como es sabido, tenían sus raíces en el concepto de 'libertad natural' o de 'libertad negativa'), los 'derechos sociales' tienen su justificación teórica en el concepto de liberación de determinadas formas de privación de origen social y, por tanto, tienen como fin la realización de la igualdad o, más exactamente, una síntesis entre libertad e igualdad, en una palabra, la libertad igual" (p. 49).

En muchos casos, la cooperación activa del Estado con ciertas organizaciones religiosas –la mayoritaria, la histórica, etc.– genera un grave riesgo de vulneración del principio de laicidad. Esto sucede porque a los miembros de esas organizaciones se les otorga unos beneficios y privilegios jurídicos que permiten que puedan ejercer su derecho de una manera más cómoda que los miembros de otras organizaciones minoritarias o de personas que no necesitan de las organizaciones religiosas para cumplir con los mandatos que le impone sus creencias o convicciones. Como se estudiará en el siguiente capítulo, en Colombia la cooperación activa con la Iglesia católica ha dado lugar a un marco jurídico que otorga varios privilegios a esa organización. Estos privilegios, aunque se han extendido a otras organizaciones religiosas, constituyen un factor de desigualdad contrario al principio de laicidad porque solo son reconocidos a las organizaciones religiosas y no a las ideológicas.

Para evitar el desconocimiento del principio de laicidad, el Estado debe ser especialmente cuidadoso con el modelo de cooperación que establece con las organizaciones religiosas e ideológicas porque puede generar que se presenten situaciones discriminatorias por el mero hecho de pertenecer a una determinada organización. También es importante, como advierten Fernández-Coronado González y Pérez Álvarez o Llamazares Fernández y Llamazares Calzadilla, evitar que la cooperación tenga como objeto la consecución de fines y metas propias de las organizaciones religiosas e ideológicas, pues lo que se debe buscar con la cooperación es la garantía y protección de las personas y sus conciencias[184].

La cooperación dependerá del modelo de relación entre el Estado y las organizaciones religiosas[185]. Por ejemplo, en los Estados confesionales, de manera general, se presenta una cooperación directa con la Iglesia oficial, en la que se ignora a las demás organizaciones religiosas e ideológicas. En otros modelos de

---

184   Al respecto, Fernández-Coronado González y Pérez Álvarez (2018) sostienen: "El objeto primordial de la cooperación como elemento integrante de la laicidad positiva estatal es garantizar el pleno disfrute de los derechos y libertades de los ciudadanos. Ello es consecuencia del personalismo establecido en el artículo 10.1 CE. Quedará, entonces, excluida de la cooperación la promoción de las actividades religiosas en cuanto tales y la consecución de objetivos religiosos. Esta cooperación constitucionalmente obligada, es una cooperación asistencial, es decir, es necesaria para la plena realización de la libertad y la igualdad" (30). En similar sentido, Llamazares Fernández y Llamazares Calzadilla (2011a): "La cooperación solamente puede referirse a la promoción del derecho fundamental de la libertad religiosa (de convicciones y creencias religiosas) quedando excluida toda cooperación que tenga por objeto la ayuda o promoción de actividades religiosas o la consecución de objetivos religiosos (la laicidad como límite)" (p. 358).

185   Sobre los diferentes modelos de cooperación entre el Estado y las organizaciones religiosas, véanse, entre otros, a Fernández-Coronado González (1985), Llamazares Fernández (1989) y Fernández-Coronado González y Pérez Álvarez (2018).

relación, un poco más abiertos, el Estado no solo coopera con la organización religiosa oficial, histórica o mayoritaria, sino que también realiza acuerdos de cooperación para la asistencia religiosa de los miembros de algunas organizaciones que tienen el suficiente peso político para ser tomadas en cuenta por el poder público[186]. Estos modelos, en los que se coopera con una o algunas organizaciones religiosas, plantean las siguientes cuestiones que consideramos no pueden ser ignoradas por el Estado laico: ¿por qué se cooperan con determinadas organizaciones religiosas y por qué con otras no?, ¿por qué no se coopera con las organizaciones ideológicas? Si la garantía del derecho a la libertad de conciencia y de religión se realiza a través de la cooperación con las organizaciones religiosas, ¿qué pasa con las personas que no requieren esas organizaciones para ejercer su derecho?

Para evitar los problemas descritos que se presentan con la cooperación activa del Estado con una o algunas organizaciones y la posible vulneración del principio de laicidad, la mejor fórmula es establecer una regulación general. Esta regulación debe ser unilateral y aplicable a todas las organizaciones religiosas e ideológicas[187]. En esta se debe buscar que la cooperación tenga como objeto garantizar la asistencia religiosa e ideológica de las personas que no pueden ejercer su derecho por encontrarse en una situación especial de sujeción ante el Estado como, por ejemplo, las personas privadas de la libertad, las internadas en centros de salud o los miembros de la fuerza pública. Esta regulación debe preocuparse más por la protección de las personas y sus conciencias que por cooperar directamente con las organizaciones religiosas. En otras palabras, la

---

186   En Colombia, el sistema de cooperación tiene como base estructural del sistema el Concordato suscrito por el Estado y la Iglesia católica en 1973. En este pacto se establecen los mecanismos de cooperación entre ambas instituciones. Con la entrada en vigor de la CP, algunas organizaciones religiosas cristianas –no católicas– realizaron un fuerte lobby político para que el Estado pactara un acuerdo de cooperación con ellas. Como se estudiará con más detenimiento en el segundo capítulo de este trabajo, el acuerdo con las organizaciones cristianas fue realizado tomando como referente al Concordato de 1973. Por su parte, en España el modelo de cooperación tiene diferentes niveles. En el primer nivel se ubica la relación de cooperación entre el Estado y la Iglesia católica. En el segundo nivel de cooperación fue establecido para las organizaciones religiosas que suscribieron uno de los tres acuerdos de cooperación de 1992. Estos acuerdos fueron pactados con las organizaciones que hacen parte de la Federación de Entidades Religiosas Evangélicas de España, de la Federación de Comunidades Israelitas de España y de la Comisión Islámica de España. En el último nivel de cooperación están las demás organizaciones inscritas en el registro de entidades religiosas. Para un estudio detallado de estos acuerdos de cooperación, véase a Ferreiro Galguera (2017) y Motilla de la Calle (1994).

187   Al respecto véase a Ferreiro Galguera (2017), Llamazares Fernández (1989) y Fernández-Coronado González (1985).

labor de protección del Estado debe estar enfocada a proteger a las personas y su conciencia que a dichas organizaciones[188].

No se desconoce que las organizaciones religiosas son importantes para determinados sectores de la sociedad y que en algunos casos han cumplido un papel muy importante en la historia de algunas naciones. Por consiguiente, no se debe desconocer la existencia de esas organizaciones y su relevancia social. Sin embargo, la técnica de cooperar activamente con ellas y otorgarle partidas presupuestales desconoce el principio de laicidad porque nada garantiza que los recursos de erario se destinen a la protección de las personas y no a los objetivos particulares de esas organizaciones[189]. En consecuencia, lo que se debe realizar es una regulación general, unilateral y extensible a todas las organizaciones religiosas e ideológicas[190]. En esta regulación se deben establecer los supuestos fácticos en los que los poderes públicos pueden cooperar con las organizaciones

---

188   Llamazares Fernández y Llamazares Calzadilla (2011a) proponen los siguientes puntos como límites al modelo de cooperación entre el Estado laico y las organizaciones religiosas: "A). Ayuda directa a la financiación de las confesiones, de su personal, de sus fines y actividades religiosas. B). Inserción de la enseñanza confesional de la religión en el sistema educativo público como materia curricular. C). Régimen fiscal privilegiado de las confesiones religiosas o sólo de algunas de ellas, respecto a las entidades sin ánimo de lucro y de interés general. D). Presencia de símbolos religiosos en edificios públicos presidiendo actividades públicas (enseñanza pública o impartición de justicia) o su exhibición por parte de los funcionarios. E). Organización o presencia activa de instituciones o autoridades públicas en celebraciones litúrgicas religiosas" (p. 359).

189   La cooperación se puede realizar mediante acuerdos bilaterales en los que el Estado pacta con cada organización religiosa la forma en que los poderes públicos van a cooperaran con esa organización para garantizar el derecho a la libertad de conciencia y religiosa de sus miembros. La otra forma de regular la cooperación es la expedición de una normatividad general en la que se indican los supuestos en los que el Estado puede cooperar con las diferentes organizaciones religiosas. Sobre este punto, Llamazares Fernández (2006a) sostiene que, si bien es cierto que en algunos supuestos el Estado debe cooperar con las organizaciones religiosas para garantizar el derecho a la libertad de conciencia de los ciudadanos, no es necesario que dicha cooperación se realice mediante acuerdos bilaterales. Al respecto el autor sostiene: "Como hemos visto los poderes públicos excepcionalmente, en casos de necesidad para el ejercicio del derecho de libertad de conciencia, están obligados a colaborar con las confesiones religiosas para hacer posible ese ejercicio, e incluso pueden hacerlo para facilitar ese ejercicio siempre que no entre esa cooperación en colisión con la laicidad o, en última instancia, con la igualdad. Lo que no está constitucionalmente previsto es que esta cooperación haya de tener como cauce el acuerdo y menos determinado tipo de acuerdo; ni siquiera es obligado que haya de hacerse bilateralmente" (Llamazares Fernández, 2006a, pp. 80-81).

190   Sobre este punto Fernández-Coronado González (2009) resalta: "Y es que la función del Estado laico no puede consistir en favorecer a determinados colectivos religiosos, mediante acuerdos globales que derivan en privilegios, imponen condiciones innecesarias para poder suscribirlos y obligan a crear artificios jurídicos, además de producir desigualdades entre los grupos. Hacer esto es interpretar equivocadamente la cooperación constitucionalmente mandada, utilizándola como canal de concesión de privilegios institucionales por la vía del pacto" (p. 18).

religiosas e ideológicas para garantizar el derecho a la libertad de conciencia y de religión de sus miembros[191].

En ciertas circunstancias no es incompatible con el principio de laicidad que el Estado entre en diálogo con las organizaciones religiosas para garantizar la asistencia religiosa que requieren las personas que están bajo su tutela como, por ejemplo, las personas privadas de la libertad, las que se encuentran en los centros hospitalarios o las personas que forzosamente están prestando el servicio militar obligatorio. En estos casos, el Estado debe garantizar los espacios y las condiciones materiales para que los ciudadanos puedan ejercer su derecho a la libertad de conciencia y de religión[192]. Aquí la cooperación no es incompatible con el principio de laicidad porque no crea un marco que beneficie a los miembros de una determinada organización, sino que se establecen unas medidas para garantizar el ejercicio del derecho a la libertad religiosa de ciudadanos que están bajo la protección especial del Estado[193]. En otras palabras, en ciertas circunstancias es compatible con el principio de laicidad que el Estado intervenga activamente en la protección de la libertad religiosa e ideológica cuando las personas no pueden ejercer esta libertad de manera directa por encontrarse en situaciones especiales que impiden su disfrute en condiciones de normalidad.

Es importante aclarar que la protección activa del derecho a la libertad de conciencia y de religión no puede abarcar todas las posibles manifestaciones que tienen origen en la conciencia de las personas. Como resalta Castro Jover, los poderes públicos no están en la obligación de garantizar que las personas puedan realizar todos los comportamientos autoimpuestos por sus convicciones y creencias. Que las personas puedan sacar adelante sus proyectos de vidas y ejecutar todos los planes que se proponen depende principalmente de las

---

191   Suárez Pertierra (2011) advierte sobre la cooperación entre el Estado y las organizaciones religiosas: "En cuanto a los pactos con las confesiones religiosas: a) no son ya, ni deben serlo, el núcleo de la cooperación; b) cualquiera que sea su naturaleza, no pueden cumplir el papel que hasta ahora venían desempeñando: la legalidad común puede recoger los elementos centrales del acuerdo confesional" (p. 63).

192   Para un estudio de las diferentes modalidades en que se puede realizar la asistencia religiosa de las personas que están en especial sujeción del Estado, véase a Fernández-Coronado González y Pérez Álvarez (2018).

193   Sobre este punto, Castro Jover (2003) destaca: "Aunque sea un derecho de libertad, ello no quiere decir que no requiera de actividades positivas de los poderes públicos, unas veces, para facilitar el ejercicio de la libertad religiosa creando las condiciones que lo hagan posible o removiendo los obstáculos que lo impidan, sin cuya ayuda se vería obstaculizado –por ejemplo, en los supuestos de asistencia religiosa en los centros públicos– o para eliminar las desigualdades materiales. Sin embargo, conviene recordar que la actividad positiva no tiene como objetivo la promoción del fenómeno religioso, algo que impide la separación entre el Estado y las confesiones religiosas sino facilitar las condiciones de ejercicio de la libertad religiosa cuando sea necesario" (pp. 10-11).

decisiones propias de cada uno[194]. En materia de libertad de religión, el Estado debe intervenir activamente cuando existan obstáculos materiales insalvables que impiden que las personas puedan realizar las conductas que les exigen sus creencias. En los demás casos, el incumplimiento de las obligaciones impuestas por las creencias es un asunto que les atañe a las personas y a las organizaciones religiosas de las que se es miembro. Por ejemplo, si un deber de los miembros de una determinada organización religiosa implica realizar un viaje a un lugar sagrado, las personas tienen la obligación moral de ahorrar para cumplir con este deber. El Estado no está obligado a garantizar dicho viaje, como tampoco está obligado a garantizar que las personas cumplan cada una de las metas que se imponen para sus proyectos particulares de vida. Basta con que el Estado cree un marco jurídico que garantice el ejercicio de las libertades y que ayude de manera activa a las personas que no pueden ejercer sus derechos por encontrarse en situaciones especiales.

Para garantizar el respeto por el principio de laicidad se debe que crear un marco normativo general que establezca las condiciones fácticas para facilitar el ejercicio del derecho a la libertad de conciencia y de religión en las situaciones en que la persona se encuentra bajo la tutela del Estado. Estas leyes deben apuntar a remover los diferentes obstáculos para el ejercicio de este derecho. No es conveniente que existan acuerdos específicos para determinadas organizaciones religiosas porque en el marco de estos acuerdos casi siempre se termina por otorgar privilegios para los miembros de esas organizaciones. Privilegios que hacen más ventajosa la situación de los miembros de las organizaciones que tienen acuerdos con el Estado, lo que desconoce abiertamente el principio de laicidad. Así, por ejemplo, Celador Angón anota que en el Reino Unido no existen acuerdos de cooperación entre el Estado y las diferentes organizaciones religiosas tendientes a garantizar la protección del derecho a la libertad de conciencia y de religión de los miembros de esas asociaciones. La garantía de este derecho se realiza mediante leyes y políticas públicas antidiscriminatorias que buscan eliminar cualquier obstáculo en el ejercicio de este derecho[195].

---

194   Sobre este punto, Castro Jover (2003) señala que "la actividad positiva de los poderes públicos no puede comprender todas las manifestaciones de la libertad religiosa, sencillamente porque la libertad religiosa no es un derecho prestacional sino un derecho de libertad que, en ocasiones, incorpora una faceta prestacional. Sin embargo, en nuestra opinión, no es posible sostener que esa faceta prestacional forma parte de su contenido esencial. Como tal derecho de libertad, es un derecho de defensa que lo que exige a los poderes públicos es la no intervención, salvo cuando ésta sea necesaria para hacer efectivo el ejercicio del derecho, o para reparar la desigualdad. En estos casos la intervención es obligada" (p. 14).

195   Sobre este punto, Celador Angón (2020b) sostiene: "La integración de las minorías religiosas ge-

En definitiva, la garantía del derecho a la libertad de conciencia y de religión en un Estado laico debe estar centrada en la protección de las personas y sus conciencias. Este derecho debe ser garantizado especialmente cuando existan obstáculos que impidan su ejercicio. Para ello se debe crear un régimen general de protección en el que se establezcan las condiciones para el ejercicio de este derecho. Es importante tener en cuenta que el Estado no tiene la obligación de garantizar que las personas puedan realizar cada uno de los actos que les dicta su conciencia, pues en lo que respecta al ejercicio de las libertades los poderes públicos solo deben crear las condiciones necesarias para su ejercicio, sin que esta obligación implique que se deba garantizar que se cumpla cada uno de los proyectos emprendidos. El Estado únicamente tiene un deber activo de protección de la libertad de conciencia y de religión en aquellos eventos en el que las personas no los puedan realizar directamente por encontrarse en situaciones especiales de sujeción a la Administración.

V. CONSIDERACIONES FINALES

El derecho a la libertad de conciencia y de religión es un derecho que protege a las personas y sus ideas íntimas y profundas. Estas ideas se denominan "creencias" cuando tienen su origen en dogmas religiosos, y "convicciones" cuando tienen origen en sistemas éticos seculares. Se protegen esas ideas porque son importantes para las personas y no porque sean relevantes en sí mismas para el Estado. Tener claro que el derecho a la libertad de conciencia implica la posibilidad de tener unas creencias o convicciones y poder llevar una vida acorde con ellas permite comprender por qué la laicidad es la mejor fórmula para proteger este derecho. En efecto, el principio de laicidad es un modelo de organización del Estado que tiene como objetivo garantizar el ejercicio del derecho a la libertad

---

neradas por los flujos migratorios en el Reino Unido ha sido favorecida por la potente regulación antidiscriminatoria presente en su ordenamiento jurídico. Se trata de medidas que fueron diseñadas inicialmente para combatir la segregación y la discriminación racial, sin distinguir en su ámbito de aplicación entre británicos e inmigrantes, y que en la actualidad –y especialmente gracias al *Equality Act* de 2010–, se conforman como la principal punta de lanza en la lucha contra la discriminación, garantizándose en este ámbito la igualdad en el ejercicio y titularidad del derecho de libertad religiosa. Desde esta perspectiva, el ordenamiento jurídico británico es impecable, ya que la igualdad en el ejercicio y titularidad del derecho de libertad religiosa está plenamente garantizada; y las minorías religiosas en muchos supuestos incluso disfrutan de un régimen más beneficioso que los miembros de las iglesias nacionales, pero no por tratarse de minorías religiosas sino por la actividad de los poderes públicos conducente a remover los obstáculos que impidan a sus miembros ejercer su derecho a la libertad religiosa, siempre que éste sea respetuoso con el orden público y los derechos y libertades de terceros" (Celador Angón, 2020b, pp. 82-83).

de conciencia y de religión en condiciones materiales de igualdad. Para garantizar esta igualdad material, para el Estado debe ser irrelevante si se trata de una creencia o una convicción. Lo importante es que sea una idea tan fuerte para la persona que obligarla a actuar en su contra le podría ocasionar un grave daño emocional y en el libre desarrollo de su personalidad. Es decir, se protege a la persona y su conciencia, y no una determinada ideología u organización religiosa. La igualdad se garantiza adecuadamente con la protección de las personas y sus creencias y convicciones, independientemente de su origen.

Existen varios modelos de relación entre el Estado y las organizaciones religiosas que reconocen el derecho a la libertad de conciencia y de religión. Excepto el Estado laico, ninguno de estos tiene como objetivo garantizar el ejercicio de este derecho en condiciones materiales de igualdad. Los estados confesionales, pluriconfesionales y aconfesionales permiten algunos privilegios y beneficios para los miembros de ciertas organizaciones religiosas y para el fenómeno religioso, en general. Estas prerrogativas son acordes con los diseños constitucionales de esos Estados porque tienen cláusulas constitucionales que permiten otorgar beneficios a la Iglesia oficial, mayoritaria o tradicional y a sus miembros. Esta particular circunstancia siempre dará lugar a escenarios de desigualdad entre los miembros de la organización religiosa oficial o privilegiada y los miembros de otras organizaciones minoritarias.

En contraste, cualquier tipo de beneficio o prerrogativa para los miembros de una organización religiosa es incompatible con el principio de laicidad porque este hecho daría lugar al incumplimiento del deber de tratar igual a todas las organizaciones religiosas e ideológicas. Por ende, en un Estado laico el marco jurídico que regula el ejercicio del derecho a la libertad de conciencia y de religión debe otorgar las mismas alternativas y posibilidades a todas las personas. Para ello, la mejor fórmula es buscar que las personas puedan tener una vida acorde con sus creencias y convicciones, independientemente de la organización religiosa o ideológica que esté detrás de esas ideas arraigadas.

El principio de laicidad también garantiza la existencia de una sociedad más plural y diversa porque no se establecen unas convicciones o dogmas oficiales que le indiquen a las personas un ideal de vida buena. En los Estado laicos, las personas son igualmente libres para escoger sus planes de vidas y sus proyectos de vida buena. El Estado no debe indicar, promover o desincentivar ningún proyecto de vida, siempre y cuando no ocasionen daños a terceras personas. Este escenario permitirá contar con una sociedad plural y diversa en que las personas no tienen la obligación de alcanzar un ideal de vida establecido o indicado por el Estado[196].

El principio de laicidad conlleva para el Estado el deber de separar totalmente su estructura orgánica de la estructura de las organizaciones religiosas. Lo anterior implica que estas no pueden ejercer funciones públicas y que sus líderes no pueden ser equiparados a funcionarios del Estado. Adicionalmente, las decisiones del Estado no pueden ser justificadas o motivadas por razones de conveniencia religiosa. El Estado en el ejercicio de su soberanía es independiente de las organizaciones religiosas.

El deber de neutralidad es el segundo elemento del principio de laicidad. Este deber obliga al Estado a no valorar ni calificar los dogmas de las organizaciones religiosas e ideológicas. Mientras estos dogmas no sean abiertamente incompatibles con los principios constitucionales, ni atenten contra derechos de terceras personas, los poderes públicos se deben abstener de calificarlos. A su vez, la neutralidad implica que el Estado no se puede identificar ni siquiera simbólicamente con las organizaciones religiosas. El cumplimiento de este deber implica, por ejemplo, que las ceremonias estatales no pueden contener rituales religiosos o que en los edificios públicos no debe haber símbolos propios de alguna organización religiosa o ideológica.

La neutralidad religiosa e ideológica debe proyectarse en los espacios tutelados por el Estado como, por ejemplo, los edificios públicos. En estos lugares no debe utilizarse objetos que identifiquen al Estado, así sea simbólicamente, con una organización religiosa o ideológica. Con esta abstención se evita que los ciudadanos que no se identifican con los símbolos religiosos e ideológicos puedan sentirse excluidos de los espacios en los que funciona la Administración Pública. Igualmente, para cumplir con el deber de neutralidad es necesario que los servidores públicos ejerzan sus funciones de conformidad con lo establecido por el ordenamiento jurídico, procurado evitar que sus creencias y convicciones les impidan satisfacer las demandas ciudadanas. Para tal fin, no se debe permitir el ejercicio de la objeción de conciencia a los servidores públicos. El no recono-

---

196   Sobre este punto, Capdevielle (2019) sostiene lo siguiente: "La laicidad y, de manera general, las visiones seculares del mundo, pueden aparecer como el privilegio de intelectuales y políticos arrogantes, que desdeñan las otras cosmovisiones como vector de cambio social. Sin embargo, parece difícil, en el marco de sociedades cada vez más diversas, optar por una solución diferente. Lo cierto es que la laicidad aparece como la única opción viable para un pleno reconocimiento de todas las formas de vida en condiciones de igualdad. Un régimen secular con tintes religiosos corre el riesgo de dejar de ser genuinamente laico para convertirse en un régimen pluriconfesional, que deja fuera de protección a todas aquellas personas que se declaran agnósticos o ateos, o simplemente indiferentes a la cuestión religiosa" (pp. 115-116).

cimiento de la objeción de conciencia se explica porque con el uso de esta figura se puede dejar en una situación de desprotección a las personas que acuden al Estado para la satisfacción de sus derechos.

El modelo de laicidad que se defiende en este trabajo tiene como objetivo la garantía efectiva del derecho a la libertad de conciencia y de religión. Se pretende que este derecho pueda ser ejercido en condiciones materiales de igualdad por todos los ciudadanos. Para cumplir tal propósito, es indispensable que no existan privilegios por parte del Estado para los miembros de una determinada organización religiosa, pues dichos privilegios los pondrían en ventaja respecto de los miembros de otras organizaciones. Para evitar que estas condiciones de desigualdad se presenten, la estructura orgánica de los poderes públicos debe estar totalmente separada de la estructura de las organizaciones religiosas. También es necesario que el Estado se comporte de manera neutral respecto a todas las convicciones y creencias de los ciudadanos. Los deberes de separación y neutralidad deben ser acompañados de una protección y garantía efectiva del derecho a la libertad de conciencia y de religión de las personas. El Estado debe proteger este derecho cuando se presenten obstáculos para su ejercicio como la intromisión indebida de terceros o porque la persona se encuentra bajo la tutela especial de los poderes públicos como, por ejemplo, las personas privadas de la libertad en centro penitenciario.

Tener claro los principales presupuestos teóricos del principio de laicidad permitirá que en el siguiente capítulo se realice un análisis del modelo de laicidad en Colombia. El propósito es determinar hasta qué punto el régimen colombiano se acerca al modelo de laicidad propuesto en este capítulo. Diferentes autores han señalado que ningún régimen de laicidad se ajusta a los modelos teóricos porque las particularidades sociales e históricas influyen considerablemente en la consolidación de cada uno de los ordenamientos jurídicos[197]. Sin embargo, contar con unas bases mínimas de lo que debe ser entendido como *laicidad* determina si el régimen de un determinado Estado puede definitivamente ser calificado como laico, o por el contrario se ajusta más a otros modelos de Estado.

---

197   Al respecto, véase Llamazares Fernández y Llamazares Calzadilla (2011a) y Blancarte (2013).

CAPÍTULO SEGUNDO

El carácter laico del Estado colombiano

Establecidos los principales presupuestos teóricos del modelo de laicidad, se pasa ahora a examinar el ordenamiento jurídico colombiano para determinar hasta qué punto se ajusta a los estándares examinados en el capítulo primero de este trabajo. Como se señaló, ningún régimen jurídico es totalmente acorde con los postulados de los modelos teóricos porque el contexto histórico y las circunstancias de cada nación hacen que los Estados deban enfrentarse a desafíos propios que se reflejan en las particularidades de cada sistema normativo. Sin embargo, es posible determinar si un Estado puede ser calificado como laico al realizar un estudio detallado del grado de desarrollo legislativo en cuanto a los deberes de separación y neutralidad en materia religiosa, presupuestos indispensables del principio de laicidad[1]. Para esta labor es necesario estudiar la interpretación jurisprudencial que los tribunales han realizado del principio de laicidad.

Para el estudio del caso colombiano es importante tener en cuenta las disposiciones constitucionales que reconocen el derecho a libertad de conciencia y de religión, y otras disposiciones en el texto constitucional que tiene una fuerte relación con el fenómeno religioso e ideológico. Además, se debe tener en cuenta que el Estado suscribió un concordato con la Iglesia católica en 1973 y que más de veinte años después se expidió la Ley 133 de 1994, Estatutaria de la Libertad Religiosa. También se debe resaltar como uno de los instrumentos jurídicos importantes del modelo de laicidad el Decreto 345 de 1998, mediante el cual se aprobó un acuerdo de cooperación entre el Estado colombiano y algunas organizaciones religiosas cristianas no católicas.

El Concordato de 1973 fue incorporado al ordenamiento jurídico mediante la Ley 20 de 1974. Esta ley, que antecede a la CP, fue demandada por inconstitucional poco tiempo después de la entrada en vigor de la nueva carta política. En la sentencia C-027 de 1993, la Corte Constitucional declaró inexequibles algunas de las disposiciones de este acuerdo. Sin embargo, en su mayoría los artículos fueron declarados ajustados a la CP y, por ende, se encuentran vigentes. En el concordato se reconocen varias prerrogativas a la Iglesia católica, en su condición de antigua iglesia oficial. Como se estudiará, algunos de estos privilegios están vigentes porque pasaron el examen de constitucionalidad. Para la

---

* Algunos apartes de este capítulo fueron publicados previamente en Fernández Parra (2020). La publicación fue el resultado parcial de un avance de la presente investigación doctoral. Disponible en https://publicaciones.uexternado.edu.co/gpd-laicidad-y-libertad-de-conciencia-en-colombia-9789587901139.html.

1   Aunque no se va a seguir, es importante resaltar que Blancarte (2012) creó una interesante prueba para medir el índice de laicidad de los Estados latinoamericanos. Esta prueba evalúa diferentes factores –jurídicos y sociales– para determinar el grado de laicidad de los Estados.

Corte Constitucional estos privilegios son compatibles con el modelo de laicidad siempre que puedan ser extendidos a las demás organizaciones religiosas. Como se abordará más adelante en este capítulo, la extensión de los privilegios es uno de los criterios característicos del modelo de laicidad colombiano.

Pese a la existencia de las anteriores normas, no es conveniente empezar con un estudio lineal y positivo de cada uno de los instrumentos jurídicos mencionados. Se descarta este tipo de estudio porque las principales características del régimen de laicidad han sido creadas por la jurisprudencia de la Corte Constitucional. En esta se pueden identificar los principales criterios distintivos del particular modelo de laicidad colombiano[2]. Así pues, para entender el modelo colombiano es importante iniciar estudiando los principales fallos del tribunal constitucional en materia de libertad de conciencia y de religión. El análisis a la jurisprudencia constitucional permitirá hacer un examen transversal de algunas de las disposiciones de los instrumentos jurídicos que regulan el régimen de laicidad e identificar las características del modelo colombiano. Una vez establecidas estas características, se contará con los presupuestos necesarios para poder abordar, en el último epígrafe de este capítulo, el estudio del Concordato de 1973 y el acuerdo interno de cooperación con las organizaciones religiosas cristianas no católicas.

Desde ahora, es conveniente señalar que el modelo colombiano de laicidad se asemeja más a un Estado pluriconfesional que a uno laico. Lo anterior porque la interpretación que ha realizado la Corte Constitucional del principio de laicidad obliga al Estado a extender los privilegios de la Iglesia católica a las demás organizaciones religiosas. Esta extensión se ha realizado de manera automática, sin plantearse previamente las razones que justifican la existencia de este tipo de privilegios a favor del fenómeno religioso. La extensión de los privilegios

---

2   La labor realizada por la Corte Constitucional en la construcción del modelo de laicidad es resaltada por Vázquez Alonso (2017) de la siguiente manera: "La Constitución colombiana de 1991 constituye una radical ruptura histórica con el patrón de relaciones Iglesia-Estado hegemónico en la historia del país, si bien, como ocurre en otras experiencias comparadas, el término 'laicidad' no aparece en el texto constitucional. En este sentido, aunque es inequívoca la voluntad de ruptura con el confesionalismo, que se evidencia en la ausencia de toda mención a la Iglesia católica en el texto constitucional, el término 'laicidad' no aparece en la Constitución colombiana. Esta circunstancia, unida al hecho de que en nada afectaba, en principio, la entrada en vigor de la Constitución a la vigencia del Concordato podría haber determinado que el anterior modelo de relaciones Iglesia-Estado no hubiere sido cuestionado en la práctica con la entrada en vigor de la nueva Constitución. Es en este contexto donde la actividad de la Corte Constitucional colombiana a la hora de hacer valer la modernidad introducida por el constituyente adquiere una importancia decisiva. Importancia que radica, en primer lugar, en el hecho de la Corte colombiana, lejos de adentrarse en eufemismo jurídicos, deduce, más allá de la mera ruptura con el confesionalismo, la definición del Estado colombiano como estado laico en la Constitución" (p. 135).

de la Iglesia católica y la interpretación flexible de las pautas establecidas en el *Lemon test* criollo son los criterios que permitirán catalogar al régimen colombiano como un modelo de pluriconfesionalidad.

I. LA CALIFICACIÓN DEL MODELO: LA INTRODUCCIÓN DEL ADJETIVO "LAICO"

Francia y México, principales referentes del modelo de laicidad en Europa y Latinoamérica, reconocen expresamente en sus constituciones el principio de laicidad[3]. Este reconocimiento no es regla general porque son pocas las constituciones que adoptan de manera directa el principio de laicidad en sus textos[4]. Sin embargo, la ausencia de un reconocimiento directo no ha sido obstáculo para que diferentes tribunales constitucionales lleguen a la conclusión de que sus constituciones adoptan de manera implícita un modelo laico[5].

En el caso colombiano, la CP no reconoce de manera expresa el principio de laicidad. Aún así, la Corte Constitucional ha establecido vía interpretación judicial que Colombia es un Estado laico. Para el tribunal constitucional, de un estudio sistemático de la CP se puede determinar que la laicidad es el modelo adoptado por la Constituyente de 1991. La Corte tuvo en cuenta para llegar a la anterior conclusión el carácter pluralista del Estado colombiano (CP art. 1), el reconocimiento y exaltación constitucional de la diversidad cultural presente en

---

3   Constitución de Francia de 1958. Artículo 1: "Francia es una República indivisible, laica, democrática y social que garantiza la igualdad ante la ley de todos los ciudadanos sin distinción de origen, raza o religión y que respeta todas las creencias. Su organización es descentralizada".
Constitución Política de los Estados Unidos Mexicanos. Artículo 40: "Es voluntad del pueblo mexicano constituirse en una República representativa, democrática, laica, federal, compuesta de Estados libres y soberanos en todo lo concerniente a su régimen interior; pero unidos en una federación establecida según los principios de esta ley fundamental".

4   Por ejemplo, en las recientes constituciones expedidas en la ola que ha sido denominada por la doctrina como "El nuevo constitucionalismo latinoamericano", solo la Constitución de Ecuador reconoce de manera expresa el principio de laicidad.

5   Como advierte Capdevielle (2019), la ausencia de un reconocimiento expreso no es un obstáculo que impida calificar a un Estado como laico porque, "En primer lugar, la laicidad puede entenderse a partir de las ciencias jurídicas, especialmente, desde un enfoque constitucional. Desde este punto de vista, la laicidad se analiza a partir de las normas y principios constitucionales, en particular, las cláusulas relativas a las relaciones Estado-iglesias (carácter secular o confesional del Estado) y los derechos fundamentales garantizados (libertad de conciencia, de religión, de asociación, de expresión de las convicciones religiosas, etcétera). Así pues, un país será reputado laico si así lo dice la Constitución, o por lo menos, si están plasmados en la Constitución sus principales elementos constitutivos: declaración de aconfesionalidad del Estado y, libertad de conciencia y de religión en condiciones de igualdad para todos los individuos e instituciones religiosas" (p. 103).

el país (CP art. 7), que la legitimidad y la soberanía del Estado sean sustentadas en el pueblo y no en una deidad (CP preámbulo y art. 3), el reconocimiento del derecho a la igualdad y la prohibición de discriminación por motivos religiosos (CP art. 13), la garantía del derecho a la libertad de conciencia y de religión (CP arts. 18 y 19.1) y el deber de tratar igual a todas las organizaciones religiosas (CP art. 19.2).

Para la Corte Constitucional, el carácter laico del Estado se deduce de un estudio integral y sistemático de las anteriores disposiciones constitucionales. Así mismo, el tribunal constitucional resaltó que el no reconocimiento en el texto constitucional de una religión oficial es un hecho importante que permite inferir la intención de la Constituyente de 1991 de establecer un Estado laico[6]. En el mismo sentido, la no mención de la Iglesia católica es un factor relevante que permite advertir la intención de la CP de romper con el modelo confesional católico establecido por la Constitución Política de 1886. En la historia constitucional colombiana es muy frecuente encontrar la mención de la Iglesia católica en las diferentes constituciones que ha tenido el país –tanto liberales como conservadoras–. Por ejemplo, en la anterior constitución esta organización religiosa era mencionada en varias disposiciones que resaltaban su importancia y obligaban al Estado a protegerla como religión de la nación colombiana[7]. Por ende, la ausencia de la mención de la Iglesia católica en la CP es un hecho que indica que los constituyentes de 1991 tenían la intención de superar el modelo de confesionalidad católica establecido por la Constitución Política de 1886[8].

La calificación de Colombia como un Estado laico es un asunto relativamente pacífico. La Corte Constitucional ha afirmado, desde la sentencia C-350

---

6   La ausencia del no reconocimiento de una organización religiosa como religión oficial del Estado colombiano fue reiterada por el legislador en el artículo 2.1 de la Ley 133 de 1994, Estatutaria de la Libertad Religiosa. Esta disposición establece lo siguiente: "Ninguna Iglesia o confesión religiosa es ni será oficial o estatal".

7   Para un estudio histórico de la mención de la Iglesia católica y de Dios en las diferentes constituciones de Colombia, véase a Fernández Parra (2019a, pp. 25-60).

8   Una disposición problemática, que aún está vigente, y que de manera implícita reconoce a la Iglesia católica como Iglesia oficial, es el artículo 1 del Concordato de 1973. Esta disposición señala: "El Estado, en atención al tradicional sentimiento católico de la Nación colombiana, considera la Religión Católica, Apostólica y Romana como elemento fundamental del bien común y del desarrollo de la comunidad nacional […]". La Corte Constitucional declaró exequible este artículo porque consideró que "La manifestación que se hace en el artículo 1, inciso 1 del Concordato relativo a considerar a la Religión Católica, Apostólica y Romana como elemento fundamental del bien común y del desarrollo de la comunidad nacional, y atendiendo ello a la tradicional afección del pueblo colombiano hacia dicha religión, no vulnera la Constitución, porque los propósitos así concebidos y reconocidos de ser ella instrumento del bienestar, adelanto y progreso de la comunidad, corresponden a los mismos fines del Estado plasmados en diversos textos de la Carta" (Corte Constitucional, sentencia C-027 de 1993).

de 1994[9], de manera reiterada que Colombia es un Estado laico[10]. Desde la expedición de esa providencia, el tribunal constitucional y la mayoría de la doctrina sostienen que el modelo establecido por la CP es laico[11]. Hasta el momento,

---

9   Es importante aclarar que previo a la sentencia C-350 de 1994, la Corte Constitucional utilizó de forma confusa la expresión "laicismo del Estado" en una providencia en la que estudió una demanda de inconstitucionalidad contra los días festivos que coinciden con algunas fiestas religiosas de la Iglesia católica. Sin embargo, la expresión fue utilizada para indicar el deber de separación entre el Estado y la Iglesia, y no para reconocer el carácter laico del Estado colombiano. En esa providencia la Corte sostuvo expresamente: "Introduce la Carta de 1991 una diferencia fundamental, en el tratamiento de la libertad religiosa y de cultos, con la Constitución de 1886, por las alusiones que el artículo 53 de este último hacía a la moral cristiana, y la imposibilidad de que otros cultos fuesen contrarios a la misma. De otra parte, al haber desaparecido el preámbulo de la Carta que fuera aprobado en 1957, se consolida la igualdad de religiones, cultos e iglesias de manera plena. Como contrapartida, se estableció un *laicismo de Estado*, que otorga a éste una función arbitral de las referencias religiosas, de plena independencia, frente a todos los credos. En especial, la autonomía estatal para expedir las regulaciones laborales de los días festivos, eliminando la posibilidad de que la Iglesia, como antaño, pudiese intervenir en dicho proceso" (Corte Constitucional, sentencia C-568 de 1993, énfasis agregado).

10 En la sentencia C-350 de 1994 la Corte Constitucional estudió una demanda pública de inconstitucionalidad contra varias disposiciones legales que habían consagrado a Colombia al Sagrado Corazón de Jesús. Los demandantes sostenían que esas disposiciones eran contrarias a la nueva carta política que ordena en el artículo 19.2 tratar igual a todas las organizaciones religiosas. Por lo anterior, para los demandantes, la República de Colombia no podía ser oficialmente consagrada a un dogma católico. La Corte Constitucional sostuvo por primera vez en esta sentencia de manera clara y categórica que el régimen establecido por la nueva constitución era laico. En palabras del tribunal constitucional: "La laicidad del Estado se desprende entonces del conjunto de valores, principios y derechos contenidos en la Constitución. En efecto, un Estado que se define como ontológicamente pluralista en materia religiosa y que además reconoce la igualdad entre todas las religiones (CP arts. 1 y 19) no puede al mismo tiempo consagrar una religión oficial o establecer la preeminencia jurídica de ciertos credos religiosos. Es por consiguiente un Estado laico. Admitir otra interpretación sería incurrir en una contradicción lógica. Por ello no era necesario que hubiese norma expresa sobre la laicidad del Estado ya que, como lo señaló el constituyente Horacio Serpa Uribe, la referencia de que ninguna confesión tendría el carácter de estatal hubiese sido necesaria con el preámbulo de la Constitución de 1886 que contenía el reconocimiento de la religión católica, pero 'si eso va a ser eliminado y no hay cláusulas en la carta que otorguen privilegios a la religión católica podría suprimirse esa referencia'. En fin de cuentas, en la Constitución de 1991 la unidad nacional se funda en el pluralismo y es el resultado de la convivencia igualitaria y libre de los más diversos credos y creencias en los diferentes campos de la vida social, mientras que en la Constitución de 1886, esa unidad nacional tenía como base esencial el reconocimiento de la preeminencia del catolicismo como religión de toda la nación. Por todo lo anterior, para la Corte Constitucional es claro que el Constituyente de 1991 abandonó el modelo de regulación de la Constitución de 1886 –que consagraba un Estado con libertad religiosa pero de orientación confesional por la protección preferente que otorgaba a la Iglesia Católica–, y estableció un Estado laico, con plena libertad religiosa, caracterizado por una estricta separación entre el Estado y las iglesias, y la igualdad de derecho de todas las confesiones religiosas frente al Estado y frente al ordenamiento jurídico" (Corte Constitucional, sentencia C-350-1994).

11 En la doctrina colombiana, autores con diferentes posturas e interpretaciones del principio de laicidad han coincidido en calificar al modelo establecido por la CP como laico. Al respecto véanse Prieto Martínez (2008, 2009, 2011, 2015, 2019), Alvarado Bedoya (2015), García Jaramillo (2013), Ricaurte Pérez (2006) y Vargas del Campo (2003).

la Corte Constitucional ha afirmado en todas las sentencias relacionadas con el ejercicio del derecho a la libertad de conciencia y de religión que Colombia es un Estado laico. Sin embargo, lo que es objeto de controversia y gran debate es qué clase de laicidad ha sido adoptada por la jurisprudencia del tribunal constitucional y cuáles son las características del modelo de laicidad colombiano[12]. Como se señaló, se defenderá la postura de que las características del modelo establecidas vía interpretación judicial asemejan a Colombia más a un modelo teórico de pluriconfesionalidad que a uno de laicidad.

Para poder abordar las anteriores cuestiones y demostrar la postura que se defiende, es importante tener en cuenta que, pese a la consolidada postura de la Corte Constitucional sobre el carácter laico del Estado, la CP tiene algunas disposiciones problemáticas que pueden entrar en abierta contradicción con el modelo de laicidad que se propuso en el primer capítulo. En igual sentido, algunos estándares jurisprudenciales adoptados por la Corte Constitucional han contribuido significativamente a moldear el modelo de laicidad colombiano que en realidad se asemeja mucho al de pluriconfesionalidad. Lo anterior hace necesario que en los siguientes apartados se realice un estudio de las disposiciones constitucionales que pueden desnaturalizar el carácter laico del Estado. Luego se tendrá que realizar un examen detenido de las principales sentencias en las que el tribunal constitucional ha establecido las características del régimen de laicidad.

II. DISPOSICIONES CONSTITUCIONALES PROBLEMÁTICAS PARA EL PRINCIPIO DE LAICIDAD

La CP no otorga el carácter de religión oficial a ninguna organización religiosa, pues en los términos del artículo 19.2 todas las iglesias son iguales ante la ley. En la nueva carta política tampoco se menciona a la Iglesia católica, antigua iglesia oficial. El silencio del Constituyente de 1991 produce un ruido ensordecedor porque deliberadamente omitió mencionar a la organización religiosa tradicional y mayoritaria de la sociedad colombiana, lo cual puede interpretarse como una clara apuesta por romper con el modelo de confesionalidad católica establecido por la Constitución de 1886. No obstante, los anteriores hechos en favor del principio de laicidad se desnaturalizan significativamente con dos

---

12   Para un estudio completo y detallado sobre las diferentes posturas académicas acerca del alcance y contenido del modelo de laicidad establecido en Colombia, véase a Aguirre y Peralta (2021). Para estos autores existen cuatro posturas en la doctrina sobre el modelo colombiano de laicidad. Estas son: (1) La postura de la Corte Constitucional. (2) La postura de la aconfesionalidad o laicidad positiva. (3) La laicidad como pluriconfesionalidad y (4) El Estado teísta ilustrado.

disposiciones constitucionales en las que se hace referencia expresa a la figura de Dios, las que se abordará a continuación, en el epígrafe siguiente.

La existencia de estas cláusulas ha llevado a que un sector importante de la doctrina colombiana sostenga, razonablemente, que el modelo de laicidad colombiano valora positivamente al fenómeno religioso y que debe cooperar activamente con las organizaciones religiosas para garantizar el ejercicio del derecho a la libertad de conciencia y de religión de los ciudadanos[13]. Teniendo en cuenta que estas disposiciones constitucionales han tenido un papel importante en la consolidación del modelo colombiano, en los siguientes apartados se estudiará cada una de ellas.

A. LA INVOCACIÓN DE LA PROTECCIÓN DE DIOS

La primera referencia a Dios se encuentra en el inicio del texto constitucional, en el preámbulo. Aquí expresamente se "invoca la protección de Dios"[14]. Esta disposición se podría considerar una reminiscencia del constitucionalismo colombiano, pues en casi todos los preámbulos de las constituciones nacionales se han realizado alusiones a la figura de Dios y se le ha reconocido como fuente suprema de la legitimidad del poder político[15]. Sin embargo, un sector

---

13 Autores como Prieto Martínez (2009), Monterroza Baleta (2020) y Beltrán y Puga (2020) sostienen que de una interpretación sistemática de la CP se puede inferir que el modelo adoptado por esta es el de un Estado laico positivo o aconfesional, en los términos explicados en la primera parte de este trabajo. Prieto Martínez (2009) defiende el modelo de laicidad positiva con los siguientes argumentos: "Colombia es un Estado laico. Esta afirmación, repetida desde la entrada en vigor de la Constitución de 1991, requiere una adecuada conceptualización en perspectiva histórica y en el contexto del régimen jurídico colombiano vigente (particularmente en relación con el derecho de libertad religiosa y con el estatuto jurídico civil de las iglesias y confesiones). En el sistema colombiano el principio de laicidad es inseparable de los principios de igualdad y cooperación. Esta conjunción permite proponer el concepto de laicidad positiva, como expresión de la posición del Estado colombiano ante el fenómeno religioso en sus distintas manifestaciones. [...] Con la expresión 'laicidad positiva' se intenta salir al paso del 'laicismo', y describir así la actitud del Estado que manteniendo el principio de la separación acoge y respeta las diversas manifestaciones de religiosidad, privadas y públicas, en un clima de cooperación con las confesiones religiosas" (pp. 39 y 41).

14 CP. Preámbulo: "El pueblo de Colombia, en ejercicio de su poder soberano, representado por sus delegatarios a la Asamblea Nacional Constituyente, *invocando la protección de Dios*, y con el fin de fortalecer la unidad de la Nación y asegurar a sus integrantes la vida, la convivencia, el trabajo, la justicia, la igualdad, el conocimiento, la libertad y la paz, dentro de un marco jurídico, democrático y participativo que garantice un orden político, económico y social justo, y comprometido a impulsar la integración de la comunidad latinoamericana, decreta, sanciona y promulga la siguiente: Constitución Política de Colombia" (énfasis agregado).

15 De las nueve constituciones nacionales que se han expedido en la historia colombiana (1821, 1830, 1832, 1843, 1853, 1858, 1863, 1886, 1991), únicamente la Constitución Política de 1863 no realizó alusión alguna de la figura de Dios en el preámbulo.

importante de la doctrina colombiana sostiene, de manera razonable, que la invocación de Dios en la nueva carta política no es baladí y que en realidad significa que el fenómeno religioso es un valor importante con pleno reconocimiento constitucional[16]. Aunque en este trabajo se sostiene la postura de que el hecho religioso no debe ser valorado de manera positiva o negativa por el Estado, es cierto que la mención de una figura religiosa parece indicar que el fenómeno religioso fue valorado positivamente por el Constituyente de 1991.

La invocación de la protección de Dios en el preámbulo constitucional es un acto mediante el cual el Estado toma partido por el fenómeno religioso. Sobre este punto, Ruiz Miguel (2020) sostiene que el Estado laico se debe abstener de realizar invocación a deidad alguna o pronunciamiento a favor o en contra de lo religioso, pues cualquiera de esas posturas compromete el deber de neutralidad[17]. En efecto, la referencia expresa de "Dios" en el texto constitucional desdibuja el principio de laicidad porque pone en situación de ventaja, al menos simbólica, al fenómeno religioso frente a otras visiones del mundo no teístas, pero igualmente válidas en un Estado plural y diverso como el que pretende reconocer la CP[18].

Aunado a lo anterior, la invocación de Dios es una cuestión problemática para el principio de laicidad porque en Colombia el preámbulo de la CP tiene fuerza normativa directa similar a las demás disposiciones constitucionales[19].

---

16   Al respecto, Prieto Martínez (2019) sostiene: "En conclusión, parece claro que los constituyentes, incluidos los no creyentes, quisieron de alguna manera reflejar con la invocación a Dios en el preámbulo la religiosidad del pueblo colombiano. Este reconocimiento no carece de importancia: sin hacer referencia a una religión en particular, queda claro, desde la 'puerta' del texto constitucional de mayor jerarquía, una visión positiva del hecho religioso y el deber estatal de protección de todas las creencias religiosas, en términos de igualdad" (pp. 73-74).

17   Este autor sostiene que el Estado laico debe ser "meta-agnóstico" y no realizar pronunciamiento o invocación en materia religiosa porque "Su neutralidad en materia religiosa [la del Estado] debería vedarle no solo el ser confesional, ateo o laicista, sino incluso la posición de indecisión o duda en el individuo que está a medio camino entre religión y no religión, que es el agnosticismo. Por eso yo he mantenido en ocasiones anteriores que el Estado verdaderamente laico debe ser meta-agnóstico, esto es, debe ser ajeno a cualquier pregunta y respuesta relativa a la religión. O, dicho de otra manera, el Estado no puede ni debe solo limitarse a dudar, como puede hacer el individuo agnóstico, sino que asume el deber de no pronunciarse sobre la materia religiosa, ni siquiera para afirmar que duda" (Ruiz Miguel, 2020, p. 185).

18   Por ejemplo, Amaya González (2018) sostiene que la CP no puede calificarse como laica porque "Lo primero que habría que resaltar, aunque se ha dicho en varias ocasiones, es que del preámbulo desapareció la referencia específica a dios como fuente suprema de toda autoridad y pasa a hacerse una referencia general a la divinidad, al invocar su protección. Esta primera distinción evidencia una apuesta diferente pero no permitiría afirmar que la Carta es laica, pues no hay neutralidad frente a la existencia de un ser superior, premisa básica para aplicar dicha categoría" (207).

19   La Corte Constitucional resolvió, en uno de sus primeros fallos, una demanda pública de inconstitucionalidad en la que se alegó que determinadas disposiciones legales eran contrarias al nuevo preámbulo de la CP. En esta providencia, el tribunal constitucional tuvo que decidir si continuaba con la postura de su antecesora –la Sala Constitucional de la Corte Suprema de Justicia– que había negado cualquier tipo

Es por ello por lo que normas de rango legal pueden ser declaradas inconstitucionales por ser contrarias a los postulados y a las directrices del preámbulo de la CP[20]. La fuerza normativa del preámbulo ha llevado a que se declaren ajustadas a la CP diferentes disposiciones que adoptan diferentes símbolos y lemas institucionales en los que se menciona la figura de Dios. El argumento sostenido para justificar la exequibilidad de las normas es porque un lema o un símbolo del Estado que reproduce la CP e invoca a Dios no pueden ser inconstitucionales. Como en la CP se invoca la protección de Dios, es permitido que las instituciones del Estado realicen manifestaciones similares en sus símbolos y lemas institucionales[21]. Esta situación afecta el principio de laicidad y el deber

---

de fuerza vinculante al preámbulo de la Constitución de 1886. La Corte decidió apartarse de la postura de su antecesora, y en su lugar sostuvo que el preámbulo tenía fuerza vinculante por los siguientes motivos: "El Preámbulo de la Constitución incorpora, mucho más allá de un simple mandato específico, los fines hacia los cuales tiende el ordenamiento jurídico; los principios que inspiraron al Constituyente para diseñar de una determinada manera la estructura fundamental del Estado; la motivación política de toda la normatividad; los valores que esa Constitución aspira a realizar y que trasciende la pura literalidad de sus artículos. El Preámbulo da sentido a los preceptos constitucionales y señala al Estado las metas hacia las cuales debe orientar su acción; el rumbo de las instituciones jurídicas. Lejos de ser ajeno a la Constitución, el Preámbulo hace parte integrante de ella. Las normas pertenecientes a las demás jerarquías del sistema jurídico están sujetas a toda la Constitución y, si no pueden contravenir los mandatos contenidos en su articulado, menos aún les está permitida la transgresión de las bases sobre las cuales se soportan y a cuyas finalidades apuntan. Considera la Corte que la preceptiva constitucional ha sido enderezada por el propio Constituyente a la realización de unos fines, al logro de unos cometidos superiores ambicionados por la sociedad, que cabalmente son los que plasma el Preámbulo y que justifican la creación y vigencia de las instituciones. Quitar eficacia jurídica al Preámbulo, llamado a guiar e iluminar el entendimiento de los mandatos constitucionales para que coincida con la teleología que les da sentido y coherencia, equivale a convertir esos valores en letra muerta, en vano propósito del Constituyente, toda vez que al desaparecer los cimientos del orden constitucional se hace estéril la decisión política soberana a cuyo amparo se ha establecido la Constitución. Juzga la Corte Constitucional que el Preámbulo goza de poder vinculante en cuanto sustento del orden que la Carta instaura y, por tanto, toda norma —sea de índole legislativa o de otro nivel— que desconozca o quebrante cualquiera de los fines en él señalados, lesiona la Constitución porque traiciona sus principios. Si la razón primera y trascendente del control constitucional no es otra que la de garantizar la verdadera vigencia y supremacía de la Constitución, ese control deviene en utópico cuando se limita a la tarea de comparar entre sí normas aisladas, sin hilo conductor que las armonice y confiera sentido integral, razonable y sólido al conjunto" (Corte Constitucional, sentencia C-479 de 1992). Esta posición ha sido reiterada por la Corte Constitucional, entre otras, en las sentencias C-477 de 2005 y C-542 de 2010.

20 Para un estudio detallado de la fuerza normativa del preámbulo de la CP, véase Botero Mariño (2001), Gutiérrez Beltrán (2007, pp. 49-54) y Hernández Becerra (2018, pp. 27-45).

21 La Sección Primera del Consejo de Estado negó, en sentencia del 12 de noviembre de 2015, una demanda de nulidad interpuesta contra una disposición reglamentaria mediante la cual se adoptó el lema y el escudo de la Policía Nacional. Ambos símbolos tienen la siguiente referencia: "Dios y Patria". Para el máximo Tribunal de lo Contencioso Administrativo, la referencia a Dios no es contraria a la CP ni a la ley porque reproduce el preámbulo constitucional. Expresamente en la providencia en mención se señaló lo siguiente: "De la confrontación del acto acusado con el texto de las normas invocadas como vulneradas, no advierte la Sala la transgresión a que alude el actor, pues la expresión 'Dios' en

de neutralidad porque genera la apariencia de que el Estado valora positivamente el fenómeno religioso monoteísta al invocar de manera oficial frecuentemente la protección de Dios, lo que pone a este fenómeno en una situación de ventaja respecto a visiones religiosas de carácter politeístas o cosmovisiones no teístas.

La Corte Constitucional no evadió pronunciarse sobre la tensión que existe entre la invocación de Dios en el preámbulo y el principio de laicidad en la citada sentencia C-350 de 1994, providencia en la que sostuvo por primera vez que Colombia era un Estado laico. Para la Corte, la invocación de Dios no desnaturaliza el carácter laico del Estado porque es una mención genérica que no permite identificar al Estado con una organización religiosa determinada y porque no se le reconoce a esa figura ser fuente de legitimidad del poder político[22].

Aunque el argumento sostenido por la Corte Constitucional permite entender razonablemente la compatibilidad entre la mención de Dios en el preámbulo con el principio de laicidad, la referencia es problemática y genera algunas contradicciones evidentes. Una de las primeras tensiones se presentó en el interior de la propia Asamblea Nacional Constituyente, porque algunos delegados se opusieron al proyecto de preámbulo considerando que este desconocía las visiones del mundo agnóstica, atea y hasta ciertas visiones religiosas de carácter politeístas practicadas por algunas comunidades indígenas, pues se menciona a Dios en singular y no a los dioses[23].

Los representantes de las comunidades indígenas sostuvieron que el proyecto de preámbulo y la invocación de Dios desconocían el hecho de que la mayoría de los pueblos originarios de América son politeístas, por lo que la invocación

---

la descripción del escudo de la Policía Nacional, no está coartando la actividad de los agentes pertenecientes al cuerpo de policía. Por el contrario, y al igual que lo hace el preámbulo de la Constitución Política, destaca un valor positivo, que debe guiar la actividad de sus integrantes, para dar lo mejor de sí mismos en pro de la consecución de los fines esenciales del Estado" (Consejo de Estado, Sección Primera, sentencia del 12 de noviembre de 2015, rad. n.° 1100103240002011 0026800).

22   En palabras de la Corte Constitucional: "Así, en primer término, la Constitución derogada establecía que Dios era la fuente suprema de toda autoridad y que la religión católica, apostólica y romana era la de la nación. Tales referencias fueron eliminadas por el preámbulo de la Constitución de 1991; en éste, los delegatarios invocan la protección de Dios pero no le confieren ningún atributo como fuente de autoridad o de dignidad, ni establecen ninguna referencia a una religión específica. En efecto, el proyecto de preámbulo que hacía de Dios 'el fundamento de la dignidad humana y fuente de vida y autoridad para el bien común' –bastante acorde con la cosmovisión católica– no fue adoptado por la Asamblea Constituyente, puesto que se consideró que la soberanía residía en el pueblo. Por ello la referencia que se mantuvo no establece la prevalencia de ningún credo religioso, ni siquiera de tipo monoteísta; se trata entonces de una invocación a un Dios compatible con la pluralidad de creencias religiosas" (Corte Constitucional, sentencia C-350 de 1994).

23   Para un estudio detallado de los debates en la Asamblea Nacional Constituyente sobre el preámbulo de la CP, véase a Prieto Martínez (2011, pp. 21-47). Sobre este punto también puede consultarse a Beltrán y Puga (2020, pp. 76-91).

en singular era contraria a su cosmovisión. Al respecto, el constituyente representante de los pueblos indígenas, Francisco Rojas Birry, sostuvo: "Si se trata de invocar un Dios, estaríamos obligados a reconocer, en detrimento de nuestras propias creencias y cosmogonías, que sólo existe una divinidad. Nosotros tenemos nuestros propios dioses y personajes míticos: Caragabí, Serankua, Papa Dumat, Pachamama, etc., que no estarían representados en la fórmula de un sólo Dios" (Gaceta Constitucional, n.° 29, p. 5)[24]. La decisión final fue mencionar en el preámbulo al dios nuevo y extranjero, traído en la Conquista e impuesto en la Colonia, y no a los dioses antiguos de las comunidades indígenas, propios de la tierra americana[25].

Lo anterior permite sostener de manera razonable que la invocación de la figura de Dios en el preámbulo de la CP pone en ventaja a la visión teísta del mundo frente a otras visiones religiosas politeístas. Esta mención también desconoce que en el país existen personas no creyentes que no se sienten identificadas con el hecho de que se invoque en la máxima norma del ordenamiento jurídico la protección de una figura que no los representa.

La mención de Dios ha sido tomada como un argumento relevante para autores como Prieto Martínez (2009, 2011, 2015) y Amaya González (2018), que señalan que el hecho religioso es valorado positivamente por la CP[26]. El problema

---

24   En igual sentido, el constituyente Germán Toro Zuluaga manifestó lo siguiente: "En el caso colombiano, aunque su población es en su mayoría cristiana, existe una diversidad de cultos. Las distintas comunidades étnicas en general son politeístas. Además, en el país hay musulmanes, hebreos, protestantes, agnósticos y ateos. Entonces mal haríamos en consagrar el pluralismo, la igualdad, y el respeto en lo relativo a los cultos, las culturas y las formas de pensamiento para negarlo en los primeros renglones de la Constitución" (Gaceta Constitucional, n.° 90, p. 12).

25   Las constituciones de Ecuador (2008) y Bolivia (2009) consideradas por la doctrina referentes del nuevo constitucionalismo latinoamericano realizan en sus preámbulos una curiosa e interesante combinación de alusiones a la figura genérica Dios acompañada de conceptos religiosos propios de los pueblos indígenas como, por ejemplo, la Pachamama. Para Capdevielle (2019) existen en estas constituciones varias contradicciones que desdibujan el principio de laicidad al invocarse figuras religiosas. Al respecto sostiene la autora: "Algo similar sucede con las menciones a Dios en los preámbulos de las Constituciones examinadas. La de Ecuador, en su preámbulo '[invoca] el nombre de Dios' y '[celebra] a la Pacha Mama, de la que somos parte y que es vital para nuestra existencia'. Por su lado, la Constitución de Bolivia menciona 'la fortaleza de nuestra Pacha Mama' y agradece a Dios para refundar a Bolivia, mientras que Venezuela 'invoca la protección de Dios'. ¿Puede simultáneamente un Estado invocar a Dios y a la Pacha Mama, y ostentarse como secular? Habrá sin duda quienes defiendan la idea de una laicidad que toma acta de la religión como realidad social autónoma y por lo tanto, que puede perfectamente convivir con la invocación de deidades en las Constituciones, limitando su actuación a garantizar en condición de estricta neutralidad el florecimiento de las diferentes opciones religiosas en la sociedad" (Capdevielle, 2019, p. 114).

26   Al respecto, Prieto Martínez (2008) indica: "Se abandona, pues, la clásica referencia a la suprema autoridad de Dios, lo que no significa el olvido de la Divinidad. Por el contrario, se coloca todo el trabajo constituyente bajo su protección. Esta referencia del Preámbulo indica que el Estado colombiano reconoce

con esta postura es que la valoración positiva del hecho religioso desnaturaliza el principio de laicidad. Lo anterior porque el Estado debe ser neutral en materia religiosa e ideológica para así poder garantizar que todas las personas puedan ejercer en condiciones de igualdad el derecho a la libertad de conciencia y de religión. En contraste, en los modelos confesionales y pluriconfesionales, el fenómeno religioso es valorado positivamente por lo que admiten privilegios estatales para este fenómeno. Así pues, el modelo colombiano de laicidad tiene un elemento que lo desnaturaliza, que es la valoración positiva de lo religioso, la cual se deduce de la invocación de Dios en el preámbulo. Esto dará lugar a que el modelo de laicidad colombiano sea interpretado y desarrollado de una manera que se asemeja más un Estado pluriconfesional que a uno laico.

El respeto del principio de laicidad y el deber de neutralidad no solo exige que el Estado se abstenga de identificarse con una particular organización religiosa y su Dios, sino que también le demanda que se comporte de manera neutral respecto a todas las visiones del mundo –teístas y no teístas–. Con esto se busca que no existan dudas de que todas las cosmovisiones son igualmente válidas para el Estado, siempre y cuando no sean contrarias a los principios y valores constitucionales. La invocación de Dios en el preámbulo impedirá esta total neutralidad del Estado respecto a lo religioso, lo que pondrá en desventaja a otras visiones del mundo no teístas[27].

Como se explicó en el capítulo primero, en un Estado laico el fenómeno religioso no se valora positiva ni negativamente. El Estado debe proteger el derecho de los ciudadanos a ejercer su libertad de conciencia y de religión. Esta protección por parte del Estado no debe implicar la valoración de ninguna de las convicciones, dogmas o ideologías que son producto del ejercicio del derecho a la libertad de conciencia y de religión porque este hecho implica una ventaja simbólica de una determinada cosmovisión frente a otras también válidas en un Estado plural y diverso como el que pretende establecer la CP.

---

la existencia de Dios en el origen de sus instituciones fundamentales sin indicar, por otra parte, ninguna relación concreta" (p. 71). En el mismo sentido este autor señala: "Parece claro que los constituyentes, incluidos los no creyentes, quisieron de alguna manera reflejar con la invocación a Dios en el preámbulo la religiosidad del pueblo colombiano, reconociendo 'las convicciones de los que nos eligieron'. Este reconocimiento, con las limitaciones apuntadas, no carece de importancia: refleja una visión positiva del hecho religioso (estamos hablando del preámbulo constitucional, la puerta del texto jurídico de mayor jerarquía), que encontrará su regulación normativa concreta en los artículos dedicados en la carta a la libertad de conciencia y a la libertad religiosa" (Prieto Martínez, 2011, pp. 46-47).

27   Para un estudio detallado de las funciones de los preámbulos constitucionales y su importancia jurídica al reflejar las principales decisiones políticas adoptadas en la constitución, véase a Tajadura Tejada (1997 y 2001).

En definitiva, la invocación de Dios en el preámbulo es desafortunada y dará lugar a que el régimen de laicidad colombiano sea diseñado para privilegiar el fenómeno religioso.

B. EL DEBER DEL PRESIDENTE DE
LA REPÚBLICA DE JURAR A DIOS

La otra disposición constitucional contradictoria con el principio de laicidad es el artículo 192 de la CP[28]. Esta norma obliga al presidente de la República a tomar posesión de su cargo con un juramento a Dios. Este deber no es insignificante porque se le impone a la máxima figura del Estado, en un régimen calificado por la doctrina como hiperpresidencialista, jurar en nombre de Dios[29]. Es importante tener en cuenta que, según la CP, el presidente de la República es jefe de Estado, jefe de Gobierno, suprema autoridad administrativa y comandante de las Fuerzas Militares y de Policía[30]. Así mismo, por expreso mandato del artículo 188 de la CP, el presidente simboliza la unidad nacional[31]. Por ende, no es intrascendente que la CP haya establecido que el presidente debe tomar posesión de su cargo con un juramento religioso. Es llamativo que un modelo clasificado formalmente como laico exista este tipo de obligación constitucional, propio de los modelos confesionales con Iglesia de Estado. En este último modelo, el jefe de Estado es a su vez cabeza jerárquica de la Iglesia oficial, razón por la cual es apenas obvio que se exija jurar invocando la figura de Dios.

La existencia de esta obligación puede ser entendida como una fórmula que se pensó idónea para comprometer a la persona que va a tomar el cargo de presidente de la República con las altas responsabilidades que va a asumir. El problema es que la fórmula es un compromiso con connotación religiosa y no todos los colombianos son creyentes. Este deber de jurar en nombre de Dios deja la sensación de que el fenómeno religioso es valorado positivamente por la CP. La valoración positiva llega a tal punto que se utilizan las fórmulas religiosas como el juramento a Dios cuando se quiere reafirmar un compromiso

---

28 CP. Artículo 192: "El Presidente de la República tomará posesión de su destino ante el Congreso, y prestará juramento en estos términos: 'Juro a Dios y prometo al pueblo cumplir fielmente la Constitución y las leyes de Colombia'".

29 Para un riguroso estudio del sistema presidencialista y de las razones por las que el régimen jurídico colombiano puede calificarse como hiperpresidencialista, véase a Arango Restrepo (2018 y 2019).

30 CP. Artículo 115: "El Presidente de la República es Jefe del Estado, Jefe del Gobierno y suprema autoridad administrativa [...]".

31 CP. Artículo 188: "El Presidente de la República simboliza la unidad nacional y al jurar el cumplimiento de la Constitución y de las leyes, se obliga a garantizar los derechos y libertades de todos los colombianos".

fuerte de un ciudadano con el Estado. Específicamente, la CP utiliza la figura de Dios para obligar al principal servidor público a cumplir con las importantes obligaciones de su cargo[32].

La obligación de tomar posesión del cargo de presidente de la República jurando a Dios también puede lesionar el derecho a la libertad de conciencia y de religión de las personas que lleguen al más importante cargo de la República[33]. ¿Qué pasa si la persona elegida presidente de la República es atea, agnóstica o sus convicciones le impiden jurar en nombre de Dios?[34] En principio, se puede sostener que esa persona puede objetar conciencia y tomar posesión de su cargo con una fórmula no religiosa. Sin embargo, este tema no es tan claro porque hasta el momento no existe disposición legal que permita objetar conciencia a esta obligación constitucional. Además, la objeción de conciencia obligaría a la persona a revelar sus creencias y convicciones, lo cual también es problemático

---

32   Este deber fue extendido por el legislador para los alcaldes municipales, quienes también deben tomar posesión de su cargo jurando a Dios. Al respecto, el artículo 94 de la Ley 136 de 1994 establece lo siguiente: "Los alcaldes tomarán posesión del cargo ante el Juez o Notaria Pública, y presentarán juramento en los siguientes términos: 'Juro a Dios y prometo al pueblo cumplir fielmente la Constitución, las leyes de Colombia, las ordenanzas y los acuerdos' […]". La Corte Constitucional declaró exequible la anterior disposición legal porque se limita a reproducir la CP. Sobre este punto, expresamente el tribunal constitucional señaló: "Especial comentario merece la obligación de jurar por Dios que se impone a los alcaldes por el Código de Régimen Político y Municipal, como requisito para posesionarse del respectivo cargo. Si bien cabe pensar que en el caso de que el alcalde que va a tomar posesión sea ateo o agnóstico, esta obligación lesionaría su libertad de pensamiento, no debe olvidarse que el constituyente, en norma especial y expresa, impuso idéntica obligación al presidente de la República, sin mencionar al respecto ningún tipo de excepciones. Luego el legislador bien podía reproducir la misma norma refiriéndola a los alcaldes, pues si bien el presidente representa la unidad nacional, el alcalde elegido popularmente representa a su comunidad en forma directa" (Corte Constitucional, sentencia C-616 de 1997).

33   Es importante aclarar que para la Corte Constitucional el deber de jurar es un compromiso de decir la verdad. En consecuencia, para el tribunal constitucional el juramento no tiene connotaciones religiosas cuando no se le impone al ciudadano jurar por Dios. Al respecto, véanse las sentencias T-543 de 1993 y C-616 de 1997.

34   El Tribunal Europeo de Derechos Humanos determinó, en el caso Buscarini y otros contra San Marino, que la obligación del Estado de exigir a los miembros del Parlamento un juramento religioso para tomar posesión del cargo violaba el derecho a la libertad de pensamiento, conciencia y religión reconocido por el artículo 9 del Convenio Europeo para la protección de los Derechos Humanos y las libertades fundamentales. Expresamente señaló el Tribunal: "En el presente caso, el hecho de haber obligado a los solicitantes a jurar sobre los evangelios equivale, sin embargo, a la obligación, para los elegidos por el pueblo, de reconocer su aceptación de una determinada religión, lo que no es compatible con el artículo 9 del Convenio. Tal como la Comisión afirmó con toda razón en su informe, sería contradictorio someter el ejercicio de un mandato, que tiende a representar, en el seno del parlamento, diferentes visiones de la sociedad, a la condición de tenerse que adherir previamente a una visión determinada del mundo. La restricción incriminada no podría ser considerada, pues, como 'necesaria en una sociedad democrática'" (Tribunal Europeo de Derechos Humanos, Asunto Buscarini y otros contra San Marino, demanda 24645/94, sentencia del 18 de febrero de 1999).

para el principio de laicidad porque el derecho a la libertad de conciencia y de religión ampara la posibilidad de no ser obligado a revelar las creencias y las convicciones íntimas.

En definitiva, el deber de jurar en nombre de Dios para tomar posesión del cargo de presidente de la República es una disposición problemática para el principio de laicidad porque parece indicar que el fenómeno religioso es valorado positivamente, lo que lo pone en una situación de ventaja respecto a otras cosmovisiones también válidas en un Estado plural y diverso como el colombiano. Además, este deber puede vulnerar el derecho a la libertad de conciencia y de religión de las personas que deban realizar el juramento. No se debe olvidar que el principal objetivo de la laicidad es garantizar el derecho a la libertad de conciencia y de religión de las personas. Por ende, un régimen laico debe abstenerse de imponer obligaciones que puedan atentar directamente contra ese derecho. Un modelo laico no debe imponer obligaciones que tengan connotaciones religiosas como los juramentos a nombre de Dios, porque pone en riesgo el derecho a libertad de conciencia de los ciudadanos.

C. LIBERTAD DE CONCIENCIA Y DE RELIGIÓN: ¿DOS DERECHOS AUTÓNOMOS EN COLOMBIA?

La CP reconoce la libertad de conciencia y la libertad de religión en diferentes disposiciones constitucionales. El artículo 18 de la CP[35] garantiza la libertad de conciencia y el artículo 19.1 la libertad de religión[36]. Esta división es poco común porque, por regla general, estas dos libertades son mencionadas en una sola disposición. Como se señaló, en el ámbito internacional la libertad de pensamiento y de religión es reconocida como un solo derecho en el artículo 12 de la Convención Americana sobre Derechos Humanos. Así mismo, el artículo 9 del Convenio Europeo para la Protección de los Derechos Humanos y las Libertades Fundamentales y el artículo 18 del PIDCP reconocen como un solo derecho las libertades de pensamiento, conciencia y religión. En las constituciones nacionales de los diferentes Estados también es frecuente encontrar que las libertades de conciencia y de religión sean garantizadas en el mismo precepto

---

35 CP. Artículo 18: "Se garantiza la libertad de conciencia. Nadie será molestado por razón de sus convicciones o creencias ni compelido a revelarlas ni obligado a actuar contra su conciencia".

36 CP. Artículo 19.1: "Se garantiza la libertad de cultos. Toda persona tiene derecho a profesar libremente su religión y a difundirla en forma individual o colectiva".

de la carta política. Verbigracia en el artículo 16 de la CE[37] y en el artículo 24 de la Constitución Política de los Estados Unidos Mexicanos[38].

Una de las preguntas que surgen es por qué la CP reconoce en artículos distintos la libertad de conciencia y de religión, en contravía de la positivización en una sola disposición que realizan los tratados internacionales sobre derechos humanos. De un estudio de los debates y de las deliberaciones de la Asamblea Nacional Constituyente se puede advertir que la mayoría de los proyectos de constitución reconocían en una sola disposición a estas dos libertades[39]. Pese a lo anterior, la propuesta de plasmar estas dos libertades en diferentes artículos constitucionales fue cobrando fuerza porque se buscó resaltar que la libertad de conciencia implica algo más allá que la simple protección de las ideas provenientes del fenómeno religioso. En efecto, durante mucho tiempo se pensó, erróneamente, que todo el sistema moral de las personas tenía origen en los dogmas religiosos, por lo que la conciencia se garantizaba con la protección de la libertad de religión. Para los constituyentes de 1991, la mejor fórmula para mostrar que la conciencia no solo implica la protección de las creencias religiosas era reconocer estas dos libertades en disposiciones distintas. Con la división se pretendió evitar que la libertad de conciencia quedara subsumida dentro del fenómeno religioso[40].

---

37   CE. Artículo 16: "1. Se garantiza la libertad ideológica, religiosa y de culto de los individuos y las comunidades sin más limitación, en sus manifestaciones, que la necesaria para el mantenimiento del orden público protegido por la ley. 2. Nadie podrá ser obligado a declarar sobre su ideología, religión o creencias […]".

38   Constitución Política de los Estados Unidos Mexicanos. Artículo 24: "Toda persona tiene derecho a la libertad de convicciones éticas, de conciencia y de religión, y a tener o adoptar, en su caso, la de su agrado. Esta libertad incluye el derecho de participar, individual o colectivamente, tanto en público como en privado, en las ceremonias, devociones o actos del culto respectivo, siempre que no constituyan un delito o falta penados por la ley. Nadie podrá utilizar los actos públicos de expresión de esta libertad con fines políticos, de proselitismo o de propaganda política".

39   Para un estudio detallado de los debates y las propuestas de la Asamblea Nacional Constituyente en torno a los actuales artículos 18 y 19 de la CP, véase a Prieto Martínez (2011, pp. 51-69). También es importante resaltar que el Banco de la República, entidad que ejerce las funciones de banca central en Colombia, realizó la notable labor de sistematizar todos los debates, proyectos y discursos que se realizaron en el seno de la Asamblea Nacional Constituyente de 1991. Esta entidad publicó en formato online los 144 números de la Gaceta Constitucional, diario oficial creado para la difusión de lo relacionado con el proceso constituyente. Esta información puede consultarse en http://babel.banrepcultural. org/digital/collection/p17054coll26/id/3850/, http://babel.banrepcultural.org/digital/collection/ p17054coll28/search.

40   Augusto Ramírez Ocampo, vocero de la Comisión Codificadora, en ponencia en plenaria para segundo debate de aprobación de la nueva constitución explicó: "Tema que produjo intensos debates fue el de las libertades de conciencia, religión y cultos, fruto de los cuales fue la separación deliberada que la Asamblea hizo de estas libertades en dos artículos diferentes. La Constitución vigente [1886] las

La justificación que se adujo en los debates de la Asamblea Nacional Constituyente es acorde con el principio de laicidad porque pretendió garantizar la igualdad entre las creencias religiosas y las convicciones ideológicas. Para que las convicciones éticas no se desdibujaran dentro de la libertad de religión se decidió separar ambas libertades. Aún así, la mayoría de la doctrina colombiana y la Corte Constitucional han sostenido que la separación de estas dos libertades se explica porque constituyen derechos autónomos, cuando en realidad lo que se buscaba era proteger las convicciones seculares.

En la doctrina colombiana, autores con posturas e interpretaciones del Derecho tan diversas como Osuna Patiño y Prieto Martínez coinciden en que las libertades de conciencia y de religión son derechos independientes, dado su reconocimiento en artículos diferentes en la CP. Aunque con argumentos y matices diferentes, ambos autores sostienen que de una interpretación del reconocimiento de estas dos libertades en distintas disposiciones de la CP se puede llegar a la conclusión de que son derechos autónomos que protegen distintos bienes jurídicos. Para Osuna Patiño, la libertad religiosa solo protege las creencias que tienen origen en los dogmas de las organizaciones religiosas. A su vez, la libertad de conciencia protege las creencias que son producto de la reflexión individual o las convicciones éticas que no tienen una relación directa con el fenómeno religioso[41]. Por su parte, Prieto Martínez sostiene que el fundamento que justifica la autonomía de la libertad de religión es el hecho religioso.

---

consagraba en una sola norma que limita su campo al religioso. En el nuevo ordenamiento, la libertad de conciencia se predica también de toda creencia o ideología" (Gaceta Constitucional, n.° 112, p. 6).

41 Osuna Patiño (2020): "El cotejo entre estas dos disposiciones [artículos 18 y 19.1] permite apreciar que las dos libertades tienen algo en común: el componente de inmunidad que habilitan. En virtud suya, ciertamente, se permite a los seres humanos expresar sus convicciones, comportarse conforme a ellas, y creer y practicar las religiones de su agrado sin que el estado pueda imponer ni proscribir ideologías o religiones. Pero, más allá de esta nota común, se trata de dos libertades diferentes. La libertad de conciencia está referida, como ninguna otra, a la protección de lo más íntimo y autónomo de los seres humanos, como son los productos de su pensamiento, o sus propias convicciones morales, que no tienen por qué estar basadas en textos sagrados, ni requieren de jerarquías o de militancia. De su lado, la libertad religiosa alude a convicciones sobre la existencia de seres míticos, a veneración y a participación en ceremonias colectivas de culto, con el agregado, que ha hecho notar Luis Prieto Sanchís, de que 'la libertad religiosa no incluye cualquier posición individual ante la trascendencia, sino sólo aquellas expresiones que implican una adhesión fiduciaria a una iglesia o confesión'. Ciertamente, la libertad de cultos no está dirigida a la protección de convicciones religiosas puramente personales o a la veneración a deidades de inspiración personal, sino a la protección de aquellos sistemas de creencias producidos por las confesiones religiosas e iglesias, esto es, creencias que cuentan con formulación oficial y con una institucionalidad de carácter permanente y usualmente con patrimonio propio, cuyos textos normativos (sagrados) se interpretan por una jerarquía que deduce de ellos preceptos de obligatoria guarda para los feligreses" (pp. 431-432).

A juicio de este autor, las convicciones que no están relacionadas con lo religioso están ubicadas dentro del ámbito del derecho a la libertad de conciencia[42].

No se comparten las anteriores posturas porque desconocen que las libertades de conciencia y de religión protegen el mismo hecho: las ideas íntimas y fuertes que predeterminan la vida de las personas. Sostener la autonomía de estas dos libertades crea una diferenciación artificial e innecesaria, que puede ayudar a desnaturalizar el principio de laicidad. La distinción es artificial porque tanto la libertad de conciencia como la libertad de religión tienen por objeto la protección del mismo bien jurídico: las convicciones y las creencias que moldean y predeterminan la conciencia de las personas. Distinguir entre convicciones y creencias hace perder de vista que el objetivo del Estado es la protección de las personas y sus conciencias. Si bien es cierto que las ideas y las creencias tienen un origen distinto porque unas nacen del fenómeno religioso y las otras de sistemas éticos seculares, esta diferenciación se presenta en el interior de las personas, en sus mentes, por lo que no puede ser abarcable por el Estado ni por el Derecho[43]. En contraste, su manifestación en el mundo exterior se produce de una manera similar, en actos que predisponen los diferentes proyectos de vida de las personas.

Nuevamente es importante traer el ejemplo de la persona privada de la libertad en un centro penitenciario del Estado y que solicita se le suministre una dieta vegana porque sus creencias le impiden comer cualquier tipo de carne. Esta persona está en una situación similar a la de una segunda que solicita lo mismo, pero invocando que sus convicciones éticas le impiden comer cualquier tipo de alimento que sea consecuencia del sufrimiento animal. En este ejemplo, el motivo interior para no comer carne es distinto: creencia religiosa o convicción ética. Sin embargo, esos motivos se expresan en un mismo comportamiento externo:

---

42   Prieto Martínez (2011): "En los tres artículos citados las libertades de conciencia y de religión aparecen juntas [el autor se refiere a tratados internacionales sobre derechos humanos]. Probablemente por este motivo, en los proyectos y debates iniciales durante la Asamblea Nacional Constituyente aparecían las dos como parte del mismo y único artículo. Al final, acertadamente, se decidió redactar dos artículos distintos. En efecto, aunque se trate de dos libertades estrechamente conectadas entre sí –se refieren a las convicciones más íntimas de la persona– contemplan supuestos diversos. […] Más concretamente, el objeto material de la libertad religiosa está constituido por los actos por los que la persona se adhiere a Dios, y práctica, difunde y comunica la propia religión" (p. 83).

43   Souto Paz (1995) afirma que para el Estado no debe ser importante distinguir entre convicción o creencia porque su gran diferencia se produce en su origen, en el interior de la conciencia de las personas, pero se manifiestan externamente de manera similar. Al respecto este autor señala: "Los contenidos de ambas libertades, en su origen, son distintos. Pero aquello que el ser humano gesta y concluye en su interior, aquello que guarda relación con la interioridad del individuo, es inaprensible para el derecho" (p. 102).

no comer carne, y en una exigencia similar para el Estado: proveer de una dieta especial a esas dos personas. En este caso se está solicitando el amparo del mismo derecho: llevar una vida acorde con las convicciones y creencias. Por ende, sostener que en este caso hipotético cada persona está ejerciendo un derecho autónomo e independiente es innecesario porque ante un mismo hecho se crea una diferenciación artificial.

La Corte Constitucional ha sostenido de manera reiterada que la libertad de conciencia y de religión son derechos autónomos. Una de las primeras providencias en las que la Corte Constitucional dejó claro esta postura fue la C-088 de 1994. En este caso el tribunal constitucional realizó un examen previo de constitucionalidad del proyecto de ley estatutaria de libertad religiosa y de cultos[44]. El artículo 5 de ese proyecto de ley, actual Ley 133 de 1994, excluye de su objeto de protección al satanismo y las prácticas mágicas, supersticiosas o espiritistas[45]. Algunos intervinientes del proceso de revisión de constitucionalidad le señalaron a la Corte que esa exclusión era arbitraria porque diferenciaba entre fenómenos similares. El tribunal constitucional no acogió estos argumentos porque consideró que las actividades fueron razonablemente excluidas por no estar relacionadas directamente con lo religioso, por lo que podían ser válidamente excluidas de la ley que regula el derecho a la libertad de religión[46].

44　De conformidad con el artículo 152 de la CP, las leyes estatutarias son un tipo especial de leyes que regulan y desarrollan los derechos fundamentales. Por expreso mandato del artículo 153 de la CP, estas leyes deben tener un control previo de constitucionalidad antes que entren a regir.

45　Ley 133 de 1995. Artículo 5: "No se incluyen dentro del ámbito de aplicación de la presente Ley las actividades relacionadas con el estudio y experimentación de los fenómenos psíquicos o parapsicológicos; el satanismo, las prácticas mágicas o supersticiosas o espiritistas u otras análogas ajenas a la religión".

46　La Corte Constitucional expresamente sostuvo: "Al final del capítulo primero se encuentra una de las disposiciones más discutidas del proyecto, no solamente durante el trámite del mismo en las cámaras, sino durante el debate judicial ante esta Corporación; en efecto, en el artículo 5 se excluyen las actividades relacionadas con el estudio y experimentación de los fenómenos psíquicos o parapsicológicos, el satanismo, las prácticas mágicas o supersticiosas o espiritistas y en todo caso ajenas a la religión, del ámbito material de aplicación de la normatividad que se pretende hacer regir en relación con la libertad religiosa y de cultos. En verdad se afirma que no obstante ser permitidas dichas expresiones del comportamiento humano, ellas no alcanzan a constituir lo que la experiencia destaca como religión, ni como confesión religiosa, y que ellas no pueden gozar de los beneficios especiales que les concede el Estado, y que deben someterse al régimen general de la personería jurídica predicable de asociaciones, agremiaciones y sociedades. La Corte estima que en este caso no asiste razón a los impugnantes, y encuentra la conformidad exigida por la Carta para este tipo de disposiciones, ya que la libertad religiosa y de cultos de que trata el artículo 19 de la Carta Política, y que se examina en su desarrollo estatutario, no es en verdad una libertad cuya materia sea equiparable de modo directo con el contenido de las libertades de opinión o de expresión, o con las libertades de conciencia, de convicciones, de creencias o de reunión, de manifestación, asociación, información, intimidad personal o familiar o de trabajo, dentro de las cuales, y en su desarrollo natural y obvio, bien pueden ejercerse el satanismo, el espiritismo,

La Corte Constitucional explicó después las diferencias entre los derechos a la libertad de conciencia y de religión. Con una postura similar a la sostenida por Osuna Patiño, para el tribunal constitucional la libertad de conciencia tiene por objeto proteger los juicios subjetivos sobre el bien o el mal que hacen las personas en una situación concreta. Por su parte, el derecho a la libertad de religión implica siempre una relación de la persona con una deidad[47]. La autonomía del derecho a la libertad de religión llevó a que la Corte Constitucional sostuviese la postura de que lo religioso es un hecho de especial importancia constitucional que puede dar lugar a prerrogativas y beneficios por parte del Estado.

Así, por ejemplo, la Corte Constitucional estudió, en la sentencia C-609 de 1996, una demanda de inconstitucionalidad contra una ley que había equiparado a los cardenales y los obispos con los más importantes funcionarios del Estado. Esta equiparación fue realizada con el objeto de eximirlos de rendir testimonio presencial en los estrados judiciales y, en su lugar, permitirles que lo realicen a través de certificación jurada[48]. Para el tribunal constitucional, este tipo de prerrogativa se justifica por la valoración positiva que realizó el Constituyente de 1991 de lo religioso, que se ve reflejada en el artículo 19.1 de la CP. Esta valoración positiva permite eximir a los líderes religiosos de deberes legales, como comparecer antes las autoridades judiciales para rendir testimonio, porque no es conveniente distraerlos de sus importantes labores pastorales[49].

---

el estudio y la experimentación de los fenómenos psíquicos o parapsicológicos, las prácticas mágicas o supersticiosas y demás análogas ajenas a la religión" (Corte Constitucional, sentencia C-088 de 1994).

47 Este criterio fue utilizado por el tribunal constitucional en los siguientes términos: "En efecto, la libertad de conciencia se ha distinguido de las libertades de pensamiento y opinión, y también de la libertad religiosa, considerándose que ella no tiene por objeto un sistema de ideas, ni tampoco la protección de una determinada forma de relación con Dios, sino la facultad del entendimiento de formular juicios prácticos en relación con lo que resulta ser una acción correcta frente a una situación concreta que se presenta de facto" (Corte Constitucional, sentencia C-616 de 1997). Este criterio fue reiterado, entre otras, en las sentencias T-332 de 2005 y T-376 de 2006.

48 Decreto 2700 de 1991. Artículo 287: "Testimonio por certificación jurada. El Presidente de la República, el Vicepresidente de la República, los ministros del Despacho, los senadores y representantes a la Cámara, los magistrados de la Corte Suprema de Justicia, de la Corte Constitucional, del Consejo de Estado, del Consejo Superior de la Judicatura y miembros del Consejo Nacional Electoral; el Fiscal General de la Nación y sus delegados, el Procurador General de la Nación y sus delegados; el Defensor del Pueblo, el Contralor General de la República, el Registrador Nacional del Estado Civil, los directores de departamentos administrativos, el Contador General de la Nación, el Gerente y los miembros de la Junta Directiva del Banco de la República, los magistrados de los tribunales, los gobernadores de departamento, *cardenales, obispos, o miembros de igual jerarquía que pertenezcan a otras religiones*, jueces de la República, el Alcalde Mayor de Santafé de Bogotá, los alcaldes municipales, los generales en servicio activo, los agentes, diplomáticos y consulares de Colombia en el exterior, rendirán su testimonio por medio de certificación jurada, y con este objeto se les formulará un cuestionario y se les pasará copia de lo pertinente" (énfasis agregado).

En un Estado laico, neutral en materia religiosa e ideológica, el origen de las convicciones y las creencias de los ciudadanos debe ser un hecho irrelevante. Lo importante es la protección de las personas y sus conciencias y, por supuesto, tratar de garantizar que todos puedan emprender proyectos de vida acordes con las ideas fuertes y arraigadas en la mente. Por ende, las libertades de conciencia y de religión deben conforman un único derecho: el derecho genérico a la libertad de conciencia. Lo anterior no implica desconocer el hecho de que cada una de esas libertades tiene unas particularidades propias, las cuales pueden ser protegidas por el ordenamiento jurídico con una regulación especial, como en el caso de las leyes particulares que regulan el derecho de asociación religiosa. Sin embargo, estas peculiaridades no deben hacer perder de vista que se está ante un único derecho que protege el mismo bien jurídico: la conciencia de las personas.

Sostener la autonomía de la libertad de religión respecto a la libertad de conciencia puede llevar a que, como ya ha pasado, se argumente que el fenómeno religioso es un hecho valioso para el Estado y un bien jurídico de especial protección constitucional. Esta postura desnaturaliza el principio de laicidad, que busca, entre otras cosas, la no valoración del fenómeno religioso y otras cosmovisiones ideológicas. Lo anterior para garantizar la igualdad entre todas ellas. El principio de laicidad pretende garantizar la igualdad de todas las cosmovisiones –teístas y no teístas–, por lo que una valoración positiva de lo religioso pondría a este fenómeno en una situación favorable, al menos simbólicamente, respecto de otras visiones del mundo no teístas, pero también válidas en un Estado plural y diverso como el pretendido por la CP.

Es oportuno aclarar que la autonomía de la libertad de religión en Colombia no obedece al proceso de especificación de la evolución histórica de los derechos

---

49   Al respecto, la Corte Constitucional sostuvo: "El Constituyente, entonces, advirtió en la realidad la presencia del elemento religioso y, en armonía con ese dato sociológico, lo admitió como componente de la sociedad pluralista y democrática instituida en la Carta de 1991, lo cual, si bien no puede significar que el Estado se halle obligado a participar en la práctica del culto o en las propagación de alguna religión, puesto que, se repite, se trata de un Estado laico, sí implica que *el Constituyente valora positivamente lo religioso en sus manifestaciones sociales*. La norma demandada, en cuanto tiene que ver con los 'cardenales, obispos o ministros de igual jerarquía que pertenezcan a otras religiones', responde al propósito constitucional de brindar protección a las diferentes iglesias y confesiones, protección que, de manera singular, se concreta en la persona de sus máximos jerarcas o ministros, que normalmente gozan de un amplio reconocimiento social vinculado no a su condición individual sino a la trascendencia de sus labores pastorales, de cuyo cabal cumplimiento no deben ser distraídos, ya que, por la importancia de esas funciones, las tareas que cumplen son parte esencial del derecho a difundir la respectiva religión, plasmado en el artículo 19 superior" (Corte Constitucional, sentencia C-609 de 1996) (énfasis agregado).

fundamentales que plantea Peces-Barba Martínez. Para este autor, los derechos fundamentales tienen cuatro momentos importantes en su evolución. El primero de ellos es el proceso de positivización; el segundo, el proceso de generalización; el tercero, el de internacionalización, y, por último, el de especificación[50]. La especificación consiste en el proceso en que el poder permite que surjan algunos derechos que reconocen las particularidades específicas de ciertos grupos de la población con características propias. Las especiales circunstancias sociales o culturales, la condición física o mental o una relación jurídica especial justifican la existencia de unos derechos especiales que regulen estos casos[51].

En Colombia, la autonomía de la libertad de religión no responde a un proceso histórico de especificación en que se reconocen algunas particularidades especiales que ameritan su diferenciación de la libertad. Lo anterior porque ambas libertades se plantean en términos genéricos para toda la población y no distinguen particularidades especiales en sus destinatarios. Por ende, la supuesta diferenciación y autonomía de estas dos libertades no se puede justificar en el proceso histórico de diferenciación planteado por Peces-Barba Martínez.

Aunque en la Asamblea Nacional Constituyente la diferenciación se justificó para mostrar que la conciencia no solo comprende creencias religiosas, la interpretación que ha realizado la Corte Constitucional del reconocimiento de las libertades de conciencia y de religión en diferentes disposiciones en la CP ha llevado a que esa entidad sostenga que son derechos autónomos. Esta interpretación jurisprudencial lleva a que el hecho religioso sea considerado un bien jurídico de gran importancia constitucional y valioso para el Estado.

La anterior interpretación es una de las características especiales del modelo de laicidad colombiana. En efecto, la laicidad en este país no es incompatible con

---

50   En palabras de Peces-Barba Martínez: "La positivización deriva de los propios planteamientos del iusnaturalismo racionalista, al centrar el paso del Estado de naturaleza al de sociedad en el contrato social, así como por la justificación, a través suyo, del poder, cuya primera función soberana era crear el Derecho. La generalización es consecuencia de la dimensión igualitaria con la que lingüísticamente se formulan en la última fase del modelo americano y sobre todo en la Declaración francesa, al afirmar el artículo primero que todos los hombres nacen y permanecen libres e iguales en derechos. Supone la lucha por superar la contradicción entre esa afirmación y la realidad de algunos derechos no reconocidos, o disfrutados sólo por una minoría. El proceso de internalización, que hoy vivimos, y que está en una fase aún embrionaria, parece deducirse también de las formulaciones de los derechos como generales y abstractos que se adecúa poco a reconocimientos jurídicos vinculados al ordenamiento estatal, limitado por su validez espacial" (1995, p. 154).

51   El proceso de especificación es explicado por Peces-Barba Martínez de la siguiente manera: "El proceso de especificación supone una ruptura con el modelo racional y abstracto, y una cierta aproximación al modelo pragmático inglés, al completar la idea de los destinarios genéricos, los hombres y los ciudadanos, con la de las personas situadas como mujeres, niños, administrados, consumidores, usuarios de servicios públicos […]" (1995, p. 155).

que el Estado valore positivamente al fenómeno religioso. La consecuencia de esta valoración positiva es que el modelo no busca garantizar la igualdad entre las cosmovisiones teístas y no teístas, sino únicamente entre las organizaciones religiosas. Lo anterior abre la posibilidad de que existan varios privilegios del Estado para el fenómeno religioso, siempre y cuando todas las organizaciones religiosas puedan acceder a ellos. Esta particular interpretación asemeja más al modelo colombiano a un Estado pluriconfesionalidad que a uno laico.

III. LOS ESTÁNDARES JURISPRUDENCIALES DE LA CORTE CONSTITUCIONAL Y LOS RASGOS CARACTERÍSTICOS DEL MODELO DE LAICIDAD

Una vez estudiadas las disposiciones constitucionales que son problemáticas para el principio de laicidad, el paso metodológico siguiente sería examinar las leyes que han desarrollado el principio de laicidad y el derecho a la libertad de conciencia y de religión. En Colombia, la libertad de religión es regulada por la Ley 133 de 1994, Ley Estatutaria de la Libertad Religiosa. De igual forma, el contenido de esta libertad es predeterminado por la Ley 20 de 1974, aprobatoria del Concordato de 1973, y por el Decreto 354 de 1998, mediante el cual se aprobó un convenio de Derecho público entre el Estado colombiano y algunas organizaciones religiosas cristianas no católicas. Por su parte, la libertad de conciencia está regulada en varias normas jurídicas que desarrollan determinados temas como la objeción de conciencia en los casos de interrupción voluntaria del embarazo. No obstante, no se realizará un estudio positivo que implique glosar cada una de las disposiciones que regulan el derecho a libertad de conciencia y de religión porque un examen de esta naturaleza no permitiría comprender el modelo de laicidad de manera conjunta.

Para entender los rasgos característicos del modelo de laicidad es necesario realizar un estudio jurisprudencial de los estándares que la Corte Constitucional ha establecido en los casos en que tuvo que resolver asuntos relacionados con el derecho a la libertad de conciencia y de religión. Estos estándares son determinantes para comprender la forma como el principio de laicidad es entendido y aplicado en Colombia. Este análisis permitirá demostrar que dicho modelo se asemeja más a un Estado pluriconfesional que a uno laico. Una vez estudiadas las características del modelo de laicidad, se podrá comprender con más facilidad el alcance de la legislación positiva que regula el derecho a la libertad de conciencia y de religión.

En este apartado se examinará cómo los estándares que ha creado la Corte Constitucional tienden a extender los privilegios de la Iglesia católica, antigua iglesia oficial, a las demás organizaciones religiosas que lo han solicitado. Se estudiará, por ejemplo, la asignatura de educación religiosa en el sistema educativo como uno de los mejores ejemplos para advertir cómo opera el estándar jurisprudencial de la extensión. Luego, se examinarán los pocos casos en que la Corte ha declarado inconstitucional los privilegios otorgados a la Iglesia católica porque fácticamente era imposible ordenar su extensión o porque eran evidentemente contrarios al tenor literal de una disposición constitucional. Finalmente, se estudiarán los estándares jurisprudenciales creados para los casos en que se interpusieron demandas de inconstitucionalidad contra leyes que declararon patrimonio cultural de la nación algunas fiestas religiosas católicas como las procesiones de Semana Santa que se llevan a cabo en algunos municipios del país.

A. LA EXTENSIÓN DE LOS PRIVILEGIOS DE LA IGLESIA CATÓLICA

La extensión de los privilegios de la Iglesia católica a las demás organizaciones religiosas es el principal estándar o regla jurisprudencial que la Corte Constitucional ha creado para declarar ajustados a la CP los beneficios o prerrogativas jurídicas que fueron establecidos cuando esta organización tenía la calidad de Iglesia oficial. Para el tribunal constitucional, los privilegios otorgados a la Iglesia católica son acordes con el principio de laicidad mientras puedan ser extendidos a las demás organizaciones religiosas, y no se ha planteado estudiar las razones que sustentan y explican la permanencia de estos privilegios. Tampoco ha evaluado las razones por las que el fenómeno religioso puede ser objeto de prerrogativas mediante esta clase de extensión o si este hecho vulnera la igualdad entre las organizaciones religiosas y las organizaciones ideológicas.

El criterio de la extensión de los privilegios y beneficios otorgados inicialmente a la Iglesia católica fue utilizado por la Corte para casos como las exenciones de impuestos creados inicialmente para beneficiar a la Iglesia católica, el aplazamiento de la obligación de prestar el servicio militar obligatorio para los jóvenes que estuviesen estudiando para ser líderes religiosos, las dispensas a las cabezas de las organizaciones religiosas del deber de rendir testimonio judicial y la ampliación a todas estas asociaciones del privilegio de la inembargabilidad de los bienes destinados al culto.

1. LAS EXENCIONES TRIBUTARIAS

El caso más emblemático en que se ha aplicado el estándar de extensión es el de las exenciones de impuestos creados inicialmente para beneficiar a la Iglesia católica.

En efecto, bajo la vigencia de la Constitución Política de 1886, fue establecido un considerable número de exenciones tributarias en favor de la Iglesia católica. Por ejemplo, el artículo 24 del Concordato de 1973 exoneró a los edificios de culto, las curias diocesanas y las casas sacerdotales católicas del pago de impuestos sobre la propiedad[52]. La Corte Constitucional estudió, en la sentencia C-027 de 1993, una demanda de inconstitucionalidad contra la totalidad de la Ley 20 de 1974, aprobatoria del concordato. En esta providencia, la Corte consideró lo siguiente respecto del punto que se está analizando: "Estos inmuebles en cuanto respecta a la Iglesia católica tendrán derecho a la exención tributaria en los términos del artículo XXIV concordatario, más con el propósito de mantener la igualdad entre los distintos credos religiosos, ha de entenderse extendido tal beneficio fiscal a estos últimos" (Corte Constitucional, sentencia C-027 de 1993).

Es importante resaltar que esta providencia fue dictada en la etapa embrionaria de la Corte, cuando apenas tenía un año de funcionamiento y en la que aún no había establecido que Colombia es un Estado laico. Lo anterior puede explicar la ausencia de un análisis riguroso que sustente la existencia de este tipo de privilegio. El único razonamiento que la Corte realizó para explicar la constitucionalidad de la medida y justificar la decisión de extender el privilegio fue el tendiente a señalar que era necesario hacerlo para garantizar la igualdad entre todas las organizaciones religiosas, mandato establecido por el artículo 19.2 de la CP. Esta disposición establece: "Todas las confesiones religiosas e iglesias son igualmente libres ante la ley".

El estándar de la extensión de las exenciones tributarias fue reiterado por la Corte en varias sentencias expedidas con posteridad a la sentencia C-350 de 1994, providencia en que se establece que el modelo colombiano es laico. En este sentido, existe una consolidada y pacífica línea jurisprudencial en que se señala que todas las exenciones en materia tributaria que benefician a la Iglesia católica deben ser extendidas a las demás organizaciones religiosas que lo soliciten[53].

Para entender las implicaciones del alcance de este parámetro y la manera como ha ayudado a configurar el modelo de laicidad, es importante resaltar que la Corte Constitucional estudió, en la sentencia T-073 de 2016, el caso de una solicitud de exoneración de una tasa ambiental interpuesta por la Iglesia Cristiana

---

52 Ley 20 de 1974. Aprobatoria del Concordato de 1973. Artículo XXIV: "Las propiedades eclesiásticas podrán ser gravadas en la misma forma y extensión que las de los particulares. Sin embargo, en consideración a su peculiar finalidad se exceptúan los edificios destinados al culto, las curias diocesanas, las casas episcopales y curales y los seminarios. [...]".

53 Las principales sentencias de esta línea son: T-352 de 1997, T-269 de 2001, T-700 de 2003, T-621 de 2014, T-073 de 2016.

Cuadrangular Central de Bucaramanga. El tribunal constitucional consideró en esta providencia que el modelo de laicidad colombiano es compatible con beneficios para las organizaciones religiosas, siempre que sea posible otorgarlos a todas las iglesias en condiciones de igualdad. Para la fecha en que fue proferida esta última sentencia, ya había certeza de que la Corte consideraba que Colombia es un Estado laico. Sin embargo, para la Corte este modelo de Estado no es incompatible con beneficios fiscales para las organizaciones religiosas[54].

La postura de extender los privilegios tributarios de la Iglesia católica desconoce el deber de neutralidad porque el fenómeno religioso es objeto de un trato privilegiado por parte del Estado sin que exista una justificación constitucional razonable para otorgar dichos beneficios. Por ejemplo, si los beneficios tributarios se otorgaran por las actividades sociales y de beneficencia que realizan algunas organizaciones religiosas esta exoneración no violaría el principio de laicidad ni el deber de neutralidad. Lo anterior porque la exención estaría justificada por la actividad social y fácilmente podría ser ampliada a todas las demás organizaciones religiosas y seculares que realicen la misma actividad. En contraste, en este caso lo religioso es el fundamento de la exoneración y su extensión tiene como límite las organizaciones religiosas. Por ende, el modelo de laicidad establecido por la Corte se encuadra en un modelo de pluriconfesionalidad en que las organizaciones religiosas tienen el derecho a la extensión de los privilegios y beneficios estatales otorgados a la antigua iglesia oficial.

2. EL SERVICIO MILITAR OBLIGATORIO

Es importante señalar que la Ley 48 de 1993 regulaba todo lo concerniente a la obligación constitucional de prestar el servicio militar. El artículo 29 de esta ley disponía que era causal de aplazamiento de la obligación militar "Haber sido aceptado o estar cursando estudios en establecimientos reconocidos por las autoridades eclesiásticas como centros de preparación de la carrera sacerdotal o de la vida religiosa". Una vez terminados los estudios religiosos, se podía solicitar la exoneración definitiva de esta obligación.

---

54 Al respecto, la Corte señaló: "De conformidad con lo expresado en líneas precedentes, los principios de Estado laico, pluralismo religioso y deber de neutralidad constitucionales prohíben la discriminación religiosa, no sólo en una dimensión personal sino colectiva. De manera que, aunque se permiten tratos favorables a determinadas comunidades religiosas, la igualdad consagrada en el inciso segundo del artículo 19 superior implica que las otras confesiones tengan la posibilidad de acceder a los mismos beneficios" (Corte Constitucional, sentencia C-073 de 2016).

El problema que se presentó consistió en que las autoridades militares interpretaron la causal de aplazamiento de manera literal, por lo que sostenían que solo era aplicable para los jóvenes de la Iglesia católica que estuvieran estudiando para líderes de esa organización. Según esta interpretación, los términos "autoridades eclesiásticas" y "carrera sacerdotal" están ligados a conceptos propios de la Iglesia católica.

La interpretación exegética del artículo 29 de la Ley 48 de 1993 dio lugar a un caso de un joven estudiante del Seminario Bíblico Menonita de Colombia, perteneciente a la Iglesia Cristiana Menonita de Colombia. A esta persona no le fue concedida la autorización para aplazar la obligación de prestar el servicio militar obligatorio. Este hecho llevó a la interposición de una acción de tutela en que el joven alegó que la negativa de las autoridades militares vulneraba su derecho a la igualdad en materia religiosa porque el beneficio de aplazamiento únicamente era para los miembros de la Iglesia católica.

La Corte Constitucional revisó este caso y mediante la sentencia T-568 de 1998 explicó que la norma debía ser interpretada de tal manera en la que cualquier joven que probara que estaba realizando estudios para líder religioso, independientemente de la organización religiosa, podía solicitar el aplazamiento del servicio militar. Con posterioridad, la Corte Constitucional resolvió, en la sentencia C-478 de 1999, una demanda de inconstitucionalidad contra el artículo 29 de la Ley 48 de 1993. En dicha providencia la Corte declaró exequible la norma demandada, pero la condicionó a que se interpretara: "[…] en el entendido de que la misma se refiere a todas las iglesias y confesiones religiosas reconocidas jurídicamente por el Estado colombiano" (Corte Constitucional, sentencia C-478 de 1999).

Nuevamente, en estas providencias la Corte omitió justificar las razones por las que el factor religioso es un motivo válido para exonerar de una obligación constitucional a los jóvenes aspirantes a líderes religiosos. Bastó con ampliar el privilegio para que este sea acorde con la CP y el modelo de laicidad. En contraste, para esa época el tribunal constitucional se abstuvo de reconocer la objeción de conciencia para los jóvenes que invocaban motivos seculares como el pacifismo para negarse a ir a las filas militares[55]. Esta postura muestra los beneficios que tiene el fenómeno religioso en el modelo de laicidad colombiano respecto de las convecciones ideológicas fuertes no provenientes de lo religioso.

Es preciso resaltar que la Corte cambió su postura una década después y reconoció que los jóvenes pueden invocar motivos de conciencia no relacionados

---

55 Corte Constitucional, sentencias T-409 de 1992 y C-511 de 1994.

con el fenómeno religioso para no prestar el servicio militar obligatorio[56]. Lo anterior dio lugar a que el legislador derogara la Ley 48 de 1993 y en su lugar expidió una nueva ley para regular el servicio militar obligatorio. Este nuevo estatuto, Ley 1861 de 2017, establece que es causal de exoneración automático del servicio militar obligatorio ser clérigo o similar de algunas de las organizaciones religiosas reconocidas en el país y que los jóvenes que se están preparado para ser líderes religiosos tienen la posibilidad de aplazar la definición de su situación militar hasta que terminen sus estudios. Para los demás jóvenes, existe la posibilidad de objetar conciencia por motivos éticos o ideológicos.

3. EL DEBER DE RENDIR TESTIMONIO JUDICIAL

Los obispos, arzobispos y cardenales de la Iglesia católica fueron exonerados del deber de rendir testimonio en los estrados judiciales en el Código de Procedimiento Civil y en el Código de Procedimiento Penal. En su lugar, les fue permitido cumplir con este deber mediante certificación jurada. Es importante señalar que esta figura exime a ciertas personas del deber de acudir a los estrados judiciales a rendir testimonios cuando sean requeridos por autoridades judiciales. En su lugar se les permite responder a los interrogantes mediante un escrito dirigido al juez. Tanto en materia penal como en civil, la declaración certificada fue establecida para las personas que ocupan importantes cargos del Estado como, por ejemplo, el presidente de la República, los ministros, los gobernadores, los senadores y los representantes a la Cámara. El objetivo de esta figura procesal es garantizar que los altos representantes del Estado puedan cumplir adecuadamente sus funciones sin acudir regularmente a los despachos judiciales a rendir testimonio.

La Corte Constitucional primero tuvo que resolver una demanda de inconstitucionalidad interpuesta por un ciudadano que consideraba que la exoneración del deber de rendir testimonio en materia penal, y en su lugar, permitir la certificación jurada violaba el principio de igualdad porque se creaba un privilegio injustificado para los servidores públicos. Aunque los cargos de la demanda iban dirigidos principalmente a atacar la posibilidad de que los altos servidores públicos pudieran rendir testimonio bajo certificación jurada, la Corte se vio obligada a pronunciarse sobre las razones por las cuales los jerarcas de la Iglesia católica pueden gozar de este beneficio.

---

56   Corte Constitucional, sentencias C-728 de 2009 y T-603 de 2012.

Para justificar los motivos por los que la disposición demandada es constitucional, el tribunal constitucional empezó explicando que la certificación jurada tiene como objeto garantizar el correcto funcionamiento del Estado. En efecto, para la Corte el cumplimiento de las funciones públicas puede afectarse si los servidores que ocupan altos cargos deben acudir presencialmente a rendir testimonio en los múltiples procesos en los que son llamados por razón del cargo que ocupan[57]. Luego, la Corte señaló que los motivos que justifican que los líderes religiosos sean beneficiarios del privilegio procesal es la valoración positiva del fenómeno religioso que hace la CP. Por tanto, es válido conceder privilegios procesales a los líderes religiosos para que puedan cumplir con sus labores pastorales sin que sean "interrumpidos" por la administración de justicia[58]. En vista de estos razonamientos, la Corte declaró exequible la norma demandada. Sin embargo, condicionó su interpretación a que todos los jerarcas de las organizaciones religiosas puedan tener la posibilidad de gozar de este privilegio. Los anteriores razonamientos fueron reiterados por la Corte Constitucional en la sentencia C-094 de 2007, en una demandada que se presentó por motivos similares contra la certificación jurada en materia civil.

En el caso de la certificación jurada, la interpretación realizada por la Corte para justificar el privilegio procesal desconoce el deber de separación entre el Estado y las organizaciones religiosas porque equipara las funciones que cumplen los servidores públicos a las que realizan los líderes religiosos para efectos

---

57   Sobre este punto, la Corte sostuvo: "[…] 16. En relación con todos esos servidores públicos, la Corte encuentra que la posibilidad de rendir declaración por medio de certificación jurada encuentra amplio respaldo constitucional en la protección de la continuidad de la marcha de la administración pública, la cual está al servicio de la comunidad y de los intereses generales de los colombianos" (Corte Constitucional, sentencia C-609 de 1996).

58   Al respecto, la Corte adujo: "La norma demandada, en cuanto tiene que ver con los 'cardenales, obispos o ministros de igual jerarquía que pertenezcan a otras religiones', responde al propósito constitucional de brindar protección a las diferentes iglesias y confesiones, protección que, de manera singular, se concreta en la persona de sus máximos jerarcas o ministros, que normalmente gozan de un amplio reconocimiento social vinculado no a su condición individual sino a la trascendencia de sus labores pastorales, de cuyo cabal cumplimiento no deben ser distraídos, ya que, por la importancia de esas funciones, las tareas que cumplen son parte esencial del derecho a difundir la respectiva religión, plasmado en el artículo 19 superior. La redacción de la disposición acusada permite afirmar que la prerrogativa allí contemplada no comporta el compromiso del Estado con una específica religión, sino apenas el reconocimiento de la trascendencia social del fenómeno religioso en sus variadas manifestaciones, situación que, sin desconocer el carácter laico de la organización política, se acompasa muy bien con su naturaleza democrática y pluralista. Cabe aclarar que no se introduce un injustificado privilegio, pues no se atiende a la persona del jerarca o ministro, en sí misma considerada, lo que entrañaría una inconveniente reminiscencia del antiguo régimen y del estado estamental, sino a las tareas ligadas a la relevancia del cargo que estas personas ocupan dentro de la organización religiosa de que se trate" (Corte Constitucional, sentencia C-609 de 1996).

de otorgar beneficios y privilegios. Este es un grave error porque mientras los servidores públicos ejercen actividades tendientes a cumplir con los fines del Estado, los líderes religiosos realizan funciones que solo son importantes para los respectivos miembros de las organizaciones religiosas. Esta equiparación permite que a los líderes religiosos se les otorgue un estatus similar al de servidores públicos en diferentes asuntos. Por ejemplo, dichos líderes tienen la posibilidad de solicitar pasaporte diplomático, privilegio del que solo deberían gozar los funcionarios que tienen competencia para representar internacionalmente al Estado colombiano[59].

4. INEMBARGABILIDAD DE LOS BIENES DESTINADOS A CULTO

La inembargabilidad de los bienes destinados a culto es otro claro ejemplo que muestra la extensión de los privilegios religiosos. En efecto, la Ley 1564 de 2012, Código General del Proceso, establece en el artículo 594.10 que son bienes inembargables los destinados al culto de cualquiera de las religiones que hayan suscrito un concordato o un tratado de Derecho público con el Estado colombiano. Lo primero que se debe anotar de esta ley es que por su fecha, el estándar de la extensión de Corte fue incorporado parcialmente porque el privilegio no fue establecido únicamente para la Iglesia católica sino para todas las organizaciones religiosas que hubiesen suscrito un convenio público de cooperación con el Estado colombiano.

Contra la disposición que establece la inembargabilidad de los bienes destinados a cultos fue interpuesta una demanda de inconstitucionalidad. El demandante consideraba que la norma era discriminatoria porque excluía a las organizaciones religiosas que no habían suscrito convenio con el Estado, pero que gozaban de personalidad jurídica y estaban inscritas en la Oficina de Asuntos Religiosos del Ministerio del Interior. La Corte Constitucional resolvió declarar exequible el artículo demandado en la sentencia C-346 de 2019. Sin embargo, siguiendo el estándar o precedente jurisprudencial de la extensión, condicionó su interpretación a que este beneficio fuese aplicable a los bienes de cultos de todas

---

59   La Resolución 10077 de 2017, expedida por el Ministerio de Relaciones Exteriores, y mediante la cual se regulan las disposiciones relativas a los pasaportes en Colombia señala en el artículo 21 que los cardenales y el arzobispo primado de Colombia tienen derecho a pasaporte diplomático. En similar sentido, el artículo 24 de la resolución establece que los obispos, vicarios y perfectos apostólicos tienen derecho a pasaporte oficial del Estado. Hasta la fecha no se han presentado demandas de nulidad contra las anteriores disposiciones. De presentarse, es fácil presumir que si se sigue el precedente constituciones es altamente probable que sea declarada la legalidad de estas normas, siempre y cuando el privilegio sea extendido a los líderes de igual jerarquía de otras organizaciones religiosas.

las organizaciones religiosas con personalidad jurídica, independientemente de que hubiesen suscrito convenio de cooperación con el Estado[60].

El argumento es que este tipo de prerrogativa busca garantizar la posibilidad de que los ciudadanos creyentes puedan tener espacios para su reunión y la práctica de su culto. Sin embargo, varias asociaciones ideológicas, culturales y deportivas también requieren espacios para poder ejercer actividades, que son el motivo por el que los ciudadanos decidieron asociarse. En este sentido, para asegurar la plena igualdad entre organizaciones religiosas y asociaciones seculares, todas –o ninguna– deberían tener el privilegio de la garantía de la inembargabilidad sobre los bienes inmuebles necesarios para realizar las actividades que han llevado a las personas a asociarse. En un Estado laico y neutral en materia religiosa, las prerrogativas deben estar justificadas por el tipo de actividad que realicen las organizaciones religiosas e ideológicas y no por el simple hecho de que estas asociaciones sean una expresión del derecho a la libertad de conciencia y de religión.

B. LA ASIGNATURA DE ADOCTRINAMIENTO RELIGIOSO

Los Estados han establecidos diferentes formas y métodos de abordar la enseñanza de lo religioso en el sistema educativo. En algunos casos se excluye la religión del pénsum académico o currículo escolar, como en los Estados Unidos de América o en Francia. En otros, la religión se aborda objetivamente como un hecho histórico y cultural que ha influenciado significativamente a los diferentes grupos sociales[61]. Por otra parte, en algunos sistemas los Estados asumen la obligación de transmitir a través de la asignatura de religión los valores y los dogmas de una determinada organización religiosa[62]. En este último caso, la asignatura

---

60   La decisión de la Corte fue la siguiente: "Declarar la exequibilidad condicionada de la expresión '*que haya suscrito concordato o tratado de derecho internacional o convenio de derecho público con el Estado colombiano*', en el entendido de que todas las confesiones e iglesias, que tengan personería jurídica y que cumplan con los requisitos legales, pueden acceder a la celebración de alguno de estos instrumentos en condiciones de igualdad" (Corte Constitucional, sentencia C-346 de 2019).

61   Murcia González (2015) define de la siguiente manera la educación religiosa como un hecho histórico y cultural: "La enseñanza religiosa como hecho cultural es aquella que, desde una perspectiva ajena al adoctrinamiento y al dogmatismo, transmite conocimientos objetivos, científicos y neutrales sobre el fenómeno religioso sin restringirlo a una concreta confesión, y sin que ello implique desconocer el hecho de que en una sociedad concreta algún grupo ideológico pueda ser considerado como mayoritario" (p. 374).

62   Para Cubillas Recio (1997) este tipo de enseñanza se caracteriza por: "Cuando nos colocamos ante la enseñanza de una determinada religión, nos situamos frente a una cosmovisión, conjunto organizado de creencias, así como ante una valoración del mundo, del hombre y de las cosas, considerada como la

es denominada "confesional" o "de adoctrinamiento"[63]. Como apunta Murcia González (2015), esta asignatura "tiene por objeto la transmisión de determinadas convicciones o creencias reclamando la adhesión personal a ella" (p. 372).

En Colombia, la asignatura de religión que se debe impartir en el sistema educativo es de adoctrinamiento. La existencia de esta materia y su regulación permiten nuevamente ver la forma como se aplica el estándar jurisprudencial de la extensión de los privilegios de la antigua Iglesia oficial a las demás organizaciones religiosas. Además, la presencia de esta asignatura y la posibilidad de extenderla a todas las organizaciones religiosas permiten constatar el desconocimiento de los postulados teóricos del principio de laicidad (neutralidad y separación) y la semejanza del régimen colombiano de laicidad con el modelo teórico de pluriconfesionalidad.

Para comprender las normas que sustentan la asignatura de adoctrinamiento religioso, es necesario señalar que esta tuvo origen en el Concordato de 1887. En dicho acuerdo se pactó la obligatoriedad de la enseñanza religiosa católica en el sistema educativo[64]. El Concordato de 1887 estuvo vigente hasta 1973, fecha en que fue acordado un nuevo concordato entre el Estado colombiano y la Santa Sede. El artículo XII de la Ley 20 de 1974, mediante la cual se aprobó el nuevo concordato, dio continuidad a la obligación de impartir en el sistema educativo la asignatura de religión católica[65]. Como se ha puesto de presente,

---

verdad o la acertada; implicando, por ello, de forma consustancial el adoctrinamiento, el proselitismo, en definitiva, una actitud crítica y gradualmente negativa frente a todo lo demás que, a su vez, se considera externo, extraño o ajeno" (pp. 59-60).

63   Espinosa Díaz (2016) divide la forma en que se puede impartir la asignatura de adoctrinamiento religioso en tres modelos: 1. Modelo de integración orgánica. 2. Modelo de libertad de acceso. 3. Modelo de libertad de salida. La integración orgánica se presenta cuando la asignatura religiosa es una materia propia del sistema educativo. En el modelo de libertad de acceso la asignatura no hace parte del pénsum académico. Sin embargo, el Estado coopera con las organizaciones religiosas y permite que estas puedan utilizar las instalaciones escolares públicas para impartir la asignatura a las personas que lo quieran. Por último, el modelo de libertad de salida ajusta el calendario académico para que los estudiantes puedan contar con algunas horas para asistir a las clases de adoctrinamiento que ofrecen las organizaciones religiosas. Dichas clases se realizan por fuera de los planteles educativos. Para un Estudio detallado de cada uno de estos modelos, véase a Espinosa Díaz (2016, pp. 173-180).

64   Ley 35 de 1888. Mediante la cual se aprobó el Concordato celebrado entre la Santa Sede y la República de Colombia en 1887. Artículo 12: "En las universidades y en los colegios, en las escuelas y en los demás centros de enseñanza, la educación é instrucción pública se organizará y dirigirá en conformidad con los dogmas y la moral de la Religión Católica. La enseñanza religiosa será obligatoria en tales centros, y se observarán en ellos las prácticas piadosas de la Religión Católica".

65   Ley 20 de 1974. Mediante la cual se aprobó el Concordato celebrado entre la Santa Sede y la República de Colombia en 1973. Artículo XII: "En desarrollo del derecho que tienen las familias católicas de que sus hijos reciban educación religiosa acorde con su fe, los planes educativos, en los niveles de primaria y secundaria, incluirán en los establecimientos oficiales enseñanza y formación religiosa según el

con la entrada en vigor de la CP, la Ley 20 de 1974 fue objeto de una demanda de inconstitucionalidad en la que se pretendía que el Concordato de 1973 fuese declarado inexequible en su integridad. La Corte Constitucional resolvió la demanda en la sentencia C-027 de 1993. En esta providencia decidió estudiar separadamente cada uno de los artículos de la ley para establecer cuáles se ajustaban al nuevo marco constitucional de 1991.

La Corte Constitucional consideró en relación con la asignatura de adoctrinamiento católico que la obligación de impartir esta área de manera obligatoria en el sistema educativo es inconstitucional. Para el tribunal constitucional se desconoció el principio de igualdad en materia religiosa que establece el artículo 19.2 de la CP porque la única organización religiosa que podía contar con la posibilidad de que el Estado transmitiera sus dogmas en el sistema educativo era la Iglesia católica. La Corte también señaló que establecer la asignatura como obligatoria vulneraba el artículo 68 de la CP que establece que en los planteles educativos del Estado no se puede obligar a los discentes a recibir clases de religión y, además, porque este hecho desconoce el derecho de los padres no católicos de educar a los hijos conforme a sus creencias religiosas[66].

Es importante resaltar que el problema de constitucionalidad no era que la asignatura fuera de adoctrinamiento religioso. Para la Corte, el problema era que fuera exclusivamente de adoctrinamiento católico. En consecuencia, en concordancia con el estándar de la extensión de los privilegios, el tribunal constitucional exhortó al Congreso de la República a regular este tema para garantizar que todas las organizaciones religiosas tuvieran la oportunidad de poder contar con la posibilidad de impartir en el sistema educativo su respectiva asignatura de adoctrinamiento religioso[67].

---

magisterio de la Iglesia. Para la efectividad de este derecho, corresponde a la competente autoridad eclesiástica suministrar los programas, aprobar los textos de enseñanza religiosa y comprobar cómo se imparte dicha enseñanza. La autoridad civil tendrá en cuenta los certificados de idoneidad para enseñar la religión, expedidos por la competente autoridad eclesiástica".

66 CP. Artículo 68: "[...] Los padres de familia tendrán derecho de escoger el tipo de educación para sus hijos menores. En los establecimientos del Estado ninguna persona podrá ser obligada a recibir educación religiosa [...]".

67 El argumento utilizado por la Corte Constitucional fue el siguiente: "Ha de advertirse que con la declaratoria de inexequibilidad de esta norma concordataria, esta Corte no está afirmando que los hijos de familias católicas no reciban la educación religiosa que les corresponde como tales. Eso debe ser así y quién mejor que esa potestad eclesiástica es la indicada para contribuir con su magisterio en los respectivos programas docentes. Mas lo que se censura frente al nuevo Estatuto Constitucional, es que compulsivamente sea esa la única enseñanza que deba impartirse en los centros educativos del Estado, sin que se dé opción al alumnado de recibir la de su propia fe, o de no recibir ninguna. Dentro de la reglamentación legal que habrá de expedirse al efecto, a la Iglesia católica habrá de dársele el espacio

El Congreso de la República decidió acatar el estándar jurisprudencial establecido por la Corte Constitucional en la sentencia C-027 de 1993. En consecuencia, la Ley 115 de 1994, Ley General de Educación, establece en los artículos 23 y 31 que la asignatura de religión es una materia obligatoria del pénsum académico tanto en los colegios públicos como privados, en los niveles de educación básica y media. Se debe aclarar que la ley impone como obligatorio para los planteles educativos ofrecer la asignatura, pero los estudiantes o sus padres pueden rehusarse a recibirla. Para cumplir con lo ordenado por el tribunal constitucional y no asociar directamente a la asignatura de religión con una organización religiosa, solo se menciona que el área es "de educación religiosa".

Los artículos de la Ley 115 de 1994 que establecen el deber de ofrecer el área de educación religiosa fueron objeto de una demanda de inconstitucionalidad. Para el demandante el deber de ofrecer obligatoriamente esta asignatura era contrario al derecho a la libertad de conciencia y de religión de los padres y los estudiantes. Para resolver la demanda interpuesta, la Corte Constitucional empezó aclarando que de una interpretación de la ley se deduce que es obligación de las instituciones educativas ofrecer la asignatura de adoctrinamiento religioso, pero que dicha clase no es obligatoria para los estudiantes. La Corte Constitucional sostuvo en relación con la existencia de la asignatura que esta tiene como objeto garantizar el ejercicio de la libertad de religión, por lo que es acorde con la CP. Para el tribunal constitucional, forma parte del contenido de la libertad religiosa la educación confesional por lo que se le puede exigir al Estado que ofrezca la asignatura de adoctrinamiento[68].

Aunque la Ley 115 de 1994 no establece de forma clara cómo se debe enseñar la asignatura de educación religiosa, de una lectura sistemática de esa ley se puede advertir que esta materia es de adoctrinamiento religioso. Por lo tanto, se descartan otros métodos pedagógicos que se utilizan para enseñar lo relativo al fenómeno religioso, esto es, la religión como un hecho histórico y cultural.

---

religioso en los establecimientos del Estado, lo mismo que a las demás religiones, dejando en todo caso en libertad a los estudiantes que no quieran recibir instrucción religiosa alguna, con lo cual se conseguiría colocar en el mismo plano de igualdad a todas las confesiones pues se satisfaría el interés religioso de los estudiantes según sus propias creencias y no se obligaría a nadie a recibir cátedra religiosa" (Corte Constitucional, sentencia C-027 de 1993).

68   Expresamente la Corte Constitucional sostuvo: "El ofrecimiento de educación religiosa en todos los establecimientos educativos, que dispone la norma, es la condición de posibilidad para que toda persona pueda elegir 'la educación religiosa y moral según sus propias convicciones'. Elegir y recibir libremente educación religiosa corresponde a un elemento constitutivo del núcleo esencial de la libertad religiosa, que sería teórico sino encuentra la suficiente oferta de este tipo de educación" (Corte Constitucional, sentencia C-555 de 1994).

La asignatura religiosa es de adoctrinamiento porque el artículo 24 de la Ley 115 de 1994 remite a la Ley Estatutaria de Libertad Religiosa para los efectos de determinar la manera en que debe ser impartida la clase[69]. Por su parte, la Ley 133 de 1994, Ley Estatutaria de Libertad Religiosa, establece en el literal h del artículo 6 que los padres de familia tienen el derecho a que en los establecimientos educativos se ofrezca educación religiosa de acuerdo con sus creencias. A su vez, el literal i señala que a los profesores de religión se les puede exigir un certificado de idoneidad expedido por la organización religiosa sobre la cual van a dictar la asignatura. Estas reglas permiten inferir que la clase de religión tiene como objetivo trasmitir valores y dogmas religiosos. Por consiguiente, esta asignatura puede ser clasificada como una clase de adoctrinamiento religioso.

También es importante resaltar la posibilidad que tienen algunas organizaciones religiosas cristianas no católicas de solicitar al Estado que en las instituciones educativas públicas se imparta la asignatura religiosa de adoctrinamiento que tenga como objeto trasmitir los dogmas de esas organizaciones. En efecto, este asunto fue uno de los puntos establecidos en el Decreto 354 de 1998, mediante el cual el Estado colombiano aprobó un convenio de cooperación con algunas organizaciones religiosas cristianas no católicas[70]. El acuerdo refuerza el carácter adoctrinador de la asignatura de religión porque uno de los compromisos asumidos fue garantizar la posibilidad de que las organizaciones religiosas no católicas puedan exigir a las instituciones educativas públicas que impartan una asignatura de adoctrinamiento conforme a sus dogmas.

El Ministerio de Educación Nacional reglamentó, por medio del Decreto 4500 de 2006, la intensidad horaria, la forma de evaluación y los requisitos para ser docentes de la asignatura de adoctrinamiento religioso. Es importante resaltar

---

69 Ley 115 de 1994. Artículo 24: "Se garantiza el derecho a recibir educación religiosa; los establecimientos educativos la establecerán sin perjuicio de las garantías constitucionales de libertad de conciencia, libertad de cultos y el derecho de los padres de familia de escoger el tipo de educación para sus hijos menores, así como del precepto constitucional, según el cual, en los establecimientos del Estado ninguna persona podrá ser obligada a recibir educación religiosa. *En todo caso la educación religiosa se impartirá de acuerdo con lo establecido en la ley estatutaria que desarrolla el derecho de libertad religiosa y de cultos*" (énfasis agregado).

70 Decreto 354 de 1998. Artículo 7: "El Estado colombiano garantiza a los padres de familia fieles de las entidades religiosas que suscriben el presente Convenio el derecho de escoger el tipo de educación para sus hijos menores o incapaces, en consecuencia, ninguna persona podrá ser obligada a recibir educación religiosa diferente a la de sus convicciones o las de sus padres. En la educación obligatoria de un año de preescolar y nueve de educación básica que se imparta en las instituciones del Estado, deberá darse plena aplicación a lo establecido en el inciso anterior, para lo cual se acudirá a las entidades religiosas parte del presente Convenio. Las erogaciones en las que incurran las entidades religiosas, en cumplimiento de lo establecido en el presente acuerdo, deberán ser reconocidas por la institución que requiera de sus servicios".

que la mayoría de las disposiciones del decreto tiene como finalidad desarrollar la naturaleza confesional o de adoctrinamiento de la asignatura. Sin embargo, el artículo 6 es confuso porque en el primer párrafo reitera la obligación de los profesores de religión de tener un certificado de idoneidad de la respectiva organización religiosa a la que esté adscrita la clase. Pero enseguida, en el segundo párrafo, señala que ningún docente estatal puede utilizar su cátedra para hacer proselitismo religioso[71]. Las posibles contradicciones que se desprendan de una interpretación literal de este artículo pueden ser solucionadas con una lectura sistemática y armónica de todo el decreto. En efecto, una interpretación sistemática permite inferir que la advertencia a los docentes estatales de no hacer proselitismo religioso va dirigida a los profesores de otras áreas. No tiene sentido indicar que la asignatura tiene como objetivo garantizar el derecho de los padres a educar a los hijos conforme a las creencias y exigir un certificado de idoneidad de las organizaciones religiosas para poder dictar la clase y luego prohibir el adoctrinamiento.

En definitiva, en Colombia la asignatura de religión continúa siendo de adoctrinamiento porque su finalidad es trasmitir valores y dogmas religiosos. Con la entrada en vigor de la CP hay dos cambios significativos respecto al sistema anterior. El primero es que los estudiantes no están obligados a asistir a la clase de adoctrinamiento. El segundo es la posibilidad que tienen las organizaciones religiosas diferentes a la Iglesia católica de solicitar a los planteles educativos que la asignatura de religión sea de adoctrinamiento conforme a los dogmas de esas organizaciones.

Como la obligación de impartir la asignatura de religión abarca a todo el sistema educativo –es decir, tanto instituciones educativas públicas como privadas–, es posible sostener que este deber viola los presupuestos del principio de laicidad[72]. La obligatoriedad de ofrecer la asignatura de adoctrinamiento religioso desconoce el deber de neutralidad porque el Estado asume una obliga-

---

71   Decreto 4500 de 2006: "La asignación académica de educación religiosa debe hacerse a docentes de esa especialidad o que posean estudios correspondientes al área y tengan certificación de idoneidad expedida por la respectiva autoridad eclesiástica, según lo establecido en el literal *i* artículo 6 de la ley 133 de 1994. Ningún docente estatal podrá usar su cátedra, de manera sistemática u ocasional, para hacer proselitismo religioso o para impartir una educación religiosa en beneficio de un credo específico".

72   Es importante aclarar que la posibilidad que los colegios privados ofrezcan la asignatura de adoctrinamiento religioso no desconoce el principio de laicidad porque la neutralidad solo es predicable del Estado. Por tanto, los colegios privados pueden impartir esta asignatura. En todo caso, los estudiantes o sus padres deben tener la posibilidad de rehusarse a recibirla. La asignatura de adoctrinamiento religioso en los colegios privados tiene fundamento en los derechos a la libertad de enseñanza y libertad de creación de centros escolares, garantías reconocidas en el artículo 68 de la CP.

ción que le hace perder su carácter de imparcial en materia religiosa, dado que necesariamente debe tomar partido por los dogmas que está tratando de imponer a los niños y adolescentes. El Estado mediante el adoctrinamiento de los niños en las instituciones educativas públicas deja de ser neutral porque promueve activamente y transmite los dogmas de una determinada organización religiosa[73].

Imponer la asignatura de adoctrinamiento religioso como un área de obligatorio ofrecimiento en el sistema educativo pone en peligro el deber de separación porque las instituciones educativas públicas terminan por realizar una función que es propia de las organizaciones religiosas. El sistema escolar, en especial las instituciones educativas públicas, debe formar ciudadanos comprometidos con los principios constitucionales y con la democracia[74]. En cambio, no es función de un Estado respetuoso del principio de laicidad formar creyentes[75]. Como la asignatura se imparte en los colegios públicos a través de funcionarios estatales (profesores de religión), la línea de separación entre el Estado y las organizaciones religiosas desaparece debido a que el adoctrinamiento en materia religiosa no permite distinguir claramente entre las actividades realizadas por los líderes religiosos y las ejercidas por los docentes estatales encargados de la asignatura de religión, pues todos realizan labores tendientes a conseguir la formación religiosa de los futuros creyentes. El deber de separación también se desdibuja porque una cantidad considerable de recursos públicos se destinan a pagar a los profesores de religión de las instituciones educativas públicas. En consecuencia, el adoctrinamiento de los niños de padres creyentes es asumido por toda la sociedad, incluidos los contribuyentes que no comparten esos dogmas y doctrinas religiosas.

Un sector de la doctrina sostiene que la asignatura de adoctrinamiento religioso tiene como objeto que los padres de familia puedan educar a los hijos conforme

---

73   Sobre la vulneración del principio de laicidad por el establecer en el sistema educativo la asignatura de adoctrinamiento, Celador Angón (2008) apunta lo siguiente para el caso español, que por su similitud puede ser trasladable al caso colombiano: "Esta es una situación contradictoria, o cuando menos *peculiar*, pues nos encontramos, de una parte, con que el art. 16.3 de la CE establece la Laicidad del Estado ('ninguna confesión tendrá carácter estatal'), es decir la religión no puede ser ni fin ni objetivo estatal; y, de otra, la obligación de las escuelas públicas de ofertar la enseñanza de la religión" (p. 89).

74   Para estudios detallados en el que se justifican rigurosamente las razones por las que el sistema educativo de un Estado laico y democrático debe tener como uno de sus principales objetivos forma ciudadanos respetuosos de los valores y principios establecidos en la Constitución, véase a Peces-Barba Martínez (2007) y Llamazares Fernández (2010).

75   Por expreso mandato de la Ley 115 de 1994, Ley General de Educación, uno de los fines del sistema educativo es la formación de personas con valores religiosos. Al respecto, el artículo 92 de la mencionada ley establece: "La educación debe favorecer el pleno desarrollo de la personalidad del educando, dar acceso a la cultura, al logro del conocimiento científico y técnico y a *la formación de valores éticos, estéticos, morales, ciudadanos y religiosos*, que le faciliten la realización de una actividad útil para el desarrollo socioeconómico del país" (énfasis agregado).

a sus creencias y convicciones. Sostienen que varios tratados internacionales de derechos humanos reconocen este derecho. Por consiguiente, defienden la asignatura de adoctrinamiento religioso en el sistema educativo como una fórmula eficaz que permite garantizar el ejercicio de esta prerrogativa paternal[76].

No se comparte la anterior postura porque el derecho únicamente reconoce a los padres la posibilidad de educar a los hijos en su fe, pero no implica que el Estado deba suplirlos en esa labor. El derecho de los padres les permite trasmitirles a los hijos sus creencias, convicciones e ideología, pero no abarca la posibilidad de imponer al Estado que cumpla esa función[77]. El derecho de los padres es una libertad frente al Estado. Por tanto, las instituciones públicas no pueden imponer a los menores unos dogmas religiosos contrarios a los que profesan los padres. Sin embargo, del contenido de este deber de abstención no se desprende que se deba ofrecer la asignatura de religión en el sistema educativo[78]. Los padres son las personas más idóneas para trasmitir sus convicciones y creencias a los hijos porque ellos son los que conocen las particularidades y los matices de los dogmas que siguen. Igualmente, las organizaciones religiosas deben asumir un papel protagónico en la formación de los futuros miembros de esas organizaciones. En consecuencia, la asignatura de adoctrinamiento religioso en el sistema educativo no es necesaria para proteger la potestad de los padres[79].

Delegar en el Estado el deber de adoctrinar a los niños puede dar lugar a que se presenten de forma innecesaria varias tensiones y desafíos constitucionales en las aulas escolares. Como sostiene Monterroza Baleta, el sistema educativo colombiano es escenario de conflictos y tensiones entre varios derechos constitucionales[80]. La inclusión de la asignatura de adoctrinamiento religioso

---

76 Al respecto, véase, entre otros, a Vázquez García-Peñuela (2005), Martínez Blanco (1990), Fernández-Miranda Campoamor (1988).

77 Para un estudio detallado de esta postura, véase, entre otros, a Espinosa Díaz (2016, pp. 206-226), Valero Heredia (2009, pp. 160-184).

78 Como anota Llamazares Fernández (2012), "Lo que se obliga el Estado a garantizar no es que la enseñanza pública imparta y trasmita los valores y convicciones de los padres, sino que el Estado no pondrá obstáculos ni dificultades para que los padres lo hagan" (p. 39).

79 Celador Angón (2010) realizó un interesante estudio de derecho comparado sobre la manera en que los Estados regulan el derecho de los padres de elegir la educación religiosa de sus hijos. De este análisis se puede advertir que varios Estados, como Estados Unidos de América, Francia o México, no tienen en sus sistemas educativos la asignatura de adoctrinamiento religioso. En estos ordenamientos jurídicos esta potestad paternal ha sido interpretada como una garantía que tienen los padres de que el Estado no va a adoctrinar a sus hijos. Lo anterior de ninguna manera implica que esa garantía de abstención conlleve el derecho a exigir al Estado el establecimiento de una asignatura de adoctrinamiento religioso en el sistema educativo.

80 Sobre este punto, la autora sostiene: "Por su parte, el derecho a la educación en sentido amplio incluye además del derecho a la educación en sentido estricto, otros derechos que se desenvuelven en el ámbito

aumenta los problemas y las tensiones constitucionales porque se debe realizar una distinción por motivos religiosos para que los niños reciban la asignatura que corresponde a las creencias de sus respectivos padres. En efecto, la existencia de esta materia obliga al Estado a segregar entre niños con padres con creencias religiosas y niños con padres con convicciones seculares. Adicionalmente, se deben distinguir los niños por las organizaciones religiosas a la que pertenezcan los padres. Este proceso de separación y segregación se presenta en un espacio tutelado y vigilado por el Estado como es el sistema educativo, en el que la educación no es sólo un derecho sino un deber constitucional. Por ende, el escenario descrito es abiertamente contrario al derecho a la igualdad y la prohibición de diferenciar a las personas por motivos religiosos.

Otro de los posibles problemas que se pueden presentar por la existencia de la asignatura de adoctrinamiento es cuando existe una contradicción entre el deseo de los padres y la voluntad de los hijos. Así, por ejemplo, los padres desean que el hijo asista a clase de religión mientras que el menor no lo quiere o viceversa. ¿La voluntad de quién debe prevalecer?, ¿el derecho de los padres abarca la posibilidad de imponer su voluntad sobre el deseo del menor? Los anteriores interrogantes fueron en principio resueltos por el artículo 5 del Decreto 4500 de 2006, que establece que los padres tienen la posibilidad de decidir sobre la educación religiosa de los hijos mientras estos sean menores de edad[81].

La disposición reglamentaria que otorga a los padres la última palabra a la hora de decidir sobre el menor tiene serios problemas de constitucionalidad y de legalidad. Lo anterior porque desconoce que el artículo 44 de la CP reconoce a los niños como titulares de derechos y que señala expresamente que los derechos de los niños prevalecen sobre los derechos de los demás[82]. En el mismo

---

educativo, como el derecho de los padres a escoger el tipo de educación para sus hijos, el derecho a fundar establecimientos educativos y la libertad de cátedra. [...] Los contenidos del derecho a la educación, al desarrollarse en un mismo ámbito, entran en conflicto de manera constante" (Monterroza Baleta, 2020, pp. 220 y 221). Para un estudio de los conflictos y las tensiones entre derechos constitucionales en el escenario educativo español, puede consultarse a Celador Angón (2007) y Murcia González (2015).

81 Decreto 4500 de 2006. Artículo 5: "Los estudiantes ejercen su derecho a la libertad religiosa al optar o no por tomar la educación religiosa que se ofrece en su establecimiento educativo, aunque no corresponda a su credo, y en tal caso a realizar las actividades relacionadas con esta área de acuerdo con lo previsto en el Proyecto Educativo Institucional −PEI−. Esta decisión deberá ser adoptada por los padres o tutores legales de los menores o por los estudiantes si son mayores de edad".

82 CP. Artículo 44: "Son derechos fundamentales de los niños: la vida, la integridad física, la salud y la seguridad social, la alimentación equilibrada, su nombre y nacionalidad, tener una familia y no ser separados de ella, el cuidado y amor, la educación y la cultura, la recreación y la libre expresión de su opinión. Serán protegidos contra toda forma de abandono, violencia física o moral, secuestro, venta, abuso sexual, explotación laboral o económica y trabajos riesgosos. Gozarán también de los demás derechos consagrados en la Constitución, en las leyes y en los tratados internacionales ratificados por Colombia".

sentido, existen problemas de legalidad porque la Ley 1098 de 2006, Código de la Infancia y la Adolescencia, indica que los niños son titulares del derecho a la libertad de conciencia y de religión[83]. La disposición reglamentaria también es abiertamente incompatible con los estándares jurisprudenciales de la Corte Constitucional que han reconocido el derecho de los niños a decidir sobre la posibilidad de cambiar el nombre, sexo y solicitar la interrupción voluntaria del embarazo sin requerir el consentimiento de los padres[84]. En estos casos, para la Corte un factor determinante para establecer si los niños pueden tomar este tipo de decisiones es el grado de madurez del menor. Por tanto, siguiendo este estándar constitucional, en cada caso se debe evaluar si el menor tiene la madurez suficiente para oponerse a la decisión de los padres de obligarlo asistir a una clase de adoctrinamiento religioso[85].

Otro de los problemas que se pueden presentar con la presencia de esta asignatura tiene relación con su extensión a todas las demás organizaciones religiosas que lo soliciten. ¿Qué ocurre en el evento en que sea imposible para la institución educativa contar con tantos profesores de religión como creencias de los padres de familia? Esta imposibilidad fáctica puede llevar a que se establezcan algunos criterios para determinar a qué organización religiosa se debe adscribir la asignatura de religión. Sin embargo, la adopción de este tipo de criterios provoca irremediablemente un hecho de discriminación porque algunos padres tienen la posibilidad de que el Estado adoctrine a sus hijos, mientras que otros no contarán con esa posibilidad. El anterior problema da lugar a otro nuevo: ¿qué deben hacer los planteles educativos con los estudiantes que no desean ser adoctrinados en el dogma religioso con el que está vinculada la asignatura o que simplemente no desean ningún tipo de adoctrinamiento?, ¿se debe establecer una clase alternativa?, ¿qué temas debe abordar la asignatura alternativa?

Es importante resaltar que la Ley 133 de 1994, Ley General de Educación, no regula ninguno de los anteriores interrogantes ni establece criterio alguno para enfrentar los problemas que genera la asignatura de adoctrinamiento religioso.

---

83   Ley 1098 de 2006. Código de la Infancia y Adolescencia. Artículo 37: "Los niños, las niñas y los adolescentes gozan de las libertades consagradas en la Constitución Política y en los tratados internacionales de Derechos Humanos. Forman parte de estas libertades el libre desarrollo de la personalidad y la autonomía personal; la libertad de conciencia y de creencias; la libertad de cultos; la libertad de pensamiento; la libertad de locomoción; y la libertad para escoger profesión u oficio".

84   Sobre el derecho de los niños a poder cambiar su nombre e identidad sexual, véase Corte Constitucional, sentencias T-498 de 2017, T-675 de 2017 y T-447 de 2019. Sobre el derecho de las niñas a solicitar la interrupción voluntaria del embarazo, véase, entre otras, la sentencia T-731 de 2016.

85   Para un estudio detallado del derecho a la libertad de conciencia y religiosa de los menores de edad, véase a Valero Heredia (2009).

En contraste, los anteriores problemas se evitarían fácilmente si se excluye la clase de religión de las aulas escolares públicas. Por ende, la fórmula que mejor compatibiliza el derecho de los padres de educar a los hijos conforme con sus creencias y convicciones con el principio de laicidad es eliminar la obligación de impartir la clase de adoctrinamiento religioso en los planteles educativos públicos. El adoctrinamiento debe ser asumido directamente por los padres y las organizaciones religiosas, lo que evita que el Estado termine realizando en las aulas escolares distinciones innecesarias de los estudiantes por las creencias religiosas de sus padres.

Un problema adicional que se presenta con la asignatura de religión y su extensión a todas las organizaciones religiosas es que varios de los dogmas que estas organizaciones profesan se oponen abiertamente al reconocimiento de algunos principios y garantías constitucionales. En efecto, algunas doctrinas religiosas promueven posturas contrarias al matrimonio civil de las parejas del mismo sexo, la adopción por parte de las personas LGBTQ+ y los derechos sexuales y reproductivos de las mujeres. En este caso se presenta una importante paradoja porque el artículo 41 de la CP establece la obligación que tienen todas las instituciones educativas del país de promover los valores constitucionales[86]. Por consiguiente, no es coherente y da lugar a que se presenten muchas confusiones en los estudiantes que en una clase se defiendan los principios constitucionales, para después negarlos en la asignatura de adoctrinamiento religioso[87].

Por último, la asignatura de adoctrinamiento religioso puede representar un hecho de discriminación entre ciudadanos religiosos y ciudadanos no religiosos, porque las creencias religiosas de los primeros dan lugar a una asignatura en el sistema escolar, mientras que los padres con convicciones seculares fuertes no cuentan con la posibilidad de que estas se trasmitan a sus hijos en el sistema educativo. Esta diferenciación por motivos religiosos es contraria al principio de laicidad porque crea un marco privilegiado que no permite ejercer el derecho a la libertad de conciencia y de religión en condiciones de igualdad.

---

86   CP. Artículo 41: "En todas las instituciones de educación, oficiales o privadas, serán obligatorios el estudio de la Constitución y la Instrucción Cívica. Así mismo se fomentarán prácticas democráticas para el aprendizaje de los principios y valores de la participación ciudadana. El Estado divulgará la Constitución".

87   Sobre este punto, Llamazares Fernández (2005) sostiene lo siguiente: "Como hemos anotado más arriba el Estado social y democrático de Derecho se identifica con los valores tales como la dignidad de la persona, los derechos fundamentales del hombre y las reglas democráticas de convivencia, conjunto del que emanan las normas de comportamiento que integran la ética o moral pública. Consecuentemente en relación con eso valores y con esas normas éticas no se puede ser neutral; está obligado a ser beligerante en su defensa y promoción, sino quiere negarse a sí mismo, ni traicionar a lo que son sus mismas señas de identidad" (pp. 11-12).

El principio de laicidad tiene como finalidad garantizar el ejercicio en condiciones materiales de igualdad del derecho a la libertad de conciencia y religiosa. La existencia de la asignatura de adoctrinamiento religioso en el sistema educativo aleja al modelo colombiano de poder ser clasificado como uno laico porque esta asignatura da lugar a que se presenten varias situaciones en que algunas personas pueden ejercer su derecho en condiciones más favorables que otras, ya que el Estado adquiere el compromiso de promover sus dogmas mediante el sistema educativo y de adoctrinar a sus hijos.

C. EL LEMON TEST CRIOLLO COMO FÓRMULA PARA DETERMINAR CUÁNDO UNA LEY VIOLA EL PRINCIPIO DE LAICIDAD

La Corte Constitucional utiliza generalmente el criterio o estándar de la extensión en los casos en que se controvierte la constitucionalidad de las leyes que establecen privilegios y prerrogativas para la Iglesia católica. El uso de este criterio le permite al tribunal constitucional justificar que los privilegios no vulneran el principio de laicidad siempre que las demás organizaciones religiosas puedan solicitar el mismo trato del Estado. Pese a la preferencia de la Corte Constitucional por el criterio de la extensión, esta figura no siempre puede ser aplicada porque en algunos casos es fácticamente imposible extender el privilegio a las demás organizaciones religiosas. Por consiguiente, excepcionalmente este tribunal se ha visto obligado a estudiar la compatibilidad de las prerrogativas o privilegios con el principio de laicidad cuando es imposible aplicar el criterio de la extensión.

Uno de los primeros casos en que la Corte tuvo que enfrentarse a una situación en la que era imposible extender el privilegio fue en la sentencia C-350 de 1994. En esta providencia se sostuvo por primera vez que Colombia es un Estado laico. Como se ha explicado, este caso tuvo origen en una demandada de inconstitucionalidad presentada contra varias disposiciones que consagraban a la República de Colombia al Sagrado Corazón de Jesús. Dado que el Sagrado Corazón de Jesús es un símbolo exclusivamente católico, era imposible aplicar la fórmula de la extensión. Por tanto, la Corte en este caso tuvo que estudiar si la consagración religiosa era conforme a los valores y los principios constitucionales. La Corte decidió declarar inconstitucional la consagración de la República porque consideró que el principio de laicidad impide al Estado asociarse, así sea simbólicamente, con un determinado dogma de la Iglesia católica[88].

---

88   Los argumentos utilizados por la Corte Constitucional para justificar la inconstitucionalidad de las

Los casos en los que es imposible extender los privilegios llevaron a la Corte a crear el segundo estándar jurisprudencial que caracteriza al modelo de laicidad en Colombia: el *Lemon test* criollo. Este criterio fue adoptado en la sentencia C-152 de 2003, providencia en la que se estudió una demanda de inconstitucionalidad contra una ley que creó la licencia remunerada de paternidad. La ley fue denominada "Ley María". Para los demandantes, este nombre era una clara referencia religiosa contraria al carácter laico del Estado. La resolución de la demanda fue relativamente fácil porque la Corte constató que el título de la ley fue justificado como un homenaje a todas las madres colombianas y a la hija recién nacida del congresista que promovió la iniciativa que dio lugar a la licencia de paternidad, de nombre María. Para el tribunal constitucional, el uso del nombre María para homenajear a las madres colombianas no representa un vínculo con la Virgen María porque ese nombre se eligió por ser el más común entre las mujeres del país. Por tanto, el título de la ley fue declarado constitucional, dado que no se comprobó que tuviera una relación directa con alguna organización o doctrina religiosa.

Para tomar la anterior decisión, se realizó un estudio de legislación comparada, especialmente del ordenamiento jurídico de los Estados Unidos de América. En ese estudio, la Corte constató que en dicho país la primera enmienda de la Constitución creó la cláusula de establecimiento (*establishment clause*). Ésta impide al legislador adoptar una iglesia oficial o prohibir la libertad de cultos[89]. El tribunal constitucional colombiano también advirtió que la Corte Suprema de los Estados Unidos de América estableció el *Lemon test* para determinar

---

normas que consagraron a la República de Colombia al Sagrado Corazón de Jesús fueron los siguientes: "Las anteriores consideraciones permiten resolver el problema de si la consagración oficial de Colombia al Sagrado Corazón de Jesús, por parte del Señor Presidente de la República, viola la carta fundamental. En efecto, la constitucionalidad de tal consagración era plausible durante la vigencia de la anterior Constitución, la cual establecía que la religión católica era la de la Nación y constituía un esencial elemento del orden social. Pero esa consagración oficial vulnera el nuevo ordenamiento constitucional que establece un Estado laico y pluralista, fundado en el reconocimiento de la plena libertad religiosa y la igualdad entre todas las confesiones religiosas. De un lado, se trata de una consagración oficial, por medio de la cual el Estado manifiesta una preferencia en asuntos religiosos, lo cual es inconstitucional por cuanto viola la igualdad entre las distintas religiones establecida por la Constitución. De otro lado, esa consagración oficial también desconoce la separación entre el Estado y las iglesias, así como la naturaleza laica y pluralista del Estado colombiano. En efecto, se trata de una ceremonia que es al mismo tiempo religiosa y oficial, y que implica un reconocimiento estatal de una determinada religión, con lo cual se introducen elementos confesionales" (Corte Constitucional, sentencia C-350 de 1994).

89   Dicha disposición constitucional ordena: "El Congreso no hará ley alguna respecto de la adopción de una religión o prohibiendo la libertad de culto" (traducción propia). Constitution of the United States. Amendment 1: "Congress shall make no law respecting an establishment of religion, or prohibiting the free exercise thereof [...]".

cuándo se vulnera la cláusula de establecimiento[90]. Dicha prueba señala que las medidas legislativas o administrativas son válidas si: (1) los propósitos que se persiguen son seculares; (2) el principal efecto de la medida no es promover o dificultar el ejercicio de una religión; (3) la medida no hace que el Estado adopte una posición excesivamente comprometida con una organización religiosa[91].

El tribunal constitucional decidió imitar a la Corte estadounidense y crear un *Lemon test* propio –criollo– en que se establecen los criterios que debe seguir el Congreso de la República o la Administración Pública para no vulnerar el carácter laico del Estado. Aunque el tribunal constitucional colombiano se inspiró en el trabajo realizado por su par norteamericano, el test criollo desde su creación es más extenso e incluye más criterios que el original *Lemon test*. También es importante resaltar que ambas figuras han tenido una evolución distinta, por lo cual no son equiparables[92].

El *Lemon test* criollo establece que cuando se adopte cualquier tipo de decisión legislativa o administrativa, dichas medidas no deben dar lugar a:

(1) Establecer una religión o iglesia oficial.

(2) Que el Estado se identifique formal y explícitamente con una iglesia o religión.

(3) Que se realicen actos oficiales de adhesión, así sean simbólicos, a una creencia, religión o iglesia.

(4) Tomar decisiones o medidas que tengan una finalidad religiosa, mucho menos si ella constituye la expresión de una preferencia por alguna iglesia o confesión.

(5) Adoptar políticas o desarrollar acciones cuyo impacto primordial real sea promover, beneficiar o perjudicar a una religión o iglesia en particular frente a otras igualmente libres ante la ley (Corte Constitucional, sentencia C-152 de 2003).

Existe un sexto numeral, que es el más discutido y el que ha dado lugar a varias decisiones contradictorias de la propia Corte. Según este criterio, se admite que existan medidas legislativas y administrativas con origen religioso o con algún tipo de relación con la religión. Para el tribunal constitucional, la relación con el fenómeno religioso no genera automáticamente la inconstitucionalidad de la norma, pues si se comprueba que existen motivos seculares que permitan

---

90   Al respecto véase: Supreme Court of The United States, Lemon v. Kurtzman, 403 U.S. 602 (1971).

91   Es importante resaltar que la figura del *Lemon test* ha tenido una importante evolución en el derecho norteamericano. Para un estudio detallado de esta figura y su evolución en la jurisprudencia de la Corte Suprema de los Estados Unidos de América, véase a Celador Angón (2017) y Vázquez Alonso (2012).

92   Al respecto, véase a Celador Angón (2017) y Vázquez Alonso (2012).

justificar la continuidad de la medida, dicha disposición puede superar el examen de constitucionalidad. La Corte expresamente sostuvo lo siguiente sobre este criterio:

[…]

> 6. De tal manera que las connotaciones religiosas constitucionalmente prohibidas son las que tienen ciertas características: son únicas y necesarias, y por lo tanto, promueven una determinada confesión o religión. Por el contrario, no le está vedado al legislador adoptar decisiones que ofrecen varias interpretaciones seculares o ajenas a cierta religión específica, así para algunos miembros de la sociedad, desde su propia perspectiva, dicha decisión pueda tener connotación religiosa [Corte Constitucional, sentencia C-152 de 2003].

Los criterios establecidos por la Corte en esta providencia se pueden clasificar en dos grupos. El primero pretende garantizar la estricta separación entre el Estado y las iglesias, en tanto que el segundo apunta a que las decisiones del Estado sean neutrales en materia religiosa. De este modo, la obligación de no establecer una religión oficial, de no identificarse formal o implícitamente con una organización religiosa y la prohibición de realizar actos oficiales de adhesión, así sean simbólicos, a una de estas apuntan a que existan una plena separación entre el Estado y las iglesias. Por su parte, el segundo grupo de criterios pretende garantizar que el Estado se comporte de manera neutral en materia religiosa, por lo que no debe tomar decisiones que tengan una finalidad religiosa o adoptar políticas que promuevan la doctrina de una determinada organización. En efecto, el Estado debe ser neutral en materia religiosa y no tomar postura a favor o en contra de los dogmas de una determinada entidad religiosa. Esa neutralidad implica que no debe valorar positiva o negativamente la doctrina o decisiones de fe que adopten las diferentes organizaciones religiosas.

El sexto criterio también pretende garantizar la neutralidad del Estado. Aunque el estándar admite medidas estatales con un origen religioso o que guardan algún tipo de relación con ese fenómeno, para garantizar la neutralidad del Estado dichas medidas solo son admisibles si existen motivos seculares que las justifiquen. Es decir, en estos casos se admite que en las sociedades postseculares existan ciertos tipos de medidas que tienen una relación fuerte con el fenómeno religioso[93]. Sin embargo, para que la medida sea declarada constitucional se

---

93   La expresión "sociedades postseculares" es utilizada por autores como Charles Taylor y Jürgen Habermas para referirse a la idea que se tenía de que el fenómeno religioso iba a desaparecer o perder importancia

exige la existencia de un motivo secular que la justifique. En sentido contrario, la disposición es inconstitucional si el motivo es única y necesariamente religioso. El Estado se comporta de manera neutral cuando puede justificar que las decisiones que adoptan tienen sustento secular, aunque de forma paralela existan motivos religiosos que favorecen la medida.

El *Lemon test* criollo fue aplicado por primera vez en la sentencia C-1175 de 2004. En esta providencia se estudió una demanda pública de inconstitucionalidad contra una ley que indicaba que la composición del Comité de Clasificaciones de Películas estaba conformada, entre otros, por un representante de la Iglesia católica[94]. Para la Corte, la disposición demandada identificaba al Estado con una determinada organización religiosa, pues a la Iglesia católica se le otorgaba el privilegio de asignar a un miembro de esa organización en un comité que cumple funciones públicas. Por el origen de su denominador, existía el riesgo de que ese miembro cumpliera sus funciones según los dogmas de la organización religiosa que lo postuló. Por tanto, la disposición no cumplía con los criterios establecidos en el *Lemon test* criollo para garantizar la laicidad del Estado, en especial los criterios de separación, ya que permitía la confusión entre las funciones religiosas y públicas del delegado de la Iglesia católica. Es importante resaltar que en vez de extender el privilegio de la Iglesia católica a las otras organizaciones religiosas que desearan conformar el Comité Clasificador, la utilización del *Lemon test* criollo implicó la eliminación de dicha prerrogativa.

Un asunto interesante en el que se observan los problemas que origina el criterio de la extensión para el principio de laicidad y que pudo ser resuelto gracias a la aplicación del *Lemon test* criollo es el caso estudiado en la sentencia C-664 de 2016. En esta providencia se resolvió una demanda contra una ley que establecía que el consejo directivo del Servicio Nacional de Aprendizaje (en adelante, Sena) debía estar conformado, entre otros, por un representante de la Iglesia católica. El demandante sostenía que era contrario al carácter laico del Estado que la Iglesia católica tuviese el privilegio de tener un representante en un cargo directivo del principal establecimiento educativo de enseñanza técnica del país. La diferencia entre este asunto y el caso del Comité Clasificador

---

con la modernidad y la secularización de las sociedades occidentales. No obstante, para estos autores los hechos demostraron la persistencia de lo religioso o su resurgimiento en las sociedades contemporáneas. Al respecto, véase a Taylor (2015) y Habermas (2006).

94   El Comité de Clasificación de Películas, de conformidad con lo establecido por el Decreto Ley 1355 de 1970, tenía la función de preparar un sistema de clasificación de las películas, en el que se debía tener en cuenta la edad de los espectadores. Actualmente, la composición y las funciones del Comité de Clasificación son regulados por los artículos 17 a 22 de la Ley 1185 de 2008.

de Películas es que en este proceso varias organizaciones religiosas presentaron escritos (*amicus curiae*) en los que solicitaron declarar exequible la disposición demandada bajo el condicionamiento de que las demás organizaciones religiosas también podían tener un representante en el consejo directivo del Sena.

Para resolver este asunto, la Corte aplicó el *Lemon test* criollo, por lo que se planteó si la ampliación de este privilegio a todas las demás organizaciones religiosas vulneraba el carácter laico del Estado. El Tribunal llegó a la conclusión de que acceder a la solicitud de ampliar el privilegio implicaba vulnerar el principio de laicidad, pues se generaría un efecto de confusión entre el Estado y las diferentes organizaciones religiosas que tuviesen un representante en el consejo directivo de la principal institución educativa técnica del país. Por tanto, decidió retirar del ordenamiento jurídico la disposición que permitía a la Iglesia católica tener un representante en el consejo directivo del Sena.

El *Lemon test* criollo es una herramienta útil para determinar cuándo se vulnera el carácter laico del Estado. El problema es que su aplicación ha estado sujeta al arbitrio de la Corte, que no lo emplea en todos los casos en que se estudian demandas contra privilegios legales de la Iglesia católica, sino únicamente en los casos en que es fácticamente imposible utilizar el criterio de la extensión. La adopción del *Lemon test* criollo no significó la eliminación de la postura de extender los privilegios de la Iglesia católica a demás organizaciones religiosas. El principal criterio utilizado por la Corte es el de la extensión. Subsidiariamente, el *Lemon test* criollo es utilizado para los casos en que por la naturaleza de los hechos no se puede extender el privilegio. Por tanto, el modelo de laicidad colombiano se va a caracterizar por la coexistencia de estas dos posturas, pues ambas van a seguir siendo usadas de forma paralela por la Corte Constitucional.

D. LA CONCURRENCIA DE MOTIVOS SECULARES Y RELIGIOSOS

El sexto criterio del *Lemon test* criollo es muy relevante para el objeto de este trabajo porque en todas las sentencias en las que se ha estudiado la constitucionalidad de las leyes que otorgan el carácter de patrimonio cultural a los bienes y manifestaciones culturales de origen religioso se sostiene que coexisten causas seculares y religiosas para realizar tal declaración. Como se indicó, este criterio señala que son posibles las medidas legislativas o administrativas en las que exista una relación con el fenómeno religioso, siempre que haya un motivo secular que las justifique. El criterio fue formulado en los siguientes términos: "No le está vedado al legislador adoptar decisiones que ofrecen varias interpretaciones seculares o ajenas a cierta religión específica, así para algunos miembros de la sociedad, desde su propia perspectiva, dicha decisión pueda tener connotación religiosa" (Corte Constitucional, sentencia C-152 de 2003).

Es importante resaltar que el criterio sexto del *Lemon test* criollo ha sido objeto de diferentes interpretaciones y matices por la jurisprudencia constitucional. Así, por ejemplo, en la sentencia C-766 de 2010 la Corte tuvo que resolver un asunto en el que el presidente de la República objetó por inconstitucionalidad un proyecto de ley de honores en que se pretendía que el Estado se uniera a la conmemoración de los cincuenta años de una fiesta católica[95]. El proyecto de ley también pretendía declarar "ciudad santuario" al municipio de La Estrella (Antioquia). Para resolver este caso, la Corte reconoció que mediante algunas leyes de honores el Estado ha conmemorado el aniversario de fiestas y tradiciones culturales en los que confluyen valores religiosos y culturales[96]. En esta providencia, el criterio sexto del *Lemon test* criollo fue interpretado de una manera rigurosa en la que siempre debe primar el elemento cultural sobre el religioso. También se señaló que el elemento religioso debe ser anecdótico o accesorio en la justificación de la decisión. Los anteriores argumentos llevaron a la Corte a declarar fundadas las objeciones por inconstitucionalidad presentadas por el presidente de la República porque no encontró ningún motivo secular para conmemorar los cincuenta años de una fiesta católica y para declarar ciudad santuario un municipio del país, concepto propio del Derecho canónico y no de la legislación colombiana. Es importante resaltar que mientras que el criterio original establecido en la sentencia de la Ley María indicaba que se requería un motivo secular para que la medida fuera válida, en esta providencia se determinó que el elemento religioso debía ser accidental, accesorio o anecdótico. Lo anterior implicó un importante cambio, pues inicialmente solo se exigía que existiera una justificación secular sin calificarla de fuerte, importante o con un peso superior respecto del motivo religioso[97].

---

95   La CP permite que, una vez aprobado un proyecto de ley por parte del Congreso de la República, el presidente lo objete por razones de inconveniencia o inconstitucionalidad. Cuando el jefe de Estado ejerce esa facultad el proyecto de ley debe ser devuelto al Congreso de la República. Esta entidad puede aceptar o rechazar las objeciones. En el evento en que el proyecto es objetado por razones de inconstitucionalidad y las objeciones son aceptadas, el proyecto se archiva definitivamente. En contraste, cuando las objeciones son rechazadas por el órgano legislativo, la CP ordena que el proyecto de ley sea remitido a la Corte Constitucional para decida si son fundadas las objeciones. Esta corporación judicial tendrá que determinar de manera definitiva si acepta o rechaza las objeciones presentadas por el jefe de Estado.

96   La CP otorga, en el artículo 150.15, competencia al Congreso de la República para expedir leyes de honores en las que se puede resaltar a los ciudadanos que han prestado importantes servicios a la patria o conmemorar los aniversarios de las diferentes fiestas históricas y culturales del país.

97   Al respecto la Corte Constitucional sostuvo: "Para la Corte el argumento planteado por el Congreso de la República serviría para avalar la constitucionalidad de la ley, siempre y cuando se comprobara

En el mismo sentido, la Corte Constitucional declaró inexequible la Ley 1402 de 2010, mediante la cual el Estado se asoció a las fiestas católicas realizadas en conmemoración de los cincuenta años de la creación de la Diócesis del municipio de El Espinal (Tolima). La Corte reiteró en esta providencia que para poder declarar constitucional una medida en la que confluyen motivos seculares y religiosos, las razones seculares deben ser las principales[98].

Las anteriores providencias reflejan una posición que intenta establecer una interpretación rigurosa del criterio sexto del *Lemon test* criollo en el que el elemento religioso debe ser accidental o anecdótico frente a un motivo secular fuerte y principal. No obstante, esta posición empezó a tener sus primeras fisuras muy rápidamente con el estudio de la norma que rindió honores a la ciudadana Laura Montoya Upegui. En efecto, mediante la Ley 1710 de 2014 se rindió honores a esta persona por su santificación por parte de la Iglesia católica[99]. En la ley se ordenaron algunas medidas como la emisión de una moneda especial con la imagen de la santa católica y la construcción de una escultura en honor a esa señora. La referida ley fue demandada por vulnerar el carácter laico del Estado, ya que la justificación señalada por el legislador era eminentemente religiosa, pues el artículo primero de la ley menciona que el motivo del homenaje era la santificación de la ciudadana Laura Montoya Upegui por parte de la Iglesia católica[100].

---

que en dicha declaratoria prima el carácter cultural y que, por consiguiente, el elemento religioso es meramente accidental o accesorio a la declaratoria. En otras palabras, sería acorde a los preceptos constitucionales una ley por medio de la cual el Estado declara a un municipio Ciudad Santuario, si se demostrara que tal acción no tiene un significado primordialmente religioso, sino que, por el contrario, dicha declaración concreta una manifestación secular del ejercicio de funciones estatales" (Corte Constitucional, sentencia C-766 de 2010).

98   El tribunal constitucional expresamente señaló: "[S]i bien resulta admisible *prima facie* que el Estado exalte manifestaciones sociales que tengan un referente religioso, para que esto resulte válido desde la perspectiva constitucional, se requiere que la normatividad o medida correspondiente tenga un factor secular, el cual (i) sea suficientemente identificable; y (ii) tenga carácter principal, y no solo simplemente accesorio o incidental. Por lo tanto, aquellas normas jurídicas mediante las cuales el Estado promueve una práctica religiosa específica que carezcan de ese factor o que, si bien existiendo, sea apenas marginal en tanto el fundamento de la disposición es la promoción de dicho credo, son contrarias al Estado laico, al pluralismo religioso y a la libertad de cultos" (Corte Constitucional, sentencia C-817 de 2011).

99   Es oportuno resaltar que el Congreso de la República con anterioridad a la Ley 1710 de 2014 había rendido honores a esta ciudadana mediante la Ley 959 de 2005. En esta primera ley se señaló que "se rinde homenaje a la obra evangelizadora, social y pedagógica de la Beata Madre Laura de Santa Catalina de Sena".

100   Ley 1710 de 2014. Artículo 1: "Con motivo de su Santificación, la Nación rinde honores, exalta y enaltece la memoria, vida y obra de la Madre Laura Montoya Upegui, por toda una vida dedicada a la defensa y apoyo de los menos favorecidos en Colombia".

Para resolver este asunto, la Corte Constitucional empezó por reiterar, en la parte general de la providencia, la posición de que el elemento religioso debía ser anecdótico o accidental. Sin embargo, de forma sorprendente, cuando abarcó el estudio del caso concreto, reconoció que en este caso el legislador tuvo dos motivos protagónicos para la expedición de la ley, uno de ellos religioso. Al respecto expresamente señaló:

[...]

42. De lo expuesto se infiere que la ley bajo control posee dos propósitos protagónicos: de una parte, la celebración de la canonización de la Madre Laura y sus logros religiosos y, de otra, la exaltación de un modo de acercamiento al diálogo intercultural que el Congreso de la República estima valioso, en el contexto de la época en la que se desarrolló la vida y obra de la religiosa [Corte Constitucional, sentencia C-948 de 2014].

La Corte decidió declarar constitucional la ley demandada, a pesar de reconocer que uno de los motivos protagónicos que justificaron su expedición era religioso. Este hecho implicó de facto el desconocimiento de la posición que señalaba que los motivos religiosos debían ser accidentales o anecdóticos. Aunque no se señaló expresamente, con la postura adoptada se retornó a la posición original de la sentencia de la Ley María, en la que basta con que la ley tenga una justificación secular para que pase el criterio sexto de *Lemon test* criollo.

Es importante resaltar que la justificación secular señalada en la ley es bastante cuestionable y tiene una relación cercana con lo religioso. En efecto, el motivo secular aducido para rendir honores a Laura Montoya Upegui fueron las actividades de alfabetización y evangelización forzosa que realizó en algunas comunidades indígenas del país. Como se resaltó en los salvamentos de voto de los magistrados disidentes, si bien es cierto que las actividades de alfabetización y evangelización forzosa no eran prohibidas para la época en que fueron adelantadas, es altamente cuestionable que el Estado rinda honores por actividades que son contrarias a los principios y valores establecidos en la nueva carta política. Además, la labor social y de alfabetización realizada por esta ciudadana tenía como objetivo final la evangelización de los miembros de las comunidades indígenas, por lo que es evidente que la segunda justificación también tenía una connotación religiosa importante.

En resumen, la Corte empezó interpretando de manera rigurosa el criterio sexto del *Lemon test* criollo, en la que se exigía que los motivos seculares que justificaban la medida estatal debían ser fuertes frente a una motivación religiosa que debía tener la naturaleza de accidental o anecdótica. Sin embargo la Corte, de forma inexplicable, cambió de postura en el caso de la sentencia en que estudió la constitucionalidad de la ley de honores a la ciudadana Laura Montoya. En efecto, en este caso la justificación religiosa de la ley tenía una connotación fuerte, y hasta podría decirse que exclusiva, lo cual no impidió que la ley fuese declarada exequible.

La flexibilización del sexto criterio desnaturaliza el intento de la Corte de contar con unos criterios rigurosos para establecer cuando una medida legislativa o administrativa ha desconocido el carácter laico del Estado. Lo anterior porque es suficiente con que se invoque cualquier justificación secular para que medidas con un contenido fuertemente religioso pasen este examen. En el campo cultural siempre se invocará que la declaratoria de los bienes y manifestaciones católicas como parte del patrimonio cultural tiene por objeto cumplir el deber constitucional de proteger la cultura, por lo que todas estas declaratorias superan fácilmente el examen de constitucionalidad.

E. LAS SENTENCIAS QUE EXAMINARON LA CONSTITUCIONALIDAD DE LAS LEYES QUE DECLARARON LAS PROCESIONES DE SEMANA SANTA PARTE DEL PATRIMONIO CULTURAL DE LA NACIÓN Y EL SEXTO CRITERIO DEL LEMON TEST CRIOLLO

El Congreso de la República, en uso de su amplia libertad en materia legislativa, ha declarado mediante ley parte del patrimonio cultural varias procesiones de Semana Santa que se realizan en diferentes ciudades del país. Como se verá en el último capítulo de este trabajo, este hecho desconfigura la labor del Estado en materia cultural porque algunas manifestaciones religiosas son incluidas en el catálogo del patrimonio cultural sin un sustento cultural que justifique tal decisión y sin un plan para la salvaguardia del supuesto valor cultural de estas manifestaciones. En este apartado no abordaremos los problemas que las leyes de declaratorias generan en materia cultural. Aquí se estudiarán las sentencias que resolvieron las demandas contra estas leyes para analizar la forma en que se ha interpretado el sexto criterio del *Lemon test* criollo.

Las leyes mediante las cuales se realizaron estas declaraciones no solo desconfiguran las políticas en materia cultural del Estado, sino que además han dado lugar a varias sentencias de la Corte Constitucional en las que se advierte la aplicación arbitraria del sexto criterio del *Lemon test* criollo. Estas leyes son las siguientes: (1) la Ley 891 de 2004, que declaró parte del patrimonio cultural de la nación las procesiones de Semana Santa que se realizan en la ciudad de Popayán (Cauca); (2) la Ley 1645 de 2013, que declaró parte del patrimonio cultural inmaterial de la nación las procesiones de Semana Santa que se realizan en la ciudad de Pamplona (Norte de Santander); (3) la Ley 1767 de 2015, que declaró parte del patrimonio cultural de la nación las celebraciones de Semana Santa que se realizan en la ciudad de Tunja (Boyacá); (4) la Ley 1812 de 2016, que declaró parte del patrimonio cultural de la nación las procesiones de Semana Santa que se realizan en la Parroquia de Santa Gertrudis la Magna en el municipio de Envigado (Antioquia).

Del estudio de las sentencias que resolvieron las demandas de inconstitucionalidad contra las anteriores leyes se puede advertir una postura inestable de la Corte Constitucional en relación con la interpretación y aplicación del sexto criterio del *Lemon test* criollo. La inestabilidad se refleja porque el tribunal constitucional cambió frecuentemente de posición en estas providencias, expedidas en un lapso corto y que abordan temas similares. Este hecho permite advertir una nueva debilidad del modelo de laicidad colombiano porque el sexto criterio de la prueba es utilizado de manera flexible. El estudio de estas sentencias también permite advertir que en el modelo de laicidad colombiano cualquier tipo de bien o manifestación con contenido religioso fuerte puede ser declarado parte del patrimonio cultural, pues basta con sostener que con la declaración se pretende cumplir el mandato constitucional de proteger la cultura para que pase el examen de constitucionalidad.

Una interpretación estricta del sexto criterio del *Lemon test* criollo habría llevado a que la mayoría de esas leyes fueran declaradas inconstitucionales por tener como justificación principal para su expedición motivos de interés religioso. En efecto, estas leyes no determinan qué valores culturales representan las procesiones ni establecen un plan para la promoción y salvaguardia de su interés cultural. Las leyes se limitan a realizar la declaratoria y autorizar a las autoridades nacionales y territoriales a destinar recursos públicos para promover las procesiones católicas. Por consiguiente, la preeminencia del interés religioso es clara respecto del supuesto valor cultural de las procesiones, porque este último no es identificado ni es objeto de protección directa.

Contra estas leyes se interpusieron sendas demandas de inconstitucionalidad por desconocer el carácter laico del Estado y los deberes de separación y neutralidad en materia religiosa. A continuación se estudiarán las sentencias en las que se resolvieron las referidas demandas de inconstitucionalidad.

I. CASO PAMPLONA

En el caso de la Ley 1645 de 2013, que declaró parte del patrimonio cultural de la nación las procesiones de Semana Santa que se realizan en la ciudad de Pamplona, la Corte Constitucional tuvo que examinar dos demandas de inconstitucionalidad.

La primera fue resuelta en la sentencia C-224 de 2016. En esta providencia el tribunal constitucional estudió una demanda formulada contra el artículo 8 de la referida ley. Esta disposición autorizaba al municipio de Pamplona a destinar recursos públicos para la promoción de las procesiones católicas. En esa oportunidad la Corte Constitucional concluyó que la autorización era inconstitucional porque el motivo principal invocado por el legislador para justificar la ley fue "fortalecer la fe católica y atraer personas piadosas a participar de los imponentes actos religiosos" (Corte Constitucional, sentencia C-224 de 2016).

La justificación de la ley, advertida por la Corte Constitucional, debió ser suficiente para declarar de oficio la inexequibilidad de toda la ley. Si estaba probado que el proyecto de ley tuvo como justificación principal fortalecer la fe católica, no solo la disposición demandada era inconstitucional, pues este vicio afecta a toda la ley. La Corte Constitucional, haciendo uso de un excesivo formalismo, poco común en ese tribunal, se limitó a estudiar el argumento formulado por el demandante. Es muy extraño que en un caso tan evidente de inconstitucionalidad total de la ley la Corte no hubiese invocado de oficio su potestad de integración de la unidad normativa para declarar inexequible la ley en su integridad[101].

Con posterioridad, la Corte resolvió, en la sentencia C-033 de 2019, la segunda demanda de inconstitucionalidad interpuesta contra la Ley 1645 de 2013, específicamente contra el artículo 5. Esta disposición otorgó al municipio de Pamplona la calidad de creador, gestor y promotor de las procesiones de Semana Santa de esa ciudad; funciones que en aras de garantizar la separación deben ser competencia de la Iglesia católica. Para los demandantes, este artículo era contrario al principio de laicidad porque obliga a una entidad territorial a promover y gestionar unas procesiones religiosas de la Iglesia católica.

Para resolver la demanda interpuesta, el tribunal constitucional reiteró la postura de que el motivo secular debe ser suficientemente fuerte respecto de la justificación religiosa, que debe ser anecdótica o accidental. Sin embargo, la Corte declaró exequible la disposición demandada, pese a que previamente había advertido en la sentencia C-224 de 2016 que la justificación religiosa era

---

101   De esta providencia es importante resaltar un párrafo que, aunque es un *obiter dicta*, resumen con precisión el contenido del concepto de laicidad que se defiende en este trabajo: "La laicidad es un principio republicano y democrático, tal vez el único que realmente permite la convivencia pacífica dentro de la diversidad religiosa. La laicidad promueve a la vez la supremacía constitucional al poner en planos distintos la supremacía de los libros sagrados y la de la Constitución. La laicidad permite entender que no hay antinomias entre estos textos, sino espacios normativos distintos; permite entender que, a pesar de las diferencias, el texto que nos reconoce a todos como colombianos, nuestro el texto sagrado, es la Constitución" (Corte Constitucional, sentencia C-224 de 2016).

la predominante en el caso de esta ley. Para el tribunal constitucional la disposición demandada es constitucional, siempre que sea interpretada de una manera en que la autoridad municipal solo debe gestionar las actividades culturales relacionadas con las procesiones y no las religiosas propias de la Iglesia católica.

En las dos providencias que resolvieron las demandas contra la Ley 1645 de 2013 se señaló que el sexto criterio del *Lemon test* criollo debía entenderse de una manera en que el motivo secular debe ser fuerte o predominante respecto del religioso. Sin embargo, esta regla fue desconocida en la resolución de los casos objeto de examen porque la Corte se abstuvo de declarar la inconstitucionalidad total de la ley, pese a constatar que su principal justificación era religiosa.

2. CASO TUNJA

La Corte Constitucional declaró exequible, en la sentencia C-441 de 2016, los artículos 6 y 7 de la Ley 1767 de 2016, que autorizan a las autoridades del orden nacional y territorial a destinar recursos públicos para la promoción de las procesiones y fiestas de Semana Santa de la ciudad de Tunja. En esta providencia se reiteró la posición estricta del sexto criterio del *Lemon test* criollo, según el cual, el motivo secular debe ser fuerte o predominante respecto del religioso. Para el tribunal constitucional, en este caso el legislador invocó en la exposición de motivos argumentos seculares, como la protección de la naturaleza cultural de las procesiones de Semana Santa, para defender la necesidad de la declaración. Por tal motivo, la Corte declaró exequible las disposiciones demandadas.

En esta providencia la Corte explicó que el legislador tuvo razones seculares de peso para realizar la declaración de patrimonio cultural de las procesiones de Tunja. Para tal efecto, resaltó que en esta ciudad durante la Semana Santa se realizan diferentes actividades culturales, que no tienen relación directa con la fiesta católica, como, por ejemplo, el festival de música coral. Todos los eventos culturales, sin carácter religioso directo, que se adelantan para esta fecha mostrarían que existen motivos seculares fuertes que hacen compatible la declaración de patrimonio cultural con la interpretación estricta del sexto criterio del *Lemon test* criollo.

3. CASO POPAYÁN

El caso de la demanda interpuesta contra la ley que declaró parte del patrimonio cultural las procesiones católicas de la ciudad de Popayán es importante para el objeto de este trabajo. Lo anterior porque la Corte cambió su postura en la providencia en la que resolvió la demanda interpuesta contra algunos artículos de esa ley. En efecto, el tribunal constitucional decidió, en la sentencia C-567 de 2016, flexibilizar el sexto criterio del *Lemon test* criollo, por lo que cambió el criterio de que el motivo secular debía ser el principal o fuerte respecto del religioso, que debía ser anecdótico o accidental. En su lugar, con la nueva postura basta con que "la medida controlada tenga una justificación secular importante, verificable, consistente y suficiente" (Corte Constitucional, sentencia C-567 de 2016).

La interpretación flexible del sexto criterio del *Lemon test* criollo implica que la ley o decisión administrativa puede tener sustento o justificación en motivos religiosos fuertes. Siempre que exista una justificación secular verificable, aunque débil, la ley o el acto administrativo debe pasar el examen de constitucionalidad.

En el caso objeto de análisis el motivo secular importante, verificable, consistente y suficiente es la importante connotación cultural que tienen las procesiones de Semana Santa de Popayán. En efecto, estas manifestaciones son las únicas de su tipo en Colombia que han sido declaradas parte del patrimonio cultural de la humanidad por la Unesco. En consecuencia, no era necesario flexibilizar el sexto criterio porque en este caso existía una justificación secular fuerte. En efecto, a diferencia de las otras procesiones de Semana Santa declaradas como parte del patrimonio cultural, las que se realizan en Popayán tienen varios estudios culturales, realizados por el Ministerio de Cultura y por la Unesco, en los que se advierte su importancia cultural.

4. CASO ENVIGADO

Finalmente, la Corte Constitucional resolvió, en la sentencia C-034 de 2019, la demanda de inconstitucional interpuesta contra la Ley 1812 de 2016, por la que se declaró parte del patrimonio cultural de la nación las procesiones de Semana Santa que realiza la parroquia Santa Gertrudis la Magna del municipio de Envigado. Es importante señalar que en esta providencia se reiteró la interpretación flexible del sexto criterio del *Lemon test* criollo. En consecuencia, para la Corte basta que exista un motivo secular verificable para que la ley pase el examen de constitucionalidad.

La ley demandada fue declarada exequible porque, para la Corte, con la declaratoria se pretende proteger una tradición cultural, esto es, se justifica en un motivo secular verificable, como lo es la protección del patrimonio cultural de la nación. No se comparte el sentido de esta decisión porque, si bien es cierto, la protección del patrimonio cultural es una obligación constitucional, en este caso no se verificó si las procesiones tenían la suficiente connotación cultural que justificara su declaratoria. Como se verá en el último capítulo de este trabajo, esta ley realizó la declaratoria sin tener estudios en que se constatara la importancia cultural de las procesiones y sin que se estableciera un plan para la salvaguardia de su supuesto valor cultural. Lo anterior permite ver que no existió motivo secular verificable que justificara la decisión del legislador de incluir esta manifestación en el catálogo del patrimonio cultural de la nación.

5. LA INTERPRETACIÓN FLEXIBLE DEL SEXTO CRITERIO LEMON TEST CRIOLLO

El estudio de las sentencias que resolvieron las demandas contra las leyes que declararon parte de patrimonio cultural algunas procesiones católicas permite advertir la postura de la Corte de admitir medidas legislativas con finalidades religiosas. El tribunal constitucional realizó, en un lapso muy corto, interpretaciones flexibles o rigurosas del sexto criterio del *Lemon test* criollo para acomodarlo a las particularidades de los casos y así poder declarar exequibles las respectivas leyes. Lo anterior refleja una posición a favor de la admisión de normas jurídicas con motivaciones o justificaciones religiosas.

En estas providencias, cuando la Corte realizó una interpretación estricta del sexto criterio del test omitió aplicarlo en debida forma. El caso de las procesiones de la ciudad de Pamplona es el mejor ejemplo de esta omisión porque, aunque se probó plenamente que la medida tenía una justificación religiosa predominante, la Corte no tuvo en cuenta este hecho y se abstuvo de declarar inexequible la totalidad de la ley. Con posterioridad, el sexto criterio del *Lemon test* criollo fue flexibilizado para admitir decisiones estatales con un fuerte contenido religioso. Para la Corte, basta con que la medida tenga alguna justificación secular verificable, aunque débil o secundaria respecto de la religiosa, para que supere el examen de constitucionalidad.

La anterior interpretación desnaturaliza el principio de laicidad porque admite decisiones estatales –administrativas o legislativas– con un fuerte contenido religioso, siempre que se pueda encontrar una justificación secular, aunque esta última sea débil. Se viola el principio de laicidad porque al tener la decisión estatal una justificación religiosa se desconoce el deber del Estado de comportarse de forma neutral en materia religiosa. También se compromete el deber de separación que implica la autonomía del Estado frente a las organizaciones religiosas. En virtud de esta interpretación flexible, las organizaciones religiosas pueden imponer medidas administrativas y legislativas que tiene como justificación principal algún interés de índole religioso siempre que vayan acompañadas de una mínima justificación secular, que al menos sea comprobable. Así, por ejemplo, con esta nueva interpretación se puede válidamente invertir dinero público en la construcción de santuarios católicos porque, pese a su motivación religiosa, la medida promueve el turismo y la economía de la región (justificación secular)[102].

Como se verá en el último capítulo de este trabajo, la aplicación flexible del sexto criterio del *Lemon test* criollo viene acompañada del argumento de que la declaratoria de las procesiones de Semana Santa tiene como justificación secular la obligación constitucional de proteger a la cultura y el patrimonio cultural. Sin embargo, este hecho no es cierto porque la Corte omitió verificar la existencia de estudios que demuestren que esas manifestaciones tienen la importancia y la connotación cultural necesarias para ser incluidas en el catálogo del patrimonio cultural de la nación. La inexistencia de estos estudios y la falta de un plan protección para la salvaguardia del supuesto valor cultural de estas manifestaciones debieron ser tomadas como indicios de que la motivación para estas declaraciones fue eminentemente religiosa.

IV. EL CONCORDATO Y EL CONVENIO DE DERECHO PÚBLICO ENTRE EL ESTADO COLOMBIANO Y ALGUNAS ORGANIZACIONES RELIGIOSAS CRISTIANAS NO CATÓLICAS

Las características del modelo colombiano de laicidad han sido elaboradas principalmente por la jurisprudencia de la Corte Constitucional. En efecto, la

---

102 Este ejemplo no es hipotético. Se presentó en el caso de la construcción del "Ecoparque Cerro del Santísimo" en el departamento de Santander. El parque fue construido con recursos públicos provenientes del departamento de Santander. La principal atracción de este proyecto es una estatua gigante de Jesucristo. Cuando apenas iba a empezar la construcción del proyecto, algunos ciudadanos solicitaron la suspensión de la obra porque consideraban que era contraria al principio de laicidad edificar una estatua religiosa con recursos públicos. Inicialmente, el Tribunal Administrativo de Santander suspendió la obra porque consideró que era contraria al principio de laicidad. La anterior decisión fue revocada por la Corte Constitucional en la sentencia T-139 de 2014. El tribunal constitucional consideró en esta providencia: "5.6.6. De lo transcrito líneas arriba, se puede observar que en el presente caso el proyecto se dirige exclusivamente a fomentar el turismo en el Departamento a través de la creación de un Ecoparque, el cual, *tendrá como centro de atracción una figura artística en grandes dimensiones de un ser superior*, sin que la misma se encuentre adscrita a una religión en particular. La elaboración de la escultura fue encargada a un reconocido artista de la región, el cual adjuntó su hoja de vida, demostrando su amplia trayectoria en este tipo de trabajos. 5.6.7. De manera que, para esta Sala la actuación del Gobernador no desconoce el principio de laicidad antes referido, en la medida que el proyecto encargado, más exactamente, *la elaboración de una escultura alegórica a un ser superior*: No está representando a una religión específica ni mucho menos se persigue establecer una religión oficial en la región estableciendo una religión oficial del Estado colombiano. No es una invitación a la realización de actos o ritos oficiales de una religión en particular. No tiene una finalidad religiosa. Por el contrario, como se evidenció en el contrato, *lo que se busca con el proyecto es la promoción del turismo en el Departamento y de la cultura de sus habitantes*" (Corte Constitucional, sentencia T-139 de 2014) (énfasis agregado).

valoración positiva del fenómeno religioso, la extensión de los privilegios de la Iglesia católica y el *Lemon test* criollo son los criterios característicos que identifican al modelo. Para poder comprender plenamente estos estándares jurisprudenciales, es importante tener en cuenta que unos de sus sustentos normativos son el Concordato de 1973 y el Convenio Interno de Derecho Público Interno n.° 1 de 1998, suscrito entre el Estado colombiano y algunas organizaciones religiosas cristianas no católicas.

El Concordato de 1973 es un tratado internacional suscrito entre el Estado colombiano y la Santa Sede. Este acuerdo internacional fue incorporado al ordenamiento jurídico colombiano mediante la Ley 20 de 1974[103]. En este tratado se establecieron la mayoría de los privilegios de la Iglesia católica, que luego fueron extendidos a las demás organizaciones religiosas. Los privilegios y prerrogativas otorgadas se explican porque para 1973 regía la Constitución Política de 1886, por lo que Colombia era un Estado confesional y la Iglesia católica era la Iglesia oficial. Los privilegios reconocidos en el tratado son diversa naturaleza. Algunos son simbólicos, por ejemplo, reconocer a la Iglesia católica como elemento del bien común y de desarrollo del país. Otros son de naturaleza fiscal como la exoneración de impuestos sobre los edificios destinados al culto, las curias diocesanas, las casas episcopales y curales. En este acuerdo también se exoneró a los clérigos y religiosos del deber de prestar el servicio militar obligatorio. Igualmente, se impuso al Estado la obligación de financiar los planteles educativos privados de la Iglesia católica y de impartir la asignatura de adoctrinamiento religioso católico en todas las instituciones del sistema educativo[104].

La entrada en vigor de la CP, en especial de la disposición constitucional que establece la igualdad de todas las organizaciones religiosas y la pérdida de la Iglesia católica de su condición de iglesia oficial, llevó a un sector de la ciudadanía a considerar que el Concordato de 1973 era contrario al nuevo orden constitucional. Esta idea dio lugar a que se interpusiera una demanda pública de inconstitucionalidad contra la totalidad del Concordato. Como se explicó, la Corte Constitucional resolvió esta demanda en la sentencia C-027 de 1993. Varios de los puntos de esa providencia ya fueron abordados en los apartados anteriores de este capítulo, por lo que no se volverá sobre ellos. Lo que ahora se pretende resaltar es que la Corte Constitucional, en vez de eliminar los

---

103 Para un estudio del contexto político y jurídico en que se produjo la suscripción del Concordato de 1973, véase a Cavelier Gaviria (1989, pp. 1080-1249), Félix Ballestas (1997) e Hinestrosa Forero (2018).

104 Para un análisis integral de cada una de las disposiciones del Concordato de 1973, véase a Prieto Martínez (2010) y Félix Ballestas (1997).

privilegios de la Iglesia católica, otorgados justamente por su condición de Iglesia oficial, los declaró exequibles bajo la condición de que se extendieran a las demás organizaciones religiosas. Lo anterior implica que la mayoría de los privilegios a esta iglesia no desaparecieron con la entrada en vigor del nuevo marco constitucional. En vez de ser retirados del ordenamiento jurídico, los privilegios y prerrogativas de la Iglesia católica fueron extendidos a las demás organizaciones religiosas en virtud del criterio de la extensión. Como se explicó, la Corte declaró inexequible únicamente los pocos privilegios que era imposible extender a las demás organizaciones religiosas o los que eran contrarios con el tener literal de una disposición constitucional.

La larga tradición de pactos entre el Estado colombiano y la Iglesia católica explica porque la Ley 133 de 1994, Estatutaria de la Libertad Religiosa, tomó este modelo como referencia para regular la cooperación del Estado con las organizaciones religiosas. El artículo 15 de la ley autoriza al Gobierno nacional a celebrar convenios y tratados internacionales con las organizaciones religiosas para regular las relaciones institucionales de cooperación[105]. Esta disposición dio lugar a que varias organizaciones religiosas cristianas promovieran un acuerdo de cooperación con el Estado colombiano. Este acuerdo fue aprobado mediante el Decreto 354 de 1998, por el cual se aprobó el Convenio de Derecho Público Interno n.° 1, suscrito entre el Estado colombiano y algunas entidades religiosas cristianas[106].

El convenio siguió el modelo del Concordato de 1973. Por ende, se regularon (extendieron los privilegios) las siguientes materias: los efectivos civiles de los matrimonios religiosos, la asignatura de adoctrinamiento religioso, la asistencia religiosa en centros penitenciarios, hogares geriátricos, hospitales,

---

105   Ley 133 de 1994. Artículo 15: "El Estado podrá celebrar con las iglesias, confesiones y denominacio-nes religiosas, sus federaciones y confederaciones y asociaciones de ministros, que gocen de personería y ofrezcan garantía de duración por su estatuto y número de miembros, convenios sobre cuestiones religiosas, ya sea Tratados Internacionales o Convenios de Derecho Público Interno, especialmente para regular lo establecido en los literales d) y g) del artículo 6 en el inciso segundo del artículo 8 del presente Estatuto, y en el artículo 1 de la Ley 25 de 1992. Los Convenios de Derecho Público Interno estarán sometidos al control previo de legalidad de la Sala de Consulta y Servicio Civil del Consejo de Estado y entrarán en vigencia una vez sean suscritos por el Presidente de la República".

106   Las organizaciones religiosas que son parte de este convenio son: Concilio de las Asambleas de Dios de Colombia, Iglesia Comunidad Cristiana Manantial de Vida Eterna, Iglesia Cruzada Cristiana, Iglesia Cristiana Cuadrangular, Iglesia de Dios en Colombia, Casa sobre la Roca-Iglesia Cristiana Integral, Iglesia Pentecostal Unida de Colombia, Denominación Misión Panamericana de Colombia, Iglesia de Dios Pentecostal Movimiento Internacional en Colombia, Iglesia Adventista del Séptimo Día de Colombia, Iglesia Wesleyana, Iglesia Cristiana de Puente Largo, Federación Consejo Evangélico de Colombia.

clínicas, así como la de los miembros de la fuerza pública. Los anteriores temas fueron objeto de un acuerdo similar al realizado con la Iglesia católica en el Concordato de 1973. De manera implícita, el criterio de la extensión se plasmó en norma positiva, pues el convenio lo único que hizo fue regular y extender los privilegios que previamente se le habían concedido a la Iglesia católica. La única cuestión novedosa es que en la última parte de este acuerdo se establece la obligación especial de Estado de garantizar el sábado como día de descanso para los miembros de la Iglesia adventista del séptimo día[107].

Este acuerdo se acopla bien con el modelo colombiano de laicidad (pluriconfesionalidad) porque en realidad establece obligaciones para el Estado que previamente ya habían sido adjudicadas por el criterio de la extensión. Tal vez la única novedad es consagrar en una norma positiva privilegios y prerrogativas que habían sido reconocidos vía criterio jurisprudencial de la extensión de los privilegios. Lo anterior no es baladí porque aporta seguridad jurídica en un sistema en el que aún algunos operadores jurídicos se niegan a aplicar los precedentes jurisprudenciales y prefieren la seguridad de lo establecido en una norma.

Es importante resaltar que la existencia del Concordato de 1973 y el Convenio Interno de Derecho Público no han creado un sistema de niveles en el que la Iglesia católica y las organizaciones cristianas que suscribieron el convenio están en una mejor situación jurídica frente a las demás organizaciones religiosas. Este sistema de niveles no se ha presentado en Colombia porque, como se ha explicado, la Corte Constitucional en una consolidada y pacífica línea jurisprudencial ha extendido los privilegios y prerrogativas concedidos en estos acuerdos a todas las demás organizaciones religiosa que lo han solicitado. Por tanto, los privilegios plasmados en estos acuerdos son el mínimo factor común de lo que luego se extenderá a las demás organizaciones religiosas. Esta situación constituye un poderoso argumento que permite sostener que el modelo colombiano se asemeja más a un Estado pluriconfesional que a uno laico porque los privilegios de la Iglesia oficial no se eliminaron con la entrada en vigor de la CP, sino que se extendieron.

---

107 El sábado como día de descanso para los miembros de la Iglesia Adventista del Séptimo Día ha dado lugar a varias controversias en el ámbito laboral y educativo que han sido estudiadas por la Corte Constitucional colombiana. Al respecto pueden consultarse las siguientes providencias: sentencia T-982 de 2001, T-026 de 2005, T-448 de 2007, T-044 de 2008, T-327 de 2009, T-915 de 2011 y T-049 de 2019.

V. CONSIDERACIONES FINALES. COLOMBIA: UN ESTADO PLURICONFESIONAL CON LIBERTAD DE RELIGIÓN

Las características del modelo colombiano permiten clasificarlo como un Estado pluriconfesional. Pese a la calificación de "laico", el régimen colombiano, moldeado principalmente por la jurisprudencia constitucional, se aleja del modelo teórico de laicidad explicado en el primer capítulo de este trabajo para asemejarse más un modelo de pluriconfesionalidad. En consecuencia, las disposiciones constitucionales que invocan a Dios dan lugar a que la Corte sostenga que el fenómeno religioso es valorado positivamente por la CP. Esta valoración positiva es contraria al deber de neutralidad, que caracteriza al principio de laicidad, pues el Estado toma partido por la visión del mundo religiosa, poniéndola en ventaja frente a otras visiones del mundo no teístas.

El principio de laicidad busca garantizar la igualdad en el ejercicio del derecho a la libertad de conciencia y de religión. Esta igualdad no se puede alcanzar hasta que el fenómeno religioso deje de ser valorado positivamente. En contraste, el modelo pluriconfesional valora positivamente lo religioso por lo que le otorga un trato y unos beneficios especiales. Entre esos beneficios algunas organizaciones religiosas (las oficiales) tienen el derecho, por ejemplo, a la asignación de partidas del presupuesto para su funcionamiento o que el sistema educativo sea utilizado para trasmitir sus dogmas. Todo lo anterior se cumple en el régimen colombiano, por lo que es pluriconfesional y no laico.

Otro de los argumentos que permiten clasificar al modelo colombiano como pluriconfesional es porque de forma innecesaria la libertad de conciencia y la libertad de religión son reconocidas en disposiciones constitucionales diferentes. El problema con esta división es que dio lugar a que la Corte Constitucional sostenga que esas libertades son derechos autónomos e independientes. Por consiguiente, el derecho fundamental a la libertad de religión en Colombia tiene como bien jurídico protegido al fenómeno religioso. Esta separación y su justificación son contrarias al principio de laicidad porque en un Estado laico no se protege lo religioso porque sea un valor constitucional importante sino porque las creencias religiosas son relevantes para las personas y sus conciencias. Es decir, se protege las creencias y convicciones porque son elementos importantes para la protección de la conciencia de las personas.

Los criterios jurisprudenciales establecidos por la Corte Constitucional también permiten ver que el régimen colombiano se asemeja más a un modelo pluriconfesional. El criterio de la extensión de las prerrogativas de la Iglesia católica en su condición de antigua Iglesia oficial a las demás organizaciones religiosas que lo soliciten es el ejemplo más notorio de la pluriconfesionalidad del modelo colombiano. Un Estado pluriconfesional se caracteriza por tener dos o más religiones oficiales a las cuales les otorga un trato jurídico especial, que por lo general incluye varios beneficios y prerrogativas. En Colombia, la extensión de los beneficios y las prerrogativas de la antigua Iglesia oficial permite que varias organizaciones religiosas tengan el estatus de oficiales, pues gozan de los mismos privilegios de la antigua Iglesia oficial. Aunque formalmente ninguna organización religiosa tiene el carácter de oficial, la extensión de los privilegios de la Iglesia católica les permite materialmente a algunas organizaciones religiosas ser consideradas tales. Esto, porque en la práctica se benefician de los privilegios creados para la Iglesia católica.

La Corte Constitucional, en vez de examinar y reevaluar los fundamentos que justifican la existencia de los privilegios de las Iglesia católica, optó por extenderlos a las demás organizaciones religiosas en aras de cumplir con el mandato de igualdad del artículo 19.2 de la CP. Este criterio jurisprudencial es contrario al principio de laicidad porque en un Estado laico se debe examinar con detenimiento las razones que justifican los privilegios para las organizaciones religiosas. No es suficiente con garantizar que todas las organizaciones puedan gozar del privilegio. Lo que se debe hacer es evaluar la justificación constitucional de cada una de estas prerrogativas. La extensión automática, además, es discriminatoria porque las organizaciones religiosas tienen un trato privilegiado del que no gozan las asociaciones ideológicas. Adicionalmente, los privilegios estatales para todas las organizaciones religiosas benefician al fenómeno religioso en general, lo cual hace que el Estado no sea neutral en esta materia.

Por otra parte, la Corte Constitucional aplica de manera subsidiaria el *Lemon test* criollo para los casos en que es imposible extender los privilegios a todas las organizaciones religiosas que lo soliciten. Aunque la aplicación correcta de este test podría ayudar a proteger los postulados teóricos del principio de laicidad que se defienden en este trabajo, en Colombia no ha sido así. En cambio, el test es utilizado de manera excepcional y sobre todo cuando no se puede aplicar el criterio de la extensión. Igualmente, la flexibilización del sexto criterio de esta prueba permite que muchas de las medidas administrativas y legislativas con carácter y fundamento religioso pasen el examen de constitucionalidad porque es suficiente invocar que existe un motivo secular que justifica la medida. No importa que el motivo o justificación secular sea anecdótica o débil en comparación con las justificaciones religiosas que también sustentan la medida.

La interpretación flexible del sexto criterio del *Lemon test* criollo en los casos de las leyes que declaran algunas procesiones católicas como parte del patrimonio cultural de la nación desconoce el carácter laico del Estado y reafirma su pluriconfesionalidad. Esto es así porque cualquier manifestación religiosa puede ser declarada parte del patrimonio cultural. Esta interpretación no solo es contraria al principio de laicidad, sino que también desnaturaliza los deberes del Estado en materia de protección cultural. Lo anterior porque se admite que el legislador declare, sin ningún sustento técnico, parte del patrimonio cultural manifestaciones y bienes de origen religioso que tal vez no tengan la importancia cultural para estar dentro del catálogo del patrimonio. La Corte sostiene que la justificación secular que avala esta clase de medida es el deber del Estado de proteger el patrimonio cultural. Sin embargo, como se verá en la última parte de este trabajo, este argumento tiene el problema de que no se tiene evidencia de la importancia cultural de las manifestaciones. Por ende, tampoco existe certeza de que el Estado esté cumpliendo con el deber constitucional de proteger la cultura y el patrimonio cultural.

El modelo de pluriconfesionalidad colombiano no permite el ejercicio en condiciones de igual del derecho a la libertad de conciencia y de religión dado que las personas creyentes cuentan con ventajas y prerrogativas que no están a disposición de las personas con convicciones seculares fuertes. Este modelo ha creado las condiciones para que el fenómeno religioso pueda seguir siendo protegido y promovido por el Estado. La clase de adoctrinamiento religioso es una prueba clara de cómo los valores religiosos son asumidos por el Estado e impuestos a los niños en las aulas escolares.

En los siguientes capítulos de este trabajo se verá que la figura de patrimonio cultural en Colombia ha sido utilizada de forma abusiva con el fin promover y proteger bienes y manifestaciones de la Iglesia católica. Esta protección y promoción es otro ejemplo de cómo el régimen colombiano se aleja del modelo teórico de laicidad. Igualmente, la utilización abusiva de la figura del patrimonio cultural implica el desconocimiento del deber del Estado de proteger la cultura y el patrimonio cultural de la nación, dado que la actuación estatal estará encaminada a proteger algunos bienes y manifestaciones religiosos sin gran importancia cultural.

CAPÍTULO TERCERO

Fundamentos y presupuestos
del concepto de "patrimonio cultural"

En este capítulo se realizará un estudio del deber del Estado de proteger el patrimonio cultural, con especial énfasis en los bienes y manifestaciones culturales de origen o interés religioso. Para tal fin, es conveniente comenzar el capítulo examinando los significados de los conceptos jurídicos de *cultura*, *bien cultural* y *patrimonio cultural*. Una vez definidos, se analizarán los derechos que el Estado pretende satisfacer cuando cumple con el deber de proteger el patrimonio cultural.

I. EL CONCEPTO JURÍDICO DE "CULTURA"

A. LA CULTURA COMO UN HECHO SOCIAL

Uno de los problemas que surgen al abordar el estudio del derecho de la cultura es determinar el concepto jurídico de *cultura*, ya que el término *cultura* es polisémico. Existen muchas definiciones de cultura tanto en el ámbito del Derecho como en otras áreas de las ciencias sociales. Una de las razones que explican la variedad de significados es porque la cultura es un tema transversal, del que se ocupa la mayoría de las humanidades. Cada una de esas áreas del conocimiento ha establecido una o más definiciones propias y específicas para su respectiva rama. No en vano ha dicho Pérez de la Fuente (2005) que "la cultura es un concepto central para el ser humano y ha sido estudiado por diferentes disciplinas como la antropología, la sociología, la psicología, la historia, la filosofía, la politología. Por tanto, se puede entender que cada disciplina tenga su propia definición" (p. 197). En consecuencia, es posible encontrar desde definiciones antropológicas omnicomprensivas –como la realizada por Tylor[1]–, que consideran que la cultura es todo aquello que no pertenece a la naturaleza, hasta definiciones que limitan la cultura a las características que identifican a un grupo determinado en un periodo específico[2].

Para Dworkin, el elemento estructural de la cultura es el lenguaje, herramienta indispensable para la transmisión de todo tipo de ideas complejas como, por ejemplo, las obras de arte, las novelas o el teatro[3]. Este autor hace énfasis

---

1   Tylor (1977).

2   Sobre este punto, Pérez de la Fuente (2005) agrega: "Uno de los motivos aducidos para las múltiples concepciones de cultura es ser objeto de estudio de diversas disciplinas. Es lógico pensar que difiera la concepción de cultura de un antropólogo interesado en sociedades tribales de la de un filósofo político preocupado por la convivencia en sociedades multiculturales" (p. 384).

3   Si bien es cierto que el tema cultural no fue abordado ampliamente por Dworkin, en un interesante artículo elaborado para una conferencia en el Museo Metropolitano de Arte de Nueva York, el autor norteamericano explicó qué entendía por *cultura* y los motivos por los que un Estado liberal debe subvencionar el arte. Sobre el concepto de *cultura*, el autor referido señaló: "Permítanme concentrarme

en la cultura como lenguaje compartido, que posibilita la comunicación y los demás convencionalismos que utilizan las personas para relacionarse en sociedad[4]. Sobre este punto, Pizzorusso advierte que en ciertos casos, como en los Estados pluriculturales, el uso de la lengua es una forma en que las personas se identifican con una determinada cultura o nación[5].

Aunque es cierto que el lenguaje compartido es uno de los elementos necesarios para que se conforme un grupo cultural, esta característica no es suficiente para determinar el concepto de *cultura*, pues se estaría equiparando el concepto de *cultura* con el de *idioma*. El lenguaje es solo uno de los elementos necesarios para que exista una cultura, pero no el único, porque junto a este se requieren otros factores, como el territorial, el pasado común y el carácter representativo para el grupo.

Por su parte, Kymlicka acogió, luego de descartar varias definiciones, un concepto de *cultura* que denominó *societal* y que utiliza para su teoría culturalista liberal[6]. La expresión "cultura *societal*" hace referencia a que un grupo humano

---

ahora en la estructura de la cultura, las posibilidades que ofrece, más que en las obras u ocasiones de arte particulares. El núcleo de la estructura cultural de una comunidad es la lengua compartida. Una lengua no es un bien ni privado ni público, según su definición técnica; a diferencia de ellos, es inherentemente social y, globalmente, genera nuestras formas de valorar, por lo cual no es en sí misma un objeto de valoración. Pero la lengua guarda semejanzas formales con lo que antes llamé un bien público mixto. Alguien puede excluir a otros, por medios relativamente poco costosos, de lo que él o ella escribe o dice en una situación concreta. Sin embargo, no se puede excluir a la gente de la lengua en general o, al menos sería ilógico hacerlo porque, desde el punto de vista de quienes usan una lengua, es mejor que haya colados a que no haya nadie. Y las transacciones lingüísticas privadas (las ocasiones de uso lingüístico privadas o controladas) determinan en términos colectivos cómo es la lengua común. Los libros que escribimos y leemos, la educación que impartimos y recibimos, los millones de transacciones lingüísticas que realizamos, muchas de ellas comerciales, a largo plazo determinan nuestra lengua. Todos somos beneficiarios o víctimas de lo que se le hace a la lengua que compartimos" (Dworkin, 2012, p. 287).

4   En el mismo sentido, Parekh (2005) afirma que "La cultura se articula en dos niveles. En su nivel más básico se ve reflejada en el lenguaje, en una sintaxis, gramática y vocabulario que sirven para describir el mundo. Aquellas sociedades que comparten una lengua común comparten al menos ciertos rasgos culturales. Y cuando un grupo de individuos adquiere una lengua totalmente nueva (como ocurriera por ejemplo en el caso de mucho de los súbditos coloniales), también están aprendiendo formas totalmente nuevas de entender el mundo" (p. 219).

5   Al respecto, este autor sostiene: "En estos supuestos el hecho de usar una lengua en vez de otra asume un valor simbólico y puede ser considerado como un "signo" –en sentido semiológico– mediante el cual la persona expresa su voluntad de reafirmar la propia pertenencia cultural o nacional" (Pizzorusso, 1986, p. 9).

6   Kymlicka (2003) definió el culturalismo liberal de la siguiente manera: "Es la perspectiva que sostiene que los Estados democráticos no sólo deberían hacer respetar el familiar conjunto de habituales derechos políticos y civiles de ciudadanía que amparan todas las democracias liberales; también deben adoptar varios derechos específicos de grupo o políticas dirigidas a reconocer y a acomodar las diferentes identidades y necesidades de los grupos etnoculturales. Estas medidas van desde las políticas educativas

determinado conforma una cultura cuando comparten tradiciones, instituciones y un lenguaje común[7]. El punto de las instituciones como parte de la cultura no es baladí dado que la mayoría de las definiciones antropológicas considera que la cultura abarca el Derecho y a las instituciones creadas por este. Aunque este autor no es antropólogo, incluye las instituciones porque son importantes para el objeto de su estudio, pues su obra se enmarca en el ámbito de las minorías culturales. Kymlicka defiende la postura de un derecho especial de reconocimiento para las minorías que debe incluir los derechos a la representación y al autogobierno, lo cual implica la protección de las instituciones de los grupos minoritarios. En el contexto de la antropología y en el estudio jurídico de las minorías culturales puede ser necesario incluir a las instituciones en la definición de *cultura* porque uno de los rasgos que permiten identificar a los diferentes grupos humanos son precisamente sus instituciones. La protección de las instituciones ayuda a la protección de las minorías culturales.

Sin embargo, es necesario apartarse de las definiciones amplias, como la de Kymlicka, que incluyen a las instituciones dentro del contenido de la cultura porque el objeto del presente trabajo no es la cultura de las minorías, sino el análisis de la cultura en el contexto del grupo mayoritario del Estado. Como se verá con más detenimiento en el tercer epígrafe de este capítulo, se debe excluir del concepto jurídico de *cultura* a las instituciones políticas, jurídicas, económicas y, en general, al Derecho, debido a que un término jurídico no debe abarcar toda el área que es objeto de estudio. Un elemento de la estructura jurídica no puede pretender abarcar todo el ordenamiento jurídico, pues superaría el objeto de estudio, imposibilitando su sistematización y regulación.

La cuestión de la exclusión de las instituciones y del Derecho de la definición jurídica de *cultura* permite advertir la importancia de separar el estudio de la

---

multiculturales a los derechos lingüísticos, pasando por las garantías de representación política y por la protección constitucional de los tratados con los pueblos indígenas. Para los culturalistas liberales, la justicia etnocultural exige frecuentemente la adopción de estas diversas formas de medidas específica de grupo, aunque para ser coherentes con el culturalismo liberal dichas medidas deben cumplir una serie de condiciones, como la que hemos indicado más arriba. En particular, los culturalistas liberales apoyan las políticas que hacen posible que los miembros de los grupos étnicos y nacionales expresen y promuevan su cultura y su identidad, pero rechazan cualquier política que imponga a la gente la obligación de abrazarlas" (p. 63).

7 Kymlicka definió el concepto de cultura *societal* de la siguiente manera: "[U]na cultura que proporciona a sus miembros unas formas de vida significativas a través de todo el abanico de actividades humanas, incluyendo la vida social, educativa, religiosa, recreativa y económica, abarcando las esferas pública y privada. Estas culturas tienden a concentrarse territorialmente, y se basan en una lengua compartida. La he denominado 'culturas societales' para resaltar que no solo comprende memorias o valores compartidos, sino también instituciones y prácticas comunes" (Kymlicka, 1996, p. 112).

cultura mayoritaria del estudio de las culturas de las minorías. En el contexto de las minorías es importante proteger a las instituciones comunitarias porque constituyen un elemento importante para la conservación de la cultura del grupo. En contraste, en el contexto de la cultura mayoritaria las instituciones no forman parte de la cultura, sino del ordenamiento jurídico-político de la sociedad. La transformación, la eliminación o la reforma del Derecho y las instituciones del grupo mayoritario deben ser tratadas como una cuestión política y no como un tema cultural. La anterior postura no desconoce que en el contexto del grupo mayoritario se presenta una relación estrecha entre cultura y Derecho, pues para la eficacia de las normas jurídicas es importante que exista una cultura de la legalidad y de respeto por las normas establecidas[8]. Sin embargo, esta relación no implica reconocer que las instituciones y el Derecho deban ser considerados elementos culturales ya que desde el punto de vista jurídico no debe existir un concepto que comprenda a todo el Derecho.

En el mismo sentido, Parekh (2005) afirma que la cultura es "un sistema de creencias y prácticas en torno a las cuales un grupo de seres humanos comprende, regula y estructura su vida individual y colectiva" (p. 218). Esta definición de *cultura* también comprendería al Derecho, pues abarca la estructura que regula la vida en sociedad, es decir, el ordenamiento jurídico. Como se señaló, en el ámbito jurídico no se deben acoger conceptos que comprendan la totalidad del Derecho, ya que desbordarían la capacidad de la ciencia jurídica. No obstante, se debe resaltar que la definición propuesta por el autor citado hace hincapié en el sistema de creencias y prácticas que dan lugar a la estructura social. Este punto es relevante porque, como se verá más adelante, el objeto del derecho de la cultura es efectivamente la protección de esas creencias y prácticas.

Excluidas las instituciones y el Derecho de la definición jurídica de *cultura*, es relevante poner de presente que Prieto de Pedro (2004) realizó una importante diferenciación entre las acepciones "cultura en general" y "culturas". Para este autor la cultura en general es el "conjunto acumulativo de bienes y valores del espíritu creados por el hombre a través de su genuina facultad de simbolización, sino también sobre sus concretas manifestaciones socio-históricas" (p. 36). Esta definición es cercana a la utilizada en la antropología porque, además de excluir a la naturaleza, intenta identificar a la cultura como algo universal, todo lo construido socialmente por la especie humana, los rasgos que identifican a la humanidad. La importancia de la definición de este autor es la distinción que

---

8   Para un estudio desde la sociología jurídica de la relación entre la cultura y la eficacia de las normas jurídicas en Colombia, véase a García Villegas (2009).

realizó entre cultura general y culturas. Las culturas, por su parte, "expresan un modo de ser determinado de una comunidad, de un pueblo o de una nación, portadoras de un sistema cohesionado de contenidos y valores" (Prieto de Pedro, 2004, p. 36).

Para el autor citado, se debe distinguir entre la cultura universal, del hombre como especie, de otras culturas relacionadas con un grupo determinado que se ubica en un territorio específico. La diferenciación propuesta permite comprender la distinción entre algunas manifestaciones culturales que son producto de la especie humana de otras que solo se explican en un ámbito local y en el contexto de un determinado grupo social. Por cuestiones de soberanía es apenas comprensible que en materia cultural el poder político tenga la obligación de proteger los elementos culturales que son propios del grupo humano que dio lugar a la configuración de ese Estado. No se tiene en principio ninguna obligación respecto de manifestaciones culturales que identifican a grupos que no pertenecen al Estado.

B. LA CULTURA COMO VALOR

Hasta aquí las definiciones estudiadas consideran que la cultura es exclusivamente un hecho social, es decir, una característica de la especie humana. También se ha diferenciado entre una cultura universal, de la especie humana, y otras culturas propias de un grupo concreto, que por lo general comparten un territorio y una lengua. De igual modo, se ha excluido a las instituciones y al Derecho de la definición jurídica de cultura.

Vaquer Caballería (1998) considera que las anteriores características son insuficientes. Según este autor, es necesario agregar el elemento que él denomina "valor". Sobre este punto expresamente señala que cultura es "el cúmulo de manifestaciones de la creatividad humana a las que la sociedad –institucionalizada o personalizada en el Estado– atribuye un valor intelectual o estético" (p. 94). Así pues, no basta con estar ante un hecho social y compartido por la mayoría de un grupo para que sea catalogado como cultura. Es necesario el elemento "valor", según el cual es el mismo grupo, o al menos sus instituciones, los que deben reconocerle al bien o manifestación el carácter de cultura. La cultura está constituida por los diversos hechos, manifestaciones y bienes que un grupo social valora como tal[9].

---

9   Sobre la cultura como valor, Vaquer Caballería (1998) señaló: "El elemento que más contribuye a delimitar los contornos de la acepción jurídica de la cultura es el requisito del valor: el Derecho sólo

En principio, el requisito del valor parece ser acogido por la Organización de las Naciones Unidas para la Educación, la Ciencia y la Cultura (en adelante, Unesco), pues en el marco de este organismo internacional se han expedido varios tratados en los que el criterio del valor desempeña un papel importante para establecer qué se debe entender por *patrimonio* y *bien cultural*. En este sentido, la Convención sobre las Medidas que deben Adoptarse para Prohibir e Impedir la Importación, la Exportación y la Transferencia de Propiedad Ilícitas de Bienes Culturales de 1970 estableció un catálogo de bienes que pueden considerarse culturales[10]. Es decir, el mismo instrumento internacional atribuyó valor a ciertos elementos. La Convención, además de crear un catálogo de bienes que pueden ser considerados culturales, expresamente otorga a los Estados la facultad de establecer qué bienes pueden tener el carácter de culturales. En consecuencia, es evidente que el tratado tiene una posición cercana a la teoría del valor que sostiene Vaquer Caballería (1998), pues los bienes culturales son los bienes a los que previamente se les ha atribuido un valor por parte del Estado o del mismo instrumento. En el mismo sentido, la Convención sobre la Protección del Patrimonio Mundial, Cultural y Natural de 1972, aunque cambió la expresión bienes culturales por bienes que conforman el patrimonio cultural, continuó con el criterio del valor porque define el patrimonio cultural como los

---

concibe como culturales aquellas manifestaciones intelectuales o estéticas del hombre a las que la sociedad atribuye –o reconoce, según se considere– un valor como tales" (p. 98).

10 Convención sobre las Medidas que deben Adoptarse para Prohibir e Impedir la Importación, la Exportación y la Transferencia de Propiedad Ilícitas de Bienes Culturales. Artículo 1: "Para los efectos de la presente Convención se considerarán como bienes culturales los objetos que, por razones religiosas o profanas, hayan sido expresamente designados por cada Estado como de importancia para la arqueología, la prehistoria, la historia, la literatura, el arte o la ciencia y que pertenezcan a las categorías enumeradas a continuación: a) las colecciones y ejemplares raros de zoología, botánica, mineralogía, anatomía, y los objetos de interés paleontológico; b) los bienes relacionados con la historia, con inclusión de la historia de las ciencias y de las técnicas, la historia militar y la historia social, así como con la vida de los dirigentes, pensadores, sabios y artistas nacionales y con los acontecimientos de importancia nacional; c) el producto de las excavaciones (tanto autorizadas como clandestinas) o de los descubrimientos arqueológicos; d) los elementos procedentes de la desmembración de monumentos artísticos o históricos y de lugares de interés arqueológico; e) antigüedades que tengan más de 100 años, tales como inscripciones, monedas y sellos grabados: f) el material etnológico; g) los bienes de interés artístico tales como: i) cuadros, pinturas y dibujos hechos enteramente a mano sobre cualquier soporte y en cualquier material (con exclusión de los dibujos industriales y de los artículos manufacturados decorados a mano); ii) producciones originales de arte estatuario y de escultura en cualquier material; iii) grabados, estampas y litografías originales; iv) conjuntos y montajes artísticos originales en cualquier material; h) manuscritos raros e incunables, libros, documentos y publicaciones antiguos de interés especial (histórico, artístico, científico, literario, etc.) sueltos o en colecciones; i) sellos de correo, sellos fiscales y análogos, sueltos o en colecciones; j) archivos, incluidos los fonográficos, fotográficos y cinematográficos; k) objetos de mobiliario que tengan más de 100 años e instrumentos de música antiguos".

monumentos, conjuntos y lugares que tienen un valor universal excepcional[11]. Ese valor excepcional debe ser identificado y delimitado por el Estado, lo cual implica que los bienes para formar parte del patrimonio cultural deben ser reconocidos como tales por la Administración[12].

La Convención para la Salvaguardia del Patrimonio Cultural Inmaterial de 2003 reconoció por primera vez, en el ámbito de la Unesco, que las manifestaciones inmateriales pueden conformar el concepto de *patrimonio cultural*. Es decir, el patrimonio cultural está conformado no solo por bienes materiales –muebles e inmuebles–, sino también por manifestaciones inmateriales como los usos, representaciones, expresiones, conocimientos y técnicas que los grupos reconocen como parte de su patrimonio. Esta convención también adoptó el criterio del valor porque para que la manifestación pueda formar parte del patrimonio cultural, el Estado la debe reconocer expresamente como tal[13]. En el sistema americano, el tema cultural fue abordado en la Convención sobre la Defensa del Patrimonio Cultural Arqueológico, Histórico y Artístico de las Naciones Americanas de 1976[14]. En este tratado regional también se encuentra el criterio del valor, pues se establecieron varias categorías de bienes que pueden ser considerados culturales y se establecieron algunos criterios que ayudan a determinar el carácter cultural de bien como, por ejemplo, la antigüedad del

---

11 Convención sobre la Protección del Patrimonio Mundial, Cultural y Natural. Artículo 1: "A los efectos de la presente Convención se considerará "patrimonio cultural": -los monumentos: obras arquitectónicas, de escultura o de pintura monumentales, elementos o estructuras de carácter arqueológico, inscripciones, cavernas y grupos de elementos, que tengan un valor universal excepcional desde el punto de vista de la historia, del arte o de la ciencia, -los conjuntos: grupos de construcciones, aisladas o reunidas, cuya arquitectura, unidad e integración en el paisaje les dé un valor universal excepcional desde el punto de vista de la historia, del arte o de la ciencia, -los lugares: obras del hombre u obras conjuntas del hombre y la naturaleza así como las zonas, incluidos los lugares arqueológicos que tengan un valor universal excepcional desde el punto de vista histórico, estético, etnológico o antropológico".

12 Convención sobre la Protección del Patrimonio Mundial, Cultural y Natural. Artículo 3: "Incumbirá a cada Estado Parte en la presente Convención identificar y delimitar los diversos bienes situados en su territorio y mencionados en los artículos 1 y 2".

13 Convención para la Salvaguardia del Patrimonio Cultural Inmaterial. Artículo 2: "A los efectos de la presente Convención: 1. Se entiende por "patrimonio cultural inmaterial" los usos, representaciones, expresiones, conocimientos y técnicas –junto con los instrumentos, objetos, artefactos y espacios culturales que les son inherentes– que las comunidades, los grupos y en algunos casos los individuos reconozcan como parte integrante de su patrimonio cultural. Este patrimonio cultural inmaterial, que se transmite de generación en generación, es recreado constantemente por las comunidades y grupos en función de su entorno, su interacción con la naturaleza y su historia, infundiéndoles un sentimiento de identidad y continuidad y contribuyendo así a promover el respeto de la diversidad cultural y la creatividad humana [...]".

14 Según la información disponible en la página web de la Organización de los Estados Americanos este tratado no ha sido ratificado por Colombia. Información disponible en: http://www.oas.org/juridico/spanish/firmas/c-16.html

objeto (cien años) o el hecho de haber sido creado en una determinada época histórica (Conquista-Colonia)[15]. Sin embargo, es el Estado el que debe identificar y decidir qué bienes son culturales[16].

Los instrumentos jurídicos internacionales analizados –ámbitos universal y americano– se han preocupado por establecer cuáles son los bienes que pueden conformar las categorías patrimonio cultural y arqueológico[17]. A pesar de ello, ninguno de los tratados internacionales definió el concepto de *cultura*, ya que su preocupación era la protección de los bienes que conforman el patrimonio cultural, circunstancia que ha llevado a establecer catálogos y criterios para definir cuáles son esos bienes. Sobre este punto particular, Motilla de la Calle (1995) sostiene que "los textos internacionales suelen utilizar criterios más de naturaleza descriptiva que conceptual en la delimitación de los bienes culturales, buscado una intencionada generalidad a través de enumeraciones ejemplares y no taxativas, las cuales permiten a los Estados una amplitud de acción suficiente" (p. 30). Como pone de presente el autor citado, las convenciones en unos casos establecieron una lista ejemplificativa amplia de los bienes que pueden ser considerados culturales, mientras que en otros crearon unos criterios para determinar el carácter cultural del bien, como la fecha de la creación del

---

15   Convención sobre la Defensa del Patrimonio Cultural Arqueológico, Histórico y Artístico de las Naciones Americanas. Artículo 2: "Los bienes culturales a que se refiere el artículo precedente son aquellos que se incluyen en las siguientes categorías: a) monumentos, objetos, fragmentos de edificios desmembrados y material arqueológico, pertenecientes a las culturas americanas anteriores a los contactos con la cultura europea, así como los restos humanos, de la fauna y flora, relacionados con las mismas; b) monumentos, edificios, objetos artísticos, utilitarios, etnológicos, íntegros o desmembrados, de la época colonial, así como los correspondientes al siglo XIX; c) bibliotecas y archivos; incunables y manuscritos; libros y otras publicaciones, iconografías, mapas y documentos editados hasta el año de 1850; d) todos aquellos bienes de origen posterior a 1850 que los Estados Partes tengan registrados como bienes culturales, siempre que hayan notificado tal registro a las demás Partes del tratado; e) todos aquellos bienes culturales que cualesquiera de los Estados Partes declaren o manifiesten expresamente incluir dentro de los alcances de esta Convención".

16   Convención sobre la Defensa del Patrimonio Cultural Arqueológico, Histórico y Artístico de las Naciones Americanas. Artículo 8: "Cada Estado es responsable de la identificación, registro, protección, conservación y vigilancia de su patrimonio cultural; […]".

17   La preocupación por establecer los bienes que conforman las categorías de patrimonio cultural y arqueológico se debe al preocupante tráfico ilícito sobre estos bienes. Este tráfico afecta principalmente a los Estados con una institucionalidad débil, pero con una riqueza arqueológica importante. Colombia no se ha escapado de este tráfico ilícito. Importantes bienes que conforman el patrimonio cultural o arqueológico colombiano responsan en galerías de coleccionistas privados o incluso en museos públicos de otros Estados. Para un análisis riguroso de este fenómeno y las medidas adoptadas por el Estado colombiano, véase a Restrepo-Navarro (2018) y a Castellanos Valenzuela (2011). Sobre este tema, la Corte Constitucional describió de manera detallada, en la sentencia SU-649 de 2017, los motivos que llevaron a que las piezas arqueológicas del Tesoro Quimbaya terminaran exhibidas en el Museo de América de Madrid.

objeto, por nombrar un ejemplo. El denominador común de los instrumentos internacionales analizados es la adopción del criterio del valor, pues facultan a los Estados para que establezcan de manera definitiva qué bienes conforman el patrimonio cultural de sus respectivas naciones.

La apuesta por el criterio del valor en los tratados internacionales estudiados podría llevar a inferir razonablemente que ese criterio es el factor relevante para determinar qué hechos, manifestaciones y bienes conforman la cultura. No obstante, se debe tener en cuenta que ese criterio fue establecido para determinar qué bienes conforman el patrimonio cultural y no para establecer los elementos que integran la cultura. Como se verá un poco más adelante, el criterio del valor es importante para la definición del concepto *patrimonio cultural* y para establecer los bienes que conforman esa categoría. Sin embargo, como la cultura y el patrimonio cultural no son figuras equiparables, se debe descartar el criterio del valor porque fue establecido para definir qué bienes conforman el patrimonio cultural y no para precisar qué es *cultura*.

C. LA CULTURA COMO LOS RASGOS DISTINTIVOS DEL GRUPO SOCIAL

La Unesco solamente ha definido el concepto de *cultura* en un instrumento internacional. Este concepto es la única definición universal de *cultura*, pese a no tener fuerza jurídica vinculante porque está plasmado en el preámbulo de la Declaración Universal sobre la Diversidad Cultural. Uno de los puntos valiosos de la definición es que busca establecer una noción jurídica de *cultura* sin atarla al criterio del valor. La declaración no pretende realizar una lista o catálogo de los elementos que conforman la cultura, ni señala pautas temporales para establecer qué bienes pueden tener el carácter de culturales, ni mucho menos atribuye al Estado la potestad de establecer qué es la cultura. La Declaración simplemente establece una definición de *cultura* en los siguientes términos:

> Reafirmando que la cultura debe ser considerada el conjunto de los rasgos distintivos espirituales y materiales, intelectuales y afectivos que caracterizan a una sociedad o a un grupo social y que abarca, además de las artes y las letras, los modos de vida, las maneras de vivir juntos, los sistemas de valores, las tradiciones y las creencias (Unesco, 2001)[18].

---

18 Según la misma declaración la definición proviene de las conclusiones de la Conferencia Mundial sobre Políticas Culturales realizada en México en 1982, y de las conclusiones de la Conferencia Intergubernamental sobre Políticas Culturales para el Desarrollo realizada en Estocolmo en 1998.

Como se puede ver, la definición deja a un lado el criterio del valor para acoger en su lugar el criterio de "rasgos distintivos" que caracterizan a una sociedad o a un grupo humano determinado. Según este criterio, la cultura está conformada por los rasgos sociales distintivos de un determinado grupo[19]. La definición de *cultura* se asemeja a lo que Häberle denominó "cultura abierta"[20], pues el criterio de los rasgos distintivos permite abarcar muchos tipos de manifestaciones culturales, que van más allá de la "alta cultura", para comprender la cultura de masas y las manifestaciones de origen popular[21]. Bajo esta definición, el factor determinante para que un bien o una manifestación puedan adquirir el carácter de cultura no es el origen social, el grado de sofisticación, la estética o la antigüedad, sino que se convierta en un rasgo distintivo del grupo.

La definición de *cultura* de la Unesco no otorga al Estado la facultad de establecer, reconocer o declarar cuáles son los rasgos distintivos. Esta particular circunstancia es uno de los factores más relevantes de este concepto jurídico porque, independientemente de la postura del Estado, la cultura está conformada por los rasgos distintivos del grupo social. La definición tiene como ventaja práctica que permite incluir dentro del concepto jurídico de *cultura* ciertos hechos y manifestaciones que se presentan en las sociedades pero que no son reconocidos formalmente como culturales por el Estado. Incluso, en algunos casos son negados. Pocas sociedades liberales democráticas reconocerían como

---

19   En este sentido, el Comité de Derechos Económicos, Sociales y Culturales de la ONU realizó, en la Observación General n.° 21 de 2009, una definición jurídica amplia de cultura similar al criterio de rasgos distintivos en la que sostiene que las diversas manifestaciones humanas pueden dan lugar a hechos culturales siempre que reflejen los valores de los grupos y comunidades. Este organismo internacional expresamente sostuvo: "[...] 13. El Comité considera que la cultura, a los efectos de la aplicación del párrafo 1 a) del artículo 15, comprende, entre otras cosas, las formas de vida, el lenguaje, la literatura escrita y oral, la música y las canciones, la comunicación no verbal, los sistemas de religión y de creencias, los ritos y las ceremonias, los deportes y juegos, los métodos de producción o la tecnología, el entorno natural y el producido por el ser humano, la comida, el vestido y la vivienda, así como las artes, costumbres y tradiciones, por los cuales individuos, grupos y comunidades expresan su humanidad y el sentido que dan a su existencia, y configuran una visión del mundo que representa su encuentro con las fuerzas externas que afectan a sus vidas. La cultura refleja y configura los valores del bienestar y la vida económica, social y política de los individuos, los grupos y las comunidades" (Comité de Derechos Económicos, Sociales y Culturales, 2009).

20   Este autor describió su concepto de cultura abierta de la siguiente manera: "El concepto amplio, diverso y abierto de cultura abarca la cultura de la tradición y la ilustración burguesa, así como la cultura popular y de masas, tanto como las culturas alternativas, las subculturas y las contraculturas. La convivencia, el intercambio y la competencia entre la alta cultura, cultura popular y subcultura, es una garantía de la diversidad cultural" (Häberle, 2001, p. 241).

21   Una de las polémicas más interesantes en el mundo de la cultura, en especial de la alta cultura, es el papel que se le debe otorgar a la cultura de masas y a las manifestaciones provenientes de la cultura popular. Para un análisis detallado de esta polémica, véase los ensayos de Eco (1984) y Vargas Llosa (2013).

parte de su cultura algunos rasgos distintivos como la práctica generalizada del machismo o la homofobia, aunque sea evidente que esas prácticas o manifestaciones constituyan un rasgo característico de ese grupo o al menos de un sector importante del grupo mayoritario[22].

Acoger el criterio de los rasgos distintivos de la sociedad para definir el concepto de *cultura* permite identificar comportamientos culturales que no son reconocidos abiertamente por el Estado o por la sociedad, pero que son rasgos distintivos indiscutibles del grupo. Esta identificación es útil porque ayuda a comprender las causas de comportamientos sociales que van en contra de los principios y valores constitucionales. Es conveniente aceptar el hecho de que en los grupos sociales existen comportamientos culturales contrarios a los principios y valores constitucionales.

De esta manera, aceptar la existencia de manifestaciones culturales inconstitucionales ayuda a desincentivar esos comportamientos, pues si el problema es cultural, se debe empezar a cuestionar las conductas desde la propia cultura. En términos de Young, mediante la revolución cultural se debe iniciar un proceso de desincentivación de los hábitos culturales discriminatorios[23]. El criterio de los rasgos distintivos permite la discusión jurídica sobre la posibilidad de promover políticas públicas orientadas a eliminar las manifestaciones y los comportamientos culturales contrarios a la Constitución. El reconocimiento como cultura de un hecho o manifestación no da lugar automáticamente a la obligación del Estado de protegerlo. Así pues, no todas las manifestaciones culturales deben ser protegidas por el Estado, ya que en un Estado constitucional solo se pueden proteger las manifestaciones culturales que son acordes con los principios y valores establecidos en la Constitución.

---

22 Sobre este punto, Oliva Martínez (2012) anota lo siguiente: "Las culturas son diferentes, diversas, manifiestan procesos intrínsecos, propios, autónomos, particulares, se transforman, varían con el tiempo, se desarrollan acorde a las tradiciones y valores que incorporan, no permanecen petrificadas, pero no existen culturas mejores y culturas peores. Cada cultura en sí misma es un valor, una oportunidad, una propuesta de vida en comunidad, todas las culturas merecen ser respetadas, todas las culturas han de tener una importancia similar. No así la totalidad de las prácticas culturales que aquellas engloban, pues las habrá, en todas las culturas, algunas que afirmen la dignidad del ser humano y otras que, en su caso, la denigren o la amenacen y por tanto no merezcan ser respetadas ni preservadas" (p. 228).

23 La idea de revolución cultural es explicada por Young (2000) en los siguientes términos: "La conducta, comportamientos, imágenes y estereotipos que contribuyen a la opresión de los grupos marcados corporalmente están generalizados, son sistemáticos y se generan y refuerzan mutuamente. Tales actitudes son elementos de las prácticas culturales dominantes que se presentan como el trasfondo normal de nuestra sociedad democrática liberal. Solo el cambiar los hábitos culturales en sí mismos hará cambiar las opresiones que ellos producen y refuerzan, pero el cambio en los hábitos culturales solo puede acontecer si los individuos adquieren conciencia de sus hábitos individuales y los cambian. Esta es la revolución cultural" (p. 255).

La relación jurídica entre el Estado y la cultura debe tener en cuenta que los diversos bienes culturales y manifestaciones pueden representar valores acordes o contrarios con los establecidos en la norma suprema. Por ende, se debe tener presente que la cultura puede ser (1) acorde con los principios y valores constitucionales, (2) al menos, no contraria con la Constitución o (3) representar valores y principios contrarios a lo establecidos en la Constitución. La anterior división es importante para el objeto del trabajo porque dependiendo del lugar en que se clasifique el bien o manifestación cultural de interés u origen religioso, se podrá establecer qué tipo de relación debe tener con el Estado. Es decir, una manifestación cultural puede ser acorde con los principios constitucionales o puede representar valores contrarios a los estipulados en la carta política y este hecho condiciona la posibilidad del que el Estado puede promover o desincentivar esa específica manifestación cultural[24].

Como se señaló, en los Estados modernos el grupo mayoritario no es homogéneo. Este grupo está compuesto por diferentes subgrupos regionales, sexuales y generacionales que no cumplen con los requisitos necesarios para ser considerados minorías culturales, pero que reflejan la pluralidad existente dentro de la mayoría. Este carácter plural tiene consecuencias importantes para el concepto jurídico de *cultura* porque el criterio de los rasgos distintivos no implica que el bien o manifestación cultural deba representar a todo el grupo.

---

24   El tema de las manifestaciones culturales que representan valores contrarios a los establecidos en la CP ha sido abordado ampliamente por la Corte Constitucional colombiana en los asuntos relacionados con ciertos espectáculos tradicionales que implican maltrato animal como las corridas de toros. El tribunal constitucional en las providencias en las que estudió la constitucionalidad de las leyes que permiten estos espectáculos determinó que ciertas manifestaciones culturales pueden representar valores contrarios a los establecidos en la CP y, en consecuencia, no deben ser protegidos por el Estado. Así, la Corte Constitucional estudió en la sentencia C-666 de 2010 la constitucionalidad de las normas de la Ley de Protección Animal que exceptuaban de lo establecido en esa ley a varios espectáculos con animales, entre ellos las corridas de toros y las peleas de gallos. En esta providencia, la Corte señaló lo siguiente sobre las manifestaciones culturales inconstitucionales: "Las manifestaciones culturales no son una expresión directa de la Constitución, sino fruto de la interacción de los distintos actores sociales determinados por un tiempo y un espacio específicos. De manera que no puede entenderse que en sí mismas consideradas, sean concreción de postulados constitucionales, ni que, por consiguiente, tengan blindaje alguno que las haga inmunes a la regulación por parte del ordenamiento jurídico cuando quiera que se estime necesario limitarlas o, incluso suprimirlas, por ser contrarias a los valores que busque promocionar la sociedad. [...] Ahora bien, la cultura, fundamento de las excepciones previstas en la disposición demandada, no puede entenderse como un concepto bajo el cual es posible amparar cualquier tipo de expresiones o tradiciones, pues esto sería entenderla como un principio absoluto dentro de nuestro ordenamiento y, por consiguiente, aceptar que amparadas bajo este concepto tuviesen lugar actividades que contradicen valores axiales de la Constitución, como la prohibición de discriminación por género o por raza; la libertad religiosa, el libre desarrollo de la personalidad; o, para el caso concreto, el deber de cuidado a los animales" (Corte Constitucional, sentencia C-666 de 2010).

Basta con que el elemento constituya un rasgo distintivo del subgrupo para que pueda ser catalogado como cultura. El requisito de conformar rasgos distintivos no debe ser condicionado a la representatividad de todo el grupo mayoritario, dado que las sociedades actuales son plurales y complejas en donde se entre mezclan algunos rasgos comunes de toda la colectividad con ciertas particularidades regionales y generacionales.

Los subgrupos constantemente crean hechos, comportamientos y objetos que tienen la capacidad de adquirir el carácter de culturales siempre que se conviertan en rasgos distintivos de esos determinados subgrupos. El criterio de rasgos distintivos no implica que ese requisito deba ser exigible sobre toda la sociedad, sino que es predicable de los rasgos particulares de los subgrupos. El concepto de *cultura* como rasgos distintivos no desconoce la pluralidad existente en el grupo mayoritario ni es contrario al reconocimiento como culturales de determinadas manifestaciones y bienes distintivos de algunas regiones del país, de determinados sectores sociales o de las minorías culturales. Exigir que los únicos bienes y manifestaciones que pueden ser reconocidos como culturales son los que cumplen el requisito de ser rasgos distintivos de todo el grupo es desproporcionado porque desconocería la complejidad y la pluralidad que se presentan dentro de las diferentes comunidades[25].

En definitiva, el criterio de los rasgos distintivos no desconoce la pluralidad existente en la mayoría de los Estados. Esta pluralidad se puede manifestar en

---

25 El carácter cultural de las manifestaciones y bienes que representan rasgos distintivos de un subgrupo de la población fue abordado por la Corte Constitucional en la sentencia C-818 de 2010. El tribunal constitucional estudió en esta providencia una demanda de inconstitucionalidad contra el reconocimiento que realiza el legislador de la especificidad de la cultura caribe colombiana en el numeral 6 del artículo 1 de la Ley 3997 de 1997. Para la parte demandante, este reconocimiento era contrario a la CP porque la exaltación de una particular cultura regional la ponía en ventaja respecto de otras manifestaciones culturales presentes en el país. El tribunal constitucional colombiano no acogió el argumento del demandante y en su lugar determinó lo siguiente sobre la importancia de las manifestaciones culturales que tiene su origen en la diversidad y pluralidad regional del país: "La Carta de 1991 hace referencia a la coexistencia de distintas culturas en el territorio colombiano, en esa medida el texto constitucional no contiene una específica referencia a una cultura nacional, sino a la idea de que las manifestaciones culturales o la diversidad cultural contribuyen a conformar la nacionalidad colombiana. Las distintas culturas coexistentes en el territorio nacional pueden tener origen en la diversidad étnica, religiosa y regional presentes en la geografía nacional. [...] Es menester precisar que los cargos formulados por el demandante no tienen vocación de prosperar pues el mero reconocimiento de la especificidad de la cultura caribe no riñe con el principio de igualdad ni con el reconocimiento de la igualdad y dignidad de las culturas que conviven en el país. En efecto, la ley se limita a destacar el carácter diferenciado y particular de una cultura regional respecto de las otras culturas regionales colombianas, lo cual en principio es una concretización del mandato establecido en el artículo 7 constitucional, según el cual el Estado reconoce y protege la diversidad étnica y cultural de la Nación colombiana" (Corte Constitucional, sentencia C-818 de 2010).

diferentes grupos nacionales, minorías étnicas o migratorias, así como también existe pluralidad en el interior del grupo mayoritario. En todos estos casos, el criterio de los rasgos distintivos solo exige que el bien o la manifestación cultural constituyan un rasgo distintivo del subgrupo, sin perjuicio de que algunos de estos elementos con el paso del tiempo adquieran la potencialidad de poder representar a toda la sociedad (grupo mayoritario y minorías). Así, por ejemplo, la música conocida hoy como "vallenato" era inicialmente una expresión representativa de la región del Magdalena Grande, en la costa Caribe colombiana. Sin embargo, con el paso del tiempo esta música ha adquirido una popularidad tal que es considerada un género musical representativo de toda la nación.

Otra de las ventajas del criterio de los rasgos distintivos es que permite abordar el fenómeno cultural como una creación humana que con el paso del tiempo se transforma en un elemento que permite identificar a un determinado grupo. Este hecho muestra, como resalta Pérez de la Fuente, que la cultura es aprendida, compartida, simbólica, arbitraria y dinámica[26]. En efecto, los rasgos distintivos que dan lugar a la cultura de un grupo no son genéticos ni se transmiten biológicamente, sino que se aprenden en el proceso de formación de las personas. Tienen el carácter de compartidos porque se desarrollan en un contexto social determinado y se comparten con otros miembros del grupo.

---

26 Sobre estas características, Pérez de la Fuente (2005) anota: "La cultura como algo aprendido hace referencia a que la cultura no es genética, ni innata en los seres humanos. Algunas posiciones sostienen que la cultura es algo característicamente humano frente a la biología animal. Es interesante este rasgo de la cultura, ya que resalta la importancia de la educación como aprendizaje cultural. La antropología ha desarrollado el concepto de endoculturación para describir el proceso mediante el cual una generación trasmite sus valores a las generaciones siguientes. La cultura como algo aprendido considera como un elemento clave los diferentes mecanismos de reproducción cultural, como es paradigmáticamente la educación. También evoca la necesidad de protección de algunos contenidos que son aprendidos frente a otros, en una consideración de la cultura como dinámica, que puede variar de una generación frente a otra. La cultura como algo compartido tiene que ver con el papel de la cultura en la consideración de las dimensiones colectivas de la convivencia humana. En concreto, la cultura suele utilizarse como referente para definir grupos humanos. [...] La cultura como algo simbólico implica la consideración de la necesidad de interpretación de los distintos significados culturales. Los diferentes idiomas que forman un elemento relevante de las culturas son códigos simbólicos. [...] La cultura como algo arbitrario tiene que ver con la pluralidad de expresiones de las diferentes culturas que pueden tener un contenido propio de lo que es bello o estético. Los significados culturales no vienen dados por leyes inmutables y externas a los sujetos. Cada sociedad decide sus propios significados culturales. Es claro el caso de la significación de los colores en determinadas culturas. El color blanco es el que utilizan las viudas en India, mientras en occidente es el color del vestido de las novias. La cultura como dinámica está relacionada con la visión de la cultura como una estrategia de adaptación. La cultura sería algo aprendido de las generaciones anteriores por el proceso de endoculturización, pero la cultura tiene que hacer frente a nuevas realidades, con lo que se configura un proceso abierto, donde puede darse la innovación" (Pérez de la Fuente, 2005, pp. 213-215).

Son simbólicos porque tienen interpretaciones diferentes, dado que cada grupo tiene la capacidad de establecer un diverso valor a una situación similar. En el mismo sentido, son arbitrarios porque sus significados no son determinados por criterios objetivos sino de forma subjetiva por cada comunidad.

En resumen, el criterio de los rasgos distintivos adoptado por la Unesco en la Declaración Universal sobre la Diversidad Cultural de 2001 es hasta ahora el mejor estándar jurídico para determinar qué es *cultura*. Este criterio permite tener un concepto jurídico amplio de *cultura* en el que los factores elitistas o estéticos que solo promueven una alta cultura son reemplazados por la capacidad que posea el elemento para representar al grupo mayoritario o los diferentes subgrupos sociales. La cultura como rasgos distintivos de un grupo social permite abordar la compleja situación de las manifestaciones culturales contrarias a los principios y valores establecidos en la Constitución. Es importante no desconocer que en las sociedades existen diversos comportamientos y expresiones culturales que son contrarios a la Constitución. Incluir estas manifestaciones en el concepto jurídico de *cultura* permite plantear estrategias para contrarrestar o desincentivar estas prácticas culturales inconstitucionales.

II. EL CONCEPTO JURÍDICO DE "CULTURA" EN EL ORDENAMIENTO JURÍDICO COLOMBIANO

Para un estudio completo del concepto jurídico de *cultura* es pertinente abordar la legislación colombiana, pues el presente trabajo se enmarca en el contexto de este ordenamiento jurídico. Para tal propósito, es necesario empezar el estudio con las disposiciones de la CP que tienen relación con el tema cultural. La CP contiene, como todas las cartas políticas modernas, varias disposiciones que hacen alusión a la importancia de la cultura[27]. Estas disposiciones reconocen la pluralidad de la sociedad colombiana y consideran que la protección de la cultura –tanto de la sociedad mayoritaria como de las diferentes minorías– es necesaria para garantizar el libre desarrollo de la personalidad de todas las

---

27 Parejo Alfonso (2013) resalta que todos los Estados tienen diferentes disposiciones normativas que regulan la política cultural porque esta materia es transcendental para todos los grupos sociales. Este autor señala expresamente: "Si la cultura es esencial, allí donde haya Estado, allí ha de haber –al menos potencialmente– política cultural. La cultura es, por tanto, una responsabilidad y un fin del Estado, lo que quiere decir un asunto público, que ha de ser atendido mediante el desarrollo del entero ciclo propio de su gestión (legislación y ejecución, básicamente). Se trata de una responsabilidad y un fin, y esto importa mucho resaltarlo, que no se circunscriben ni concretan, como de ordinario, a una materia o sector de la realidad, trascendiendo a cualquier materia o sector de la acción pública en calidad de dimensión inexcusable (al igual que sucede, por ejemplo, con el medio ambiente)" (p. 24).

personas. Por ende, se establece una serie de obligaciones a favor de la protección de los diferentes elementos que conforman la cultura.

La palabra *cultura* es utilizada por la CP en el artículo 2 para señalar que uno de los fines esenciales del Estado es la garantía del derecho a la participación ciudadana en materia cultural. El artículo 7 reconoce la importancia de la diversidad étnica y cultural del país. En sentido similar, el artículo 8 establece la obligación del Estado de proteger las riquezas culturales de la nación. El artículo 10 otorga al castellano y a las lenguas de las minorías el carácter de idiomas oficiales del Estado. El artículo 44 reconoce de forma expresa el derecho fundamental de los niños a la cultura. Los artículos 63 y 72 otorgan al Estado la propiedad exclusiva sobre el patrimonio arqueológico y otorgan a esos bienes el carácter de inalienables, imprescriptibles e inembargables. En materia educativa, los artículos 67 y 70 señalan que uno de los objetivos de la educación es garantizar el acceso a los valores culturales. El artículo 68 garantiza el derecho de los grupos étnicos a una formación educativa acorde con su identidad cultural. El artículo 70 establece el deber del Estado de promover y garantizar el acceso a la cultura, así como también menciona que el fundamento de la nacionalidad colombiana es la cultura en sus diversas manifestaciones. El artículo 71 reconoce el derecho a la libertad artística y cultural. Por su parte, el artículo 72 señala que el patrimonio cultural está bajo la protección especial del Estado. El artículo 95.8 advierte que es un deber ciudadano proteger los recursos culturales del país. En materia de organización territorial, los artículos 311 y 313.9 otorgan a los municipios competencia para defender el patrimonio cultural del orden local. En materia económica, el artículo 333 establece como límite a la iniciativa económica privada la defensa del patrimonio cultural.

Las diferentes disposiciones constitucionales en materia cultural reflejan la importancia que tuvo este tema para el Constituyente de 1991. Con las múltiples menciones a la cultura se pretende proteger valores constitucionales importantes como, por ejemplo, la libertad, la diversidad y el carácter plural de la sociedad colombiana (artículos 1 y 7 de la CP). El extenso número de disposiciones constitucionales que tienen relación con la cultura y el reconocimiento constitucional de la pluralidad y diversidad de la sociedad colombiana son el fundamento que ha permitido a la Corte Constitucional sostener, en varias de sus providencias, que en el país existe una verdadera "Constitución cultural"[28].

---

28   Sobre el reconocimiento de la existencia de una constitución con carácter cultural en Colombia, la Corte Constitucional señaló lo siguiente: "En efecto, es amplio el conjunto de normas constitucionales que protegen la diversidad cultural como valor esencial de nuestra Nación, de tal manera que dicho bloque

Una de las principales consecuencias del reconocimiento de la Constitución cultural[29] es la importancia que adquiere el derecho a la cultura, que incluso tiene el carácter de derecho fundamental. Este derecho es garantizado por la CP principalmente con la tríada de disposiciones en las que se impone al Estado los deberes de garantizar el acceso de todas las personas a la cultura, de garantizar la libertad de creación artística y el deber especial de proteger el patrimonio cultural de la nación (artículos 70, 71 y 72 de la CP). La importancia otorgada por el Constituyente a la cultura también explica la existencia del deber ciudadano de proteger la cultura (artículo 95.8) y de imponer al patrimonio cultural como uno de los límites del derecho a la libertad económica y de empresa (artículo 333 de la CP).

Es pertinente señalar que el derecho a la cultura adquiere connotaciones especiales en el caso de las minorías culturales, pues la CP expresamente señala que la diversidad étnica y cultural del país constituye un elemento importante de la identidad nacional. En consecuencia, varias disposiciones constitucionales garantizan a las minorías un derecho especial a la protección de su identidad cultural. Como se ha señalado, en el caso de los grupos étnicos el Estado tiene un deber reforzado de proteger sus culturas, obligación que incluye incluso la protección de las instituciones ancestrales.

---

normativo, que también se ha denominado por la doctrina como la Constitución Cultural, entiende la cultura como valor, principio y derecho que deben impulsar las autoridades" (Corte Constitucional, sentencia C-742 de 2006). Esta posición fue reiterada en las sentencias C-434 de 2010 y C-264 de 2014. En esta última providencia, la Corte adujo: "A diferencia del silencio que en materia de protección a la cultura guardó la Constitución de 1886, para el Constituyente de la Carta de 1991 la cultura se convirtió en un pilar social fundamental, lo que generó que su promoción y protección se consignaran en un amplio conjunto de normas de rango superior que tomadas en bloque conforman lo que la doctrina especializada y la jurisprudencia de esta Corte desde sus primeras sentencias ha denominado la Constitución Cultural" (Corte Constitucional, sentencia C-264 de 2014).

29 La Corte Constitucional colombiana explica, en la sentencia C-742 de 2006, que tomó la expresión Constitución cultural de Pizzorusso (1984). Este autor sostiene lo siguiente sobre este concepto: "Al lado del conjunto de principios que la Constitución dedica a las relaciones económicas deben situarse una serie de disposiciones de no menos trascendencia encaminadas a asegurar una protección básica a la vida humana considerada como valor en sí, al margen del uso que se haga de los recursos humanos en atención a fines políticos o económicos. Se da así entrada a una nueva dimensión de las garantías constitucionales cuyo núcleo esencial se halla en la protección de la libertad personal y de los demás derechos fundamentales vinculados de diversa manera a la misma y que se manifiesta, ante todo, en un conjunto de reglas generales tendentes a crear una situación que facilite lo más posible el ejercicio de las libertades individuales. En tanto que estas reglas generales, así como el principio de garantía de la persona y sus diversas especificaciones, encuentran su fundamento en una serie de opciones en las que se acepta un determinado modelo de cultura –y consiguiente rechazo de otros modelos contrapuestos–, parece oportuno integrar esta temática bajo la noción común de 'constitución cultural', destacando bajo esta rúbrica una dimensión distinta de la definida como 'constitución económica', por más que los nexos e interferencias entre una y otra problemática no sean en modo alguno infrecuentes" (p. 193).

Pese a que las disposiciones constitucionales no definieron el término *cultura*, de un estudio integral y sistemático de dichas normas se puede inferir razonablemente varios elementos que integran el concepto. Como advierte Santaella Quintero, la CP contiene unas disposiciones que reconocen unos elementos que son los parámetros que debe tener en cuenta el legislador en el momento de desarrollar la materia cultural[30]. No se puede desconocer la importancia otorgada por la CP a la protección de las culturas de las minorías o que los bienes que conforman el patrimonio arqueológico son propiedad de la Nación y que tienen las características de ser bienes inalienables, imprescriptibles e inembargables. También se debe tener en cuenta que la educación tiene como uno de sus fines la transmisión de los valores culturales o que la libertad de empresa y la propiedad privada pueden ser legítimamente limitadas en aras de la protección del patrimonio cultural.

En cumplimiento del deber de desarrollar la CP, el legislador colombiano, mediante la Ley 397 de 1997, Ley General de Cultura, estableció el marco de regulación general de esta materia. En esta ley, el concepto *cultura* es definido en términos similares a los empleados por la Unesco en el preámbulo de la Declaración Universal sobre la Diversidad Cultural. Es decir, el legislador acoge una definición de *cultura* como el conjunto de rasgos distintivos que caracterizan a los grupos humanos[31]. Esta es la única definición de *cultura* en el ordenamiento jurídico colombiano, pues las leyes que se han ocupado de materias específicas de la cultura, como la que regula el patrimonio cultural sumergido (Ley 1675 de 2013) o la tauromaquia (Ley 916 de 2004), no se ocuparon de definir en términos generales el concepto de *cultura*. Aunado a lo anterior, en las sentencias en que ha estudiado algún tema relacionado con la cultura la Corte

---

30   Santaella Quintero (2017) anota lo siguiente sobre la importancia de las disposiciones constitucionales para la definición legal del término *cultura* en Colombia: "La Constitución no ha definido qué es la cultura ni el patrimonio cultural, pero proporciona elementos suficientes para establecerlo: acota en términos abiertos el ámbito de lo cultural, define responsabilidades en relación con su custodia y fomento y señala cursos de acción que no pueden ser omitidos por el Estado ni por los particulares. En la nutrida constelación de artículos dedicados al tema se encuentran las bases fundamentales (teleológicas, materiales, orgánicas y operativas) del régimen jurídico de la cultura en Colombia; que resulta así enmarcado y materialmente determinado por las disposiciones constitucionales que lo prefiguran y vinculan y orientan la labor de desarrollo que en este frente se impuso al legislador y a las distintas autoridades administrativas (nacionales, departamentales y locales), al igual que la tarea de fiscalización de su cumplimiento encomendada a los jueces como responsables últimos de la efectividad de lo previsto" (p. 205).

31   Ley 397 de 1997. Artículo 1: "La presente ley está basada en los siguientes principios fundamentales y definiciones: 1. Cultura es el conjunto de rasgos distintivos, espirituales, materiales, intelectuales y emocionales que caracterizan a los grupos humanos y que comprende, más allá de las artes y las letras, modos de vida, derechos humanos, sistemas de valores, tradiciones y creencias".

Constitucional siempre parte de la definición de *cultura* establecida en la Ley General de Cultura[32]. En consecuencia, se puede afirmar que el ordenamiento jurídico colombiano adoptó una definición legal de *cultura* en que prevalece el criterio de los rasgos distintivos.

Para efectos del presente escrito, también se trabajará con la definición de *cultura* como rasgos distintivos. Lo anterior porque además de ser la establecida por el legislador colombiano, permite un estudio integral del fenómeno cultural, pues no se limita a los elementos culturales reconocidos oficialmente por el Estado, sino que posibilita la inclusión de fenómenos culturales que son desconocidos o negados por el establecimiento. Como se señaló en el apartado anterior, la cultura entendida como rasgos distintivos permite un estudio amplio del fenómeno cultural, lo cual da lugar al análisis jurídico de las manifestaciones culturales inconstitucionales y el tipo de comportamiento que debe tener el Estado respecto de ese tipo de expresiones.

III. EXCLUSIONES DE LA DEFINICIÓN JURÍDICA DE "CULTURA"

La definición jurídica de *cultura* adoptada en este trabajo se basa en el criterio de los rasgos distintivos de un grupo o comunidad social. Esta definición es reconocida por la Unesco en la Declaración Universal sobre la Diversidad Cultural de 2001 y por la Ley 397 de 1997, Ley General de Cultura. En este acápite se excluirá de esta definición algunos elementos que fácticamente pueden constituir rasgos distintivos de un grupo determinado, pero que no pueden ser catalogados jurídicamente como elementos culturales por las razones que se expondrán a continuación.

A. NATURALEZA

Desde las definiciones amplias de la antropología, la naturaleza es excluida del concepto de *cultura* porque esta última es considerada fundamentalmente un acto de creación humana, los rasgos no biológicos que caracterizan a la especie humana. El concepto jurídico de *cultura* como rasgos distintivos del grupo excluye a la naturaleza y a las demás cosas que no son producto de la fuerza o del ingenio humano porque la naturaleza no es un rasgo distintivo de los grupos,

---

32 Al respecto, véanse, entre otras, las siguientes sentencias: C-742 de 2006, SU-649 de 2017 y C-082 de 2020.

sino un factor externo al que se enfrentan. Si bien es cierto que algunos rasgos culturales del grupo dependerán de las condiciones ambientales, del sitio en que se encuentre ubicado, esa circunstancia no es suficiente para incluir a la naturaleza en el concepto jurídico de *cultura* porque con esta acepción se busca proteger ciertas creaciones humanas que con el paso del tiempo se convirtieron en rasgos distintivos de los grupos.

En contraste, el Derecho ambiental y los conceptos jurídicos que conforman este sistema, como el de medio ambiente, tienen como propósito garantizar unas condiciones biológicas mínimas que permitan a las personas desenvolver sus vidas en unas condiciones adecuadas[33]. No obstante, desde el Derecho ambiental, algunos autores han incluido a la cultura como parte del concepto jurídico amplio del medio ambiente. Así, por ejemplo, López Ramón y Velasco Caballero propusieron incluir a la cultura en la definición de medio ambiente porque consideran que los hombres se desenvuelven en un medio ambiente natural y cultural, subsistemas que se relacionan entre sí constantemente, por lo que se necesitaría una regulación uniforme de la materia[34]. En sentido similar, García de Enterría sostiene que las personas se desenvuelven tanto en un medio ambiente natural como en uno cultural, por lo que el autor denominó al binomio ambiente-cultura *medio ambiente humano*[35]. Lo anterior dio lugar a que un sector importante de la doctrina incluyera a la cultura como un elemento del Derecho ambiental.

Desde el ámbito del Derecho de la cultura, también existe un sector que incluye a algunos elementos del medio ambiente como parte de los conceptos *cultura* y *patrimonio cultural*. Por ejemplo, en el informe de la Comisión Franceschini (1966), muy importante en la construcción de los conceptos jurídicos de patrimonio y bien cultural, se señaló que los bienes ambientales eran parte de la categoría genérica de bien cultural. Con esa inclusión se pretendía unificar en una sola clasificación los distintos regímenes jurídicos de los bienes que la Comisión consideraba conformaban el patrimonio cultural italiano (arqueológicos,

---

33   No en vano Loperena Rota (1996) considera que el derecho al medio ambiente adecuado, figura capital del Derecho ambiental, constituye "[...] el derecho a usar y disfrutar de una biosfera con determinados parámetros físicos y biológicos de modo que pueda desarrollarse con la máxima plenitud nuestra persona" (p. 69).

34   López Ramón (1981) y Velasco Caballero (1994).

35   De forma expresa, García de Enterría (1983) detalla que "El artículo 45 de la Constitución [CE], es su párrafo primero 1, declara el derecho de todos a disfrutar de un medio ambiente adecuado para el desarrollo de la persona, así como el deber de conservarlo; aunque los párrafos siguientes se refiere al medio ambiente natural, en este medio ambiente, en su formulación general, debe incluirse, a mi juicio, no sólo el medio ambiente natural o ecológico, sino también el medio ambiente humano" (p. 581).

históricos, artísticos, archivísticos, documentales y ambientales). Comoquiera que el anterior informe tuvo una gran repercusión en la doctrina jurídica que se ocupa del Derecho de la cultura, los autores empezaron a incluir a la naturaleza y a algunos de sus elementos como parte de los conceptos jurídicos de cultura y de *patrimonio cultural*, puesto que algunos elementos naturales pueden representar ciertos rasgos de identificación del grupo. En el mismo sentido, en la Convención sobre el Patrimonio Mundial de 1972 la Unesco expidió un estatuto internacional de protección del denominado "patrimonio mundial", conformado por las subcategorías de bienes culturales y bienes naturales. Este hecho reforzaría la idea de que el medio ambiente y la naturaleza conforman junto a la cultura una sola categoría jurídica.

Con posterioridad a la publicación del Informe de la Comisión Franceschini (1966), Massimo Severo Giannini, integrante de dicha comisión, aclaró que antes de abordar la polémica sobre la posibilidad jurídica que tienen los bienes ambientales de conformar el patrimonio cultural se debe tener en cuenta la definición de *bien cultural* realizada por la Comisión. Esa definición condicionaba la inclusión en la categoría de bien cultural a las cosas que representan testimonios de civilización, por lo que se requiere que el hombre hubiese intervenido dichos elementos naturales. En consecuencia, para este autor solo pueden pertenecer a la categoría de bien cultural aquellos bienes ambientales sobre los que el hombre hubiese dejado una huella de civilización, es decir, aquellos elementos naturales modificados por el hombre en los cuales se puede advertir la presencia humana[36].

En el mismo sentido, Barrero Rodríguez sostiene que los bienes ambientales pueden ser considerados culturales únicamente cuando con su protección se pretende conservar los rastros de civilización humana presentes en ellos. En

---

36 Máximo Severo Giannini publicó "I beni culturali" en 1976 en la *Rivista Trimestrale di Diritto Pubblico*. Aquí se seguirá la traducción al español de este artículo, realizada en el 2005 por Isabel Gallego Córcoles y publicado en la Revista Patrimonio Cultural y Derecho. Sobre el punto en cuestión, este autor dice: "No obstante, precisamente frente a la clasificación sugerida surge la pregunta: ¿cómo y por qué los bienes ambientales se califican como bienes culturales? Si estos últimos son testimonio de los valores de la civilización, siendo la civilización el modo de vida de los grupos, y por tanto de los hombres que componen dichos grupos, cualquier objeto, incluso compuesto, en el que no intervenga la obra del hombre, debería considerarse que queda fuera del ámbito conceptual de bien cultural. Por ello, entre todos los bienes ambientales, se podría incluir los bienes de tipo urbanístico, y, dentro los bienes de tipo natural, los de la letra c, paisajes artificiales. Precisamente, partiendo del concepto de civilización, se podría incluso decir que estos objetos son los bienes culturales por excelencia, ya que son notables obras de grupo, permaneciendo prácticamente en el anonimato los autores de las intervenciones y de los cambios y sin dueño cada uno de los objetos o combinaciones de valía que componen el conjunto urbano o natural" (Giannini, 2005, p.18).

contraste, cuando los elementos naturales se protejan por su valor biológico no podrán integrar los conceptos jurídicos de *cultura* y *patrimonio cultural*, dado que no representan ningún valor de contenido cultural[37]. Se comparte dicha postura porque permite entender las razones que justifican la exclusión de la naturaleza del concepto jurídico de *cultura*, sin desconocer que en ciertos casos algunos elementos naturales modificados por el hombre, como los jardines o los paisajes agrícolas, pueden ser considerados culturales ya que representan rasgos distintivos del grupo. Al respecto, no es baladí que el legislador colombiano en la definición jurídica de patrimonio cultural hubiese incluido el paisaje cultural. En los casos reseñados, lo que otorga el carácter de cultura a algunos bienes ambientales son las modificaciones humanas que han dado lugar a que el bien adquiera el valor de rasgo distintivo del grupo y no la importancia ambiental del bien u objeto.

La asimilación general de los conceptos jurídicos de *cultura*, *patrimonio cultural*, *naturaleza* y *medio ambiente* desconoce el hecho de que estos conceptos son estudiados y abordados por ramas jurídicas distintas e independientes, que tienen finalidades diferentes (Derecho de la cultura y Derecho ambiental). En efecto, el Derecho de la cultura busca la adecuada protección de los hechos, actos, manifestaciones y obras de los seres humanos que han adquirido la particularidad de convertirse en rasgos distintivos de los diferentes grupos sociales. Lo anterior con el fin de permitir a las personas disfrutar de un mayor número de posibilidades y opciones para desarrollar sus diferentes planes de vida. Como sostiene Dworkin (2012), "la situación de la gente es mejor cuando las oportunidades que le ofrece su cultura son más complejas y más variadas" (p. 289). Por su parte, el Derecho ambiental tiene por objeto la regulación de los comportamientos humanos que puedan afectar gravemente el entorno natural. Lo anterior con la finalidad de garantizar un ambiente natural que permita un adecuado desarrollo biológico de la vida humana.

No es baladí que la CP regule estas dos materias de forma diferente y que distinga entre estos dos términos cuando se mencionan en la misma disposición constitucional. Por ejemplo, el derecho general a la cultura fue reconocido

---

37 Expresamente la autora aduce: "Si el valor cultural que nuestra norma fundamental protege existe o es predicable de aquellos bienes que incorporan una referencia a la historia de la civilización, los bienes ambientales podrán ser considerados como tales en la medida en que ostenten tal cualidad, en la medida en que sean relevantes para el conocimiento de "los modos de vivir, pensar y sentir de los hombres" en épocas pasadas, cuando, por el contrario, nos hallemos ante bienes en los que el valor o interés que los hace dignos de preservación y custodia es un elemento puramente natural, estaremos fuera de la órbita del interés cultural y fuera, en consecuencia, de la noción de patrimonio cultural" (Barrero Rodríguez, 1990, pp. 190-191).

principalmente en la tríada de garantías y deberes establecida en los artículos 70, 71 y 72, que reconocen el derecho a la libertad artística, el acceso a la cultura y el deber del Estado de proteger el patrimonio cultural; mientras que los derechos ambientales fueron reconocidos primordialmente en los artículos 79 y 80. La distinción realizada por el constituyente permite inferir que, desde el punto de vista constitucional, estas dos materias forman temas independientes y autónomos. En este sentido, cuando la Corte Constitucional ha advertido que en Colombia se puede sostener la existencia de una Constitución Ecológica y de una Constitución Cultural, sustenta la existencia de estas dos construcciones teóricas en diferentes disposiciones constitucionales[38].

La Corte Constitucional diferenció de forma categoría, en la sentencia C-666 de 2010, los conceptos jurídicos de *cultura* y *medio ambiente*. De hecho, en esta providencia estos dos conceptos entraron en una fuerte tensión, pues el tribunal constitucional tuvo que estudiar una demanda de inconstitucionalidad contra una disposición que exceptuaba del deber de protección animal a las corridas de toros, las novilladas, las corralejas y las riñas de gallos. Para resolver el caso, la Corte advirtió que existía una tensión entre los deberes constitucionales de protección animal y de protección de las manifestaciones culturales.

El tribunal constitucional, para llegar a la conclusión de que la CP consagra un deber de protección animal, analizó el concepto jurídico de *medio ambiente*. Este estudio le permitió llegar a la conclusión de que el medio ambiente está integrado por las subcategorías flora y fauna presentes en el territorio nacional[39]. En consecuencia, el deber de protección animal tiene sustento en las disposiciones constitucionales que establecen la protección al medio ambiente dado que la fauna forma parte de esta categoría. Luego de esta conclusión, realizó un estudio detallado del concepto jurídico de *cultura*. De este nuevo estudio, advirtió que el deber de protección animal puede entrar en tensión con ciertas manifestaciones con carácter cultural que implican maltrato animal, como la tauromaquia[40].

---

38 Sobre la existencia de una verdadera constitucional cultural en la CP, véanse las siguientes sentencias de la Corte Constitucional: C-742 de 2006, C-434 de 2010 y C-264 de 2014. Para un análisis del concepto Constitución ecológica o verde, véanse los siguientes fallos de la Corte Constitucional: T-411 de 1992, C-431 de 2000, C-671 de 2001, T-1085 de 2012 y SU-842 de 2013. Sobre este último concepto, también puede consultarse a Amaya Navas (2016).

39 "Es claro, que el concepto de medio ambiente que contempla la Constitución de 1991 es un concepto complejo, en donde se involucran los distintos elementos que se conjugan para conformar el entorno en el que se desarrolla la vida de los seres humanos, dentro de los que se cuenta la flora y la fauna que se encuentra en el territorio de Colombia" (Corte Constitucional, sentencia C-666 de 2010).

40 Esta tensión fue descrita de la siguiente manera: "En el presente caso, como se concluyó anteriormente, el fundamento de la permisión de maltrato animal en el desarrollo de ciertas actividades radica en que se trata de manifestaciones culturales con arraigo social en ciertas regiones del territorio nacional.

La distinción realizada entre *medio ambiente* y *cultura* por la Corte Constitucional permite sostener que en el ordenamiento jurídico colombiano estos dos conceptos son independientes y pueden dar lugar a fuertes tensiones. El caso objeto de análisis fue resuelto en esta providencia parcialmente a favor de las manifestaciones culturales, pues se declaró exequible la disposición que autoriza la realización de los espectáculos culturales que implican maltrato animal. Sin embargo, la Corte condicionó esta declaratoria a la imposición de varias limitaciones para estos espectáculos como, por ejemplo, la prohibición de financiamiento público[41].

La diferenciación realizada por la Corte Constitucional entre *cultura* y *medio ambiente* permite sostener que en Colombia la naturaleza no forma parte del concepto jurídico de *cultura*. En el ordenamiento jurídico colombiano existen dos ramas diferentes y especializadas encargadas de la regulación de estos conceptos. Por un lado, el Derecho de la cultura se ocupa del tema cultural y para esta rama la naturaleza solo tiene importancia cuando ha sido modificada por el hombre y fruto de esa intervención se crean algunos elementos artificiales que identifican al grupo, como los jardines y paisajes. Por otro lado, el Derecho del medio ambiente se ocupa de regular la protección de los elementos de la naturaleza, independientemente de que representen un rasgo distintivo para una comunidad. Para esta rama, los recursos ambientales se deben proteger cuando se requiere su conservación para garantizar las condiciones biológicas necesarias para el desenvolvimiento de la vida humana.

B. INSTITUCIONES POLÍTICAS, JURÍDICAS Y ECONÓMICAS

Para la antropología las instituciones políticas, jurídicas y económicas creadas por el ordenamiento jurídico son rasgos distintivos de los diferentes grupos y,

---

Sin embargo, es necesario armonizar dichas manifestaciones culturales con el deber de protección animal que, como antes se concluyó, tiene también rango constitucional en el ordenamiento jurídico colombiano" (Corte Constitucional, sentencia C-666 de 2010).

41   Esta providencia es muy importante porque por primera vez la Corte advirtió que ciertas manifestaciones culturales pueden representar valores contrarios a los establecidos en la CP. Para el tribunal constitucional, estas manifestaciones no pueden ser prohibidas porque no ocasionan daños a terceras personas. Pero como representan valores contrarios a los establecidos en la CP, el Estado no debe promoverlas ni patrocinarlas. Sobre este punto en particular, la Corte sostuvo: "Con fundamento en lo anterior, respecto de estas precisas actividades y de cualquiera que involucre maltrato animal se concluye que el Estado podrá permitirlas cuando se consideren manifestación cultural de la población de un determinado municipio o distrito, pero deberá abstenerse de difundirlas, promocionarlas, patrocinarlas o cualquier otra forma de intervención que implique fomento a las mismas" (Corte Constitucional, sentencia C-666 de 2010).

por ende, hacen parte de los elementos culturales de esas comunidades. A su vez, desde el ámbito jurídico algunos autores, como Häberle, sostienen que los textos constitucionales reflejan la cultura y los valores sociales predominantes en un preciso momento histórico. Para este autor, las constituciones son conquistas culturales en las que se plasman los avances y el estado cultural de una determinada nación[42]. Lo anterior podría llegar a la conclusión de que el Derecho y las instituciones políticas y económicas forman parte del concepto jurídico de *cultura*, ya que tiene la potencialidad de constituir rasgos distintivos del grupo.

Pese a la potencialidad fáctica que tienen las instituciones y el Derecho de adquirir el carácter de rasgos distintivos, se deben descartar del concepto jurídico de *cultura* porque una definición amplia de esta naturaleza, que abarque todo el ordenamiento jurídico, desbordaría la capacidad y pertinencia de tal concepto. Como resalta Vaquer Caballería (1998), "Una definición que incluya en la cultura sin mayor acotación todas las costumbres, la moral social y el derecho, así como las técnicas industriales, por ejemplo, imposibilitaría hablar de ordenamiento cultural –que vendría entonces a coincidir prácticamente con el ordenamiento jurídico entero–" (p. 92). En efecto, según el autor citado, las instituciones políticas, jurídicas y económicas, aunque pueden constituir rasgos distintivos de un determinado grupo social, no deben estar incluidas en la definición jurídica de *cultura* porque esto crearía un concepto que abarcaría todo el ordenamiento, lo cual sobrepasaría la capacidad y utilidad jurídica del término *cultura*.

Por su historia y tradición, algunas instituciones políticas, económicas y hasta ciertas cartas políticas pueden llegar a tener el carácter de rasgos distintivos de un determinado grupo. Un caso es la Constitución de los Estados Unidos de América de 1787, una norma jurídica que tiene un innegable carácter de rasgo distintivo de esa nación porque, además de ser la primera constitución moderna en la historia, sirvió de guía y marco de referencia para la consolidación de ese país. Sin embargo, las constituciones y las instituciones no deben incluirse en

---

42 Sobre este punto Häberle (2000) expresa: "La Constitución es pues, sobre todo, expresión viva de un *statu quo* cultural ya logrado que se halla en permanente evolución, un medio por el que el pueblo pueda encontrarse a sí mismo a través de su propia cultura; la Constitución es, finalmente, fiel espejo de herencia cultural y fundamento de toda esperanza" (p. 145). En el mismo sentido, este autor sostiene: "La Constitución no es pues solamente un documento jurídico o un 'código de leyes', sino sobre todo una expresión de desarrollo cultural de un Estado, una representación propia del pueblo, un reflejo de su herencia cultural y, también, una muestra clara de esperanzas e ilusiones. Una Constitución viva, como fruto de la labor de todos los intérpretes constitucionales de la sociedad abierta, es, tanto formal como materialmente, si cabe es su máximo exponente, medio y expresión de la cultura, un marco de producción y reproducción cultural y, asimismo, medio de recepción y resultado de los 'testimonios', los conocimientos, las experiencias y las vivencias constitucionales trasmitidas a través de la tradición" (Häberle, 2012, p. 107).

el concepto jurídico de *cultura* porque siempre deben ser susceptibles de reforma o incluso de derogación, si las exigencias cambiantes del tráfico social lo requieren. En contraste, los bienes y manifestaciones incluidos en el concepto jurídico de *cultura* deben protegerse, conservarse y promocionarse, siempre que no representen valores contrarios a los establecidos en la Constitución.

Por otra parte, la exclusión de las instituciones también se puede sustentar en el objeto de cada una de las ramas del Derecho. En tanto que el Derecho de la cultura se encarga de regular la protección y promoción de los bienes y de las manifestaciones que representan los rasgos distintivos del grupo, las instituciones políticas y económicas son las encargadas de dirigir la vida en sociedad y las transacciones económicas, asuntos que son ajenos al contenido del Derecho de la cultura.

Únicamente en el contexto de las minorías culturales se puede incluir a las instituciones como elementos culturales, pues estas son fundamentales para la conservación de la identidad de esos grupos. Por ende, las políticas públicas de protección de la cultura de las minorías pueden válidamente incluir dentro de sus objetivos la salvaguardia de las instituciones tradiciones. Sin embargo, el argumento que permite catalogar a las instituciones de las minorías étnicas como culturales no es trasladable al régimen jurídico del grupo mayoritario porque este no tiene amenazada su identidad cultural.

En definitiva, en el concepto amplio de *cultura* como rasgos distintivos del grupo no se debe incluir a la naturaleza ni a las instituciones jurídicas, políticas o económicas, ya que estos elementos tienen unos objetivos diversos a los propósitos de conservación y protección propios del derecho de la cultura. Además, otras áreas jurídicas se ocupan de la regulación de estos elementos e instituciones como el derecho constitucional o administrativo.

IV. LA MORAL COLECTIVA COMO HECHO CULTURAL

Las relaciones entre la cultura y la moral son fuertes, pues la moralidad compartida de los miembros de la comunidad dará lugar a las manifestaciones que pueden adquirir el carácter de rasgos distintivos del grupo. Sin embargo, para poder responder adecuadamente a la cuestión acerca de si la moral puede estar incluida en el concepto jurídico de cultura es conveniente diferenciar entre la moral individual y la moral colectiva. La primera modalidad se presenta como una relación entre la persona y su conciencia, relación mediante la cual los individuos adquieren un sistema de valores que les permite establecer de forma subjetiva los comportamientos considerados justos e injustos. En este caso la moralidad individual no puede ser considerada parte de la cultura porque la relación es un hecho íntimo que se produce en el interior de cada persona. El Derecho no puede abarcar la relación subjetiva entre las personas y los imperativos morales dictados por la conciencia, pues es algo personal e inabarcable para la ciencia jurídica. La relación interna entre la persona y su conciencia no es susceptible de ningún tipo de regulación legal y, en consecuencia, no puede estar incluida en el contenido del concepto jurídico de *cultura*.

La relación subjetiva entre las personas y los imperativos de la conciencia es expresada por los individuos a través de decisiones y comportamientos externos. Estos sí son susceptibles del control por parte del ordenamiento jurídico y pueden constituir, por ejemplo, una causal para la exoneración del cumplimiento de ciertos deberes legales como la prestación del servicio militar obligatorio. Lo anterior implica que la moral tiene una faceta pública que se presenta cuando las personas exteriorizan los comportamientos dictados por sus creencias y convicciones. Una expresión pública de esta naturaleza puede llevar a que un determinado sistema moral sea compartido por la mayoría de la sociedad. La moral colectiva es, entonces, la suma de morales individuales de los particulares. Algunos comportamientos externos, independientemente de lo establecido por el ordenamiento jurídico, son aceptados o rechazados por un sector importante de la población y este hecho deber ser tenido en cuenta por el Derecho.

La protección jurídica de la moral colectiva de un determinado grupo ha dado lugar a uno de los grandes debates de la filosofía política entre el liberalismo y ciertos sectores conservadores que abogan por la protección jurídica de la moral. La postura del sector conservador ha sido sostenida por algunos autores, como Stephen (1993)[43] y Devlin (2010)[44], que consideran que el Estado debe proteger la moral colectiva del grupo por ser el lazo que mantiene unida la sociedad[45]. Para este sector, se debe establecer como delitos algunos comportamientos que atentan contra la moralidad colectiva, aunque no afecten directamente a terceras personas.

---

[43] James Fitzjames Stephen escribió *Liberty, Equlity, Fraternity* en 1873 como una réplica a la teoría de la libertad expuesta por Mill. En el presente escrito se trabajará con una reedición de este clásico publicada por Liberty Fund en 1993.

[44] Pactrick Devlin publicó en 1965 *The Enforcement of Morals*, en el presente escrito se trabajará con la traducción al español realizada por Miguel Ángel Ramiro Avilés y Andrea Rodríguez Liboreiro, titulada *La imposición de la moral* y publicada en el 2010.

[45] La justificación que Devlin (2010) aduce para la defensa de la moral colectiva mediante el derecho penal es la siguiente: "Sin embargo, el verdadero principio es aquel que afirma que el fin del Derecho es la protección del individuo frente al daño, la molestia, la corrupción o la explotación, sino que necesita proteger también las instituciones y las comunidades de ideas políticas y morales, sin las cuales las personas no pueden vivir en comunidad. La sociedad tiene que tener la moralidad del individuo como su lealtad. La sociedad necesita de ambos para florecer y perece si le falta alguno" (p. 71).

Por su parte, el liberalismo político desde Mill sostiene que la única razón que justifica la prohibición de los comportamientos humanos es que estos causen daños a terceras personas[46]. Aunque el liberalismo reconoce la importancia de la moral social compartida que ayuda a cohesionar a las comunidades, se opone a que el Estado imponga una moral determinada y establezca penas contra los comportamientos que atentan contra dicha moral común. Para Hart (2006)[47], se debe rechazar la imposición de la moral porque ese hecho impediría que se produzcan cambios sociales y culturales significativos promovidos por sectores que conforman la moral crítica de la sociedad[48].

Se comparte la postura del liberalismo porque la protección de la moral colectiva mediante el uso del Derecho penal es un obstáculo para los cambios sociales. La protección excesiva de la moral social impediría que la moral crítica se pueda convertir en moral positivizada. La defensa coercitiva de la moral social atenta también contra la conciencia, la dignidad y el libre desarrollo de las personas, pues impone unos comportamientos determinados que no permiten el desenvolvimiento en condiciones de libertad. No obstante, la no protección de la moral colectiva mediante el Derecho penal no pretende desconocer el hecho de que la cultura y la moral tienen una profunda conexión. De acuerdo con Parekh (2005), "que la moralidad forma parte de la cultura se hace evidente cuando se contempla la forma en que las costumbres, las ceremonias y los rituales encarnan y dan sentido a los valores morales" (p. 221). Es innegable que existen estrechos vínculos entre la moral y ciertos comportamientos culturales que provienen de ella.

Así pues, determinados hechos, manifestaciones y comportamientos que tienen origen en la moral colectiva son a su vez manifestaciones culturales y conforman el concepto jurídico de cultura, pues adquieren el carácter de rasgos distintivos del grupo. El reconocimiento de los hechos provenientes de la moral colectiva como culturales no implica tomar una postura a favor de la protección

---

46 John Stuart Mill publicó *On Liberty* en 1858, obra que rápidamente alcanzó el nivel de clásico de la literatura sobre filosofía política. Para el presente trabajo, se tomó una traducción realizada por Pablo de Azcárate, publicada por la Editorial Alianza en el 2013.

47 H. L. A. Hart publicó en 1963 *Law, Liberty and Morality*. En el presente escrito se trabajará con la traducción al español realizada por Miguel Ángel Ramiro Avilés, titulada *Derecho, libertad y moralidad* y publicada en el 2006.

48 Es importante tener en cuenta la diferenciación propuesta por Hart (2006) entre moral crítica y moral positiva. En efecto, la moral positiva es la reconocida por el derecho, las pretensiones morales positivizadas en normas jurídicas. Por su parte, la moral crítica son los principios y valores no reconocidos formalmente por el ordenamiento jurídico pero que son aceptados por un sector importante de la sociedad. Esta moral crítica en muchas ocasiones es el motor del cambio social y termina por ser reconocida por el Derecho. En este evento, la moral crítica ser convierte en positivizada.

por parte del Estado de esas manifestaciones, pues en cada caso se deberá determinar si son acordes con los valores y principios constitucionales. Es decir, se descarta la protección de la moral colectiva mediante el uso del Derecho penal, aunque se reconoce que ciertos comportamientos morales pueden adquirir el rango de culturales. A su vez, el carácter cultural no da lugar a una protección automática por parte del Estado, pues en todos los casos se deberá determinar si ese comportamiento se corresponde con lo estipulado en la Constitución.

En algunos casos, como anota Peces-Barba Martínez (1995), la moral es reconocida por el ordenamiento jurídico, fenómeno que este autor denominó paso de la moral crítica a la moral legalizada. En este evento de reconocimiento jurídico de la moral no se está ante un hecho cultural propiamente dicho sino jurídico, dado que el factor importante no es el rasgo distintivo o valor que representa el hecho o principio moral sino su reconocimiento jurídico por parte del constituyente o del legislador. Por ende, los principios morales reconocidos por el ordenamiento deberán ser estudiados como normas jurídicas y no como manifestaciones culturales. Según afirma Vaquer Callería (1998), "[e]xcluimos la moral como contenido de la cultura porque los valores morales, cuando se les reconoce identidad jurídica, pasan a ser fuente del Derecho (normas jurídicas) y no objeto del mismo" (p. 100).

En resumen, la moral individual no puede estar incluida en el concepto jurídico de *cultura* porque aquella se manifiesta como una relación íntima y subjetiva entre la persona y su conciencia. En cambio, los bienes, las manifestaciones y los valores que tienen su origen en la moral colectiva de la sociedad forman parte del contenido del concepto jurídico de *cultura* porque constituyen rasgos distintivos del grupo. Sin embargo, cuando dichos valores morales son positivizados por el constituyente o el legislador, se convertirán en reglas y principios jurídicos.

V. LA RELIGIÓN COMO HECHO CULTURAL

Para la antropología y otros sectores que sostienen un concepto amplio de *cultura*, el fenómeno religioso es un elemento importante de la cultura. Sobre este punto, Llamazares Fernández y Llamazares Calzadilla (2011a) sostienen que "La religión es una forma de cultura o parte de la cultura. Una y otra tienen su fuente en la conciencia. Una y otra forman parte de la identidad individual y colectiva" (p. 13). En relación con esta cuestión, es importante tener en cuenta que el legislador colombiano acogió una definición de *cultura* que incluye el sistema de tradiciones, valores y creencias. Lo anterior permite plantearse de forma razonable lo siguiente: ¿es el fenómeno religioso una manifestación comprendida por el concepto jurídico de *cultura*?

Para resolver la cuestión planteada es necesario separar la religión como acto de fe de la religión como un hecho histórico y artístico. En el primer caso, la religión debe ser entendida como una relación entre la persona y un ser superior trascendente. En esta circunstancia, el fenómeno religioso no debe ser incluido dentro del concepto de *cultura* porque se manifiesta como una relación subjetiva, como un acto de fe entre la persona, los dictados de su conciencia y un ser superior que justifica su sistema moral. Como sostiene Vaquer Caballería, la religión como acto de fe no debe ser un elemento del contenido jurídico de la cultura porque es un asunto interno que ocurre en la conciencia de cada persona[49]. De forma similar al hecho de que el Estado no puede interferir en la relación subjetiva entre las personas y sus dioses, la definición jurídica de *cultura* no debe abarcar el fenómeno religioso como acto de fe porque es un acto íntimo de cada individuo.

El fenómeno religioso también tiene una dimensión externa, situación que ocurre cuando las personas deciden realizar actos públicos en los que proyectan sus creencias religiosas. Esas manifestaciones en muchas ocasiones dan lugar a la creación de cosmovisiones religiosas del mundo. Estas cosmovisiones constituyen un sistema colectivo y organizado de creencias que da lugar a la creación de diversos bienes y manifestaciones artísticas como, por ejemplo, los rituales. En este caso, para poder establecer qué elementos del fenómeno religioso pueden ser comprendidos por el concepto jurídico de *cultura* es necesario diferenciar entre el acto colectivo que da lugar a la creación de organizaciones religiosas y los bienes y manifestaciones realizados como consecuencia de los dogmas de esas organizaciones.

En efecto, el fenómeno religioso entendido como hecho histórico y social que da lugar a la creación de organizaciones religiosas no debe ser incluido en el concepto jurídico de *cultura* porque la circunstancia de que una o varias organizaciones puedan tener carácter cultural puede generar la apariencia de que son las religiones oficiales del Estado. En esta medida, al reconocer el carácter cultural a la organización religiosa se pone en riesgo el deber de separación, pues la organización, invocando su carácter cultural, podría solicitar al Estado la concesión de prerrogativas y privilegios que la pondrían en una situación de ventaja respecto de otras organizaciones. Por tanto, las organizaciones religiosas no deben ser reconocidas como instituciones con carácter cultural[50].

---

49   Sobre este punto, Vaquer Caballería (1998) afirma: "La religión tiene sin dudas múltiples adherencias culturales y es también fuente de manifestaciones culturales (el arte sacro, o la teología son ejemplo de ello), pero es en esencia un fenómeno de fe, como tal no reconducible a las dimensiones intelectual y estética del hombre" (p. 100).

50   Desde la expedición de la CP la Iglesia católica no tiene el carácter de Iglesia oficial del Estado colombiano.

La exclusión de las organizaciones religiosas del concepto jurídico de *cultura* no desconoce la circunstancia en la que la pertenencia de la mayoría de la población de un Estado a una determinada organización es un hecho histórico y social que puede dar lugar a que la cosmovisión específica de una organización sea reconocida como uno de los rasgos distintivos de la comunidad. Por ejemplo, España, Italia o la mayoría de los países latinoamericanos se caracterizan por ser sociedades mayoritariamente católicas, hasta el punto de ser internacionalmente reconocidos como Estados católicos. En este caso, aunque la Iglesia católica sea la organización religiosa histórica y mayoritaria, no debe ser reconocida como una institución cultural porque este hecho le otorgaría ciertas prerrogativas que la pondrían en ventaja frente a otras organizaciones religiosas, lo cual desconocería el principio de laicidad y el deber de tratar de forma igual a todas las organizaciones religiosas.

En el ejemplo propuesto la pertenencia histórica de la mayoría de la población al catolicismo en países como España o Colombia es un hecho histórico y social que puede dar lugar a que uno de los rasgos distintivos de esas sociedades sea su estrecha vinculación con los dogmas de esa organización religiosa. En estos países, los valores y tradiciones religiosas han adquirido tal grado que

---

Sin embargo, varias leyes expedidas después de su entrada en vigor han pretendido asociar al Estado a diferentes celebraciones de esa organización religiosas. Así, por ejemplo, la Corte Constitucional en la sentencia C-817 de 2011 estudió una demanda de inconstitucionalidad contra una ley que había vinculado al Estado a la conmemoración de los 50 años de la fundación de la diócesis del municipio del Espinal (Tolima). En esta providencia, la Corte señaló que el hecho de que la Iglesia católica fuera la mayoritaria y la tradicional de la sociedad colombiana no justificaba su reconocimiento como organización cultural. Expresamente sobre este punto, advirtió: "El pluralismo religioso implica reconocer y proteger todas las expresiones de culto, al igual que aquellas agnósticas o que defienden el ateísmo, pues todas ellas son válidas dentro de una sociedad democrática. Este reconocimiento debe realizarse con abstracción de particularidades culturales o poblacionales, pues lo contrario pondría en riesgo la vigencia de los derechos constitucionales de las personas o comunidades que adoptan una opción minoritaria. Por ejemplo, es también claro que la familia patriarcal o la promoción de la heterosexualidad son prácticas que sin duda se encuadran dentro de lo que algunos definen como 'tradición'. Igualmente, la población colombiana mestiza demográficamente supera con creces a la indígena o la afrodescendiente. Con todo, estas razones no pueden servir de base para que el Estado Constitucional deje de estar comprometido con la defensa de las minorías conformadas por mujeres, homosexuales, indígenas y afrocolombianos, precisamente porque de no hacerlo, a partir del reconocimiento de esas prácticas tradicionales, negaría sus derechos y libertades en pos del mantenimiento de la comprensión de lo que debe ser la sociedad para la mayoría. Esta es la razón por la cual la jurisprudencia constitucional asume el criterio de discriminación histórica como parámetro para la protección especial por parte del Estado de determinadas categorías de personas y comunidades. Estas consideraciones son aplicables *mutatis mutandis* a quienes, haciendo parte de una minoría en el país, ejercen un credo distinto al católico o no ejercen ninguno. Vincular a la religión católica a una tradición constitucionalmente protegida, en razón de sus vínculos culturales, significaría excluir a dichas minorías de la protección estatal" (Corte Constitucional, sentencia C-817 de 2011).

permiten identificar a esos grupos sociales como católicos[51]. En este caso ni la Iglesia católica ni su cosmovisión pueden ser incluidas en el concepto jurídico de *cultura*, pues podría dar lugar a situaciones de ventaja a favor de esa organización o sus dogmas.

La exclusión de las organizaciones religiosas del concepto de *cultura* no implica desconocer que ciertos bienes y manifestaciones que tienen origen en esas asociaciones podrán ser reconocidos como culturales cuando cuenten con un innegable valor histórico y social que les permita constituir un rasgo distintivo. En este caso la separación no se pone en riesgo porque se protege a una manifestación o bien en concreto, independientemente de su origen religioso. El bien o la manifestación para que pueda adquirir el carácter de cultura debe tener la capacidad de constituir un rasgo distintivo del grupo. Así, por ejemplo, un ritual religioso realizado de forma colectiva por varias personas, en un determinado municipio, no podrá obtener el carácter de cultura hasta que dicha manifestación adquiera la calidad de rasgo distintivo de esa comunidad. El municipio o localidad debe ser reconocido por ser el lugar donde se celebra la ceremonia religiosa; las personas, independientemente de que compartan o no esa manifestación, identificarán el acto como parte de los elementos distintivos de la comunidad. Si el ritual religioso no logra convertirse en un rasgo característico del grupo, será una simple manifestación de la libertad de religión en su ámbito colectivo, pero no constituirá un elemento de identificación de la comunidad y, en consecuencia, no podrá ser catalogada como una manifestación cultural.

El concepto jurídico de *cultura* admite que ciertos bienes y manifestaciones de interés religioso puedan ser considerados culturales si constituyen rasgos que caracterizan al grupo. Aun así, el hecho de que algunas manifestaciones religiosas tengan el carácter de culturales no implica que el Estado deba protegerlas, ya que en algunos casos estas pueden representar valores que no son acordes con los principios constitucionales. Que ciertos actos y manifestaciones religiosas provenientes de una organización en particular constituyan un rasgo cultural y, en consecuencia, sean parte de la cultura mayoritaria no significa automáticamente que la expresión cultural de interés religioso deba ser protegida por

---

51   En este sentido, Tejón Sánchez (2008) sostiene que la visión del mundo religiosa debería estar comprendida por el concepto jurídico de cultura, siempre y cuando, no sea entendida como un acto de fe sino como una cosmovisión. La autora mencionada aduce que "la religión, entendida como cosmovisión religiosa y no simplemente como acto de fe, puede quedar incluida en el contenido de la 'cultura', en la medida que dicha cosmovisión, como elemento de la personalidad del individuo, incide altamente en su percepción de la realidad y su comportamiento, además de permitirle identificarse como un miembro de un grupo determinado" (p. 73).

el ordenamiento jurídico. Como se señaló, existen tres tipos de manifestaciones culturales: las contrarias a la Constitución, las que no son evidentemente contrarias a la Constitución y las manifestaciones que son acordes con los principios y valores constitucionales. Según el lugar en que sea clasificada la manifestación cultural religiosa, dependerá el régimen jurídico y su protección como elemento cultural.

En síntesis, el hecho religioso podrá adquirir el carácter de cultural y, en consecuencia, estar incluido en el concepto jurídico de *cultura* cuando las manifestaciones o los bienes de interés religioso obtengan el carácter de rasgos distintivos del grupo. De lo anterior debe excluirse a las organizaciones religiosas, ya que en su calidad de personas jurídicas no pueden alcanzar el carácter de culturales, así sean las históricas, tradicionales y mayoritarias. El Derecho de la cultura protege al hecho cultural y no a la institución en el que tuvo su origen.

VI. LOS CONCEPTOS JURÍDICOS DE "PATRIMONIO CULTURAL" Y DE "BIEN CULTURAL"

Uno de los problemas para poder establecer el objeto y alcance jurídico de la expresión "patrimonio cultural" tiene su origen en la dispersión de términos utilizados para referirse a este concepto. Con frecuencia las diferentes leyes y constituciones, cuando van a establecer las bases para la protección de la cultura, se refieren indistintamente a términos como monumentos, obras, antigüedades, patrimonio histórico o patrimonio artístico. Por ejemplo, el artículo 46 de la CE se refiere al patrimonio histórico, cultural y artístico de los pueblos de España[52]. Para Prieto de Pedro, el empleo de la expresión "patrimonio histórico artístico" es una reminiscencia del ordenamiento jurídico español que se explica porque los primeros regímenes de protección en ese país solo abarcaban los bienes catalogados como históricos o artísticos. Sin embargo, este autor señala la insuficiencia de estos términos para comprender todos los elementos que tienen actualmente el carácter de culturales[53]. Para ajustar este artículo a los nuevos elementos culturales, Tejón Sánchez propone que el artículo 46 de la CE sea interpretado de

---

52 CE. Artículo 46: "Los poderes públicos garantizarán la conservación y promoverán el enriquecimiento del patrimonio histórico, cultural y artístico de los pueblos de España y de los bienes que lo integran, cualquiera que sea su régimen jurídico y su titularidad. La ley penal sancionará los atentados contra este patrimonio".

53 Al respecto, Prieto de Pedro (1991) sostiene: "Pues bien, aun a pesar de la vocación abierta que hemos advertido en los adjetivos 'históricos' y 'artístico', éstos mostraran dificultades para dar adecuada cobertura conceptual a los nuevos contenidos y perspectivas inherentes al concepto antropológico de cultura, que quedan mejor expresados por la locución 'patrimonio cultural'" (p. 1559).

una forma amplia en la que los vocablos "histórico" y "artístico" solo sean dos ejemplos del contenido del concepto *patrimonio cultural*[54].

También existe cierta controversia acerca de si los patrimonios paleontológico, arqueológico, etnográfico, bibliográfico, archivístico, etc., son especies que conformaban el gran género denominado *patrimonio cultural* o si cada uno de esos conceptos son independientes y, por ende, deben ser regulados de forma autónoma. En Colombia, la Ley 163 de 1959, antigua Ley de Cultura, utilizaba la expresión "patrimonio histórico y artístico". Así mismo, la CP no escapó de la dispersión terminológica, ya que en materia cultural utiliza expresiones como "riquezas culturales" (artículo 8), "patrimonio arqueológico" (artículos 63, 72) y "patrimonio cultural" (artículos 72, 313, 333).

Las diferentes categorías mencionadas y los problemas de la dispersión terminológica y normativa en principio pueden ser solucionados siguiendo a la Unesco y los términos que utiliza en sus declaraciones y convenciones. En efecto, ese organismo internacional unificó todos los anteriores términos en uno solo: "bienes culturales". Es así como, desde las primeras convenciones de la Unesco en materia cultural, se hizo referencia a la categoría de bienes culturales con el propósito de establecer un marco normativo único de protección que comprendiera todas las diferentes clasificaciones de bienes con interés cultural reconocidas en los ordenamientos internos de los Estados. Lo anterior se hizo para establecer un marco jurídico de protección común de los bienes, independientemente de las denominaciones utilizadas por los Estados[55].

Con el paso del tiempo, la expresión "bien cultural" experimentó una evolución importante porque la Unesco empezó a reemplazarla por la categoría "patrimonio cultural" y los bienes que conforman dicho patrimonio. Es decir, en los primeros tratados culturales el objeto de protección eran los denominados "bienes culturales" para luego pasar a la categoría de "patrimonio cultural" como objeto de preocupación internacional. La equiparación del concepto "bien cultural" a "patrimonio cultural" fue realizada de una manera relativamente pacífica, en la que se sobreentendió que los bienes culturales a los que se hacía referencia en los primeros tratados son los que conforman el patrimonio

---

54 Sobre este punto, la autora manifiesta: "Por tanto, debemos concluir que la interpretación correcta de la expresión constitucional 'patrimonio histórico, cultural y artístico' es la primera de la expuesta y, en consecuencia, dado que lo 'histórico' y lo 'artístico' no son más que algunas de las posibles concreciones de lo 'cultural'" (Tejón Sánchez, 2008, p. 169).

55 Estos tratados son los siguientes: (1) Convención para la Protección de los Bienes Culturales en caso de Conflicto Armado de 1954 y (2) la Convención sobre las Medidas que deben Adoptarse para Prohibir e Impedir la Importación, la Exportación y la Transferencia de Propiedad Ilícitas de Bienes Culturales de 1970.

cultural, motivo por el cual los términos se podían asimilar. Es decir, las diferentes categorías como bienes históricos, artísticos, arqueológicos, etc., fueron unificadas por la Unesco en el concepto *bien cultural*. A su vez, este término fue equiparado con el concepto de *patrimonio cultural*, ya que dicho patrimonio está conformado por los diferentes bienes culturales.

La transición pacífica entre los términos *bien cultural* y *patrimonio cultural* en el ámbito de la Unesco fue paralela a los cambios que en materia jurídica cultural se estaban presentando en Italia como consecuencia del informe de la reputada Comisión Franceschini[56]. Esta fue creada por el Estado italiano en 1964 para que realizara una investigación sobre las diferentes leyes que regulaban los bienes históricos, artísticos, arqueológicos y ambientales en ese país[57]. Lo anterior con el propósito de que elaborara y presentara una propuesta para la efectiva protección jurídica del patrimonio cultural italiano, gravemente deteriorado durante la Segunda Guerra Mundial y en riesgo por el acelerado crecimiento urbanístico experimentado en la época de la posguerra[58]. En el informe se propuso, entre otras cosas, unificar en un solo estatuto los diferentes regímenes jurídicos de los bienes con interés cultural que existían en esa época en Italia[59]. Para poder realizar lo anterior, se buscó una definición única que abarcara las diferentes categorías que existían en ese momento[60]. Igualmente, en el informe se estableció que el patrimonio cultural está conformado por los diferentes bienes culturales. Es decir, se realizó una equiparación entre los conceptos *patrimonio* y *bienes culturales*, ya que estos últimos son los que integran el primero. Expresamente, patrimonio y bienes culturales fueron equiparados de la siguiente manera:

---

[56] El informe Franceschini fue publicado en 1966 con el título: "Relazione della commissione d´indagine per la tutela e la valorizzazione del patrimonio storico, archeologico, artistico, e del paesaggio" en la *Rivista Trimestrale di Diritto Pubblico*, 16, pp. 119-244.

[57] Se denominó Comisión Franceschini en reconocimiento a la labor efectuada por el presidente de dicha comisión: Francesco Franceschini.

[58] Para un estudio detallado del contexto social y político que dio lugar a la creación de la Comisión Franceschini, véase a Martínez Pino (2012).

[59] Para un análisis detallado de cada una de las propuestas realizadas en el Informe de la Comisión Franceschini, véase a Alegre Ávila (1994, pp. 250-266).

[60] Sobre este punto, Alegre Ávila (1994) señala que, "En tal sentido, la Comisión propone (y aquí una de sus grandes aportaciones) aglutinar en torno al concepto 'testimonianza storica' el concepto de bienes de los cuales se puede predicar que constituyen 'documenti della storia della civiltà, compreso il suo ambienti', a fin de lograr una individualización unitaria y extensiva de la tutela intentada. A este propósito, asume como decisivo el concepto y la terminología de 'beni culturali', de bienes culturales, para los que propone el dictado de una disciplina inspirada en principios comunes y cumplida por organismo de actuación coordinada, no obstante la variedad de atribuciones y de instrumentos operativos encaminados a dicha finalidad de tutela" (p. 252).

> Pertenecen al patrimonio cultural de la nación todos los bienes que hagan referencia a la historia de la civilización. Quedan sujetos a la ley los bienes de interés arqueológico, histórico, artístico, ambiental, paisajístico, archivístico, bibliográfico y cualquier otro bien que constituya testimonio material dotado de valor de civilización (Franceschini, 1966, p. 143)[61].

El Informe Franceschini es relevante en materia jurídico-cultural porque fue uno de los primeros estudios académicos en que se propuso una definición del concepto de *patrimonio cultural*. En la definición propuesta se estableció que el patrimonio cultural está integrado por las diferentes categorías de bienes culturales. A su vez, las diversas clasificaciones de bienes culturales fueron unificadas en una definición, según la cual los bienes culturales son todos aquellos que constituyan un testimonio material de civilización. Acerca de este punto, Giannini (2005), quien fue miembro de dicha comisión, resaltó: "La definición de *bien cultural* como testimonio de los valores de la civilización hace idóneo el concepto para aglutinar a toda clase de cosas, no sólo las del pasado lejano, sino también las del pasado próximo y hasta a las del presente" (p. 17).

El informe de la Comisión Franceschini tuvo una amplia difusión e influyó notablemente en la discusión sobre la naturaleza jurídica del patrimonio cultural y los bienes que lo conforman[62]. No es baladí el hecho de que el referido informe fuera publicado en 1966 y, con posterioridad a esa fecha, la Unesco empezara a utilizar la expresión *patrimonio cultural* como categoría que comprende todos los bienes culturales.

Uno de los beneficios innegables de la creación de los conceptos jurídicos de *bien cultural* y *patrimonio cultural* fue unificar en un régimen común las diferentes categorías que existían como patrimonio histórico, artístico o arqueológico[63].

---

61   Traducción propia. "Appartengono al patrimonio cultural della Nazione tutti i beni aventi riferimento alla storia della civiltà. Sono assoggettati alla legge i beni di interesse archeologico, storico, artistico, ambientale e paesistico, archivistico e librario, ed ogni altro bene che costituisca testimonianza materiale avente valore di civiltà" (p. 143).

62   Así, por ejemplo, García de Enterría (1983) realizó un estudio riguroso de las implicaciones que podría tener en el ordenamiento jurídico español los conceptos jurídicos bien y patrimonio cultural, derivados de la Comisión Franceschini. Este trabajo fue realizado justo cuando se estaba discutiendo el proyecto normativo que dio lugar a la Ley 16 de 1985, Ley de Patrimonio Histórico Español.

63   Sobre la utilidad de la unificación y los desafíos que esta plantea para la ciencia jurídica, Rolla (1989) sostiene: "Hemos llamado la atención sobre este aspecto porque el cambio terminológico que se ha producido –de cosas a bienes culturales– no sólo tiene un significado meramente formal, sino que también encierra una distinción de fondo. La innovación lingüística no sólo satisface un deseo de simplificación –reuniendo en una única fórmula distintas nomenclaturas y bienes formalmente heterogéneos, sujetos a tratamientos diferentes–, sino que, además, exige la revisión de clasificaciones, el replanteamiento de conceptos dogmáticos tenidos hasta ahora por definitivos en el panorama de la ciencia del derecho

Sin embargo, la equiparación realizada entre estos dos términos puede dar lugar a que se infiera que los bienes culturales son únicamente los que conforman el patrimonio cultural del Estado[64]. Esta posición desconoce que, si bien es cierto que el patrimonio cultural está conformado por bienes culturales, no todos los bienes culturales pueden conformar el patrimonio. La equiparación entre patrimonio y bienes culturales llevaría a la asimilación de los conceptos jurídicos de *cultura* y *patrimonio*, pues los bienes culturales que conforman la cultura del grupo mayoritario serían los mismos que constituirían el patrimonio cultural. Esta interpretación desconoce el hecho de que en las diferentes sociedades se producen constantemente bienes y manifestaciones culturales que, aunque tiene el carácter de cultura, no conforman el patrimonio cultural del Estado.

La equiparación entre bien, patrimonio y cultura omite el hecho de que tanto la normatividad internacional como las mayorías de las constituciones expedidas después de la segunda mitad del siglo pasado distinguen entre cultura y patrimonio cultural. La distinción se advierte con las obligaciones que se le atribuyen al Estado en relación con cada uno de estos dos conceptos. En efecto, la obligación del Estado frente a la cultura es la garantía de la libertad de creación y acceso, mientras que respecto del patrimonio cultural al Estado se le atribuye un deber especial de protección. Por ejemplo, el artículo 70 de la CP señala que el Estado colombiano tiene el deber de promover y fomentar el acceso a la cultura, mientras que el artículo 72 de la CP establece que el patrimonio cultural de la nación está bajo la protección del Estado. Es decir, mientras que respecto a la cultura el Estado debe garantizar el acceso a todas las personas, en relación con el patrimonio cultural la Administración y los particulares tienen una obligación especial de protección y conservación[65].

No es conveniente esta equiparación porque algunos bienes culturales no deben conformar el patrimonio cultural del Estado por representar valores

---

público, sin excluir de esta revisión la tradicional dicotomía entre bienes privados y bienes públicos" (167).

64 Tejón Sánchez (2008), por ejemplo, aclara como cuestión terminológica previa de su trabajo que "Ello permitirá precisar, en la mayor medida posible, a qué nos vamos a referir a lo largo del presente trabajo cuando se hable de bienes culturales o de patrimonio cultural, aclarando en este momento que entendemos los bienes culturales como elementos integrantes del patrimonio cultural en su conjunto, por lo que ambos términos serán utilizados indistintamente" (p. 34). En el mismo sentido Prieto de Pedro (1991) sostiene: "Así pues, en conclusión; la locución 'patrimonio cultural' –y su derivada 'bienes culturales'– es fruto de un cambio lento y profundo en el lenguaje jurídico hacia una concepción más extensa y 'cultural' –científico antropológico– que afirma en este nuevo 'pregio della cosa', en palabras de la doctrina italiana, el elemento unificador de esta materia" (p. 1562).

65 Esta diferenciación se presenta de formar similar en los artículos 44 y 46 de la CE.

contrarios a los mandatos constitucionales. Todos los bienes, actos y manifestaciones que representen rasgos distintivos del grupo deben ser considerados culturales porque respecto de esa categoría jurídica no existe un deber especial de protección por parte del Estado. El reconocimiento de la existencia de bienes culturales inconstitucionales permitiría establecer adecuadamente políticas públicas para su desincentivación, pues el Estado tendría herramientas para entender el porqué de esos comportamientos. En contraste, en el caso del patrimonio cultural, solo las manifestaciones culturales conformes con los principios y valores constitucionales pueden pertenecer a dicha categoría porque cuando un bien o manifestación es declarado patrimonio cultural, el Estado debe protegerlo y promocionarlo por expreso mandato constitucional.

De ese universo de bienes culturales, solo algunos podrán entrar en la categoría de aquellos que conforman el patrimonio cultural. Para que eso ocurra, el bien cultural no debe representar valores contrarios a los mandatos constitucionales. Justamente aquí surge la necesidad de una declaración formal en la que se adelante un estudio previo para que el Estado analice qué valor representa el bien cultural y si este es contrario a los principios constitucionales. Como sostiene Barrero Rodríguez (1990), los bienes adquieren el carácter de culturales en una etapa previa y extrajurídica, cuando el bien obtiene la naturaleza de rasgo distintivo del grupo social, mientras que "el patrimonio cultural es un concepto formal, no porque éste sea invención o pura creación del derecho, sino porque al ordenamiento jurídico corresponde concretar cuál es, en cada periodo histórico, aquella parcela de la realidad de la que puede predicarse un valor de tal carácter" (p. 197). Es decir, en el plano extrajurídico, en la realidad fáctica, existen muchos bienes y manifestaciones con naturaleza cultural. En cambio, por diferentes motivos no todos podrán formar parte del patrimonio cultural del Estado, ya que se requiere un reconocimiento formal por parte de la Administración que ha de estar precedido por un estudio de la legalidad y constitucionalidad de los valores que representa el bien o la manifestación[66]. En este sentido, Parejo Alfonso (2013) explica que el patrimonio cultural constituye un concepto estático porque está conformado por un determinado catálogo de bienes que en un preciso momento histórico han sido reconocidos como tales por el Estado.

---

66   Sobre este punto, Giannini (2005) sostiene: "Por todo ello, es necesario que quede claro que la identificación del bien cultural comporta siempre un juicio de valor. Incluso con el nuevo concepto, distinto y más preciso, el acto mediante el cual se declara que una cosa tiene valor artístico se funda en una instrucción procedimental que culmina con un juicio de valor. Lo que cambia es lo que podría llamarse las consideraciones culturales que intervienen en el juicio, que concernirán, según los casos, a la historia del arte o al arte, la historia, política o militar, literaria, económica, la etnología, y así sucesivamente" (p. 22).

La diferenciación propuesta entre bien cultural y patrimonio cultural tiene sustento en la teoría del valor adoptada por la Unesco en las diferentes convenciones sobre el tema cultural. Como se estudió, esos tratados acogieron el criterio del valor, según el cual los bienes que conforman el patrimonio cultural son los que expresamente han sido valorados por el Estado como tales. En consecuencia, el patrimonio cultural está conformado por los bienes culturales a los que el Estado les ha otorgado tal carácter. Así pues, una de las diferencias entre los conceptos jurídicos de *cultura* y *patrimonio cultural* es que los elementos que conforman la cultura no requieren ser reconocidos expresamente porque para esos bienes se adoptó el criterio de rasgos distintivos.

Para finalizar este epígrafe es importante anotar que dentro del acervo del patrimonio cultural existen varios bienes y manifestaciones que representan diversos valores culturales. En este sentido, algunos de esos bienes y manifestaciones pueden representar valores de contenido religioso. Toda vez que la religión no es un hecho prohibido o censurado por el principio de laicidad, los bienes que conforman el patrimonio cultural pueden representar valores religiosos. De conformidad con la propuesta de Tejón Sánchez, se denominará "bienes o manifestaciones culturales de interés religioso" cuando estos objetos tengan una relación con el fenómeno religioso[67].

El interés religioso se puede presentar porque los bienes y las manifestaciones son destinados al uso cultual de los integrantes de las organizaciones religiosas, porque tuvieron su origen en una práctica o costumbre de dicha organización o porque simplemente son propiedad de una asociación religiosa. En algunos de estos bienes pueden confluir el interés cultural y el ejercicio del derecho a la libertad de conciencia y de religión, por ejemplo, cuando dichos bienes están destinados al culto o cuando son propiedad de las organizaciones religiosas. En otros casos no se presentará esta confluencia de derechos porque el bien ya no tiene la destinación religiosa para la cual fue creado. Sin embargo, se considerará de interés religioso porque por su origen siempre asociará con una determinada organización religiosa, como el caso de algunos antiguos templos de la Iglesia católica.

---

67 Sobre este punto, anota la autora citada: "Junto a la categoría genérica de bienes culturales, y partiendo de dicha categoría, existe un conjunto de bienes que, aún respondiendo a las características definidoras anteriormente expuestas, son además portadoras de un valor religioso para determinados ciudadanos en la medida que permiten a los mismo aproximarse y relacionarse con una determinada cosmovisión religiosa, facilitándoles conocer, afianzar y profesar la misma. A este tipo de bienes le hemos incluido bajo la expresión "bien cultural de interés religioso", en lógica consecuencia con la naturaleza de este tipo de patrimonio, al convertirse en un instrumento que contribuye al pleno desarrollo de la personalidad humana, y en ello con independencia de la titularidad de los mismos" (Tejón Sánchez, 2008, p. 487).

Es conveniente reiterar que los bienes materiales e inmateriales que constituyan rasgos distintivos del grupo tendrán la naturaleza de bienes culturales. Estos bienes pueden representar valores acordes o contrarios con los principios constitucionales. Esta circunstancia es importante porque para que un bien adquiera el carácter de patrimonio cultural se requiere una declaración expresa por parte del Estado. Una de las principales consecuencias de esta declaración es el surgimiento del deber especial de protección y promoción de estos bienes. En consecuencia, no se les puede otorgar el carácter de patrimonio cultural a los bienes que representan valores contrarios a los principios establecidos en la CP porque el Estado estaría obligado a promover valores que son contrarios a los postulados constitucionales. En definitiva, los conceptos de *bien cultural* y *patrimonio cultural* no son equiparables porque, aunque el patrimonio cultural esté constituido por diferentes bienes culturales, no todos los bienes culturales conforman el patrimonio cultural. Por otro lado, dentro de la categoría de patrimonio cultural existe una subcategoría especial denominada "bienes y manifestaciones de origen o interés religioso".

VII. EL CONCEPTO JURÍDICO DE "PATRIMONIO CULTURAL" EN EL ORDENAMIENTO JURÍDICO COLOMBIANO

La CP no define el concepto jurídico de *patrimonio cultural*, como no lo hace ninguna constitución. La definición de este concepto fue realizada por el legislador en la Ley 397 de 1997. Previo a abordar el estudio de esta definición legal es importante resaltar que aunque la CP no define el concepto *patrimonio cultural*, sí establece una diferenciación entre este y el concepto de *cultura*. Así, por ejemplo, respecto de la cultura, el Estado tiene el deber constitucional de garantizar los derechos a la libertad de creación y acceso a la cultura (artículos 70 y 71 CP). Mientras que respecto del patrimonio cultural recae el deber especial de protección de dicho patrimonio (artículo 72 CP). Las anteriores disposiciones muestran que *cultura* y *patrimonio cultural* no son conceptos jurídicos asimilables porque el Constituyente de 1991 les atribuyó diferentes consecuencias.

El legislador colombiano fue consciente de la diferenciación constitucional, por lo que definió estos dos conceptos de forma autónoma, estableciendo acepciones distintas para cada concepto. En la Ley 397 de 1997, Ley General de Cultura, el patrimonio cultural fue delimitado de la siguiente manera:

> Ley 397 de 1997. Artículo 4. Integración del patrimonio cultural de la nación. Artículo modificado por el artículo 1 de la Ley 1185 de 2008. El patrimonio cultural de la nación está constituido por todos los bienes materiales, las manifestaciones inmateriales,

los productos y las representaciones de la cultura que son *expresión de la nacionalidad colombiana*, tales como la lengua castellana, las lenguas y dialectos de las comunidades indígenas, negras y creoles, la tradición, el conocimiento ancestral, el paisaje cultural, las costumbres y los hábitos, así como los bienes materiales de naturaleza mueble e inmueble a los que *se les atribuye*, entre otros, especial interés histórico, artístico, científico, estético o simbólico en ámbitos como el plástico, arquitectónico, urbano, arqueológico, lingüístico, sonoro, musical, audiovisual, fílmico, testimonial, documental, literario, bibliográfico, museológico o antropológico [énfasis agregado].

La definición de *patrimonio cultural* está condicionada a que los bienes y las manifestaciones culturales que lo conforman sean una expresión de la nacionalidad colombiana. Este condicionamiento es razonable porque el primer requisito para que un bien o una manifestación pueda conformar el patrimonio cultural es que tengan el carácter de cultura, lo cual implica representar un rasgo distintivo del grupo, es decir, de su nacionalidad. Como sostiene Charria García (2018), para efectos de esta disposición el concepto de *nacionalidad* debe ser entendido como una noción sociológica, los rasgos que identifican a los colombianos[68].

---

68 En Colombia, el término "Nación" es utilizado para referirse a dos cosas distintas: (I) Para identificar a las autoridades del orden nacional y (II) como un término sociológico que sostiene que la "Nación" está compuesta por las personas que tienen un pasado histórico común y sobre todo un sentimiento de pertenecer al mismo grupo social e identificarse con los rasgos de ese grupo. En materia cultural cuando se hace referencia al concepto de patrimonio cultural de la Nación, este último término es utilizado de manera sociológica, los rasgos distintivos de la Nación colombiana. Al respecto, es importante anotar que la Corte Constitucional estudió, en la sentencia C-082 de 2020, una demanda pública de inconstitucionalidad contra una disposición que permitió algunas excepciones al atributo de inalienabilidad que recae sobre los BIC de propiedad pública. En esta providencia, la Corte explicó que el concepto de identidad nacional utilizado por la ley para definir los BIC es asimilable al concepto sociológico de nación. Sobre este punto, la Corte sostuvo: "En efecto, la *identidad nacional* invoca el concepto de Nación y el sentimiento de patriotismo moderno. La Nación es el resultado de muchos elementos históricos, políticos, sociales y culturales comunes. La identificación que siente una persona por estos elementos junto con el pueblo que integra construye una cultura y un sentido colectivo. Esta idea de Nación surge en el siglo XVIII en el marco de aquel movimiento social y cultural europeo llamado romanticismo, que nace en contraposición de la ilustración. La conciencia y sentimiento de sentirse parte de una Nación, parte de un pueblo con un origen y un futuro común se expresa de distintas formas, pero una de ellas es el llamado patriotismo" (Corte Constitucional, sentencia C-082 de 2020). En sentido similar, Naranjo Mesa (2010) describe el concepto sociológico de Nación de la siguiente forma: "La Nación moderna es pues el resultante de una serie de factores de orden histórico, sociológico, cultural, político, económico y otros muchos que se conjugan en la formación de ese concepto. De manera que el sentimiento nacional, es decir, la idea de formar parte de una Nación no es algo que surja espontáneamente ni que pueda imponerse de manera artificial: es el resultado de la toma de conciencia de todo un conglomerado de las cosas materiales e inmateriales que le han sido, le son y le serán comunes; es el sentimiento de haber vivido por generaciones sobre un mismo suelo, de haber compartido una misma historia, de tener, por consiguiente, tradiciones y glorias comunes. Es tener en el presente intereses colectivos y fe en unos mismos valores; implica, además, forjarse para el porvenir ideales, objetivos y metas cuyo logro beneficiará a la colectividad entera. En una palabra, el

Como se señaló, en los Estados pluralistas y plurinacionales, como el colombiano, el criterio de los rasgos distintivos del grupo puede abarcar tanto al grupo mayoritario como a los diferentes subgrupos regionales, sexuales, generacionales y a las minorías culturales. Los rasgos distintivos de los subgrupos y de las minorías culturales constituyen un elemento importante de la nacionalidad, pues Colombia es un país diverso y plural. La diferenciación propuesta por Prieto de Pedro (2004) entre cultural y culturas es importante para entender la razón por la que en los Estados pluralistas los rasgos distintivos no deben identificar a toda la nación, ya que basta con que representen a un subgrupo determinado para que sean una expresión de la nacionalidad colombiana[69].

Después del condicionamiento de la nacionalidad, la disposición citada enumera ciertas manifestaciones culturales que forman parte de dicho patrimonio cultural, como, por ejemplo, el castellano y las lenguas de los pueblos indígenas. Luego señala que a los bienes y manifestaciones se les debe atribuir un valor histórico, artístico, estético, científico o simbólico. Con este nuevo condicionamiento se puede advertir que el criterio del valor es adoptado por la legislación colombiana, pues para que los bienes culturales adquieran el carácter de patrimoniales se les debe atribuir un determinado valor[70]. En un Estado de Derecho esta atribución debe ser competencia del propio Estado, que deberá

---

sentimiento nacional consiste en considerar a la Nación como el símbolo unitario de intereses, aspiraciones, sentimientos y glorias comunes" (p. 104)

69   La diferenciación entre cultura nacional y culturas fue abordada por la Corte Constitucional en la sentencia C-924 de 2000. En esta providencia se realizó el estudio previo de constitucionalidad de un tratado internacional de cooperación en materia cultural suscrito entre la República de Colombia y la Federación de Rusia. Comoquiera que el tratado en cuestión señala que la cooperación recae sobre los bienes y manifestaciones que representan la cultura nacional, el tribunal constitucional tuvo que determinar que se debe entender con esta expresión. En este sentido señaló: "Debe precisarse que si bien la noción de 'cultura nacional' a que se refiere el tratado, debe entenderse como aquellas tradiciones y cánones corrientemente aceptados como "colombianos", esto es, los que involucran las prácticas y los valores que prevalecen en el territorio nacional, ello no obsta para que las entidades, organizaciones o personas encargadas de implementar las disposiciones del tratado puedan conocer o estudiar la cultura de los grupos minoritarios de nuestro país, sin que ello constituya una violación de las disposiciones convencionales o constitucionales referidas, pues de conformidad con los artículos 7 y 70 de la Carta, las múltiples culturas que existen en Colombia se hallan en pie de igualdad" (Corte Constitucional, sentencia C-924 de 2000).

70   Restrepo-Navarro (2018) reconoce que la definición jurídica de patrimonio cultural en Colombia contiene las pautas generales para poder establecer los bienes que pueden pertenecer a esta categoría. Sin embargo, la autora citada resalta que es necesario la atribución de valor –declaración– por parte del Estado: "Vemos así que la noción de patrimonio cultural de la Nación define el marco general de manifestaciones y objetos potencialmente revestidos de interés para el Estado. No obstante, está desprovista de efectos jurídicos concretos, pues el verdadero régimen de salvaguarda es el que se aplica a bienes concretos e individualizados cuyo interés cultural sea formalmente declarado" (p. 29).

establecer qué valores representa el bien y si estos valores son acordes con los principios constitucionales.

Es importante resaltar que el concepto jurídico de *patrimonio cultural* adoptado por la Ley 397 de 1997 comprende muchos más elementos que los tradicionales histórico y artístico. En efecto, la norma en cuestión señala que los bienes y manifestaciones culturales que se pueden incluir en el catálogo del patrimonio cultural deben representar valores históricos, artísticos, estéticos, científicos o simbólicos. A su vez, la disposición indica que estos valores pueden presentarse en diferentes ámbitos, como el plástico, arquitectónico, urbano, arqueológico, lingüístico, sonoro, musical, audiovisual, fílmico, testimonial, documental, literario, bibliográfico, museológico o antropológico. Esta definición amplia aleja al ordenamiento jurídico colombiano de la controversia que se ha presentado en España por el concepto de *patrimonio artístico y cultural* establecida en el artículo 46 CE[71] y por la denominación que utilizó el legislador de ese país al agrupar las diferentes categorías culturales bajo el concepto de *patrimonio histórico español*[72].

En definitiva, de conformidad con lo establecido en el artículo 4 de la Ley 397 de 1997, Ley General de Cultura, en Colombia los bienes y manifestaciones que conforman el patrimonio cultural son aquellos a los que se les ha atribuido un valor especial (histórico, artístico, estético, científico o simbólico). En consecuencia, han sido incluidos en el catálogo de patrimonio cultural. Lo anterior permite advertir la diferencia fundamental entre los conceptos de *patrimonio cultural* y *cultura*, ya que este último concepto no requiere un reconocimiento expreso por parte del Estado[73].

---

71 Ley 16/1985, de 25 de junio, del Patrimonio Histórico Español. Artículo 1: "1. Son objeto de la presente Ley la protección, acrecentamiento y transmisión a las generaciones futuras del Patrimonio Histórico Español. 2. Integran el Patrimonio Histórico Español los inmuebles y objetos muebles de interés artístico, histórico, paleontológico, arqueológico, etnográfico, científico o técnico. También forman parte del mismo el patrimonio documental y bibliográfico, los yacimientos y zonas arqueológicas, así como los sitios naturales, jardines y parques, que tengan valor artístico, histórico o antropológico. Asimismo, forman parte del Patrimonio Histórico Español los bienes que integren el Patrimonio Cultural Inmaterial, de conformidad con lo que establezca su legislación especial".

72 Para un estudio detallado del origen del concepto patrimonio histórico y artístico establecido en el artículo 46 de la CE, véase a Prieto de Pedro (1991) y Tejón Sánchez (2008, pp. 168-175).

73 El requisito de la declaratoria expresa de un bien como parte del patrimonio cultural y el no reconocimiento de otros bienes culturales análogos ha dado lugar a diferentes conflictos que ha tenido que resolver la Corte Constitucional. Así, por ejemplo, el tribunal constitucional estudió en la sentencia C-434 de 2010 un caso en que se acusó de inconstitucional la declaratoria como parte del patrimonio cultural de un carnaval que se celebra en la ciudad de Pasto (Nariño). El demandante consideró que esa declaratoria discriminaba los carnavales que se realizaban en otros municipios de la misma región, en los que se conmemora la misma fiesta histórica. La Corte declaró exequible la ley demandada porque

La definición de *patrimonio cultural* establecida en el artículo 4 de la Ley 397 de 1997 señala que los bienes que pertenecen a esta categoría pueden representar valores arqueológicos. Este punto permitiría inferir, en principio, que la categoría patrimonio arqueológico es una de las especies del patrimonio cultural[74]. Sin embargo, la asimilación de las categorías patrimonio cultural y patrimonio arqueológico es problemática en el ordenamiento jurídico colombiano porque esta última no cumple con los criterios que se han establecido para definir qué es patrimonio cultural. Lo anterior no significa que el patrimonio arqueológico sea una categoría irrelevante[75]. Todo lo contrario, tiene un expreso reconocimiento en los artículos 63 y 72 de la CP y una definición autónoma en el artículo 6 de la Ley 397 de 1997[76]. Precisamente estas disposiciones permiten deducir unas

---

consideró que la inclusión en el patrimonio cultural de un determinado carnaval no constituía un hecho que desconociera el carácter cultural de los otros carnavales. Con la declaratoria tampoco se vulnera el principio de igualdad respecto de los otros carnavales realizados en la misma zona y fecha porque estos también pueden ser declarados parte del patrimonio cultural sin cumplen con todos los requisitos para esta declaración. Para la Corte: "[E]l no reconocimiento de los carnavales de municipios distintos a Pasto como patrimonio cultural de la Nación no significa su desprotección: existen otros instrumentos nacionales e internacionales que protegen las manifestaciones culturales como los carnavales" (Corte Constitucional, sentencia C-434 de 2010).

74   Al respecto, Restrepo-Navarro (2018) sostiene: "En definitiva, el patrimonio arqueológico forma parte de la categoría de los bienes declarados de interés cultural, la cual a su vez hace parte de una categoría más amplia denominada patrimonio cultural de la Nación" (p. 30).

75   Para un estudio detallado de la figura del patrimonio arqueológico en el ordenamiento jurídico colombiano, véase a Castellanos Valenzuela (2011) y Restrepo-Navarro (2018).

76   Ley 397 de 1997. Artículo 6: ‹Artículo modificado por el artículo 3 de la Ley 1185 de 2008› "El patrimonio arqueológico comprende aquellos vestigios producto de la actividad humana y aquellos restos orgánicos e inorgánicos que, mediante los métodos y técnicas propios de la arqueología y otras ciencias afines, permiten reconstruir y dar a conocer los orígenes y las trayectorias socioculturales pasadas y garantizan su conservación y restauración. Para la preservación de los bienes integrantes del patrimonio paleontológico se aplicarán los mismos instrumentos establecidos para el patrimonio arqueológico. De conformidad con los artículos 63 y 72 de la Constitución Política, los bienes del patrimonio arqueológico pertenecen a la Nación y son inalienables, imprescriptibles e inembargables. El Instituto Colombiano de Antropología e Historia, ICANH, podrá autorizar a las personas naturales o jurídicas para ejercer la tenencia de los bienes del patrimonio arqueológico, siempre que estas cumplan con las obligaciones de registro, manejo y seguridad de dichos bienes que determine el Instituto. Los particulares tenedores de bienes arqueológicos deben registrarlos. La falta de registro en un término máximo de 5 años a partir de la vigencia de esta ley constituye causal de decomiso de conformidad con el Decreto 833 de 2002, sin perjuicio de las demás causales allí establecidas. El ICANH es la institución competente en el territorio nacional respecto del manejo del patrimonio arqueológico. Este podrá declarar áreas protegidas en las que existan bienes de los descritos en el inciso 1 de este artículo y aprobará el respectivo Plan de Manejo Arqueológico, declaratoria que no afecta la propiedad del suelo. Parágrafo 1. Quien de manera fortuita encuentre bienes integrantes del patrimonio arqueológico, deberá dar aviso inmediato al Instituto Colombiano de Antropología e Historia o la autoridad civil o policiva más cercana, las cuales tienen como obligación informar del hecho a dicha entidad, dentro de las veinticuatro (24) horas siguientes al encuentro. Los encuentros de bienes pertenecientes al patrimonio arqueológico que se realicen en el curso de excavaciones o exploraciones arqueológicas autorizadas, se informarán al Instituto Colom-

características particulares del patrimonio arqueológico que lo diferencia del concepto jurídico de patrimonio cultural.

La primera diferencia entre las figuras patrimonio cultural y arqueológico se presenta en la titularidad del derecho de dominio. Mientras que los bienes que conforman el patrimonio cultural pueden ser propiedad pública o privada, los arqueológicos pertenecen al Estado. En caso de existir algún tipo de derecho de propiedad privada previa sobre estos bienes, de conformidad con las leyes anteriores a la CP, el Estado tiene el deber de readquirirlos[77]. La segunda diferencia relevante es que los bienes arqueológicos no requieren una declaración expresa por parte del Estado para poder conformar esta categoría, mientras que una de las principales características del concepto jurídico de *patrimonio cultural* es la necesidad del reconocimiento formal por parte del Estado. La tercera diferencia entre las dos categorías es que los bienes arqueológicos no deben guardar relación directa con los actuales rasgos distintivos de la identidad nacional. Los bienes arqueológicos pueden representar rastros de civilizaciones anteriores al surgimiento del Estado colombiano como, por ejemplo, la cultura precolombina de San Agustín, que se extinguió mucho antes de la llegada de los españoles al continente americano.

Las tres diferencias explicadas permiten sostener que en Colombia el patrimonio cultural y el arqueológico son dos figuras jurídicas diferentes. Adicionalmente, también debe excluirse de la categoría del patrimonio cultural a los bienes que conforman el patrimonio sumergido, dado que el artículo 2 de la Ley 1675 de 2013 los clasifica como bienes que conforman la categoría patrimonio arqueológico[78]. Por ende, estos bienes son propiedad del Estado y no requieren

---

biano de Antropología e Historia, en la forma prevista en la correspondiente autorización. Recibida la información, el Instituto Colombiano de Antropología e Historia, definirá las medidas aplicables para una adecuada protección de los bienes pertenecientes al patrimonio arqueológico y coordinará lo pertinente con las autoridades locales. Si fuere necesario suspender en forma inmediata las actividades que dieron lugar al encuentro de esos bienes, podrá acudirse a la fuerza pública, la cual prestará su concurso inmediato. Parágrafo 2. El patrimonio arqueológico se rige con exclusividad por lo previsto en este artículo, por el Decreto 833 de 2002, y por las disposiciones de esta ley que expresamente lo incluyan".

77 Para Pimiento Echeverri (2015) los bienes que conforman el patrimonio arqueológico no pueden ser clasificados en las tradicionales categorías de propiedad pública: bienes de uso público y bienes fiscales. Por tanto, para el autor citado estos tienes bienes conforman una categoría propia de propiedad pública.

78 Ley 1675 de 2013. Artículo 2: "El Patrimonio Cultural Sumergido, de conformidad con lo previsto en los artículos 63 y 72 de la Constitución Política, hace parte del patrimonio arqueológico y es propiedad de la Nación. Sin perjuicio de lo dispuesto en el artículo 6 de la Ley 397 de 1997, el Patrimonio Cultural Sumergido está integrado por todos aquellos bienes producto de la actividad humana, que sean representativos de la cultura que se encuentran permanentemente sumergidos en aguas internas, fluviales y lacustres, en el mar territorial, en la zona contigua, la zona económica exclusiva y la plataforma continental e insular, y otras áreas delimitadas por líneas de base. Hacen parte de este patrimonio

ningún tipo de declaración para conformar esta especie. Basta con que cuenten con elementos que la ley establece para automáticamente ser considerados bienes que conforman el patrimonio sumergido. Sobre este punto, la Corte Constitucional advirtió, en la sentencia C-742 de 2006, que los bienes culturales pueden conformar diferentes categorías jurídicas en el ordenamiento jurídico colombiano. Unos pueden conformar el patrimonio cultural, otros pueden hacer parte del patrimonio arqueológico y otros incluso pueden no pertenecer a ninguna de las anteriores categorías[79].

En resumen, la definición de *patrimonio cultural* establecida en el artículo 4 de la Ley 397 de 1997 permite advertir que este concepto jurídico es diferente al de *cultura*. Mientras los bienes culturales son todos los que representan rasgos de la identidad colombiana, los bienes que conforman el patrimonio cultural necesitan una declaración expresa por parte del Estado. En cada caso particular se debe establecer si los valores que representa el bien conllevan su

---

los restos orgánicos e inorgánicos, los asentamientos, cementerios y toda evidencia física de grupos humanos desaparecidos, restos humanos, las especies náufragas constituidas por las naves o artefactos navales y su dotación, sus restos o partes, dotaciones o elementos yacentes dentro de estas, cualquiera que sea su naturaleza o estado, y cualquiera sea la causa de la inmersión, hundimiento, naufragio o echazón. En consonancia con lo anterior, los bienes declarados como pertenecientes al Patrimonio Cultural Sumergido estarán sujetos al régimen establecido en la Constitución Política, al Régimen Especial de Protección y a las disposiciones particulares fijadas en la Ley 397 de 1997, modificada por la Ley 1185 de 2008, y en la normatividad vigente para el patrimonio arqueológico, así como a las disposiciones especiales establecidas en la presente ley. PARÁGRAFO. No se consideran Patrimonio Cultural Sumergido los bienes hallados que sean producto de hundimientos, naufragios o echazones que no hayan cumplido 100 años a partir de la ocurrencia del hecho, los cuales se regulan por las normas del Código de Comercio y los artículos 710 y concordantes del Código Civil en cuanto a su salvamento, y por las demás normas nacionales e internacionales aplicables. Tampoco se consideran aquellos bienes hallados en hundimientos, naufragios o echazones que hayan cumplido más de 100 años a partir de su ocurrencia, y que no reúnan las condiciones para ser considerados pertenecientes al Patrimonio Cultural Sumergido".

79 En esta providencia se demandó el artículo 4 de la Ley 397 de 1997 que establece el deber de declarar formalmente los bienes que conforman la categoría de patrimonio cultural para efectos de aplicar el régimen que establece en esa ley. El demandante consideraba que este deber de declaración formal era inconstitucional porque diferenciaba entre los bienes culturales declarados como parte del patrimonio cultural y otros bienes que no han sido objeto de tal declaratoria. La Corte Constitucional rechazó el argumento del demandante porque consideró que en el ordenamiento jurídico colombiano los bienes culturales conforman diferentes categorías que, a su vez tendrán diferentes regímenes jurídicos de protección. La Corte respecto de estas diferentes categorías manifestó que "el propio artículo 72 de la Constitución distingue tres conceptos que fueron desarrollados por la Ley 397 de 1997, a saber: i) patrimonio cultural de la Nación, al que se refiere para establecer protección del Estado y que fue definido en la norma parcialmente acusada, ii) patrimonio arqueológico, cuyos bienes pueden ser objeto de derechos especiales de los grupos étnicos, el cual fue definido por el artículo 6° de la Ley 397 de 1997 como […] y, iii) bienes culturales que conforman la identidad nacional" (Corte Constitucional, sentencia C-742 de 2006). La anterior posición fue reiterada por la Corte Constitucional en la sentencia C-082 de 2020.

inclusión en el catálogo del patrimonio cultural por simbolizar rasgos de la identidad colombiana y por no ser contrarios a los principios establecidos en la CP. Por su parte, los bienes arqueológicos y sumergidos no forman parte de la categoría de patrimonio cultural porque no deben representar rasgos de la identidad nacional, no requieren un reconocimiento expreso del Estado y porque siempre son propiedad pública.

VIII. EL CARÁCTER FUNDAMENTAL DEL DERECHO A LA CULTURA

Una vez establecidos los conceptos jurídicos de *cultura, patrimonio* y *bienes culturales*, es importante abordar los fundamentos que dieron lugar a la positivización de esas categorías jurídicas en la CP. Con este análisis se pretende responder la siguiente cuestión: ¿Qué se busca proteger y garantizar con la positivización de los derechos de contenido cultural? En otras palabras, lo que se intentará establecer es el porqué y el para qué de la positivización de la cultura, el motivo que justificaría el deber de salvaguardar a la cultura y al patrimonio cultural de la nación.

Para resolver la cuestión planteada es importante resaltar que para Peces-Barba Martínez el estudio de la categoría derechos fundamentales implica ir más allá del análisis normativo clásico de las disposiciones jurídicas que garantizan este tipo de derechos para analizar también las causas sociales que llevaron al reconocimiento legal de ciertas pretensiones sociales. Como sostiene este autor, "[u]n ordenamiento jurídico que contenga un subsistema de derechos fundamentales supone un hecho fundante básico que integra valores morales, los convierte en valores políticos y después en valores jurídicos, y en nuestro caso derechos fundamentales" (Peces-Barba Martínez, 1995, p. 382). Para este autor, se debe realizar un estudio previo e histórico de cómo unas determinadas pretensiones sociales –morales– llegaron a ser incluidas en el ordenamiento jurídico (dimensión ética). En esta etapa es importante tener en cuenta qué se pretendía con la lucha por el reconocimiento de esos derechos y como se logró dicho reconocimiento[80].

---

80 Peces-Barba Martínez toma el concepto de moral crítica de Hart como uno de los elementos más importantes de su teoría de los derechos fundamentales. Este autor sostiene que la moral crítica (no reconocida formalmente por el derecho) da lugar a una lucha social por su reconocimiento legal. "Cuando hablamos aquí de moralidad crítica, es decir en el entorno del sistema jurídico, nos estamos refiriendo por una parte a las creencias sobre el desarrollo moral del hombre que en un momento histórico se consideran aceptadas mayoritariamente, o al menos susceptibles de nuevas razones para su defensa, pero que aún no se encuentran positivizadas" (Peces-Barba Martínez, 1995, p. 390).

Luego, se debe entrar a examinar las disposiciones de derechos fundamentales, el alcance del concepto normativo (dimensión positiva) y la manera como dicha normativa ha sido interpretada por los operadores jurídicos formales –como el legislador o los jueces– e informales como la doctrina. En palabras de Peces-Barba Martínez (1995), "Los derechos fundamentales no se pueden comprender sin su dimensión jurídica positiva que los completa, ni sin su dimensión moral que los fundamenta" (p. 383)[81]. De conformidad con la teoría de este autor, en esta parte del trabajo se abordará la dimensión ética del derecho a la cultura. Se estudiarán los motivos que justificaron la inclusión de varias disposiciones relacionadas con el tema cultural en la CP, hecho que ha dado lugar a que la Corte Constitucional aluda a la existencia de una verdadera Constitución cultural en Colombia[82]. La anterior tarea es necesaria para poder comprender correctamente el porqué de los derechos culturales e interpretar correctamente su dimensión positiva.

Para comenzar con el análisis propuesto, es importante resaltar que la cultura tiene diferentes connotaciones en el texto constitucional. Por ejemplo, varias disposiciones constitucionales aluden a la importancia de la protección de la diversidad y de las minorías culturales. Como se señaló, la razón que explica la relevancia otorgada por el Constituyente de 1991 a la protección de la diversidad cultural en el contexto de las minorías se debe a que, para salvaguardar a los grupos minoritarios, es necesaria una protección reforzada de su cultura. En este trabajo no se abordarán en profundidad los fundamentos o motivos que llevaron a establecer una protección reforzada de la cultura de las minorías en la CP, pues esa tarea desbordaría los objetivos que se plantearon para esta investigación.

Aclarado lo anterior, debe resaltarse que en la CP el derecho a la cultura fue establecido en varias disposiciones que tratan diferentes asuntos. Reflejo de lo anterior es el reconocimiento especial del derecho de todos los niños a la cultura (artículo 44) o el establecimiento como uno de los fines esenciales del sistema educativo el garantizar el acceso a la cultura de los discentes (artículos 67 y 70). El deber de proteger las riquezas culturales de la nación (artículos 8, 95.8) es un buen indicador de la importancia de la cultura en la CP, pues se estimó necesario comprometer tanto al Estado como a los particulares con la protección de la cultura nacional.

---

81   Para Ansuátegui Roig (1997) y para Asís Roig (2001) la teoría de los derechos fundamentales propuesta por Peces-Barba Martínez es una teoría dualista de los derechos porque se ocupa de analizar los derechos desde dos ámbitos: el ético o filosófico y el jurídico. Sobre el carácter dualista de esta teoría Asís Roig (2001) señaló: "En realidad el modelo es denominado así por tomar en consideración dos perspectivas de los derechos a la hora de concebirlos y justificarlos: la ética y la jurídica" (pp. 13-14).

82   Corte Constitucional, sentencias C-742 de 2006, C-434 de 2010 y C-264 de 2014.

La importancia de la cultura en la CP tiene su mayor reflejo en el establecimiento de los derechos al acceso a la cultura (artículos 67, 70), libertad artística (artículo 71) y el deber especial de proteger el patrimonio cultural de la nación (artículo 72). Estas disposiciones constituyen la columna vertebral del derecho a la cultura en Colombia, pues garantizan una tríada de derechos y deberes que permiten que las personas puedan gozar, disfrutar y ejercer los derechos de contenido cultural. La tríada de derechos y obligaciones fue reconocida en la CP en diferentes disposiciones constitucionales, ubicadas en el mismo capítulo, el denominado capítulo "de los derechos económicos, sociales y culturales". Lo anterior no podía ser de otra manera porque la cultura en el campo internacional de los derechos humanos, y para materias ajenas a las minorías culturales, es reconocida principalmente en los tratados internacionales sobre derechos económicos y sociales[83]. Así, por ejemplo, en el ámbito universal, la tríada del derecho a la cultura fue plasmada en el artículo 15 del Pacto Internacional de Derechos Económicos, Sociales y Culturales de 1966 (en adelante, PIDESC)[84]. De forma similar, en el ámbito regional el derecho a la cultura fue reconocido en el artículo 14 del Protocolo Adicional a la Convención Americana en materia de Derechos Económicos, Sociales y Culturales de 1988 (en adelante, Protocolo de San Salvador)[85]. La positivización de la cultura en los tratados internacionales

---

83 Antes de la expedición del Pacto Internacional de Derechos Económicos, Sociales y Culturales de 1966, el tema cultural fue abordado en diferentes convenciones de la Unesco. Sin embargo, en esos tratados no se reconoció el derecho a la cultura, sino que se estableció un marco internacional de protección para los bienes culturales.

84 PIDESC. Artículo 15: "1. Los Estados Partes en el presente Pacto reconocen el derecho de toda persona a) Participar en la vida cultural; b) Gozar de los beneficios del progreso científico y de sus aplicaciones; c) Beneficiarse de la protección de los intereses morales y materiales que le correspondan por razón de las producciones científicas, literarias o artísticas de que sea autora. 2. Entre las medidas que los Estados Partes en el presente Pacto deberán adoptar para asegurar el pleno ejercicio de este derecho, figurarán las necesarias para la conservación, el desarrollo y la difusión de la ciencia y de la cultura. 3. Los Estados Partes en el presente Pacto se comprometen a respetar la indispensable libertad para la investigación científica y para la actividad creadora. 4. Los Estados Partes en el presente Pacto reconocen los beneficios que derivan del fomento y desarrollo de la cooperación y de las relaciones internacionales en cuestiones científicas y culturales".

85 Protocolo de San Salvador. Artículo 14: "Derechos a los beneficios de la cultura. 1. Los Estados partes en el presente Protocolo reconocen el derecho de toda persona a: a). participar en la vida cultural y artística de la comunidad, b). gozar de los beneficios del progreso científico y tecnológico c). beneficiarse de la protección de los intereses morales y materiales que le correspondan por razón de las producciones científicas, literarias o artísticas de que sea autora. 2. Entre las medidas que los Estados partes en el presente Protocolo deberán adoptar para asegurar el pleno ejercicio de este derecho figurarán las necesarias para la conservación, el desarrollo y la difusión de la ciencia, la cultura y el arte. 3. Los Estados partes en el presente Protocolo se comprometen a respetar la indispensable libertad para la investigación científica y para la actividad creadora. 4. Los Estados partes en el presente Protocolo reconocen los beneficios que se derivan del fomento y desarrollo de la cooperación y de las relaciones

sobre derechos económicos y sociales llevó a que esta fuera catalogada como un derecho de segunda generación, pues su reconocimiento se presenta justamente en el contexto de la positivización internacional de esa clase de derechos. Esto explica la razón por la cual el Constituyente de 1991 incluyó las disposiciones que reconocen la tríada genérica del derecho a la cultura en el capítulo denominado sobre derechos económicos, sociales y culturales (en adelante, DESC).

En algunos Estados, la clasificación generacional de los derechos es utilizada para reconocerles únicamente el carácter de fundamental a determinados derechos constitucionales, por lo general los derechos de primera generación o civiles y políticos[86]. En Colombia, esa discusión fue superada porque la Corte Constitucional sostiene que todos los derechos constitucionales son fundamentales[87], independientemente del capítulo en que se encuentren y de la generación a la que pertenezcan[88]. En efecto, para el tribunal constitucional colombiano la clasificación de los derechos por generaciones o por su ubicación en los diferentes títulos y capítulos del texto constitucional solo cumple una función orientativa, por lo que no representa ninguna relevancia para establecer el carácter fundamental de un derecho constitucional[89].

---

internacionales en cuestiones científicas, artísticas y culturales, y en este sentido se comprometen a propiciar una mayor cooperación internacional sobre la materia".

86   Por ejemplo, en España por una interpretación restringida del artículo 53 de la CE el catálogo de derechos fundamentales es limitado a los derechos constitucionales establecidos en el capítulo segundo del título primero. Los DESC, reconocidos mayoritariamente en el capítulo tercero, son considerados principios rectores del ordenamiento jurídico. Sobre este punto Rubio Llorente (2012) señala que "Nadie en la doctrina española ha pretendido incluir entre los derechos fundamentales esos derechos que la Constitución menciona fuera del título I […]. Esta concepción que pone en el apartado primero del artículo 53 de la Constitución el criterio distintivo de los derechos fundamentales, respaldada hoy por la autoridad del tribunal constitucional, es la más generalizada en la doctrina española y la que aquí se utilizará" (pp. 987-988).

87   Al respecto, Osuna Patiño (2017) sostiene: "La jurisprudencia colombiana más temprana, así como algún sector de la doctrina nacional, también intentaron, mediante la figura de los derechos "por conexidad", proponer que cabía la posibilidad de que algunos derechos establecidos en la Constitución no fueran fundamentales, línea que en buena hora se abandonó a partir del año 2007, para admitir con fundamento en la idea de la indivisibilidad de los derechos, que todo los establecidos en la constitución o en los tratados internacionales que conforman el bloque de constitucionalidad son derechos humanos o fundamentales" (pp. 347-348).

88   Para un análisis detallado del concepto de derecho fundamental en la jurisprudencia de la Corte Constitucional, véase a Chinchilla Herrera (2009).

89   La Corte Constitucional sostuvo, desde sus primeros fallos, la postura de la falta de fuerza vinculante de la denominación de los títulos y capítulos de la CP. En consecuencia, para el tribunal constitucional la ubicación de un derecho por fuera del título "de los derechos fundamentales" no es un motivo suficiente para negar su carácter fundamental. Al respecto, son muy ilustrativas las sentencias T-002 de 1992 y T-406 de 1992, proferidas en el primer año de existencia de la Corte, en las que se abordaron asuntos relacionados con la vulneración de los derechos económicos y sociales (educación universitaria

El carácter fundamental de todos los derechos constitucionales en Colombia permite deducir que la cultura tiene esta naturaleza. Este hecho tiene importantes consecuencias jurídicas porque los derechos fundamentales gozan de varias garantías especiales que, en términos de Ansuátegui Roig (2005), los convierte en instituciones jurídicas resistentes frente al poder. En el ordenamiento jurídico colombiano, esta resistencia se refleja en la posibilidad de acudir a la acción de tutela (amparo constitucional) para solicitar su protección judicial[90]. Esta acción judicial es un mecanismo ágil y sencillo creado directamente por la CP para la protección eficaz de los derechos fundamentales contra las posibles vulneraciones

y el saneamiento básico). En estos fallos, se empezó admitir la posibilidad de interponer acciones de tutela (amparos constitucionales) para la protección de los derechos DESC. Comoquiera que la acción de tutela fue establecida para la protección de los derechos fundamentales, admitir la procedencia de esta acción para los DESC fue el primer paso para el reconocimiento de su carácter de derechos fundamentales. Con posterioridad, la naturaleza fundamental de los DESC se convirtió en uno de los temas más debatidos en la jurisprudencia de del tribunal constitucional. La Corte utilizó en una primera etapa jurisprudencial la teoría de la conexidad que negaba el carácter fundamental de los DESC, pero admitía su protección vía acción de tutela por su estrecha relación con algún derecho civil y político. Luego se adoptó, a partir de la sentencia T-227 de 2003, la tesis del carácter fundamental de todos los derechos constitucionales. Esta postura fue ratificada y unificada en la sentencia T-760 de 2008, providencia en que la Corte estudió varios casos en los que se evidenciaba que el mal funcionamiento del sistema de salud afectaba gravemente los derechos fundamentales de todos los usuarios. En esta providencia, el tribunal constitucional reafirmó la postura de que "son fundamentales todo derecho constitucional [*sic*] que funcionalmente esté dirigido a lograr la dignidad humana y sea traducible en un derecho subjetivo" (Corte Constitucional, sentencia T-760 de 2008). Desde esa providencia el carácter fundamental de los DESC es un tema relativamente pacífico en la jurisprudencia constitucional.

90 La acción de tutela es un mecanismo judicial creado directamente por la CP. Fue establecido para que las personas pudieran solicitar la protección inmediata de cualquier derecho fundamental cuando se encuentre amenazado o vulnerado por cualquier acto u omisión de una autoridad, o incluso por un acto de un particular. Esta figura tiene inspiración en el mecanismo del amparo constitucional establecido en el artículo 53.2 de la CE. Sin embargo, la acción de tutela puede ser utilizada para solicitar la protección de un catálogo más amplio de derechos que el amparo constitucional español porque en Colombia todos los derechos constitucionales son fundamentales. El artículo 86 de la CP reconoce de la siguiente manera este mecanismo judicial: "Toda persona tendrá acción de tutela para reclamar ante los jueces, en todo momento y lugar, mediante un procedimiento preferente y sumario, por sí misma o por quien actúe a su nombre, la protección inmediata de sus derechos constitucionales fundamentales, cuando quiera que éstos resulten vulnerados o amenazados por la acción o la omisión de cualquier autoridad pública. La protección consistirá en una orden para que aquel respecto de quien se solicita la tutela, actúe o se abstenga de hacerlo. El fallo, que será de inmediato cumplimiento, podrá impugnarse ante el juez competente y, en todo caso, éste lo remitirá a la Corte Constitucional para su eventual revisión. Esta acción solo procederá cuando el afectado no disponga de otro medio de defensa judicial, salvo que aquella se utilice como mecanismo transitorio para evitar un perjuicio irremediable. En ningún caso podrán transcurrir más de diez días entre la solicitud de tutela y su resolución. La ley establecerá los casos en los que la acción de tutela procede contra particulares encargados de la prestación de un servicio público o cuya conducta afecte grave y directamente el interés colectivo, o respecto de quienes el solicitante se halle en estado de subordinación o indefensión". Para un estudio detallado de la acción de tutela y su régimen jurídico, véase a Osuna Patiño (1998) y Botero Marino (2009).

por parte de las autoridades y los particulares[91]. Otra de las garantías especiales de los derechos fundamentales que los convierte en resistentes frente al poder es que su regulación o limitación solo se puede realizar mediante ley estatutaria. Conforme con lo establecido en los artículos 152 y 153 de la CP, este tipo especial de ley requiere para su aprobación una mayoría absoluta en ambas cámaras y un estudio previo de constitucionalidad por parte de la Corte Constitucional.

El alcance y contenido de la naturaleza fundamental del derecho a la cultural está estrechamente relacionado con el carácter de Estado social de Derecho reconocido por el artículo 1 de la CP. El objetivo principal de esta forma de Estado es garantizar unas condiciones materiales mínimas para que todas las personas puedan ejercer de manera real y efectiva los derechos fundamentales –la famosa procura existencial de la doctrina alemana: *daseinsvorsorge*–. Con la adopción del Estado social de Derecho la CP se impone como uno de sus objetivos la superación de las desigualdades sociales que impiden el disfrute de los derechos fundamentales. El establecimiento del Estado social de Derecho y las múltiples obligaciones impuestas a la Administración para que garantice unas condiciones materiales mínimas para el ejercicio efectivo de todos los derechos fundamentales configuran lo que algunos autores denominan constitucionalismo *aspiracional* o transformador[92]. Las constituciones *aspiracionales* no están satisfechas con el contexto social inequitativo en el que se produjo su expedición, por lo que tiene como uno de sus principales objetivos superar esta situación[93].

El carácter de Estado social de Derecho tiene importantes consecuencias en materia cultural porque impone al Estado el deber de garantizar el ejercicio

---

91   El hecho de que en el ordenamiento jurídico colombiano pueda utilizarse la acción de tutela para solicitar la protección de los derechos culturales no debe hacer perder de vista que este mecanismo judicial es residual y subsidiario. Por tanto, solo procede cuando no existe otro mecanismo judicial que proteja el derecho o cuando pese a existir otra vía procesal, la acción de tutela es utilizada para evitar que se configure un perjuicio irremediable. Para la protección específica del patrimonio cultural el artículo 88 de la CP creó las acciones populares. De conformidad con la Ley 472 de 1998, ley que reglamentó las acciones populares y de grupo, las acciones populares son el mecanismo judicial para la protección de los derechos colectivos como el patrimonio cultural. Es oportuno aclarar que el carácter colectivo de algunos derechos no desnaturaliza su carácter de fundamental puesto que en Colombia todos los derechos constitucionales son fundamentales.

92   Al respecto véase a García Villegas (2012) y Uprimny Yepes (2012).

93   Para García Villegas (2012), el constitucionalismo aspiracional se caracteriza por: "En primer lugar, este constitucionalismo prospera sobre todo en situaciones en las cuales existe una gran inconformidad con el presente y una fuerte creencia en las posibilidades de un futuro mejor. En segundo lugar, el constitucionalismo aspiracional busca la efectividad fáctica, y no sólo jurídica, de sus normas. Jurídicamente, este carácter se revela en el hecho de que las normas que consagran sus principios, valores y derechos sociales no son consideradas como meras formulaciones retóricas sino como normas llamadas a tener efectos inmediatos" (93).

de este derecho fundamental, lo que lo obligará a remover los obstáculos que impiden que ciertos sectores de la población puedan disfrutar de una vida cultural activa. Por ende, para comprender el alcance y contenido del derecho a la cultura es necesario tener en cuenta su carácter de derecho fundamental en el marco de un Estado social de Derecho que aspira a transformar la realidad existente para que todas las personas puedan hacer uso de manera material y efectiva de sus derechos y libertades.

Aunque en Colombia todos los derechos constitucionales tienen el carácter de fundamentales, la clasificación de los derechos por generaciones es útil para efectos académicos. Esta clasificación proporciona una herramienta valiosa para entender el origen histórico y el contexto en que surgen cada uno de los derechos. Como sostiene Rodríguez Palop (2002): "Hablar de generaciones es muy útil si se pretende llevar a cabo el análisis de los derechos explicando su necesaria e inevitable conexión con el contexto espacio-temporal en el que surgen" (p. 72)[94]. Como resalta la autora citada, la división en generaciones sirve de marco de referencia teórico para comprender el origen y los motivos históricos que llevaron al reconocimiento formal de los derechos[95]. En consecuencia, se utilizará esta teoría como una herramienta para la comprensión de los fundamentos que llevaron a la positivización del derecho fundamental a la cultura.

Con la aparición del Estado moderno, surge la primera generación de derechos, los civiles y políticos. Esos derechos aparecen como consecuencia de la revolución liberal burguesa, y a través de ellos se pretende limitar el poder absoluto que tenía el soberano[96]. El propósito de esta generación de derechos

---

94   La autora citada complementa que "Con la visión generacional de los derechos humanos se intenta poner de manifiesto las mutaciones que han sufrido a lo largo y como consecuencia de la historia, de modo que cada 'generación' se presente como fruto de un contexto temporal y espacial que, caracterizado por diferentes acontecimientos históricos, le otorga unos perfiles ideológicos definidos" (Rodríguez Palop, 2002, p. 78).

95   En este mismo sentido, Pizzorusso (2002) destaca: "Sobre la base de lo expuesto, parece posible llegar a una conclusión acerca del papel que debe asignarse a la clasificación de los derechos fundamentales por "generaciones". La conclusión no puede ser otra que considerar que tal actividad tenga sobre todo relieve para la historia (y para la crónica) de los acontecimientos constitucionales de la época contemporánea y de los últimos dos o tres siglos. Parece, en cambio, que la distinción de las generaciones de derechos (o de los documentos en que se proclama la defensa de los mismos) no presenta un carácter lo suficientemente preciso para poder ser utilizada como una noción jurídica, ni en el plano legislativo, ni en el de la interpretación sistemática; sea en el ámbito doctrinal, jurisprudencial o cualquier otro" (pp. 513-514).

96   Peces-Barba Martínez resalta la importancia que tuvo el surgimiento de la clase social denominada burguesa para el reconocimiento y positivización de los derechos civiles y políticos. Esta categoría de derechos refleja las aspiraciones y moralidad de esa nueva clase social. En palabras de este autor: "Esa burguesía influirá en la orientación de la literatura, del arte, de la filosofía, de la ciencia y a su vez estará

es otorgar a las personas unas garantías mínimas consideradas indispensables para la sociedad burguesa (igualdad formal, libertad y participación)[97]. El contexto histórico dio lugar al surgimiento de estas aspiraciones, ya que para la burguesía era indispensable que el Estado tratara igual a todos los ciudadanos, un espacio de libertad frente a la administración pública y el reconocimiento del derecho a participar en la conformación del poder político[98]. Esta primera generación de derechos puede dividirse en dos subcategorías según su fundamento o justificación. La libertad entendida como inmunidad frente al Estado es el fundamento de la primera subcategoría, los derechos civiles. Estos derechos pretenden garantizar un espacio de inmunidad de las personas frente al Estado, buscan establecer una esfera de libertad en la que el Estado no puede interferir, la libertad de los modernos en la terminología de Constant (2019)[99] o la libertad negativa que aduce Berlin (1988). Ejemplos típicos de esta categoría son los derechos a la libertad de conciencia, pensamiento y religión; la libertad de expresión y la libertad de locomoción.

Por su parte, la participación es el fundamento de la segunda subcategoría de esta generación. Con los derechos políticos se pretende establecer una serie de garantías para que los ciudadanos puedan deliberar, participar y tomar decisiones sobre los asuntos públicos, participar en la conformación de este poder, lo que Constant (2019) denominó "libertad de los antiguos". El derecho al sufragio es el ejemplo típico de la subcategoría de los derechos políticos. Las anteriores dos subcategorías de derechos –civiles y políticos– tienen un mismo origen histórico, la revolución liberal burguesa, razón por la cual son agrupadas

---

influida por esta nueva cultura, generando una mentalidad, la ideología liberal, con la finalidad de permitir al individuo burgués, no sólo el libre desarrollo de su actividad económica, sino la dirección del poder político. En las sociedades más avanzadas irá reclamando ese individuo burgués la dirección de los asuntos políticos y buscará un sistema político y una nueva ideología que cristalizarán en la Inglaterra del siglo XVII, y en sus colonias de Norteamérica y en la Francia del siglo XVIII" (Peces-Barba Martínez, 1995, p. 118).

97   Para Fioravanti (2016), un adecuado estudio generacional de los derechos liberales requiere situarse en el contexto territorial en que surgen. Estos derechos tendrán una diferente connotación en la Revolución francesa, en el proceso de independencia de los Estados Unidos de América o en el contexto historicista del Reino Unido.

98   Sobre este punto, Peces-Barba Martínez (1995) sostiene: "Primero burguesía y monarquía fueron aliadas para acabar con el universo medieval, y porque el nuevo poder centralizado proporcionaba la seguridad que la burguesía reclamaba inicialmente. Cuando ésta consolidó su fuerza social, necesitó abrir los horizontes políticos e impulsó el disenso, junto con los humanistas, los funcionarios, con los científicos y los pertenecientes a sectas o iglesias no coincidentes con la religión del monarca. En ese segundo momento, burguesía y monarquía fueron adversarias" (p. 139).

99   Bejamin Constant publicó en 1819 su célebre trabajo *De la Liberté des anciens comparée à celle des Modernes*. Aquí se trabajará con la traducción de esa obra realizada por Ángel Rivero en el 2019.

en la primera generación de derechos[100]. Sin embargo, tienen un fundamento y una justificación diferentes, pues mientras el porqué de los derechos civiles es la libertad entendida como inmunidad frente al Estado, el fundamento de los derechos políticos es la libertad para participar en los asuntos públicos.

El fenómeno de los diferentes fundamentos para los derechos que conforman una generación también se presentará con la segunda generación de derechos. Si bien es cierto que los DESC tienen un mismo origen histórico, su justificación es diferente, razón por la cual se debe dividir esta generación en dos subcategorías. Por un lado, los derechos económicos y sociales y, por otro, los derechos culturales[101]. Los DESC surgen como consecuencia del aparecimiento en el plano político de movimientos obreros y sociales –en especial las corrientes de pensamiento socialistas[102]– que impulsaron la transformación del concepto tradicional de Estado de Derecho, en el que predominaba una idea de igualdad formal, para remplazarlo por un nuevo tipo de Estado, el social de Derecho, en el que predomina una noción de igualdad material. En esta nueva categoría de Estado, la Administración Pública debe asumir deberes de prestación para la satisfacción de las necesidades básicas de las personas. En efecto, para los movimientos que dieron lugar a este tipo de Estado es necesario que la Administración se comprometa con la garantía efectiva de unas condiciones materiales mínimas para

---

100   En este sentido, Rincón Córdoba (2004) sostiene lo siguiente: "Dentro de los derechos de primera generación, además de encontrar derechos de carácter individual, también encontramos aquellos derechos de connotación política, cuyo objeto no es el de asegurar una esfera irreducible de privacidad, sino de posibilitar que las personas puedan tomar parte en las decisiones políticas a través del ejercicio del sufragio, la utilización de instancias de participación política y administrativa y, la posibilidad de acceder a cargos públicos" (p. 279).

101   Baldasarre (2001) propone clasificar los DESC en dos categorías: incondicionados y condicionados. Para este autor los DESC incondicionados son lo que no están sujetos a ningún presupuesto para su ejercicio y se pueden ejercer directamente. Para este autor un ejemplo de un DESC incondicional es la libertad sindical porque solo se requiere la voluntad de dos o más personas para ejercer este derecho. Por su parte, los DESC condicionados están sujetos a presupuestos previos para su ejercicio. Por ejemplo, el ejercicio del derecho a la salud está condicionado a la existencia de un sistema sanitario que pueda prestar servicios en esta materia. No se comparte la clasificación propuesta por Baldasarre (2001) porque todos los derechos fundamentales tienen una dimensión prestacional y requieren condicionamientos previos para su ejercicio. De este modo, en el caso del derecho a la asociación sindical se requiere que el Estado reconozca, garantice y proteja este tipo especial de asociación de los estigmas y medidas de discriminación que pueden presentarse por parte del empleador.

102   Sobre este punto, Peces-Barba Martínez (1988), anota: "Debemos situar esta aparición en el siglo XIX, vinculados a la idea de igualdad y desde una perspectiva socialista democrática. Frente a posiciones socialista radicales que rechazan la idea misma de los derechos fundamentales por su origen liberal, como la del revisionismo leninista, supone una toma de decisión que acepta en principio la existencia de los derechos fundamentales, aunque intenta corregir el carácter discriminatorio que de hecho tiene en la concepción liberal, incorporando un componente igualitario que perfeccione, complete y desarrolle la idea originaria de los derechos fundamentales y haga real el lema de la Revolución Francesa" (p. 198).

que todas las personas puedan disfrutar de forma eficaz de las libertades clásicas. Para un adecuado ejercicio de las libertades civiles y políticas, es presupuesto esencial que las personas cuenten con unas mínimas condiciones materiales de vida que les permitan un correcto ejercicio de sus derechos[103].

Los derechos económicos y sociales conforman la primera subcategoría de los DESC, y su fundamento y justificación es la igualdad material. Con la positivización de estos derechos se pretendía garantizar unas condiciones materiales mínimas para toda la ciudadanía. Los derechos a la educación, salud, vivienda, trabajo y seguridad social se justifican precisamente en la medida en que permiten que las personas cuenten con unas condiciones materiales básicas para ejercer los derechos civiles y políticos, y para emprender los diferentes proyectos y planes de vida.

Por su parte, el fundamento de la segunda subcategoría de los DESC, los derechos culturales, es la libertad[104]. Con la positivización de la cultura como derecho se pretende garantizar que las personas cuenten con un número alto de alternativas y opciones[105]. Lo anterior con el fin de que las personas puedan

---

103   Con posterioridad al reconocimiento de los DESC o derechos de segunda generación, la doctrina empezó abogar por una tercera, e incluso, por una cuarta generación de derechos. La tercera generación de derechos ha sido reconocida y positivizada formalmente en Colombia. Estos derechos pretenden el reconocimiento de algunas garantías colectivas que se alejan del fundamento de los derechos como pretensiones individuales para sostener la existencia de algunos derechos que son de todo el grupo y, por ende, no le pertenecen individualmente a nadie. El derecho al medio ambiente es el ejemplo típico de esta tercera generación. En el presente trabajo, no se abordará el estudio de las nuevas generaciones de derechos por no tener una relación directa con el objeto de la investigación. Para un estudio detallado de la recepción de estas nuevas generaciones en Colombia, véase a Rincón Córdoba (2004). En España, véase a Rodríguez Palop (2002).

104   Como resalta Peces-Barba Martínez (1988), aunque los derechos sociales tienen como fundamento la igualdad, en últimas todos los derechos fundamentales, inclusive los culturales, buscan garantizar la libertad de las personas, pues las garantías sociales solo pretenden remover los obstáculos para que las personas puedan ejercer su libertad. En este sentido, el autor aludido resalta: "Se puede afirmar que todos los derechos fundamentales son derechos de libertad, es decir, que todos los derechos fundamentales pretenden facilitar la autonomía de las personas y su desarrollo integral creando esas condiciones de libertad. Lo que ocurre es que se utilizan diversas técnicas para alcanzar esa finalidad, y que, a partir del siglo XIX con la crítica socialista a la concepción liberal pura de los derechos fundamentales, se incorpora un componente igualitario que matiza y completa esa idea de los derechos fundamentales como derechos de libertad sin hacerla imposible y sin desvirtuarla como pretenden los liberales doctrinarios" (Peces-Barba Martínez, 1988, pp. 201-202). Con posterioridad, este autor sostendría que el fundamento de los derechos fundamentales es la libertad en condiciones de igualdad junto con la solidaridad y la seguridad. Al respecto véase Peces-Barba Martínez (1995).

105   En este sentido el artículo 3 de la Declaración Universal sobre la Diversidad Cultural de la Unesco señala que "La diversidad cultural amplía las posibilidades de elección que se brindan a todos; es una de las fuentes del desarrollo, entendido no solamente en términos de crecimiento económico, sino también como medio de acceso a una existencia intelectual, afectiva, moral y espiritual satisfactoria".

escoger entre diversas posibilidades un proyecto de vida acorde con sus gustos, preferencias y conciencia[106]. El fundamento de los derechos culturales es la libertad y el libre desarrollo de la personalidad, entendidos como la posibilidad para escoger entre varias opciones vitales. No en vano han dicho Llamazares Fernández y Llamazares Calzadilla (2011b): "Objeto del Estado cultural es, por tanto, la cultura de la libertad, de la dignidad del hombre, del libre desarrollo de la personalidad o libre formación de la conciencia" (p. 211). Con la protección de la cultura y el patrimonio cultural se busca brindar a las personas diferentes ofertas para que puedan emprender disímiles planes. Como resalta Dworkin, una sociedad con una riqueza cultural amplia dará lugar a que las personas cuenten con mayores opciones para sus proyectos de vida[107].

El libre desarrollo de la personalidad solo se puede ejercer adecuadamente si las personas cuentan con la posibilidad de elegir entre varias opciones. Cuando las alternativas son mínimas o inexistentes no se puede predicar la libertad ni el ejercicio del libre desarrollo de la personalidad, pues no se cuenta con un catálogo amplio de posibilidades que den lugar a la existencia de las condiciones necesarias para que las personas puedan optar por diferentes alternativas, presupuesto indispensable de la libertad. Solo se está ante alguien libre cuando la persona cuenta con la posibilidad de elegir entre varias opciones. Sobre la libertad y el libre desarrollo de la personalidad como fundamento de los derechos culturales, Prieto de Pedro (2008) sostiene: "A modo de conclusión, propongo entender los derechos culturales como aquellos derechos fundamentales que garantizan el desarrollo libre, igual y fraterno de los seres humanos en sus diferentes contextos de vida" (pp. 22-23)[108].

106　Sobre este punto el Comité de Derechos Económicos, Sociales y Culturales de la ONU sostuvo en la Observación General n.º 21: "6. El derecho a participar en la vida cultural puede calificarse de libertad. Para realizarlo, es necesario que el Estado parte se abstenga de hacer algo (no injerencia en el ejercicio de las prácticas culturales y en el acceso a los bienes culturales), por una parte, y que tome medidas positivas (asegurarse de que existan las condiciones previas para participar en la vida cultural, promoverla y facilitarla y dar acceso a los bienes culturales y preservarlos), por la otra" (Comité de Derechos Económicos, Sociales y Culturales, 2009).

107　En palabras del autor reseñado: "La situación de la gente es mejor cuando las oportunidades que le ofrece su cultura son más complejas y variadas" (Dworkin, 2012, p. 289).

108　En el mismo sentido Tejón Sánchez (2008) apunta que los elementos característicos de los bienes culturales y el patrimonio cultural son: "[...] En segundo lugar, su vinculación al libre desarrollo de la personalidad de los individuos, lo que permite situar la actividad de tutela y promoción de dichos bienes y la posibilidad de acceso y disfrute público de los mismo en el ámbito de los derechos subjetivos, como uno de los contenidos básicos que integra un genérico "derecho a la cultura" de los individuos y grupos en que éstos se integran" (p. 487).

Con la positivización del derecho a la cultura se pretende garantizar que las personas tengan el mayor número de opciones posibles para sus diferentes proyectos de vida. Para Kymlicka, el mayor número de alternativas se consigue mediante la protección del entorno cultural, pues una cultura amplia propicia el surgimiento de un número significativo de alternativas, lo que da lugar a la posibilidad de poder ejercer más ampliamente el libre desarrollo de la personalidad[109]. Los derechos culturales tienen un innegable fundamento liberal, pues su porqué y para qué es la protección de las diferentes manifestaciones, alternativas y formas de afrontar la vida que ofrece la cultura. Incluso, una de las ventajas de los Estados multiculturales y plurinacionales frente a los Estados que solo reconocen una cultura es que las personas tienen acceso a muchas más alternativas vitales por estar inmersas en una sociedad multicultural, con lo cual se pueden beneficiar de las opciones que ofrece cada una de las diferentes formas de afrontar el mundo[110].

El carácter liberal del derecho fundamental a la cultura no absuelve al Estado de la obligación de garantizar que todas las personas puedan ejercer este derecho y tener acceso real y efectivo a las diversas manifestaciones culturales y artísticas. Como sostiene Vaquer Caballería, el derecho a la cultura contienen una dimensión prestacional y participativa que hace parte de su contenido[111]. En efecto, en un Estado social de derecho como el establecido en la CP los derechos fundamentales tienen, independientemente de su contenido liberal o social, una dimensión promocional a cargo del Estado. No basta con que el Estado se abstenga de interferir en la libertad de creación en materia artística y cultural o con que proteja el ejercicio del derecho de agresiones de terceras personas.

---

109   Al respecto, Kymlicka (1996) asegura: "La libertad implica elegir entre diversas opciones, y nuestra cultura societal no sólo proporciona estas opciones, sino que también hace que sean importantes para nosotros. […] Las culturas son valiosas, no en y por sí mismas, sino porque únicamente mediante el acceso a una cultura societal, las personas pueden tener acceso a una serie de opciones significativas" (pp. 121-122).

110   Acerca de este punto, Oliva Martínez (2012) anota: "La diversidad cultural es positiva, una sociedad diversa es una sociedad más rica, capaz de configurar respuestas en el plano social más acordes para la resolución de los problemas" (p. 223).

111   Al respecto Vaquer Caballería (2020) sostiene: "Por lo que se refiere ya a su contenido, el derecho a la cultura estaría incompleto si no incluyera una dimensión de libertad, otra prestacional y otra de participación. Hace ya tiempo que García de Enterría constató que no cabía construir barreras artificiosas entre los derechos de libertad, de prestación y de participación porque muchos bienes jurídicos requerían de los tres para ser eficazmente protegidos. En su derecho a la cultura, las personas deben gozar de (1) libertad para crear y producir sus creaciones y para acceder y disfrutar de las de otros, (2) la procura de las condiciones y los medios adecuados para acceder a la cultura y la remoción de los obstáculos para su disfrute efectivo, y (3) la posibilidad de participar tanto en la vida cultural en sí misma, como también en los asuntos públicos a ella referida" (p. 8).

En este tipo de Estado también se deben crear los mecanismos de fomento para que las personas puedan ejercer de forma efectiva la libertad artística y cultural. Políticas educativas de formación artística, políticas de fomento a nuevas creaciones y expresiones culturales, subvenciones a los nuevos proyectos artísticos, entre otros, son apenas unos pocos ejemplos de la dimensión prestacional del derecho fundamental a la libertad cultural.

El deber de garantizar el acceso de todas las personas a la cultura también implica una fuerte carga prestacional a cargo del Estado porque se deben crear diferentes políticas públicas que permitan que todas las personas puedan acceder a las diversas manifestaciones culturales. La realización de conciertos, recitales y exposiciones artísticas de libre acceso es un ejemplo de la manera en que el Estado asume el cumplimiento de este deber. La construcción y el mantenimiento de centros artísticos y culturales (casas de la cultura) en los que el Estado fomenta la actividad artística y cultural son otro claro ejemplo de la dimensión prestacional que implica la garantía del derecho fundamental al acceso a la cultura.

El derecho fundamental a la cultura también tiene una dimensión colectiva porque muchos de los bienes y manifestaciones culturales representan valores y rasgos distintivos de la toda la comunidad. Por ende, el deterioro de un bien o de una manifestación cultural afecta a todo el grupo social, ya que se pierde un elemento de cohesión e identificación del grupo. La dimensión colectiva de este derecho se refleja claramente en el carácter grupal de muchas de las expresiones culturales. Ritos, danzas y celebraciones populares son expresiones culturales que se ejercen de forma colectiva. Uno de los ejemplos de esta dimensión colectiva en el ordenamiento jurídico colombiano se presenta con la figura de la acción popular (artículo 88 de la CP). Esta acción constitucional fue creada justamente para la defensa y protección de los derechos e intereses colectivos. Precisamente uno de los intereses colectivos que pueden protegerse mediante esta acción judicial es el patrimonio cultural de la nación.

En resumen, con el derecho fundamental a la cultura se pretende garantizar que todas las personas puedan acceder, gozar y beneficiarse de las alternativas que son fruto de las diversas manifestaciones culturales. El fin de este derecho fundamental es que las personas puedan tener varias opciones para emprender sus proyectos de vida. Una vida en un contexto social con una cultura amplia y extensa permite que las personas tengan más alternativas para desarrollar su personalidad. En consecuencia, este derecho tiene un innegable carácter liberal. El derecho a la cultura tiene el carácter de fundamental porque en Colombia lo son todos los derechos constitucionales. La fundamentalidad y el carácter de Estado social de derecho influyen de forma importante en el alcance y contenido de este derecho. Por ejemplo, la protección eficaz de la cultura impone al

Estado el cumplimiento de fuertes deberes de naturaleza prestacional. Además, este derecho tiene una importante dimensión colectiva, pues muchas de las manifestaciones culturales se ejercen de forma grupal y representan valores y rasgos distintivos de todo el grupo.

IX. LA TRÍADA DE DERECHOS CULTURALES: LA LIBERTAD ARTÍSTICA, EL ACCESO A LA CULTURA Y LA PROTECCIÓN DEL PATRIMONIO CULTURAL COMO GARANTÍAS DE LA LIBERTAD INDIVIDUAL

El derecho a la cultura tiene su mayor expresión con los derechos y garantías establecidos en la tríada de acceso a la cultura, libertad artística y el deber de proteger el patrimonio cultural. Esta tríada expresa de forma clara el carácter liberal del derecho a la cultura, ya que son garantías que otorgan a las personas un variado número de alternativas para sus vidas en libertad. Por la importancia de estas garantías se explicará su contenido y alcance de forma individual en los siguientes apartados.

A. LIBERTAD ARTÍSTICA

El artículo 71 de la CP establece el derecho a la libre expresión artística[112]. Esta disposición garantiza la libertad de todas las personas para crear diferentes expresiones en materia artística y cultural. Este derecho busca crear un espacio de inmunidad en que el Estado no puede intervenir en la capacidad creadora de las personas. En este caso, la Administración está obligada a no dificultar ni obstaculizar el proceso de creación artística. El deber de abstención es una especie de prohibición de censura en esta materia, dado que las personas son libres en su capacidad creadora[113].

El Estado no debe interferir en la labor creativa de las personas, salvo que esa labor lesione derechos y libertades fundamentales de terceras personas.

---

112 CP. Artículo 71: "La búsqueda del conocimiento y la expresión artística son libres. Los planes de desarrollo económico y social incluirán el fomento a las ciencias y, en general, a la cultura. El Estado creará incentivos para personas e instituciones que desarrollen y fomenten la ciencia y la tecnología y las demás manifestaciones culturales y ofrecerá estímulos especiales a personas e instituciones que ejerzan estas actividades".

113 Sobre este punto, Parejo Alfonso (2013) sostiene: "En el Estado de cultura los procesos de creación, expresión y comunicación culturales (síntesis del progreso cultural) deben ser libres. Pues sin libertad no hay verdadera cultura, ni posibilidad de reproducción de ésta. De ahí que el Estado deba no solo respetar, sino propiciar la autonomía de los procesos culturales" (p. 26).

Este es un ámbito en el que se debe contar con la máxima libertad posible para poder crear las manifestaciones artísticas que se consideren valiosas, según la percepción estética y la cosmovisión que se siga, es decir, según los mandatos de la conciencia. Un Estado que garantice la libertad de creación artística y cultural dará lugar a una sociedad en que las personas cuenten con la posibilidad de desarrollar su potencial imaginativo y creativo, pues no existe un veto o censura oficial, ni mucho menos un gusto estético impuesto por el Estado[114]. La consecuencia de lo anterior será una sociedad con una oferta variada en el campo artístico y cultural, lo cual redundará en beneficios para toda la comunidad.

El derecho a la libertad artística perdería su naturaleza si se limitara seriamente la posibilidad de exponer las obras y manifestaciones. De poco sirve garantizar la libertad para crear todo lo que se considere pertinente en el campo artístico, pero tener limitada la posibilidad de su exposición. Por ende, la libertad artística abarca el derecho a exponer los trabajos y productos resultados de la capacidad creativa. Las personas tienen el derecho a exhibir los productos que consideren dignos de ser puestos al conocimiento del público. Esto refleja la estrecha relación entre la libertad artística y libertad de expresión porque la materialización de las creaciones artísticas y culturales es una forma de expresión de las ideas. En este campo, muchas de las obras y manifestaciones reflejan una fuerte expresión crítica contra el sistema o representan desgarradoras denuncias sociales como el *Guernica* de Picasso u *Hoy paro* de Guayasamín. En consecuencia, el derecho a exponer estas obras críticas, polémicas o provocadoras está amparado no solo por el derecho a la libertad artística (artículo 71 CP), sino también por el derecho a la libertad de expresión (artículo 20 CP)[115].

La estrecha relación entre la libertad artística y la libertad de expresión puede advertirse en la fuerte polémica que dio lugar la exposición de la obra *Mujeres ocultas*, de la artista María Eugenia Trujillo. La obra en cuestión contenía algunas custodias que representaban órganos genitales femeninos. La idea de la artista era representar con estos objetos una alegoría del maltrato histórico que han sufrido las mujeres. Varias personas se opusieron a la exposición de la obra porque consideraban que en un museo público no se debía exponer una

---

114   Así, por ejemplo, la Ley 1493 de 2011, que reguló las artes escénicas, prohíbe expresamente cualquier tipo de censura sobre el contenido de estas manifestaciones. Expresamente el literal b del artículo 1 de la ley advierte: "En ningún caso el Estado ejercerá censura sobre la forma y el contenido ideológico y artístico de las realizaciones y proyectos culturales".

115   CP. Artículo 20: "Se garantiza a toda persona la libertad de expresar y difundir su pensamiento y opiniones, la de informar y recibir información veraz e imparcial, y la de fundar medios masivos de comunicación. Estos son libres y tienen responsabilidad social. Se garantiza el derecho a la rectificación en condiciones de equidad. No habrá censura".

muestra artística que atentaba contra sus sentimientos religiosos. El supuesto atentado contra los sentimientos religiosos era porque en la obra se utilizaban objetos sagrados para los católicos, como las custodias. Por ende, interpusieron varias acciones de tutela en las que solicitaron suspender la exhibición de la obra.

El Tribunal Administrativo de Cundinamarca decidió suspender inicialmente la exposición de la obra, mediante la adopción de una medida cautelar. Sin embargo, esta decisión fue rápidamente revocada por la misma entidad judicial, por lo que la obra finalmente se pudo exponer en el Museo Santa Clara[116]. La Corte Constitucional decidió revisar este caso y en la sentencia SU-626 de 2015 confirmó el fallo del Tribunal que permitió la exposición de la obra. En esta providencia confirmatoria, la Corte resaltó que dicha exposición era una manifestación de los derechos a la libertad de expresión y libertad artística de la creadora de la obra. Para el Tribunal, prohibir la exposición, como lo solicitaban los demandantes, implicaría desconocer los derechos a libertad de expresión y artística de María Eugenia Trujillo[117].

La libertad artística también tiene una fuerte conexión con el derecho a la libertad de conciencia y de religión, reconocido en los artículos 18 y 19 de la CP. Es precisamente en la conciencia el lugar donde se forman las ideas que darán lugar a las creaciones, que se expresarán mediante el medio que escoja el autor. Como señalan Llamazares Fernández y Llamazares Calzadilla (2011b), "La cultura, por tanto, es al mismo tiempo resultado de la actividad humana, en último término de la conciencia, y elemento conformador de ella, por cuanto forma parte de la identidad personal" (pp. 209-210). La estrecha vinculación entre las libertades de conciencia, de expresión y artística pretende garantizar una esfera en la que las personas son libres para crear, expresar y potencializar las expresiones que son fruto de su conciencia.

En un Estado social de Derecho no es suficiente con que la Administración se abstenga de imponer obstáculos a la libertad creadora de los artistas y a la posibilidad de exponer las obras fruto de esa actividad. En algunos casos es necesario que el Estado adopte políticas públicas de fomento tendientes ayudar

---

116   El Museo de Santa Clara es un museo público adscrito al Ministerio de Cultura. Se llama Santa Clara porque el edificio donde funciona el museo fue la sede del Real Monasterio de Santa Clara desde el año 1628 hasta 1970, fecha en que el Estado compró el edificio.

117   En esta providencia, la Corte Constitucional sostuvo que prohibir la exposición de la obra configuraría una violación a los derechos a la libertad de expresión y artística. En este sentido señaló: "Las exposiciones de arte se encuentran constitucionalmente aseguradas por la libertad de expresión artística (arts. 20, 70 y 71) que comprende la posibilidad de desarrollar y exponer públicamente todas aquellas creaciones humanas, con independencia de que sean juzgadas por algún sector como incorrectas, inadecuadas, dañinas o inmorales" (Corte Constitucional, sentencia SU-626 de 2016).

y promocionar a los artistas que no puedan adelantar su trabajo por razones de tipo económico. Este es el motivo por lo que el artículo 71 de la CP expresamente impone al Estado la obligación de incluir en los planes de desarrollo medidas de fomento a la cultura y estímulos especiales para las personas e instituciones que realicen actividades artísticas y culturales. Las subvenciones son indispensables para que muchas personas puedan tener la oportunidad de ejercer su libertad artística y desarrollar su capacidad creativa en esta materia. El carácter de Estado social de derecho obliga a la Administración a establecer los mecanismos necesarios para que las personas puedan disfrutar de esta libertad[118].

En definitiva, la libertad artística abarca dentro de su contenido el derecho a crear libremente, sin ningún veto oficial, todas las obras y manifestaciones artísticas que se estimen oportunas. También implica el derecho a exponer estas obras, sin que se permita la censura previa por parte del Estado ni de ningún particular. Esta libertad tiene un componente prestacional que impone al Estado el deber de ayudar a los artistas con diferentes medidas económicas y sociales como, por ejemplo, las subvenciones o políticas públicas de fomento a las nuevas creaciones artísticas. Estas medidas deben ayudar a las personas que no cuentan con las condiciones materiales necesarias para poner en marcha sus proyectos artísticos y culturales. El contenido amplio de la libertad artística refleja que su propósito es garantizar que las personas puedan crear las manifestaciones artísticas que consideren acordes con su personalidad, proyectos de vida y conciencia.

B. EL DERECHO AL ACCESO A LA CULTURA

El derecho de acceso a la cultura, establecido en los artículos 67[119] y 70[120] de la CP, tiene como objeto brindar la posibilidad de que todas las personas accedan,

---

118   Sobre este punto, Alfonso Parejo (2013) sostiene: "Queda así acotado el campo respectivo de los derechos de libertad y de prestación en la cultura: los poderes públicos pueden y deben contribuir a la provisión igualitaria de medios instrumentales y externos para la creación (autonomía cultural-misión estatal), estándoles vedado intervenir en el contenido o resultado (autonomía cultural-abstención y respeto estatales)" (p. 28).

119   CP. Artículo 67: "La educación es un derecho de la persona y un servicio público que tiene una función social; con ella se busca el acceso al conocimiento, a la ciencia, a la técnica, y a los demás bienes y valores de la cultura. [...]".

120   CP. Artículo 70: "El Estado tiene el deber de promover y fomentar el acceso a la cultura de todos los colombianos en igualdad de oportunidades, por medio de la educación permanente y la enseñanza científica, técnica, artística y profesional en todas las etapas del proceso de creación de la identidad nacional. La cultura en sus diversas manifestaciones es fundamento de la nacionalidad. El Estado reconoce la igualdad y dignidad de todas las que conviven en el país. El Estado promoverá la investigación, la ciencia, el desarrollo y la difusión de los valores culturales de la Nación".

conozcan y disfruten de las diversas manifestaciones de la cultura. Este derecho pretende que todas las personas puedan beneficiarse de los aspectos positivos que aporta tener una vida culturalmente activa y rica en opciones[121] e impone al Estado la obligación de establecer las alternativas necesarias para que todos los individuos puedan acceder a la cultura y sus beneficios, en especial los individuos de escasos recursos económicos[122].

En cumplimiento de ese mandato, el Estado debe crear planes y políticas públicas adecuadas para que las personas cuenten con la posibilidad real de acceder a la cultura en sus diversas manifestaciones. Políticas de subvenciones a los espectáculos culturales para que sean asequibles a las personas de escasos recursos económicos, subsidios para que autores y productores culturales puedan crear obras artísticas, medidas fiscales y tributarias de fomento a la creación artística y cultural[123], la construcción de una estructura estatal amplia que preste servicios culturales de diversa índole como casas de la cultura o las bibliotecas públicas, son algunas de las medidas que debe impulsar el Estado con el fin de garantizar el acceso de todos a la cultura. Las anteriores medidas fueron catalogadas y clasificadas por el Comité de Derechos Económicos, Sociales y Culturales, en la Observación General n.° 21, en los siguientes criterios: disponibilidad, accesibilidad, aceptabilidad, adaptabilidad e idoneidad[124].

---

121   El Comité de Derechos Económicos, Sociales y Culturales señaló, en la Observación General n.° 21, que el derecho al acceso a la cultura comprende: "15. b) El acceso a la vida cultural comprende, en particular, el derecho de toda persona (sola, en asociación con otras o como una comunidad) a conocer y comprender su propia cultura y la de otros, a través de la educación y la información, y a recibir educación y capacitación de calidad con pleno respeto a su identidad cultural. Toda persona tiene también derecho a conocer formas de expresión y difusión por cualquier medio tecnológico de información y comunicación; a seguir un estilo de vida asociado al uso de bienes culturales y de recursos como la tierra, el agua, la biodiversidad, el lenguaje o instituciones específicas, y a beneficiarse del patrimonio cultural y de las creaciones de otros individuos y comunidades" (Comité de Derechos Económicos, Sociales y Culturales, 2009).

122   Para un estudio del alcance del derecho al acceso a la cultura y al disfrute de los bienes que hacen parte del catálogo del patrimonio cultura, véase Vaquer Caballería (2020).

123   Para un estudio detallado de la forma en que las políticas de hacienda pública pueden ayudar al fomento de la cultura, véase a Insignares Gómez (2015).

124   Al respecto, este organismo internacional señaló: "16. La plena realización del derecho de toda persona a participar en la vida cultural requiere de la existencia de los siguientes elementos, sobre la base de la igualdad y de la no discriminación: *a) La disponibilidad* es la presencia de bienes y servicios culturales que todo el mundo pueda disfrutar y aprovechar, en particular bibliotecas, museos, teatros, salas de cine y estadios deportivos; la literatura, incluido el folclore, y las artes en todas sus manifestaciones; espacios abiertos compartidos esenciales para la interacción cultural, como parques, plazas, avenidas y calles; dones de la naturaleza, como mares, lagos, ríos, montañas, bosques y reservas naturales, en particular su flora y su fauna, que dan a los países su carácter y su biodiversidad; bienes culturales intangibles, como lenguas, costumbres, tradiciones, creencias, conocimientos e historia, así como valores, que configuran la identidad y contribuyen a la diversidad cultural de individuos y

Esta obligación satisface una importante función social de garantía material del derecho a la igualdad, ya que pretende que todas las personas cuenten con la posibilidad de acceder a las ventajas que otorga tener una vida culturalmente activa. Se ponen a disposición de las personas alternativas culturales a las que no podrían acceder por causa de sus penurias económicas, poca educación o como consecuencia de vivir en lugares geográficos apartados de los grandes centros poblados del país. El Estado debe garantizar en forma equitativa el acceso a las diversas manifestaciones culturales para que todos tengan similares posibilidades de conocer diferentes opciones para sus proyectos de vida y para el ejercicio del derecho al libre desarrollo de la personalidad.

Si el Estado únicamente promueve un tipo de manifestación cultural, por ejemplo, la alta cultura, en vez de reducir las consecuencias de las desigualdades materiales, las podría estar perpetuando. En este caso, la política cultural no es eficaz al promover unas manifestaciones que no son entendidas ni disfrutadas por amplios sectores populares que prefieren otro tipo de alternativas culturales. Por ende, no se estaría garantizando el derecho al acceso a la cultura.

---

comunidades. De todos los bienes culturales, tiene especial valor la productiva relación intercultural que se establece cuando diversos grupos, minorías y comunidades pueden compartir libremente el mismo territorio. b) La *accesibilidad* consiste en disponer de oportunidades efectivas y concretas de que los individuos y las comunidades disfruten plenamente de una cultura que esté al alcance físico y financiero de todos, en las zonas urbanas y en las rurales, sin discriminación. Es fundamental a este respecto dar y facilitar a las personas mayores, a las personas con discapacidad y a quienes viven en la pobreza acceso a esa cultura. Comprende también el derecho de toda persona a buscar, recibir y compartir información sobre todas las manifestaciones de la cultura en el idioma de su elección, así como el acceso de las comunidades a los medios de expresión y difusión. c) La *aceptabilidad* implica que las leyes, políticas, estrategias, programas y medidas adoptadas por el Estado parte para el disfrute de los derechos culturales deben formularse y aplicarse de tal forma que sean aceptables para las personas y las comunidades de que se trate. A este respecto, se deben celebrar consultas con esas personas y comunidades para que las medidas destinadas a proteger la diversidad cultural les sean aceptables. d) La *adaptabilidad* se refiere a la flexibilidad y la pertinencia de las políticas, los programas y las medidas adoptados por el Estado parte en cualquier ámbito de la vida cultural, que deben respetar la diversidad cultural de las personas y las comunidades. e) La *idoneidad* se refiere a la realización de un determinado derecho humano de manera pertinente y apta a un determinado contexto o una determinada modalidad cultural, vale decir, de manera que respete la cultura y los derechos culturales de las personas y las comunidades, con inclusión de las minorías y de los pueblos indígenas. El Comité se ha referido en muchas ocasiones al concepto de idoneidad cultural (o bien aceptabilidad o adecuación cultural) en anteriores observaciones generales, particularmente en relación con los derechos a la alimentación, la salud, el agua, la vivienda y la educación. La forma en que se llevan a la práctica los derechos puede repercutir también en la vida y la diversidad culturales. El Comité desea recalcar a este respecto la necesidad de tener en cuenta, en toda la medida de lo posible, los valores culturales asociados, entre otras cosas, con los alimentos y su consumo, la utilización del agua, la forma en que se prestan los servicios de salud y educación, y la forma en que se diseña y construye la vivienda" (Comité de Derechos Económicos, Sociales y Culturales, 2009).

Para garantizar el libre ejercicio de este derecho en condiciones de igualdad se deben promover los diferentes tipos de manifestaciones culturales, siempre y cuando no sean contrarias a los principios y valores establecidos en la CP. Como sostiene Parejo Alfonso, es necesario establecer un marco jurídico que promueva el acceso a diferentes manifestaciones culturales para que las personas puedan ejercer en libertad el derecho al acceso a la cultura[125].

En sentido, la promoción de manifestaciones culturales provenientes de la alta cultura debe estar acompañada de la adecuada socialización y educación cultural para que sea accesible a las personas de los estratos sociales menos favorecidos. La cultura popular o las expresiones culturales de origen regional también deben ser promovidas activamente no solo dentro de los sectores que las crearon, sino que se deben llevar y explicar a otros lugares y segmentos de la población. Lo anterior para que las personas conozcan muchas más alternativas culturales y así tengan más opciones para sus proyectos individuales.

Una de las mejores formas de garantizar que las personas accedan a los diversos aportes que otorga una vida cultural amplia es la adoptada por el Constituyente de 1991 en los artículos 67 y 70 de la CP. Estas disposiciones establecen como uno de los fines del sistema educativo el acceso al conocimiento en materia cultural. En efecto, una educación que instruya a los estudiantes en los beneficios de la cultura y en las diferentes alternativas que esta ofrece es la mejor herramienta para que las personas puedan conocer las ventajas que ofrece la cultura, para luego tener una amplia carta de opciones para sus proyectos de vida. Solo con una educación comprometida con la transmisión de la cultura y sus valores se puede aspirar a contar con ciudadanos conscientes de las diversas alternativas que ofrece el vivir en una sociedad con una cultura rica y amplia como la colombiana.

La obligación de garantizar el acceso a la cultura también le impone al Estado un deber de no crear obstáculos para que las personas puedan conocer las diversas manifestaciones provenientes del arte y de la cultura. El Estado no puede convertirse en un ente censor en materia cultural ni puede imponer obstáculos para que las personas accedan a las obras artísticas y culturales que consideren de su agrado. Independientemente del gusto estético, del carácter popular o de masas, de representar a la alta cultura o de ser una obra crítica con el establecimiento, el Estado no debe imponer ninguna especie de veto a las expresiones

---

125   Sobre este punto, Parejo Alfonso (2013) anota: "la acción estatal ha circunscribirse, en lo sustancial, a la tutela jurídica, es decir, al establecimiento de un orden jurídico efectivo idóneo para que los individuos y los grupos sociales puedan acceder, en libertad, a la participación en la vida cultural" (31).

culturales, pues deben ser las personas las que decidan si vale la pena conocer cierta obra cultural.

El tema de la prohibición del Estado de imponer el gusto estético y la prohibición de censurar las obras críticas fue abordado por la Corte Constitucional en la sentencia T-104 de 1996. En esta providencia, el tribunal constitucional conoció un asunto en el que a un artista se le impidió exponer su obra en un recinto público. Aunque inicialmente la Administración otorgó permiso para la exposición del trabajo, esta autorización fue revocada cuando las autoridades municipales advirtieron del contenido, supuestamente erótico, de algunas de las obras que se exponían. La Corte Constitucional concedió el amparo solicitado por el artista porque consideró que la revocatoria de la autorización era un acto arbitrario que pretendía imponer un determinado gusto estético, lo cual constituye una vulneración del derecho a la libertad artística del creador de la obra y del derecho del público a contar con la posibilidad de acceder a expresiones culturales que representen diferentes valores ideológicos y estéticos[126]. La forma en que fue resuelto este caso permite advertir que la prohibición del veto oficial de las diferentes manifestaciones culturales garantiza no solo el derecho a la libertad de creación artística, sino también el derecho del público de acceder a las diferentes expresiones críticas, incluso a aquellas que no se ajustan a los parámetros estéticos mayoritarios.

La afirmación de que el Estado no debe imponer ninguna clase de obstáculo al acceso de las personas a las diferentes manifestaciones artísticas y culturales debe ser matizada, pues en ciertos casos se puede válidamente desincentivar las manifestaciones culturales, siempre y cuando representen valores inconstitucionales. La regla general es que el Estado debe abstenerse de impedir que las personas accedan a las diversas manifestaciones artísticas y culturales, pues son ellas las que deben decir qué obras son dignas de su gusto y admiración. Sin embargo, la anterior regla tiene como excepción los casos en que las manifestaciones y obras representan valores contrarios a los principios constitucionales. En estos casos, la supremacía y eficacia directa establecida en el artículo 4 de la CP[127] obligarían al Estado a desincentivar este tipo de manifestaciones artísticas

---

126 En la providencia en cuestión, la Corte determinó lo siguiente: "El Director de la Casa de la Cultura de Valledupar, al imponer su concepción del arte –sustentada con argumentos netamente ideológicos– desconoce abiertamente el carácter pluralista del Estado colombiano, viola el derecho fundamental del demandante a la libre expresión e impide al público decidir autónomamente si acoge la propuesta del artista" (Corte Constitucional, sentencia C-104 de 1996).

127 CP. Artículo 4: "La Constitución es norma de normas. En todo caso de incompatibilidad entre la Constitución y la ley u otra norma jurídica, se aplicarán las disposiciones constitucionales".

y culturales por ser contrarios a los postulados constitucionales[128]. En algunos casos excepcionales se podrían incluso prohibir cuando las obras constituyan un acto de apología al delito o de pornografía infantil.

Dado que la libertad es un valor, un principio y un derecho muy importante en la CP, en cada caso se deberá determinar si la manifestación artística o cultural deber ser prohibida o solo desincentivada. Aunque estas expresiones artísticas y culturales representen valores y principios contrarios a los establecidos en la CP, no deben ser censuradas si no causan un daño directo a terceras personas ni constituyen apología al delito[129]. En caso de que la expresión no cause daño, no debe prohibirse sino desincentivarse. Un Estado liberal, como el establecido en la CP, solo debe vetar los hechos, manifestaciones y actos que causen daño

---

128   Para un análisis riguroso de los fundamentos y presupuestos de la constitución como norma jurídica y su fuerza vinculante, véase a García de Enterría (1979). Este autor expresamente sostuvo: "Pero la Constitución no sólo es una norma, sino precisamente la primera de las normas del ordenamiento entero, la norma fundamental, *lex superior*. Por varias razones. Primero, porque la Constitución define el sistema de fuentes formales del Derecho, de modo que sólo por dictarse conforme a lo dispuesto por la Constitución (Órgano legislativo por ella diseñado, su composición, competencia y procedimiento) una Ley será válida o un Reglamento vinculante; en este sentido, es la primera de las "normas de producción", la *norma normarum*, la fuente de las fuentes. Segundo, porque en la medida en que la Constitución es la expresión de una intención fundacional, configuradora de un sistema entero que en ella se basa, tiene una pretensión de permanencia (una "Ley Perpetua" era la aspiración de nuestros comuneros) o duración (*dauernde Grundordnung*: ordenamiento fundamental estable, "el momento reposado y perseverante de la vida del Estado": Fleiner), lo que parece asegurarla una superioridad sobre la normas ordinarias carentes de una intención total tan relevante y limitadas a objetivos mucho más concretos, todos singulares dentro del marco globalizador y estructural que la Constitución ha establecido. Esta idea determinó, primero, la distinción entre un poder constituyente, que es de quien surge la constitución, y los poderes constituidos por éste, de los que emanan todas las normas ordinarias. De aquí se dedujo inicialmente la llamada "rigidez" de la norma constitucional, que la asegura una llamada "superlegalidad formal", que impone formas reforzadas de cambio o modificación constitucional frente a los procedimientos legislativos ordinarios. Pero la idea llevará también al reconocimiento de una "superlegalidad material", que asegura a la Constitución una preeminencia jerárquica sobre todas las demás normas del ordenamiento, producto de los poderes constituidos por la Constitución misma, obra del superior poder constituyente. Esas demás normas sólo serán válidas si no contradicen, no ya sólo el sistema formal de producción de las mismas que la Constitución establece, sino, y sobre todo, el cuadro de valores y de limitaciones del poder que en la Constitución se expresa. En un plano formal puede decirse que la superlegalidad material garantiza, en último extremo, la superlegalidad formal o rigidez de la Constitución, al imponer que toda decisión normativa que implique salirse del marco constitucional tenga que ir precedida, bajo pena de nulidad, de una reforma constitucional acordada por sus cauces propios" (García de Enterría, 1979, p. 299).

129   Mill (2013) sostiene: "Que la única finalidad por la cual el poder puede, con pleno derecho, ser ejercido sobre un miembro de una comunidad civilizada contra su voluntad es evitar que perjudique a los demás. Su propio bien, físico o moral, no es justificación suficiente" (p. 80). La anterior postura fue refleja en el artículo 16 de la CP: "Todas las personas tienen derecho al libre desarrollo de su personalidad sin más limitaciones que las que imponen los derechos de los demás y el orden jurídico".

a terceras personas, pongan en riesgo la integridad de los niños, constituyan apología al delito o afecten bienes constitucionales valiosos como la naturaleza[130].

La anterior afirmación no excluye que el Estado como institución deba desligarse o separarse completamente de todas las manifestaciones culturales contrarias a los principios y valores establecidos en la Constitución. Sin embargo, en el ámbito privado, los particulares pueden seguir apoyando esas manifestaciones, siempre y cuando no dañen a terceros ni constituyan apología al delito. Un ejemplo hipotético de lo anterior se presentaría con ciertas procesiones de Semana Santa en las que los participantes se flagelan y atentan contra su integridad física. Esta expresión cultural no debe ser apoyada por el Estado porque es contraria con el deber constitucional de cuidar de la propia salud[131], pero no debe ser prohibida sí los actos son realizados por personas adultas, de forma libre y voluntaria. Las personas adultas que quieran ser participantes o ser espectadores de esta práctica podrán realizarla porque es una expresión de su autonomía y voluntad, en otros términos, de su libertad de conciencia. No obstante, dado que la práctica es contraria con el deber constitucional del autocuidado de la salud, el Estado no debe subvencionarla.

En relación con este tema, en este trabajo se ha citado varias veces la sentencia C-666 de 2010 de la Corte Constitucional. En esta providencia se estudió una demanda de inconstitucionalidad contra la norma que exceptúa de la prohibición de maltrato animal a las manifestaciones culturales como las corridas de toros, el coleo o las peleas de gallos. Los demandantes alegaban que esta excepción era contraria con el deber constitucional de protección animal, por lo que solicitaron declararla inexequible. En la referida providencia, la Corte Constitucional empezó por reconocer el carácter cultural de esas prácticas y la tensión que se presenta entre estas y el deber constitucional de protección animal. Aunque la norma fue declarada constitucional por su carácter cultural, se establecieron importantes limitaciones para el ejercicio de estas manifestaciones como la prohibición para que el Estado las promueva o financie. El fundamento de la prohibición del financiamiento estatal fue precisamente porque esas manifestaciones representan valores contrarios a los establecidos en la CP.

---

130 La moral crítica y las manifestaciones culturales que son reflejo de este tipo de moral contracultural no deben ser reprimidas por parte del Estado. Únicamente se pueden prohibir este tipo de manifestaciones cuando causen daño a terceras personas, pongan en riesgo la integridad de los niños o constituyan apología al delito.

131 CP. Artículo 49: "[...] Toda persona tiene el deber de procurar el cuidado integral de su salud y la de su comunidad".

En síntesis, el derecho al acceso a la cultura pretende que todas las personas puedan conocer y disfrutar de las diversas manifestaciones culturales, sin ningún tipo de censura del Estado. Esto permite que los ciudadanos puedan ejercer su libertad y desarrollar sin condicionamientos su personalidad porque son ellos lo que deben decidir qué manifestaciones culturales son dignas de su admiración, disfrute y participación. En los casos en que las personas no puedan ejercer esta libertad por sus condiciones sociales o económicas, el Estado debe crear los medios para que todos puedan disfrutar de una vida rica en opciones culturales. Aun así, esta promoción está condicionada a que los bienes y manifestaciones culturales no representen valores contrarios a los establecidos en la CP.

C. EL DEBER ESPECIAL DE PROTEGER EL PATRIMONIO CULTURAL

Como se ha señalado, algunos bienes y manifestaciones culturales pueden ser declarados parte del patrimonio cultural. En este caso, el deber constitucional de garantizar el acceso a la cultura (artículos 67 y 70 de la CP) es complementado y reforzado con los deberes especiales de conservación, protección y promoción de los valores que representan los bienes y manifestaciones incluidas en el catálogo del patrimonio cultural. Con la declaración surge, por mandato del artículo 72 de la CP, un deber especial de protección por parte del Estado[132]. Incluso a esos bienes la CP otorga el carácter de inalienables, inembargables e imprescriptibles[133].

Una de las consecuencias de la declaración es el surgimiento de un régimen especial de protección y promoción que obliga tanto al Estado como a los particulares propietarios de los bienes culturales. Este régimen busca conservar y mantener en óptimas condiciones el bien. Para los particulares, el régimen implicará cargas y límites en el goce y disfrute de su derecho a la propiedad. Por su parte, el régimen obliga al Estado, por un lado, a conservar y mantener los bienes culturales de naturaleza pública y, por otro, a vigilar el cumplimiento por parte de los particulares de las cargas a las que están sometidos sus bienes.

---

132   CP. Artículo 72: "El patrimonio cultural de la Nación está bajo la protección del Estado. El patrimonio arqueológico y otros bienes culturales que conforman la identidad nacional, pertenecen a la Nación y son inalienables, inembargables e imprescriptibles. La ley establecerá los mecanismos para readquirirlos cuando se encuentren en manos de particulares y reglamentará los derechos especiales que pudieran tener los grupos étnicos asentados en territorios de riqueza arqueológica".

133   Para un estudio detallado del régimen jurídico administrativo de los bienes culturales que forman parte del patrimonio cultural colombiano y de su carácter de inalienables, inembargables e imprescriptibles, véase a Pimiento Echeverry y Castro Rodríguez (2017).

Es importante resaltar que el régimen especial de protección obliga al Estado a ser especialmente cuidadoso en el proceso de declaratoria con el fin de evitar reconocer como patrimonio cultural bienes que representan valores inconstitucionales. Lo anterior para que no se presente el contrasentido constitucional de estar obligado a conservar y promover bienes que reflejan valores inconstitucionales. En el momento de determinar si un bien o manifestación deben ser incluidos en el patrimonio cultural surge la necesidad de estudiar qué valores y rasgos distintivos representan esos elementos. Cuando se realiza este análisis adquiere importancia el concepto de *bien cultural* propuesto por Giannini (1976)[134]. Según este autor, el bien cultural es siempre inmaterial, público y representa un valor, sin perjuicio de que esté en un soporte material que puede llegar a configurar propiedad privada[135]. La importancia del bien cultural no es el soporte material, sino lo que puede llegar a representar, los valores que refleja.

Por ende, es importante determinar, previo a la declaración, el significado y los valores que representa el bien. El estudio debe ser contextual porque una cosa, un objeto o manifestación pueden representar distintos significados según el contexto social, temporal e histórico. Esta evaluación es importante porque, como se ha explicado, la declaración implica la promoción activa de los valores que refleja el bien o la manifestación.

El deber de garantizar el acceso a la cultura y los deberes especiales que surgen con la inclusión de un bien en el catálogo del patrimonio cultural tienen como finalidad que las personas puedan contar con diferentes alternativas y opciones para sus proyectos individuales de vida. Algunas de estas alternativas son consideradas especialmente valiosas por el Estado, por lo que se les otorga el carácter de patrimonio cultural. El objeto de la declaración es la promoción activa de los valores que representan esos bienes. Sin embargo, el límite de la promoción que puede realizar el Estado es la CP, por lo que no puede declarar patrimonio cultural los bienes y manifestaciones que representan valores contrarios a los principios constitucionales. Las alternativas y opciones culturales

---

134   Para un estudio detallado del concepto de bien cultural propuesto por Giannini y de las críticas a dicha teoría, véase a Alegre Ávila (1994, pp. 641-678).

135   Sobre este punto, Giannini (2005) expresamente sostiene que "el bien cultural tiene como soporte una cosa, pero no se identifica con la propia cosa, antes al contrario, como bien, se adjetiva como valor cultural inherente a dicha cosa. Hemos alcanzado aquí el núcleo efectivo de la teoría de los bienes culturales: dicho en términos concretos, el cuadro de un gran pintor es una cosa, que es soporte, a la vez, de uno o más bienes patrimoniales y de otro bien que es el bien cultural. Como bien patrimonial, la cosa (el cuadro) es objeto de derechos de propiedad y puede serlo de derechos de terceros (por ejemplo, usufructo, prenda); como bien cultural, es objeto de situaciones subjetivas activas del poder público" (p. 30).

que el Estado promueve activamente ante los ciudadanos deben ser siempre acordes con la CP.

X. LA PARCIALIDAD DEL ESTADO EN MATERIA CULTURAL

En los primeros dos capítulos de este trabajo se sostuvo que el carácter laico del Estado implica el deber de comportarse de manera neutral en materia religiosa, pues con la neutralidad se garantiza la igualdad en el ejercicio del derecho a la libertad de conciencia. Como sostiene Souto Paz, el Estado debe ser incompetente en materia religiosa, por lo que no debe concurrir junto al ciudadano en el acto de fe, ni debe tomar partida ni identificarse con organización religiosa alguna[136]. Al hacerlo, generaría la apariencia de que esa conducta, postura u organización es la correcta, la oficial, la que el Estado respalda.

La neutralidad en materia religiosa no es trasladable al tema cultural porque en esta materia el Estado tiene el deber constitucional de conservar, proteger y promocionar las manifestaciones culturales que identifican al grupo social, siempre que estas representen principios y valores constitucionales. En cambio, el Estado no es neutral en materia cultural, ni debe serlo, pues debe proteger diversas alternativas culturales para que las personas cuenten con diferentes posibilidades para sus proyectos de vida.

En materia cultural, todos los Estados, entre ellos los liberales, han apostado fuertemente por la defensa y protección de la cultura mayoritaria, de la identidad nacional y, por ende, no se puede argumentar que en esta materia exista un deber de neutralidad[137]. Sobre este punto, Pérez de la Fuente (2002) pone de presente que un sector importante del liberalismo ha sostenido la falacia de la neutralidad estatal en materia cultural. Este sector afirma que el Estado debe ser neutral para no privilegiar una determinada cultura sobre otra. Esta postura fue denominada por Kymlicka la *falacia de la omisión bienintencionada*[138]. En aras de una supuesta igualdad en materia cultural se desconoce el deber de

---

136   Souto Paz (1987).

137   Al respecto, Kymlicka (1996) sostiene: "Las decisiones gubernamentales sobre las lenguas, las fronteras internas, las festividades públicas y los símbolos del Estado implican inevitablemente reconocer, acomodar y apoyar las necesidades de determinados grupos étnicos y nacionales. El Estado fomenta inevitablemente determinadas identidades culturales y, por consiguiente, perjudica a otras" (p. 152).

138   Kymlicka (1996) describe de la siguiente manera la posición de los que sostienen la falacia de la omisión bienintencionada: "Si una cultura merece salvarse, sus miembros la mantendrán merced sus propias preferencias y decisiones. Si la cultura está en decadencia, ello se debe a que algunas personas consideran que ya no merece la pena seguir adhiriéndose a ella" (pp. 151-152).

protección de la cultura y el patrimonio cultural, establecido en la mayoría de las constituciones modernas y en los tratados internacionales sobre DESC.

De hecho, en su mayoría las constituciones se manifiestan abiertamente a favor de la protección de una o varias culturas determinadas. En este campo no existe un deber de neutralidad porque la defensa y protección de una determinada cultura es evidente hasta en el articulado de los propios textos constitucionales. Por ejemplo, la adopción en la Constitución de uno o más idiomas oficiales es una apuesta fuerte a favor de una determinada cultura[139]. De este modo, "cuando el gobierno decide la lengua en que se impartirá la enseñanza pública, está proporcionando la forma de apoyo probablemente más importante para las culturas societales, puesto que garantiza que la lengua y sus correspondientes tradiciones y convenciones pasarán a la siguiente generación" (Kymlicka, 1996, p. 156). Como advierte el autor citado, la enseñanza de un idioma en el sistema educativo y la obligación de los particulares de usarlos como vehículo de comunicación cuando se relacionan con las instituciones del Estado son uno de los mejores ejemplos de la parcialidad del Estado en materia cultural. La lengua constituye uno de los principales elementos de la cultura y al ser obligatorio su uso frente al Estado se está abogando por una cultura determinada[140].

El deber constitucional de garantizar el acceso a la cultura y la protección reforzada del patrimonio cultural también reflejan la parcialidad del Estado en materia cultural, pues se opta por la protección y defensa de determinados elementos culturales. La protección jurídica de la cultura, además de garantizar la libertad de las personas de tener diferentes alternativas y opciones, también busca la salvaguardia de ciertos valores, manifestaciones, representaciones y alternativas que la sociedad considera valiosos por representar elementos de su identidad y, por ende, constituir rasgos distintivos del grupo. La lengua, las tradiciones y el relato del pasado común, incluido el mito fundacional de cada Estado, son algunos ejemplos de los elementos culturales que estos protegen activamente[141].

---

139 Pizzorusso (1986) señala que la adopción de una lengua oficial por parte del Estado "comporta normalmente para los funcionarios del Estado el derecho y el deber de usar la lengua en cuestión en los actos oficiales y para los destinatarios de los mismos la carga de procurarse la comprensión del significado, además de usar tal lengua en las declaraciones propias dirigidas a la autoridad pública, incluso aunque no conozcan tal lengua" (p. 18).

140 Sobre este punto Parekh (2005) sostiene: "Aquellas sociedades que comparten una lengua común comparten al menos ciertos rasgos culturales. Y cuando un grupo de individuos adquieren una legua totalmente nueva (como ocurriera por ejemplo en el caso de mucho de los súbditos coloniales), también están aprendiendo formas totalmente nuevas de entender el mundo" (p. 219).

141 Un claro ejemplo de lo anterior se presenta con el reconocimiento del 20 de julio de 1810 como fecha oficial del inicio del proceso de la Independencia de Colombia. Esta fecha fue escogida para reforzar el carácter unitario y centralista del Estado, pues se seleccionó el día del Grito de la Independencia

Incluso, los Estados multiculturales, como el colombiano, no son imparciales en materia cultural porque protegen fuertemente tanto a la cultura mayoritaria como a las minorías culturales. Es decir, en este tipo de Estado también existe una apuesta fuerte por la protección de la cultura –mayoritaria y minoritaria– y en consecuencia no es posible predicar la neutralidad del Estado en esta materia.

La ausencia de neutralidad del Estado en materia cultural y la apuesta por una protección fuerte de la cultura no implica una defensa penal de dicha cultura ni de su moralidad, como sostienen Stephen (1993) o Devlin (2010). Las imposiciones culturales forzosas son contrarias al carácter liberal de la CP, en especial al libre desarrollo de la personalidad (artículo 16 CP) y al deber de protección de las minorías culturales. Si bien es cierto que se debe proteger la cultura, esa defensa no incluye la facultad de imponerla a la fuerza en desmedro de la libertad de conciencia de las personas y de la moralidad crítica emergente en el seno de la misma sociedad. Aunque no se comparte la postura de la validez jurídica de la imposición de la moral o de la cultura, este hecho no implica que el Estado no deba cumplir con el mandato constitucional de proteger, fomentar y promocionar determinados elementos culturales. En esta materia no existe el deber de comportarse de manera neutra y por ende el Estado puede promover válidamente ciertos bienes y manifestaciones culturales, siempre que representen valores acordes con la CP.

Algunos de los elementos culturales sobre los cuales el Estado no es neutral son impuestos directamente por la CP, como es el caso del idioma. Otros elementos culturales como los bienes que conforman el patrimonio cultural deben ser reconocidos expresamente por el Estado mediante un procedimiento establecido para tal fin. En este último caso se tiene que ser especialmente cuidadoso en la inclusión de un nuevo bien o manifestación, pues este hecho implicará la obligación de protección y promoción del elemento cultural. Justamente aquí se encuentra el siguiente problema: los bienes y manifestaciones culturales de interés religioso o que representan valores de ese fenómeno son especialmente problemáticos, pues el Estado debe ser neutral en materia religiosa, pero a su vez está obligado a una promoción activa de los bienes que conforman el patrimonio cultural de la nación. Por ende, en cada caso es necesario buscar que la ausencia de imparcialidad en materia cultural no afecte el deber de neutralidad en materia religiosa e ideológica, pues este es consecuencia del carácter laico del Estado.

---

de Bogotá como fecha nacional. Esta selección invisibilizó que otras ciudades ya habían declarado previamente su independencia de España como, por ejemplo, Cartagena, Cali o Socorro.

En los siguientes capítulos se verá cómo el ordenamiento jurídico colombiano permite que bienes de origen o interés religioso, sin una connotación cultural fuerte, sean declarados parte del patrimonio cultural de la nación. Esta declaratoria no persigue fines de promoción cultural, sino que es una forma de eludir el principio de neutralidad y la prohibición de financiar a las organizaciones religiosas. En efecto, como se demostrará, la mayoría de estas declaratorias solo va dirigida a autorizar al Estado a transferirle recursos públicos a la Iglesia católica.

XI. CONSIDERACIONES FINALES

El concepto jurídico de *cultura* como rasgos distintivos fue reconocido por primera vez por la Unesco en la Declaración Universal sobre la Diversidad Cultural. Este concepto fue incluido en el ordenamiento jurídico colombiano por la Ley 397 de 1997, Ley General de Cultura. La cultura como rasgos distintivos permite comprender este fenómeno como un hecho social que tiene la capacidad de representar al grupo mayoritario, algunos de los subgrupos existentes en el interior de la sociedad o de las minorías culturales. Sin embargo, la representatividad y el constituir un rasgo distintivo del grupo no implica la legitimidad del bien o la manifestación cultural. Los bienes y manifestaciones culturales representan diferentes valores, por lo que su legitimidad depende del contenido de los valores que simbolicen.

De hecho, existen manifestaciones culturales que representan principios contrarios a los establecidos en la CP. En este evento la manifestación cultural no podrá ser promocionada por la Administración, pues en virtud de la fuerza vinculante de la CP el Estado no debe promover los comportamientos contrarios a los principios constitucionales. Lo anterior no significa que las manifestaciones culturales inconstitucionales deban ser censuradas, pues no existe un fundamento para establecer una prohibición general cuando no causan daños a terceras personas, no atentan contra la integridad de los niños ni constituyen un caso de apología al delito. No obstante, es válido que el Estado adelante políticas públicas para la desincentivación de esas manifestaciones. Esa desincentivación se puede concretar con el establecimiento, por ejemplo, de medidas que impidan al Estado financiar o promover este tipo de expresiones culturales.

Los bienes y manifestaciones culturales pueden tener un origen o representar intereses religiosos. La relación del bien o manifestación con el fenómeno religioso no es un motivo válido para desconocer su carácter cultural. Siempre que representen rasgos distintivos del grupo, los bienes y manifestaciones adquirirán carácter cultural. Sin embargo, el hecho de que estos bienes y manifestaciones adquieran la naturaleza de culturales no otorga automáticamente el derecho a ningún tipo de protección por parte del Estado. En cada caso se deberá determinar qué valores representan el bien o la manifestación cultural de interés religioso y si esos valores son acordes con los principios establecidos en la CP. Uno de esos principios constitucionales es precisamente el carácter laico del Estado y los deberes de separación y neutralidad en materia religiosa. Por tal motivo, cuando el Estado pretenda proteger o incentivar una manifestación cultural de interés religioso debe determinar previamente que dicha manifestación no es contraria al carácter laico del Estado colombiano.

Es importante tener en cuenta que las organizaciones religiosas no pueden ser consideradas instituciones culturales porque este reconocimiento puede implicar ciertas prerrogativas y ventajas que pondrían a una de ellas en una situación de privilegio frente a las otras. El hecho de que algunos símbolos, manifestaciones y comportamientos de una organización religiosa puedan constituir rasgos distintivos de la sociedad no implica que a la organización se le deba reconocer carácter cultural. En este caso, para evitar algún tipo de desigualdad de trato entre organizaciones religiosas, se debe proteger el bien o la manifestación y no la organización en la que tuvieron su origen.

Algunos países, como España, Italia y Colombia, son considerados naciones católicas por la influencia política y cultural que ha tenido esta organización en la formación histórica de estos Estados. En estos ejemplos es innegable que muchos de los rasgos distintivos de la sociedad tienen una asociación directa con los dogmas de la Iglesia católica. Se puede aceptar el carácter cultural de algunos de los bienes y manifestaciones provenientes de esa organización, siempre que hayan alcanzado la naturaleza de rasgos distintivos del grupo. Sin embargo, la organización religiosa como persona jurídica no podrá ser reconocida como un ente cultural, pues esto podría otorgarles ciertas prerrogativas que la pueden poner en ventaja respecto de otras organizaciones religiosas.

Toda vez que pueden existir bienes culturales que representen valores contrarios a los establecidos en la CP, es pertinente diferenciar entre los conceptos jurídicos de *bien cultural* y *patrimonio cultural*. En efecto, el concepto *bien cultural* hace referencia a cualquier bien –material o inmaterial– que represente un rasgo distintivo del grupo. Por su parte, el patrimonio cultural está constituido por los bienes culturales que son considerados especialmente valiosos por el Estado. Aquí el Estado previamente examina los valores que representan los bienes culturales y escoge los que considera más valiosos y dignos de ser elevados a la categoría de patrimonio cultural. Es decir, los bienes culturales que conforman el patrimonial cultural, además de representar un rasgo distintivo, deben ser reconocidos como tales por el Estado.

Cada vez que el Estado vaya a otorgar el carácter de patrimonio cultural a un bien de interés religioso debe examinar previamente los siguientes puntos: (1) Establecer que el bien no represente valores contrarios a los establecidos en la CP. Por ejemplo, no podrá otorgar la categoría de patrimonio cultural a ciertas procesiones de Semana Santa en las que las personas se autoflagelen y atenten contra su integridad física. Lo anterior porque ese comportamiento es contrario con el deber constitucional de cuidar de la propia salud. (2) Debe examinar si la declaratoria de un bien como patrimonio cultural puede implicar la afectación del derecho a la libertad de conciencia y de religión de las personas que requieren ese bien para cumplir los dogmas de la organización religiosa a la que pertenecen. En algunos casos, las medidas de salvaguardia y protección que se imponen sobre los bienes declarados como patrimonio cultural pueden implicar que estos no puedan ser utilizados para los fines religiosos para los cuales fueron creados. Si es imposible compatibilizar el uso religioso con las medidas de protección, el Estado debe abstenerse de declarar patrimonio cultural un bien que es indispensable para el ejercicio del derecho fundamental a la libertad de conciencia y de religión.

En Colombia el derecho a la cultura tiene el carácter de derecho fundamental. Este hecho, aunado al establecimiento del Estado social Derecho que realiza el artículo 1 de la CP, tiene importantes consecuencias en materia cultural. En efecto, un Estado de esta naturaleza asume unas obligaciones especiales de garantía y protección de los derechos fundamentales. Estas obligaciones implican una carga prestacional fuerte a cargo del Estado, pues este tiene el deber de garantizar que las personas cuenten con unas condiciones materiales mínimas para el ejercicio de sus derechos fundamentales. En el ámbito cultural se deben crear los mecanismos necesarios para que todas las personas puedan ejercer su derecho a la libertad artística y cultural, y acceder a las diversas manifestaciones culturales que son parte del patrimonio cultural.

Respecto del patrimonio cultural de interés religioso, las obligaciones de contenido prestacional de garantías que son propias del Estado social de derecho no deben ir encaminadas a favorecer a las organizaciones religiosas, sino a la protección y conservación de los bienes y manifestaciones culturales. El carácter de Estado social de derecho y la naturaleza fundamental del derecho a la cultura no debe implicar ningún tipo de protección, garantía o promoción de los dogmas de las organizaciones religiosas, pues la laicidad implica neutralidad en este punto. Por ende, el Estado debe ser especialmente cuidadoso con el patrimonio cultural de origen o interés religioso, ya que su cercanía con valores religiosos no puede implicar la promoción de esos valores. Las obligaciones de carácter prestacional en este caso deben ir encaminadas a que todas las personas puedan acceder y disfrutar de este tipo especial de patrimonio, independientemente si pertenecen a la organización religiosa en la que tiene su origen el bien o la manifestación.

El fundamento del derecho a la cultura es la garantía de la libertad individual de las personas, el libre desarrollo de la personalidad. Una sociedad inmersa en un contexto cultural rico en alternativas y opciones permitirá a las personas contar con más posibilidades y alternativas para sus proyectos de vida. En la mayoría de las ocasiones, las alternativas con que cuentan los individuos para sus proyectos de vida son las que suministra el entorno cultural. Debido a ello, la libertad artística, el acceso a la cultura y el deber especial de proteger el patrimonio cultural deben proporcionarles a las personas una vida en un contexto cultural rico en opciones y alternativas. Lo anterior lleva a la protección especial de los bienes y manifestaciones que han sido considerados especialmente valiosos e incluidos en el catálogo del patrimonio cultural. Esta protección implica medidas de protección y promoción de los bienes y manifestaciones culturales. Aquí se debe ser muy cuidadoso con que la protección y promoción del patrimonio cultural no conlleve prerrogativas y privilegios para la organización religiosa en el que tiene su origen el bien cultural. También se debe ser muy cuidadoso para que la no promoción por parte del Estado del patrimonio cultural no suponga la promoción de los valores religiosos que representan los bienes culturales. La protección y promoción del patrimonio cultural debe realizarse en unos términos en que se respete el principio de laicidad y los deberes de separación y neutralidad en materia religiosa.

Lo anterior muestra que en materia cultural existe una fuerte tensión entre el carácter no parcial del Estado en materia cultural y el deber de neutralidad religiosa que se desprende de la naturaleza laica del Estado colombiano. En efecto, la protección y promoción de los bienes que conforman el patrimonio cultural es un deber que emana de la posición del Estado a favor de la cultura. Sin embargo, como en algunos casos estos bienes tienen origen o representan intereses religiosos, una protección y promoción activa de estos bienes por parte del Estado puede configurar la vulneración del principio de laicidad y del deber de neutralidad en materia religiosa.

CAPÍTULO CUARTO

El régimen jurídico del patrimonio cultural en Colombia

Efectuado el análisis de los conceptos jurídicos de *cultura*, *patrimonio cultural* y *bienes culturales*, y realizado el estudio de los fundamentos jurídicos que justificaron la positivización del derecho a la cultura, es indispensable examinar el régimen cultural en Colombia. Para realizar tal labor se debe señalar que dicho régimen se encuentra establecido de forma general en las leyes 397 de 1997 y 1185 de 2008. Comoquiera que esta última ley modificó y adicionó parcialmente a la primera, se hará referencia únicamente a la Ley 397 de 1997 o Ley General de Cultura, bajo el entendido de que las disposiciones que se mencionen incluyen las modificaciones realizadas por la Ley 1185 de 2008. En Colombia también existen regímenes especiales para el patrimonio cultural sumergido (Ley 1675 de 2013) y para la tauromaquia (Ley 916 de 2004). Estos dos últimos regímenes culturales no serán abordados porque regulan materias que no tienen relación directa con los propósitos establecidos para este trabajo.

En esta parte del trabajo se abordará el régimen jurídico de la cultura en Colombia con el fin de mostrar que este régimen permite que cualquier bien o manifestación –independientemente de su importancia cultural– adquiera el carácter de patrimonio cultural. Lo anterior genera importantes problemas constitucionales porque cuando un bien o manifestación adquieren la naturaleza de patrimonio cultural, el Estado debe proteger y promover los valores que representa. El cumplimiento de esta obligación puede implicar que se termine por promover valores contrarios a los principios establecidos en la CP.

Se tratará de demostrar que la facultad discrecional para crear planes especiales de manejo y protección (en adelante, PEMP) para la gestión de los bienes y manifestaciones incluidas en el catálogo del patrimonio cultural da lugar a que en varios casos no se tenga claridad sobre las medidas necesarias para la protección y promoción de esos elementos culturales. Esto ocurre porque en muchas oportunidades la Administración o el Congreso de la República deciden no adoptar ningún tipo de medida para la gestión de los bienes y manifestaciones culturales declaradas parte del patrimonio cultural. Como se verá, para las expresiones culturales de interés religioso es importante que existan estos planes porque siempre se debe realizar una compatibilización entre el interés religioso y el interés cultural que estos elementos representan.

I. PROCEDIMIENTOS PARA LA INCLUSIÓN DE UN BIEN O MANIFESTACIÓN EN EL CATÁLOGO DEL PATRIMONIO CULTURAL DE LA NACIÓN

Para que un bien o manifestación pueda adquirir el carácter de patrimonio cultural de la nación se requiere que el Estado reconozca expresamente este carácter.

Como se señaló en el capítulo anterior, para que un bien sea incluido en el catálogo del patrimonio cultural se requiere una declaratoria expresa. El ordenamiento jurídico colombiano permite que tal reconocimiento se efectúe por dos procedimientos diferentes. El primero es administrativo y está regulado por la Ley 397 de 1997 y por los decretos reglamentarios de esa ley. El otro procedimiento es legislativo y se adelanta mediante el trámite de una ley ordinaria de conformidad con lo establecido en los artículos 150 a 170 de la CP, disposiciones constitucionales reglamentadas por la Ley 5 de 1992, Ley Orgánica del Reglamento del Congreso de la República.

A. EL PROCEDIMIENTO ADMINISTRATIVO PARA DECLARAR UN BIEN O UNA MANIFESTACIÓN COMO PATRIMONIO CULTURAL DE LA NACIÓN

El procedimiento administrativo distingue entre los bienes materiales y las manifestaciones inmateriales. Cuando se pretende otorgar el carácter de patrimonio cultural a un bien material –mueble e inmueble–, el proceso es regulado por lo establecido en el artículo 8 de la Ley 397 de 1997 y el Decreto 763 de 2009. Estas disposiciones denominan a los bienes materiales que son sometidos al procedimiento administrativo como bienes de interés cultural (en adelante, BIC). Es importante anotar que la ley colombiana no diferencia entre bienes muebles e inmuebles, por lo que el procedimiento para la declaratoria es el mismo. Los BIC se dividen en nacionales y territoriales (entre los que figuran departamental, distrital, municipal y territorios indígenas). La entidad competente para adelantar el procedimiento y otorgar el carácter de BIC dependerá del valor e interés cultural que represente el bien. Si el BIC solo representa un valor de interés regional o local, las autoridades territoriales serán las encargadas de adelantar el procedimiento administrativo de declaración. Y cuando los BIC tienen una gran relevancia para la nación, el procedimiento estará a cargo de las autoridades culturales del orden nacional (Ministerio de Cultura)[1].

---

1   Respecto de este punto, la Sala de Consulta y Servicio Civil del Consejo de Estado emitió un importante concepto sobre el alcance de las competencias de los municipios respecto a los BIC. En efecto, el máximo órgano de consulta del Estado colombiano resolvió una pregunta planteada por el Ministerio de Cultura en el que se le consultó sobre la interpretación de un acuerdo del Concejo de Bogotá. El acuerdo le otorgaba al Distrito Capital competencia para autorizar la intervención y restauraciones sobre todos los BIC ubicados en la capital de la república. En principio, esta autorización otorgaba competencia al distrito de Bogotá sobre los BIC del ámbito nacional. La Sala de Consulta y Servicio Civil sostuvo que el acuerdo debe interpretarse de una manera que implica que la competencia otorgada solo se refiere a los BIC del ámbito distrital. Respecto de los BIC del ámbito nacional, el único competente para regular

El procedimiento administrativo puede tener origen por solicitud de entidad pública o por solicitud de un privado[2]. Una vez presentada la propuesta, el bien debe ser incluido en una lista indicativa de candidatos a BIC. Con esta lista se pretende hacer publicidad a los procesos por los cuales se pretende reconocer a un bien como BIC para que todas las personas que tengan interés puedan manifestar su opinión. La inclusión en la lista indicativa no implica que el bien queda sujeto al régimen especial de protección establecido en la Ley 397 de 1997, Ley General de Cultura, porque está sujeción solo se efectuará con el acto definitivo de declaración.

La ley establece que el Consejo de Patrimonio Cultural –nacional o territorial–, integrado por expertos en materia cultural, debe emitir un concepto sobre la conveniencia de la declaratoria y si es necesario establecer un PEMP[3]. Si el concepto es favorable, la autoridad correspondiente puede declarar el bien como parte del patrimonio cultural.

Una vez que el bien es reconocido como un BIC debe incluirse en el catálogo que deben llevar las entidades territoriales y nacionales sobre este tipo de bienes e inscribirse en el registro de BIC del Ministerio de Cultura. Respecto de los bienes de interés religioso, el artículo XXVIII del Concordato de 1973 señala que el Estado y la Iglesia católica deben cooperar para la creación de un inventario

---

su intervención es el Ministerio de Cultura por expresa distribución de competencias establecida en la Ley 397 de 1997. Al respecto véase, Consejo de Estado, Sala de Consulta y Servicio Civil, concepto del 27 de febrero de 2014, radicado número 11001030600020140000700(2197).

2   Decreto 763 de 2009. Artículo 9: "La iniciativa para la declaratoria de un BIC puede surgir de la autoridad competente para el efecto, del propietario del bien y/o de un tercero con independencia de su naturaleza pública o privada, natural o jurídica. Cuando la iniciativa provenga del propietario o de un tercero, la solicitud debe formularse ante la autoridad competente de efectuar la declaratoria".

3   Ley 397 de 1997. Artículo 7. ‹Artículo modificado por el artículo 4 de la Ley 1185 de 2008›: "A partir de la vigencia de la presente ley, el Consejo de Monumentos Nacionales se denominará Consejo Nacional de Patrimonio Cultural, y será el órgano encargado de asesorar al Gobierno Nacional en cuanto a la salvaguardia, protección y manejo del patrimonio cultural de la Nación. a) Integración del Consejo Nacional de Patrimonio Cultural. El Consejo Nacional de Patrimonio Cultural estará integrado de la siguiente forma: 1. El Ministro de Cultura o su delegado, quien lo presidirá. 2. El Ministro de Comercio, Industria y Turismo o su delegado. 3. El Ministro de Ambiente, Vivienda y Desarrollo Territorial o su delegado. 4. El Decano de la Facultad de Artes de la Universidad Nacional de Colombia o su delegado. 5. El Presidente de la Academia Colombiana de Historia o su delegado. 6. El Presidente de la Academia Colombiana de la Lengua o su delegado. 7. El Presidente de la Sociedad Colombiana de Arquitectos o su delegado. 8. Un representante de las Universidades que tengan departamentos encargados del estudio del patrimonio cultural. 9. Tres (3) expertos distinguidos en el ámbito de la salvaguardia o conservación del patrimonio cultural designados por el Ministro de Cultura. 10. El Director del Instituto Colombiano de Antropología e Historia o su delegado. 11. El Director del Instituto Caro y Cuervo o su delegado. 12. El Director de Patrimonio del Ministerio de Cultura, quien participará en las sesiones con voz pero sin voto y ejercerá la Secretaría Técnica del Consejo Nacional de Patrimonio Cultural. 13. El Director del Archivo General de la Nación o su delegado. […]".

del arte religioso. No obstante, este mandato no ha sido llevado a cabo y, en consecuencia, no existe un inventario público de los bienes de la Iglesia católica que hacen parte del patrimonio cultural de la nación[4].

Por otro lado, el procedimiento administrativo para la declaratoria de las manifestaciones culturales inmateriales fue regulado por el artículo 11.1 de la Ley 397 de 1997, reglamentado por el Decreto 2941 de 2009. Según estas disposiciones, la finalidad del procedimiento es incluir a las manifestaciones culturales en la lista representativa del patrimonio cultural inmaterial. La Ley 397 de 1997 señala que las manifestaciones culturales incluidas en el catálogo del patrimonio cultural por el procedimiento administrativo deben denominarse "manifestaciones incluidas en la lista representativa del patrimonio cultural inmaterial". Lo anterior con el objeto de diferenciar estas manifestaciones, que están sometidas al régimen general de protección cultural establecido en esa ley, de las manifestaciones culturales reconocidas directamente por el legislador.

La Ley 397 de 1997 permite que la solicitud para el reconocimiento de las manifestaciones tenga origen público o privado. Estas solicitudes deben ser promovidas ante la autoridad competente –nacional o territorial– dependiendo del valor e interés de la manifestación. La postulación debe estar acompañada de una propuesta de un plan especial de salvaguardia. Es oportuno resaltar que en el caso de las manifestaciones inmateriales el plan de protección se denomina "plan especial de salvaguardia" (en adelante, PES). El Consejo de Patrimonio Cultural debe emitir un concepto sobre la pertinencia de la inclusión de la manifestación en la lista representativa y sobre las medidas que se deben incorporar en el PES. En el caso de concepto favorable, la autoridad competente –nacional o territorial– debe expedir el acto administrativo mediante el cual se reconoce el valor cultural de la manifestación y se ordena su inclusión en lista representativa del patrimonio cultural inmaterial.

Los procedimientos administrativos de los BIC y las manifestaciones requieren que la autoridad nacional o territorial atribuya al bien o la manifestación un valor cultural. En el caso de los bienes materiales, el artículo 6 del Decreto 763 de 2009 establece diez criterios de evaluación[5] que permiten atribuirle al

---

4   Ley 20 de 1974. Mediante la cual se aprobó el Concordato celebrado entre la Santa Sede y la República de Colombia en 1973. Artículo XXVIII: "En defensa y promoción del patrimonio cultural colombiano, la Iglesia y el Estado colaborarán en el inventario del arte religioso nacional, que incluirá monumentos, objetos de culto, archivos, bibliotecas y otros que por su valor histórico o estético sean dignos de conjunta atención para conservarse, restaurarse y exponerse con fines de educación social".

5   Decreto 763 de 2009. Artículo 6: "Los criterios de valoración son pautas generales que orientan y contribuyen a la atribución y definición de la significación cultural de un bien mueble o Inmueble. La significación cultural es la definición del valor cultural del bien a partir del análisis integral de

bien un valor histórico, estético o simbólico[6]. En el mismo sentido, el artículo 9 del Decreto 2941 de 2009 establece unos criterios para determinar el valor cultural de las manifestaciones inmateriales[7].

---

los criterios de valoración y de los valores atribuidos. Los BIC del ámbito nacional y territorial serán declarados por la instancia competente, de conformidad con los siguientes criterios de valoración, sin perjuicio de otros que de ser necesario podrá señalar el Ministerio de Cultura.
1. Antigüedad: Determinada por la fecha o época de origen, fabricación o construcción del bien. 2. Autoría: Identificación del autor, autores o grupo que hayan dejado testimonio de su producción, asociada a una época, estilo o tendencia. La autoría puede ser, excepcionalmente, atribuida. 3. Autenticidad: Determinada por el estado de conservación del bien y su evolución en el tiempo. Se relaciona con su constitución original y con las transformaciones e intervenciones subsiguientes, las cuales deben ser claramente legibles. Las transformaciones o alteraciones de la estructura original no deben desvirtuar su carácter. 4. Constitución del bien: Se refiere a los materiales y técnicas constructivas o de elaboración. 5. Forma: Se relaciona con los elementos compositivos y ornamentales del bien respecto de su origen histórico, su tendencia artística, estilística o de diseño, con el propósito de reconocer su utilización y sentido estético. 6. Estado de conservación: Condiciones físicas del bien plasmadas en los materiales, estructura, espacialidad o volumetría, entre otros. Entre las condiciones que lo determinan se encuentran el uso, el cuidado y el mantenimiento del bien. 7. Contexto ambiental: Se refiere a la constitución e implantación del bien en relación con el ambiente y el paisaje. 8. Contexto urbano: Se refiere a la inserción del bien como unidad individual, en un sector urbano consolidado. Se deben analizar características tales como el perfil, el diseño, los acabados, la volumetría, los elementos urbanos, la organización, los llenos y vacíos y el color. 9. Contexto físico: Se refiere a la relación del bien con su lugar de ubicación. Analiza su contribución a la conformación y desarrollo de un sitio, población o paisaje. SI el bien se ubica dentro de un inmueble debe analizarse si fue concebido como parte integral de este y/o si ha sido asociado con un nuevo uso y función relevantes dentro del inmueble. 10. Representatividad y contextualización sociocultural: Hace referencia a la significación cultural que el bien tiene en la medida que crea lazos emocionales de la sociedad hacia los objetos y sitios. Revela el sentido de pertenencia de un grupo humano sobre los bienes de su hábitat toda vez que implica referencias colectivas de memoria e identidad [...]".

6   Decreto 763 de 2009. Artículo 6: "[...] Los criterios de valoración antes señalados permiten atribuir valores a los bienes tales como: 1. Valor histórico: Un bien posee valor histórico cuando se constituye en documento o testimonio para la reconstrucción de la historia, así como para el conocimiento científico, técnico o artístico. Es la asociación directa del bien con épocas, procesos, eventos y prácticas políticas, económicas, sociales y culturales, grupos sociales y personas de especial importancia en el ámbito mundial, nacional, regional o local. 2. Valor estético: Un bien posee valor estético cuando se reconocen en éste atributos de calidad artística, o de diseño, que reflejan una Idea creativa en su composición, en la técnica de elaboración o construcción, así como en las huellas de utilización y uso dejadas por el paso del tiempo. Este valor se encuentra relacionado con la apreciación de las características formales y físicas del bien y con su materialidad. 3. Valor simbólico: Un bien posee valor simbólico cuando manifiesta modos de ver y de sentir el mundo. El valor simbólico tiene un fuerte poder de identificación y cohesión social. Lo simbólico mantiene, renueva y actualiza deseos, emociones e ideales construidos e interiorizados que vinculan tiempos y espacios de memoria. Este valor hace referencia a la vinculación del bien con procesos, prácticas, eventos o actividades significativas para la memoria o el desarrollo constante de la comunidad".

7   Decreto 2491. Artículo 9: "Criterios de valoración para incluir manifestaciones culturales en la Lista Representativa de Patrimonio Cultural Inmaterial. La inclusión de una manifestación en la Lista Representativa de Patrimonio Cultural Inmaterial de cualquiera de los ámbitos señalados en el artículo 7 de este decreto con el propósito de asignarle un Plan Especial de Salvaguardia, requiere que dentro del proceso institucional-comunitario se verifique el cumplimiento de los siguientes criterios de valoración:

Estos criterios de evaluación permiten establecer qué valores representa el bien o la manifestación y si esos valores son acordes con los principios constitucionales o contrarios a ellos. Como ya se ha anotado, en virtud de la supremacía y fuerza vinculante de la CP, no se debe otorgar el carácter de patrimonio cultural a un bien o una manifestación que represente valores contrarios a los principios constitucionales. Lo anterior porque una vez declarado patrimonio cultural, opera un régimen especial de protección y promoción, que obligaría al Estado a promover valores contrarios a los establecidos en la CP. Para evitar este tipo de contradicción, la autoridad administrativa tiene la obligación de analizar con detalle qué valores representa el bien o la manifestación cultural.

Como se anotó en el capítulo anterior, los bienes culturales pueden representar valores religiosos. Ese valor religioso *per se* no es contrario a los principios constitucionales, ya que en los Estados laicos la religión no es un hecho prohibido ni objeto de desincentivación por parte de la Administración. Las expresiones culturales religiosas son admisibles cuando no atenten contra los derechos de terceras personas, en especial los niños, y cuando no reflejen valores contrarios a los establecidos en la CP. En un Estado laico, el fenómeno religioso no es especialmente valioso, pero su protección constitucional se justifica por la importancia que tienen las creencias para algunas personas[8]. En este sentido, lo importante es determinar en cada caso si el valor religioso que representa el bien o la manifestación es acorde con los principios constitucionales.

El origen o interés religioso de un determinado bien o una manifestación cultural y el hecho de que representen valores de una determinada organización

---

1. Pertinencia: Que la manifestación corresponda a cualquiera de los campos descritos en el artículo anterior. 2: Representatividad. Que la manifestación sea referente de los procesos culturales y de identidad del grupo, comunidad o colectividad portadora, creadora o identificada con la manifestación, en el respectivo ámbito. 3: Relevancia: Que la manifestación sea socialmente valorada y apropiada por el grupo, comunidad o colectividad, en cada ámbito, por contribuir de manera fundamental a los procesos de identidad cultural y ser considerada una condición para el bienestar colectivo. 4: Naturaleza e identidad colectiva. Que la manifestación sea de naturaleza colectiva, que se transmita de generación en generación como un legado, valor o tradición histórico cultural y que sea reconocida por la respectiva colectividad como parte fundamental de su identidad, memoria, historia y patrimonio cultural. 5. Vigencia: Que la manifestación esté vigente y represente un testimonio de una tradición o expresión cultural viva, o que represente un valor cultural que debe recuperar su vigencia. 6. Equidad: Que el uso, disfrute y beneficios derivados de la manifestación sean justos y equitativos respecto de la comunidad o colectividad identificada con ella, teniendo en cuenta los usos y costumbres tradicionales y el derecho consuetudinario de las comunidades local. 7. Responsabilidad: Que la manifestación respectiva no atente contra los derechos humanos, ni los derechos fundamentales o colectivos, contra la salud de las personas o la integridad de los ecosistemas".

8   Como anota Llamazares Fernández (2006a): "Lo que el Estado laico valora positivamente no son las creencias religiosas, sino el derecho de libertad religiosa, en las mismas condiciones que el de libertad de convicción no religiosa, como derecho civil fundamental" (p. 80).

religiosa no son motivos suficientes que impidan su inclusión en el patrimonio cultural de la nación. Sin embargo, en el estudio para la declaración se deberá determinar qué clase de valores religiosos representa el bien o la manifestación cultural y si son acordes con la CP. Luego se deberá analizar si la especial protección que adquiere el bien por la declaración como patrimonio cultural puede poner en riesgo el deber de separación entre el Estado y la Iglesia, y el deber de neutralidad en materia religiosa. En cada caso se debe determinar las implicaciones para el principio de laicidad que conlleva la declaración como patrimonio de un determinado bien o de una manifestación cultural de interés religioso.

Una vez establecido el valor cultural del bien, se debe elaborar un PEMP para los bienes materiales o PES para las manifestaciones inmateriales. En estos planes, la Administración debe crear los mecanismos para la conservación del objeto cultural y establecer la estrategia para la promoción de los valores que representa el bien o la manifestación. En los casos de bienes culturales de interés religioso, la elaboración de estos planes debería ser obligatoria porque es necesario compatibilizar el fin cultual o religioso para el que fue creado el bien con los deberes especiales de protección, conservación y promoción que recaen sobre los bienes que pertenecen al patrimonio cultural.

B. EL PROCEDIMIENTO LEGISLATIVO PARA DECLARAR UN BIEN O UNA MANIFESTACIÓN COMO PATRIMONIO CULTURAL DE LA NACIÓN

La otra modalidad para que un bien o una manifestación cultural sean declarados parte del patrimonio cultural es mediante una decisión unilateral del legislador. En este caso, el Congreso de la República expide, mediante el procedimiento legislativo ordinario, una ley en la que reconoce que una manifestación o un bien cultural tienen el carácter de patrimonio cultural. Aquí no se requiere cumplir con el trámite administrativo explicado en los párrafos anteriores porque ese procedimiento fue establecido por el mismo legislador para los casos en los que el reconocimiento es otorgado por parte de la Administración. El legislador no está sujeto al procedimiento administrativo creado por él mismo para las entidades administrativas, pues sus funciones y las formas de ejercerlas están expresamente reguladas por la CP y en la Ley 5 de 1992, Orgánica del Reglamento del Congreso de la República.

El Congreso de la República puede regular todos los temas que no le estén expresamente prohibidos en virtud del principio de libertad en materia de configuración legislativa[9]. El reconocimiento como parte del patrimonio cultural de un bien o manifestación es precisamente una de esas materias que no le está prohibido regular al legislador. En consecuencia, el órgano legislativo tiene plena competencia para realizar este reconocimiento. Este trámite se realiza a través de una ley ordinaria, mediante el procedimiento legislativo establecido para ese tipo de leyes[10].

Lo anterior implica que no existe el deber jurídico de realizar un estudio previo del valor cultural del bien y de las obligaciones que deben imponerse a los particulares en caso de declaratoria. El legislador no está obligado a analizar de forma rigurosa las consecuencias de la declaratoria y la compatibilidad de esta con el uso religioso del bien cultural. Tampoco existe el deber de implementar un PEMP o un PES. La ausencia de los anteriores requisitos muestra que mediante este procedimiento pueden ser declarados parte del patrimonio cultural bienes o manifestaciones que no tienen una gran importancia cultural o que pueden representar valores contrarios a los principios establecidos en la CP.

En el próximo capítulo se verá que justamente este procedimiento es el preferido para declarar parte del patrimonio cultural de la nación bienes o manifestaciones de origen o interés católico porque no se requiere realizar un estudio previo que determine su valor cultural ni elaborar un plan para su protección. La utilización frecuente de este procedimiento para reconocer el carácter de patrimonial a los bienes de la antigua Iglesia oficial no es baladí porque al no requerirse los estudios y los planes especiales exigidos por vía administrativa se corre el riesgo de que las manifestaciones culturales religiosas que representan valores incompatibles con los principios constitucionales, entre ellos el carácter laico del Estado, ostenten el carácter de patrimonio cultural de la nación. Lo anterior porque los motivos que llevan al legislador adoptar la decisión son políticos y no técnico-culturales.

La ausencia de PEMP y PES es un fuerte indicio que permite inferir que en realidad el legislador no está preocupado por el valor cultural que pueden representar los bienes y manifestaciones. La declaratoria sin planes en los que se establezcan los deberes de protección y las garantías de acceso es aprovechada por el legislador para autorizar la destinación de recursos públicos para la Iglesia

---

9   El principio de libertad en materia de configuración legislativa del Congreso colombiano tiene sustento en el artículo 150 de CP, en especial en los numerales 1-2, que otorgan al legislativo la más amplia competencia para expedir leyes en todos los asuntos que no hayan sido adjudicados por el propio constituyente a otro órgano o entidad del Estado.

10 Para un estudio detallado del sistema normativo colombiano y del procedimiento de expedición de las leyes, véase a Palacios Torres (2003) y, Padrón Pardo, Julio Estrada y Sierra Porto (2018).

católica. Por tal motivo, esta organización religiosa recibe importantes recursos públicos sin que deba asumir cargas y obligaciones especiales que la obliguen a conservar sus bienes culturales y garantizar su acceso al público.

Es importante advertir que la Ley 397 de 1997, Ley General de Cultura, denomina bienes de interés cultural (BIC) o manifestaciones incluidas en la lista representativa de patrimonio cultural a los bienes y manifestaciones culturales que han sido sometidos al procedimiento administrativo para su inclusión en el catálogo del patrimonio cultural de la nación. Esta denominación fue establecida con el propósito de aclarar que el régimen jurídico especial de protección establecido en esa ley opera exclusivamente para los bienes declarados como tales mediante los procedimientos administrativos[11].

Esta denominación muestra que en Colombia, dentro de la categoría de bienes culturales que tienen el carácter de patrimonio cultural de la nación, existen dos subcategorías. Los BIC y las manifestaciones incluidas en la lista son la primera subcategoría, y los demás bienes con carácter patrimonial que fueron reconocidos como tales por el legislador constituyen la segunda. Esta diferenciación permite advertir que dentro del catálogo de bienes que conforman el patrimonio cultural existen unos que están sometidos a un régimen especial de protección establecido en la Ley 397 de 1997, estos son los BIC y las manifestaciones incluidas en la lista representativa. Los otros bienes culturales reconocidos como parte del patrimonio cultural tendrán un régimen *ad hoc* establecido por el legislador para cada uno de ellos.

El Congreso de la República, en virtud de la cláusula de libertad de configuración legislativa, tiene competencia para otorgar mediante ley el carácter patrimonio cultural a un bien o una manifestación. De hecho, como se ha mencionado, es frecuente que ocurra este fenómeno en los casos de bienes culturales de origen o interés religioso. Los bienes declarados patrimonio cultural mediante el procedimiento legislativo no están sometidos al régimen jurídico establecido en la Ley General de Cultura porque expresamente fueron excluidos de dicho régimen por el mismo legislador. Sin embargo, lo anterior no implica que estos bienes estén desprotegidos, ya que están sometidos a los deberes y obligaciones establecidos directamente en la CP como, por ejemplo,

---

11   Ley 397 de 1997. Artículo 4, Literal d): "Aplicación de la presente ley. Esta ley define un régimen especial de salvaguardia, protección, sostenibilidad, divulgación y estímulo para los bienes del patrimonio cultural de la Nación que sean declarados como bienes de interés cultural en el caso de bienes materiales y para las manifestaciones incluidas en la Lista Representativa de Patrimonio Cultural Inmaterial, conforme a los criterios de valoración y los requisitos que reglamente para todo el territorio nacional el Ministerio de Cultura".

el carácter de inalienables, inembargables e imprescriptibles en caso de que sean bienes materiales de propiedad pública. Además del régimen constitucional, debe estudiarse cada ley que reconoce el carácter de patrimonio cultural a un bien o una manifestación, pues en dicha norma el legislador puede establecer medidas especiales de protección, promoción y acceso. Como se verá, para los casos de los bienes culturales de origen o interés religioso esas medidas son desproporcionadas comoquiera que no buscan la protección del valor cultural del bien ni garantizar su acceso al público. Simplemente, estas leyes son utilizadas para facilitar la destinación de recursos públicos para la Iglesia católica.

En resumen, la diferencia fundamental entre un bien declarado patrimonio cultural mediante el procedimiento establecido en la Ley 397 de 1997 y un bien declarado patrimonio directamente por el legislador es su régimen jurídico. Para los bienes y manifestaciones declarados patrimonio cultural por el procedimiento administrativo aplica el régimen especial de protección establecido en la Ley General de Cultura y sus decretos reglamentarios. En el caso de los bienes declarados patrimonio cultural directamente por el legislador, aplica el régimen legal *ad hoc* que se establezca en la ley que les reconoce la categoría de patrimoniales.

II. LOS PLANES ESPECIALES DE MANEJO Y PROTECCIÓN Y LOS PLANES ESPECIALES DE SALVAGUARDIA

La planificación en materia administrativa es un método novedoso mediante el cual las instituciones públicas establecen unos fines y unas estrategias para cumplir los objetivos planteados[12]. En el ordenamiento jurídico colombiano la planeación estatal tiene reconocimiento constitucional, pues la CP ordena al Gobierno nacional y a las entidades territoriales diseñar planes en materia económica y social[13]. La planificación también tiene reconocimiento en el derecho

---

12   Al respecto, apunta Canal Silva (2020): "En la Administración Pública actual se destaca la panificación como el mecanismo jurídico más importante para impulsar el desarrollo económico de una nación (planificación económica); para organizar y ordenar el territorio, logrando una funcionalización del espacio mediante la reglamentación y el control de las actividades sociales y económicas sobre el mismo (planificación territorial); para definir las directrices de un manejo de los recursos naturales a fin de incorporar la sostenibilidad a los procesos de desarrollo (planificación ambiental), y para promover la calidad de vida y garantizar a largo plazo los derechos humanos de la ciudadanía (planificación social)" (pp. 303-304).

13   Así, por ejemplo, el artículo 51 de la CP ordena al Estado diseñar planes de vivienda de interés social para garantizar el derecho a una vivienda digna. Por su parte, los artículos 339 a 344 regulan el plan de desarrollo que debe adoptar el Gobierno nacional como hoja de ruta durante su respectivo mandato. Al respecto el artículo 339 de la CP dispone: "Habrá un Plan Nacional de Desarrollo conformado por

administrativo ya que, en diferentes instrumentos, el legislador ha ordenado la elaboración de planes administrativos para la gestión de diferentes asuntos de relevancia política y social. Así, por ejemplo, en materia contractual la planeación es un principio que regula la elaboración de los contratos estatales[14].

En materia cultural los planes especiales de manejo y protección (PEMP) y los planes especiales de salvaguardia (PES) son instrumentos administrativos de planeación y gestión para el manejo del patrimonio cultural. Es importante anotar que los PEMP son creados para gestionar los BIC. Por su parte, los PES son establecidos para la gestión de las manifestaciones incluidas en la lista representativa del patrimonio cultural inmaterial[15]. Estos planes son instrumentos de gestión en el que se deben establecer las medidas necesarias para garantizar la conservación, protección y promoción de los valores culturales que presentan los bienes y las manifestaciones declaradas parte del patrimonio cultural de la nación[16].

---

una parte general y un plan de inversiones de las entidades públicas del orden nacional. En la parte general se señalarán los propósitos y objetivos nacionales de largo plazo, las metas y prioridades de la acción estatal a mediano plazo y las estrategias y orientaciones generales de la política económica, social y ambiental que serán adoptadas por el Gobierno. El plan de inversiones públicas contendrá los presupuestos plurianuales de los principales programas y proyectos de inversión pública nacional y la especificación de los recursos financieros requeridos para su ejecución, dentro de un marco que garantice la sostenibilidad fiscal. as entidades territoriales elaborarán y adoptarán de manera concertada entre ellas y el gobierno nacional, planes de desarrollo, con el objeto de asegurar el uso eficiente de sus recursos y el desempeño adecuado de las funciones que les hayan sido asignadas por la Constitución y la ley. Los planes de las entidades territoriales estarán conformados por una parte estratégica y un plan de inversiones de mediano y corto plazo".

14   Para un estudio detallado del principio de planeación en materia de contratos estatales en Colombia, véase a Matallana Camacho (2015, pp. 369-375).

15   El artículo 14 del Decreto 763 de 2009 define a los PEMP de la siguiente manera: "Los Planes Especiales de Manejo y Protección –PEMP– son un instrumento de gestión del patrimonio cultural de la nación, mediante el cual se establecen acciones necesarias con el objetivo de garantizar la protección, conservación y sostenibilidad de los BIC o de los bienes que pretendan declararse como tales si a juicio de la autoridad competente dicho Plan se requiere". Por su parte, el artículo 14 del Decreto 2941 de 2009 define a los PES de la siguiente forma: "El Plan Especial de Salvaguardia –PES– es un acuerdo social y administrativo, concebido como un instrumento de gestión del patrimonio cultural de la nación, mediante el cual se establecen acciones y lineamientos encaminados a garantizar la salvaguardia del patrimonio cultural inmaterial".

16   La planeación administrativa es definida por Parejo Alfonso (2020) de la siguiente manera: "La planificación es simultáneamente un proceso (desarrollado y cumplido, jurídicamente, en un procedimiento) y un resultado (jurídicamente: una decisión). En ambas dimensiones se ofrece como operación basada en la consideración y sopesamiento –a la luz de fines y objetivos– de alternativas (para la elección entre ellas) y, por tanto, como instrumento en cuya utilización se dispone de un muy amplio margen de libertad para la concreción de fines y objetivos y la determinación de medios o medidas para su realización (lo que quiere decir: en el diseño del modelo u orden a adoptar y, por tanto, la configuración de la realidad social a procurar). Es lógico, pues, que –por su pretensión de encauzar el futuro– constituya un tipo decisional complejo y singular, que no encaja, como ya se ha avanzado, ni en la pura normación (desde luego no en la convencional), ni en la resolución administrativa concreta o con pluralidad de

Según lo establecido en el artículo 17 del Decreto 763 de 2009, los PEMP de los bienes inmuebles deben contener el área afectada, la zona de influencia, el nivel permitido de intervención, las condiciones de manejo y el plan de divulgación. Por su parte, los PEMP para los bienes muebles deben describir las características del espacio donde están ubicados los bienes, el nivel permitido de intervención, las condiciones de manejo y el plan de divulgación. Así mismo, según lo establecido en el artículo 14 del Decreto 2941 de 2009, los PES deben identificar la manifestación y adoptar las medidas para su protección, fomento y divulgación.

De conformidad con lo establecido por el numeral 2 del artículo 11.1 de la Ley 397 de 1997, la persona o entidad que promueva la iniciativa para la declaratoria de un bien o una manifestación debe presentar de manera obligatoria un proyecto de PEMP o PES. Para las manifestaciones inmateriales es obligatorio adoptar un PES en caso de que se decida incluir a la expresión en la lista representativa del patrimonio cultural inmaterial. En contraste, para los BIC, el Consejo de Patrimonio Cultural Nacional –o territorial– puede determinar discrecionalmente si es necesario adoptar el PEMP[17]. Es decir, en algunos eventos existe la posibilidad de que la declaratoria de un BIC no esté acompañada del instrumento de gestión administrativa para la conservación y promoción de los valores culturales que representan esos bienes. Como se verá un poco más adelante, esta facultad discrecional es uno de los motivos que explican por qué la mayoría de los bienes culturales de interés u origen religioso que ostentan la categoría de BIC no tiene un PEMP.

La competencia discrecional para decidir si se adopta un PEMP genera graves problemas en el caso de los bienes culturales de origen o interés religioso. De hecho, muchos de estos bienes son reconocidos como BIC sin que se compatibilice

---

destinatarios (aunque contenga, en mezcla diversa, elementos de una y otra). […] En consecuencia, los planes o programas: 1. Son fruto de una programación normativa de escasa densidad y carácter finalista (no condicional), pudiendo ser reconducidos –a pesar de su heterogeneidad y carácter proteico y como hace tiempo puso ya de relieve– a la idea del diseño anticipado de una actuación o conjunto de actuaciones y el fin u objetivo con ella(s) pretendido con el propósito de conseguir lo perseguido del modo más seguro, fácil y rápido. De donde se sigue con toda naturalidad que la planificación es el proceso de elaboración de tal diseño; 2. Presentan una decisiva dimensión procedimental; y 3. si bien cumplen funciones heterogéneas, algunas de ellas están generalizadas o, incluso, son comunes a todos los planes, como sucede con las de i) orientación de la conducta propia (de la Administración) y, en su caso, de los ciudadanos, imponiendo incluso cargas de justificación a los intereses que pretendan hacerse valer en la realidad e ii) incremento de la racionalidad en la toma de decisiones con programación legal de escasa densidad" (pp. 24-25 y 28).

17   Ley 397 de 1998. Artículo 8: "[…] 2. Con base en la lista de que trata el numeral anterior, la autoridad competente para la declaratoria definirá si el bien requiere un Plan Especial de Manejo y Protección. […]".

previamente el interés religioso y el interés cultural que representan. Para los bienes de interés religioso, en especial los destinados a culto, se debería establecer como obligatoria la adopción de un PEMP porque es indispensable que el interés religioso que representan los bienes sea conciliado con el interés del Estado de conservar los valores culturales de dichos objetos. En el plan se debe establecer las medidas que permitan que todas las personas accedan a estos bienes sin que deban verse obligadas a participar en ceremonias y rituales religiosos. Como se abordará un poco más adelante, la mayoría de BIC no cuenta con un PEMP. Por ende, no está plenamente garantizado el acceso de las personas a estos bienes en un contexto de plena garantía del derecho a la libertad de conciencia.

En el siguiente capítulo se estudiará con detenimiento que una de las consecuencias de la facultad discrecional de la Administración para decidir si se adopta un PEMP es que la mayoría de los BIC de interés religioso carece de estas medidas de planificación administrativa. En este epígrafe es importante resaltar que la ausencia de los PEMP desconoce los principios jurídicos-administrativos de seguridad jurídica y transparencia[18]. El desconocimiento de estos importantes principios –con reconocimiento legal y constitucional en Colombia[19]– se configura porque el propietario del bien y la ciudadanía interesada en el valor cultural del objeto no tienen certeza de las medidas de protección que se van a adelantar, de las estrategias de conservación que se han de seguir y de los recursos públicos que se destinarán para tales efectos.

La decisión de no establecer un PEMP da lugar a que se desaproveche una valiosa oportunidad de acordar con el propietario del bien las medidas y condiciones para garantizar que todas las personas puedan acceder y disfrutar del valor cultural del objeto. En el caso de los BIC de interés religioso siempre debe existir un PEMP. Lo anterior es necesario porque se debe determinar las medidas para que las personas puedan disfrutar del bien sin que estén obligadas a participar en ceremonias y ritos religiosos. Así mismo, en estos PEMP se debe acordar las fechas en que estos bienes no estarán a disposición del público porque se requieren para realizar los ritos que son propios de la organización religiosa propietaria del bien. En definitiva, la ausencia del PEMP hace que se desaproveche un espacio de diálogo con las organizaciones religiosas para coordinar las medidas que se adoptarán para la protección del valor cultural del bien, sin que

---

18 Para un estudio detallado de los principios de la actuación administrativa en Colombia, véase, entre otros, a Santofimio Gamboa (2017) y Rodríguez Rodríguez (2011).

19 Al respecto, véase, el artículo 209 de la CP y el artículo 3 de la Ley 1137 de 2011, Código de Procedimiento Administrativo y de lo Contencioso Administrativo.

se afecte el derecho a la libertad de conciencia y de religión de los miembros de esas organizaciones. En el PEMP también se deben establecer las medidas para garantizar que los ciudadanos que no pertenecen a la organización religiosa propietaria del BIC puedan disfrutar de su valor cultural sin que deban participar en ceremonias y ritos religiosos.

Es importante tener en cuenta que los bienes culturales religiosos son creados, por regla general, para satisfacer las necesidades de las organizaciones religiosas y las de sus miembros. Si esta necesidad persiste, la Administración debe evaluar la compatibilidad entre el uso religioso y el régimen especial de protección que tienen los bienes culturales que conforman el patrimonio. Los usos y necesidades religiosos pueden ser un obstáculo para la conservación y protección de ese bien cultural. Estos aspectos deben ser evaluados en el PEMP y en el PES con el fin de determinar si el uso cultual del bien o manifestación es compatible con su reconocimiento como patrimonio cultural. La Ley 397 de 1997 establece que la creación de estos planes es una facultad discrecional del Ministerio de Cultura en el caso de los BIC, por lo que muchos de los bienes de interés religioso no cuentan con esta importante medida de gestión administrativa.

En los planes se debe garantizar que los bienes y las manifestaciones culturales de interés religioso sean utilizados para los fines cultuales que fueron creados. A su vez, deben buscar que la inclusión en el catálogo del patrimonio conduzca a la adopción de medidas que permitan la conservación y protección de los valores culturales de los bienes y manifestaciones culturales de interés religioso. Se deben establecer las medidas que permitan que todas las personas accedan a estos bienes sin necesidad de participar en algún ritual o ceremonia religiosa. En consecuencia, para los bienes de interés religioso siempre se debería crear un PEMP.

III. PROPIEDAD DE LOS BIENES Y LAS MANIFESTACIONES QUE CONFORMAN EL PATRIMONIO CULTURAL

La importancia de establecer quién es el propietario de los bienes que conforman el patrimonio cultural de la nación se debe a que esta persona tiene la obligación de soportar un régimen especial de protección que limita fuertemente el derecho de dominio. Como se verá en el siguiente epígrafe, las restricciones al dominio son compensadas con algunas exenciones en materia fiscal como, por ejemplo, una tasa diferenciada para el pago del impuesto predial. Estas cargas adicionales y los beneficios especiales buscan la protección del bien y su valor cultural. En el caso de propiedad pública, el Estado debe proteger y conservar el bien. En caso de propiedad privada, las cargas de conservación y protección serán obligación del titular del derecho de dominio. Lo anterior sin perjuicio de que el Estado pueda ejercer funciones de inspección y vigilancia para verificar que los particulares cumplen con estas cargas.

A. BIENES MATERIALES

Los argumentos que se abordaron en el capítulo anterior para sostener la diferenciación entre el patrimonio cultural y el arqueológico adquieren relevancia en el tema de la propiedad de los bienes que conforman estas categorías. En efecto, los bienes que conforman el patrimonio arqueológico y el patrimonio sumergido –en su calidad de especie del primero– son propiedad exclusiva del Estado por expreso mandato de los artículos 63 y 72 de la CP[20]. Esta propiedad exclusiva fue reiterada por el legislador en el artículo 6 de la Ley 397 de 1997 y en el artículo 2 de la Ley 1675 de 2013[21].

En Colombia los particulares no pueden ser titulares de derechos reales sobre los bienes que conforman el patrimonio arqueológico[22]. En el caso de haber adquirido algún tipo de derecho de propiedad, de conformidad con las leyes previas a la CP, el Estado tiene el deber de establecer los mecanismos para la readquisición de esos bienes. Cuando fortuitamente un particular encuentre algún bien de esa categoría, tiene la obligación de reportarlo a la autoridad competente, el Instituto Colombiano de Antropología e Historia (en adelante, ICANH). En el mismo sentido, la ley establece el deber de solicitar autorización al Estado para adelantar expediciones de excavaciones terrestres y submarinas para la búsqueda de bienes arqueológicos o sumergidos. En el caso de un eventual hallazgo, los particulares no pueden pretender el reconocimiento de ninguna clase de derecho real sobre los bienes descubiertos[23].

---

20 En Colombia existe un fuerte debate jurídico sobre los requisitos y criterios establecidos en la ley para determinar qué bienes tienen la naturaleza de patrimonio sumergido. El artículo 3 de la Ley 1675 de 2013 estableció algunas pautas para determinar qué bienes pueden ser calificados como sumergidos. Sin embargo, esos criterios fueron declarados inexequibles por la Corte Constitucional en la sentencia C-264 de 2014.

21 Para un estudio detallado de la figura del patrimonio arqueológico en el ordenamiento jurídico colombiano, véase a Castellanos Valenzuela (2011) y Restrepo-Navarro (2018).

22 Es importante resaltar que en varios Estados las comunidades indígenas reivindican la propiedad sobre algunos bienes arqueológicos que fueron construidos por sus ancestros. Al respecto véase Restrepo-Navarro (2018, pp. 79-102).

23 Sobre este punto, Restrepo-Navarro (2018) sostiene: "Si el bien aún no ha sido descubierto, si salió del país hace mucho tiempo, si se desconoce la información arqueológica de sus orígenes o si acaba de ser descubierto con ocasión de una excavación autorizada por el ICANH, su interés para la Nación sigue siendo el mismo: su propiedad pública se ve justificada por el bien en sí mismo, independientemente de la información científica que pueda revelar" (p. 67).

En contraste, el régimen de propiedad establecido para los bienes materiales que conforman el patrimonio cultural admite que los particulares sean titulares del derecho de dominio. El reconocimiento de la existencia de propiedad privada sobre los bienes culturales que conforman el patrimonio cultural material de la nación tiene como base constitucional la omisión de los artículos 63 y 72 de la CP. Estas disposiciones establecen que los bienes arqueológicos son propiedad exclusiva de la Nación[24]. Comoquiera que la CP no estableció nada respecto de la propiedad exclusiva del Estado sobre los demás bienes culturales, razonablemente se puede inferir que estos pueden estar en manos de los particulares. Si el constituyente hubiese querido establecer la propiedad exclusiva del Estado sobre los bienes que conforman el patrimonio cultural, expresamente lo hubiese indicado como en el caso de los bienes arqueológicos.

El desarrollo legal de este punto fue realizado por el legislador en el literal C del artículo 4 de la Ley 397 de 1997, Ley General de Cultura[25]. El reconocimiento de la posibilidad de titularidad privada sobre los bienes culturales que conforman el patrimonio cultural material se justifica por el hecho innegable de que la mayoría de esos bienes son creados por los particulares. Despojarlos de la titularidad de sus garantías reales desconocería el derecho fundamental a la propiedad (artículo 58 de la CP)[26], el derecho a la libertad artística-cultural (artículo 71 de la CP) y en el caso de los bienes culturales de interés religioso el derecho a la libertad de conciencia y de religión (artículos 18 y 19 de la CP). Se impondría una especie de expropiación por causa de la actividad creadora en materia artística de los particulares[27]. Lo anterior explica por qué la CP y la

---

24   CP. Artículo 63. "Los bienes de uso público, los parques naturales, las tierras comunales de grupos étnicos, las tierras de resguardo, el patrimonio arqueológico de la Nación y los demás bienes que determine la ley, son inalienables, imprescriptibles e inembargables".
CP. Artículo 72: "El patrimonio cultural de la Nación está bajo la protección del Estado. El patrimonio arqueológico y otros bienes culturales que conforman la identidad nacional, pertenecen a la Nación y son inalienables, inembargables e imprescriptibles. La ley establecerá los mecanismos para readquirirlos cuando se encuentren en manos de particulares y reglamentará los derechos especiales que pudieran tener los grupos étnicos asentados en territorios de riqueza arqueológica".

25   Ley 397 de 1997. Artículo 4: "[...] C). Los bienes del patrimonio cultural de la Nación, así como los bienes de interés cultural pueden pertenecer, según el caso, a la Nación, a entidades públicas de cualquier orden o a personas naturales o jurídicas de derecho privado".

26   CP. Artículo 58: "Se garantizan la propiedad privada y los demás derechos adquiridos con arreglo a las leyes civiles, los cuales no pueden ser desconocidos ni vulnerados por leyes posteriores. [...]".

27   En contraste, el derecho a la propiedad privada no es afectado por la regla constitucional de reconocer la propiedad exclusiva del Estado sobre los bienes arqueológicos. Lo anterior porque esos bienes se encuentran en el subsuelo y en Colombia el Estado es propietario de este elemento del territorio (CP. Artículos 101 y 332).

Ley General de Cultura admiten la posibilidad del reconocimiento de propiedad privada sobre los bienes que conforman el patrimonio cultural material.

Sobre este punto, es importante resaltar que los bienes culturales de interés religioso fueron creados, como regla general, por organizaciones religiosas para cumplir a través de ellos con los dogmas de esas colectividades. Por tanto, el desconocimiento del derecho al dominio de las organizaciones religiosas sobre los bienes culturales materiales que han creado no solo podría afectar el derecho a la propiedad, sino que también vulneraría la libertad religiosa de los miembros de esas organizaciones. En este sentido, el parágrafo final del artículo 4 de la Ley 397 de 1997[28], Ley General de Cultura y el literal b del artículo 14 de la Ley 133 de 1994[29], Ley Estatutaria de la Libertad Religiosa y de Cultos, reconocen de forma específica el derecho de las organizaciones religiosas a la propiedad de los bienes culturales que elaboren[30]. Como anota Motilla de la Calle (1995), "[l]as legislaciones modernas sobre bienes culturales desechan los métodos confiscatorios que afectan a la titularidad de los bienes privados" (p. 102). En definitiva, el régimen legal establecido para los bienes materiales que conforman el patrimonio cultural admite que sobre esos bienes existan derechos de propiedad privada. De forma particular, el régimen permite que las organizaciones religiosas puedan ser las propietarias del patrimonio cultural material que han creado.

El reconocimiento de propiedad privada sobre los bienes materiales religiosos aleja al modelo colombiano de regímenes jurídicos, como el francés, en el que el Estado es el propietario de la mayoría de los bienes culturales de interés religioso[31]. La explicación de este hecho se debe al contexto histórico en que

---

28 Ley 397 de 1997. Artículo 4: "[…] Parágrafo final: Se reconoce el derecho de las iglesias y confesiones religiosas de ser propietarias del patrimonio cultural que hayan creado, adquirido con sus recursos o que estén bajo su legítima posesión […]".

29 Ley 133 de 1994. Artículo 14: "Las iglesias y confesiones religiosas con personería tendrán, entre otros derechos, los siguientes: […] b) De adquirir, enajenar y administrar libremente los bienes muebles e inmuebles que considere necesarios para realizar sus actividades; de ser propietarias del patrimonio artístico y cultural que hayan creado, adquirido con sus recursos o esté bajo su posesión legítima, en la forma y con las garantías establecidas por el ordenamiento jurídico".

30 Es curioso que en el Concordato de 1973 no se hubiese establecido nada sobre el reconocimiento a la Iglesia católica del derecho de propiedad sobre el importante acervo de bienes que son de su dominio y que a su vez son parte del patrimonio cultural de la nación. En este acuerdo se hace referencia a la cultura únicamente en el artículo 28 para indicar que el Estado y la Iglesia católica deben cooperar para elaborar un inventario del arte religioso. Hasta el momento, ese mandato no se ha cumplido, por lo que no se cuenta con un catálogo de los bienes culturales de interés u origen religioso que hayan sido reconocidos como parte del patrimonio cultural de la nación.

31 Para un estudio detallado del origen histórico y constitucional del modelo de laicidad en Francia, véase a Celador Angón (2017) y Vázquez Alonso (2012).

surgió el modelo de laicidad en ese país, en el que la separación Iglesia-Estado era considerada un punto indispensable para garantizar los propósitos de la Revolución francesa y consolidar un nuevo régimen en el que la legitimidad del poder no dependiera de su origen divino. Con el triunfo de la Revolución, la Iglesia católica fue despojada del derecho de propiedad sobre los edificios destinados al culto como los templos y las catedrales[32]. Las relaciones entre el Estado francés y la Iglesia católica fueron uno de los temas más polémicos durante todo el siglo XIX, dada la renuencia de esa organización religiosa a aceptar la legitimidad del nuevo régimen instaurado por los revolucionarios[33]. Este hecho dio lugar a la expedición de la Ley de Separación entre el Estado e Iglesia de 1905. En el artículo 4 de esa ley se decidió continuar con la postura de no reconocer el derecho de propiedad a la Iglesia católica sobre los bienes destinados a culto, sin perjuicio de permitirle su usufructo para la realización de ceremonias y rituales religiosos[34]. Una de las consecuencias de este régimen es que los principales centros culturales de origen religioso en Francia, como la catedral de Notre Dame, son propiedad del Estado. Aunque son propiedad pública se permite su uso para ceremonias religiosas por parte de la Iglesia católica. El anterior modelo convirtió al Estado francés en el propietario de la mayoría de los bienes culturales de interés religioso.

En contraste, en Colombia la Iglesia católica es la principal propietaria de los bienes culturales materiales de interés religioso. Tejón Sánchez sostiene que el sometimiento de los bienes culturales de la Iglesia católica a las reglas y pautas de conservación y protección que establece el Estado hace innecesaria la utilización de la figura de la expropiación para que el Estado sea el propietario

---

32 Las medidas anticlericales adoptadas con ocasión del triunfo de la revolución son descritas por Pérez Madrid (2012) de la siguiente manera: "La Revolución francesa llevó a cabo la primera expropiación de los edificios del culto católico que pasaron a ser propiedad de la nación. La fiebre política posterior provocó una serie de medidas que afectaron al ámbito religioso además de la "puesta a disposición de la nación" de los bienes del clero para remediar las dificultades del Tesoro; hay que recordar, además, la supresión de los votos religiosos (1790), y la disolución de todas las congregaciones (1792). Cuando cayó la monarquía en 1793 la ofensiva hacia la Iglesia católica fue aún más violenta: se cerraron los conventos, se prohibió el culto, y unos 40.000 sacerdotes tuvieron que escoger entre el exilio o a la clandestinidad. En 1795 volvió una libertad de cultos limitada por las leyes republicanas" (pp. 6-7).

33 En Colombia en el siglo XIX el movimiento político denominado Liberalismo Radical promovió políticas de expropiación de los bienes de la Iglesia católica. Sin embargo, a diferencia de Francia, no se expropiaron los bienes destinados a culto sino únicamente los denominados bienes de mano muerta. Con la llegada al poder de La Regeneración, a finales de ese siglo, esta política expropiatoria fue eliminada y la Iglesia fue indemnizada por los daños causados por las expropiaciones de sus bienes.

34 Para un estudio detallado del origen de la Ley de Separación de 1905 y las reacciones del clero francés, véase a Torres Gutiérrez (2016).

exclusivo del patrimonio cultural[35]. Sin embargo, es importante tener cuenta que la Iglesia católica es la gran dueña del patrimonio cultural de origen o interés religioso. Este hecho es relevante porque al momento de adoptar las medidas de conservación, promoción y garantía de acceso, se debe tener en cuenta el posible uso cultual de los bienes. Las medidas deben ir encaminadas a garantizar la conservación y el acceso de todas las personas a estos bienes sin que se tengan que participar en ceremonias y rituales de esa organización. Así, por ejemplo, un hecho que vulneraría el derecho al acceso a la cultura y a la libertad de conciencia es que los templos declarados como parte del patrimonio solo estuvieran abiertos al público en el transcurso de la misa o cualquier otro ritual religioso. En esta hipótesis, la persona interesada en disfrutar del valor cultural de bien necesariamente tiene que participar en una ceremonia religiosa que puede ser contraria a los imperativos de su conciencia.

De igual forma, es importante tener en cuenta la titularidad que ostenta la Iglesia católica sobre estos bienes al momento de definir si es necesario que el Estado contribuya económicamente a la financiación de las medidas de conservación sobre estos bienes. En este punto se debe ser especialmente cuidadoso y evitar que los recursos que invierte el Estado se usen para fines distintos de la protección del valor cultural y la garantía de acceso del público. Como se señaló en el capítulo primero, en un Estado laico se debe evitar transferir recursos públicos a las organizaciones religiosas de manera directa e incondicionada. Con este tipo de transferencia se corre el riesgo de que los recursos sean destinados asuntos propios de las organizaciones y no a la protección del bien o manifestación cultural. Cualquier uso de los recursos públicos por parte de las organizaciones religiosas que no tenga relación con la protección del patrimonio cultural y la garantía del acceso de todas las personas a acervo cultural podría implicar el desconocimiento del principio de laicidad, ya que sería una forma de subsidio público sin ninguna justificación cultural.

En resumen, el reconocimiento de la propiedad privada de las organizaciones religiosas sobre el patrimonio cultural obliga a que se compatibilice el derecho

---

35 Sobre este punto, Tejón Sánchez (2008) sostiene: "Por esta misma razón, no resulta necesaria la nacionalización de los bienes de titularidad religiosa, pues dichos titulares están obligados a tutelar el valor cultural de los bienes y permitir el disfrute público de los mismos, estableciendo la legislación vigente [española] la posibilidad de expropiación en caso de incumplimiento. Una eventual nacionalización que no tuvieran su origen en esta causa (es decir, que fuera necesaria a los efectos de salvaguardar el valor cultural de los bienes), podría suponer una vulneración no sólo del principio de igualdad (dado que el interés religioso es la única peculiaridad de estos bienes presentan frente a los bienes culturales pertenecientes a particulares), sino del principio de laicidad (en base a una posible valoración negativa y no neutral de lo religioso)" (p. 495).

que tienen las personas de acceder y disfrutar de los bienes que conforman el patrimonio cultural y el derecho de los miembros de las organizaciones religiosas de utilizar esos bienes para los fines que fueron creados. Por ende, se deben crear espacios para que el patrimonio cultural de interés religioso pueda ser accesible a todas las personas, independientemente si son o no miembros de la organización religiosa. Estos espacios deben garantizar que las personas puedan acceder al patrimonio cultural sin estar obligados a participar en ningún tipo de ritual o ceremonia religiosa.

B. MANIFESTACIONES INMATERIALES

La CP no establece nada acerca de la propiedad de las manifestaciones culturales de contenido inmaterial que son parte del patrimonio cultural. En el mismo sentido, el legislador no reguló nada sobre este punto en la Ley 397 de 1997, Ley General de Cultura[36]. El silencio del constituyente y del legislador se explicaría, en principio, porque la naturaleza inmaterial de las manifestaciones culturales impediría establecer sobre ellas algún tipo de propiedad. Sin embargo, los diferentes ordenamientos jurídicos, entre ellos el colombiano, han reconocido derechos especiales de propiedad sobre algunos bienes y manifestaciones inmateriales como, por ejemplo, el régimen de propiedad intelectual para las creaciones inmateriales que son producto del ingenio humano y que conforman las categorías especiales de derechos de autor y propiedad industrial[37].

El régimen de propiedad intelectual no se puede extender automáticamente por analogía a las manifestaciones culturales porque estas son fruto del esfuerzo colectivo de las comunidades y de varias generaciones que las han reproducido. Por ende, el establecimiento de derechos de propiedad individual puede llegar a desconocer el esfuerzo colectivo e intergeneracional realizado por los grupos[38].

---

36 Ley 397 de 1997. Artículo 11-1: "El patrimonio cultural inmaterial está constituido, entre otros, por las manifestaciones, prácticas, usos, representaciones, expresiones, conocimientos, técnicas y espacios culturales, que las comunidades y los grupos reconocen como parte integrante de su patrimonio cultural. Este patrimonio genera sentimientos de identidad y establece vínculos con la memoria colectiva. Es transmitido y recreado a lo largo del tiempo en función de su entorno, su interacción con la naturaleza y su historia y contribuye a promover el respeto de la diversidad cultural y la creatividad humana".

37 El régimen de la propiedad intelectual está dividido en propiedad industrial y derechos de autor. La Ley 23 de 1982 y la Decisión 351 de 1993 de la Comunidad Andina se encargan de regular los derechos de autor en Colombia. La propiedad industrial está regulada por la Decisión 486 de 2000 de la Comunidad Andina.

38 Las vicisitudes que se presentan para establecer derecho de propiedad sobre las manifestaciones culturales inmateriales son descritas de la siguiente manera por Vaquer Caballería (2020): "El primero es que los titulares del patrimonio no son los individuos, sino colectivos o grupos que conforman una

Por este motivo, la reglamentación del régimen especial de las manifestaciones culturales inmateriales en Colombia, establecido en el Decreto 2491 de 2009, reconoce el carácter colectivo de estas manifestaciones y prohíbe a los particulares arrogarse cualquier tipo de propiedad sobre las manifestaciones culturales inmateriales[39]. La finalidad de esta disposición reglamentaria es la protección de las comunidades y los grupos porque pretende evitar que terceros se apropien de las manifestaciones que son producto del esfuerzo colectivo.

La decisión reglamentaria que prohíbe a los particulares adjudicarse derechos de propiedad sobre las manifestaciones inmateriales protege el esfuerzo colectivo que creó y mantuvo viva la manifestación. Esta medida es adecuada porque evita que alguna persona –natural o jurídica– se apropie del resultado del esfuerzo colectivo que incluye a varias generaciones. Sin embargo, para el caso particular de las manifestaciones culturales de origen o interés religioso, la medida tiene serios problemas de legalidad en Colombia. Las manifestaciones

---

comunidad cultural. Que no solo los individuos sino también los grupos en los que se integran tienen derechos es algo que ya proclama el art. 9.2 de nuestra Constitución [CE]. El Derecho debe reconocer capacidad y legitimación para ciertas relaciones jurídicas a comunidades carentes de personalidad jurídica. El Derecho económico –siempre por delante– lo tiene ampliamente institucionalizado y practicado (las UTE, las comunidades de bienes), pero el Derecho de la cultura no tanto. Además, atribuir capacidad jurídica a una comunidad cultural exige afrontar los problemas de la indeterminación, el pluralismo y la variabilidad del colectivo de individuos que la forma. Se comprende, así, que le resulte más fácil a nuestro legislador reglar la participación puntual de dichas comunidades en el procedimiento administrativo de declaración de una manifestación representativa, que su participación continuada en su gestión y en las responsabilidades de ella derivadas. En segundo lugar, tampoco está exenta de problemas la identificación la identificación de las manifestaciones representaciones del PCI, Puesto que son asimismo complejas y evolutivas. El acto administrativo de su declaración produce un efecto jurídico de fijación que se aviene mal con su mutabilidad y que podría alterarla. Y el tercer reto ya ha quedado también apuntado y es que el título jurídico de las comunidades sobre las manifestaciones no es patrimonial, sino cultural. En efecto, esas comunidades no tienen sobre los bienes un derecho de propiedad ni ningún otro derecho real, sino un derecho a la cultura cuyas concretas facultades de libertad, de prestación y de participación, como vemos, todavía no están perfectamente configuradas. ¿Cómo ejercen los individuos su libertad de pertenecer o no a una comunidad?, ¿pueden las comunidades impedir u oponerse eficazmente a las falsas atribuciones de autoría y a las deformaciones, las alteraciones o los atentados contra la manifestación de que se trate?, ¿deben poder obtener alguna retribución de su explotación por terceros? y ¿cómo participan en la gestión de las acciones administrativas de salvaguardia? Cuestiones espinosas que suscitan los principios y derechos que proclaman las leyes que las evitan responder" (pp. 71-72).

39 Decreto 2491 de 2009. Artículo 5: "Titularidad. Ningún particular podrá abrogarse [*sic*] la titularidad del Patrimonio Cultural Inmaterial, ni afectar los derechos fundamentales, colectivos y sociales que las personas y las comunidades tienen para el acceso, disfrute, goce o creación de dicho Patrimonio. Quienes han efectuado procesos de registro, patentización, registro marcario o cualquier otro régimen o instrumento de derechos de propiedad intelectual sobre actividades o productos relacionados con el Patrimonio Cultural Inmaterial, ejercerán tales derechos sin que en ningún caso ello pueda menoscabar los derechos de la comunidad o de las personas, mencionados en el párrafo anterior".

culturales de interés religioso son organizadas, promovidas y patrocinadas por una organización determinada. Estas manifestaciones son realizadas siguiendo las reglas y los parámetros establecidos por las autoridades eclesiásticas. Aunque es un esfuerzo colectivo, dicho esfuerzo es producto del empeño de una organización religiosa. El papel que desempeñan las organizaciones en la dirección de algunos de sus rituales no permite sostener que estas ceremonias son producto de un esfuerzo abstracto de la colectividad, sino de uno concreto de una organización religiosa y sus miembros.

Las manifestaciones inmateriales de interés religioso como las procesiones de Semana Santa realizadas por la Iglesia católica se pueden identificar con esa organización. Estas se realizan en la fecha establecida por la organización, según sus dogmas, y son lideradas por sus autoridades eclesiásticas. Por consiguiente, nada debería impedir que estas manifestaciones sean objeto de algún tipo especial de propiedad a favor de la organización que las creó. En este caso, el esfuerzo colectivo se puede adjudicar a una persona jurídica en concreto. Como es fácil identificar a la manifestación inmaterial con la organización religiosa, esta última debe contar con la posibilidad de ser titular de ciertos derechos especiales de propiedad sobre la manifestación que ha creado.

La disposición que no permite adjudicar derechos de propiedad privada sobre las manifestaciones culturales inmateriales fue establecida en un decreto reglamentario. Las disposiciones reglamentarias no pueden desconocer los preceptos constitucionales ni los legales. En este caso, la disposición reglamentaria vulneró lo establecido por el legislador en el parágrafo final del artículo 4 de la Ley 397 de 1997 y en el literal b del artículo 14 de Ley 133 de 1994, Ley Estatutaria de la Libertad Religiosa y de Cultos. Ambas disposiciones reconocen a las organizaciones religiosas el derecho de ser propietarias de todo el patrimonio cultural que han creado. Como el legislador no distinguió entre patrimonio cultural material e inmaterial, el Ejecutivo en su labor reglamentaria tampoco lo podía realizar. En consecuencia, el artículo 5 del Decreto 2491 de 2009 tiene serios problemas de legalidad al prohibir lo que la ley permite a las organizaciones religiosas.

El reconocimiento de que ciertas manifestaciones inmateriales de interés religioso son producto del esfuerzo de una determinada organización religiosa y sus miembros permitirá abordar de una mejor manera los problemas que se pueden presentar cuando la manifestación vaya a ser incluida en el catálogo del patrimonio cultural. Cuando esta hipótesis se presente, se deberá determinar qué valores culturales representan estas manifestaciones y si su reconocimiento como patrimonio cultural desconoce el principio de laicidad por vulnerar los deberes de neutralidad y separación en materia religiosa. Como se ha mencionado, en

Colombia varias procesiones de Semana Santa que realiza la Iglesia católica en diferentes lugares del país han sido declaradas parte del patrimonio cultural por el legislador. En estos casos, se debe ser especialmente cuidadoso con que la declaración no termine por promover los dogmas de esa organización. Por ende, es mejor reconocer que la manifestación es propia de la Iglesia católica para así poder crear unas medidas que tengan en cuenta este hecho y busquen que, por medio de la declaración, no se vulnere el carácter laico del Estado.

En resumen, los bienes que conforman el patrimonio cultural material pueden ser de propiedad del Estado o de los particulares. En este caso, la ley expresamente permite que las organizaciones religiosas sean propietarias de este tipo de bienes culturales. Respecto de las manifestaciones inmateriales que conforman el patrimonio cultural, el régimen colombiano les otorga una naturaleza colectiva y prohíbe reconocer propiedad privada sobre estas manifestaciones. Esta medida en términos generales es adecuada porque aquellas son producto del esfuerzo colectivo e intergeneracional, por lo que se debe evitar que un particular se apropie de ellas.

Sin embargo, en el caso de las manifestaciones culturales de origen o interés religioso, este esfuerzo puede fácilmente adjudicarse a una organización determinada, por lo que se debe permitir que la organización sea titular de derechos sobre la manifestación que ha creado. En Colombia, la disposición reglamentaria que impide a las organizaciones religiosas solicitar el reconocimiento de derechos sobre las manifestaciones inmateriales que han creado tiene serios problemas de legalidad. Lo anterior porque esta disposición desconoce lo establecido por el legislador en la Ley General de Cultura y en la Ley Estatutaria de la Libertad Religiosa y de Cultos que permiten a las organizaciones religiosas ser propietarias de todo el patrimonio cultural que hayan creado. El reconocimiento de que ciertas manifestaciones inmateriales pertenecen a una organización religiosa permitirá abordar de una manera adecuada las implicaciones que genera para el principio de laicidad el hecho de que una manifestación inmaterial termine incluida en el catálogo del patrimonio cultural.

IV. RÉGIMEN ESPECIAL DE PROTECCIÓN CULTURAL

Para un adecuado estudio del régimen especial de protección para los bienes que conforman el patrimonio cultural de la nación se debe diferenciar entre los bienes y manifestaciones que fueron incluidos en el catálogo del patrimonio por el legislador o por la Administración. En el caso de la declaratoria del legislador, no existe un régimen uniforme de protección, pues en cada ley se establecen unas medidas particulares para el bien o la manifestación objeto de la declaratoria.

Para el caso de los BIC y las manifestaciones incluidas en la lista representativa por la Administración existe un régimen uniforme de protección establecido en la Ley 397 de 1997, Ley General de Cultura. En este régimen la adquisición del carácter de patrimonio cultural implica el deber de asumir un régimen especial de protección que incluye una serie de medidas que buscan la salvaguarda del bien. Este régimen impone a los propietarios de los bienes varias obligaciones y restricciones al disfrute pleno de su derecho de propiedad con el objeto de conservar los valores culturales que representan el BIC.

De conformidad con lo establecido por el artículo 11 de la Ley 397 de 1997, Ley General de Cultura, el régimen especial de protección está integrado por un PEMP en el que se deben establecer las acciones necesarias para garantizar la conservación y la promoción del bien sin que implique deterioro del soporte material. Como se señaló en el anterior epígrafe, la adopción del PEMP es una decisión discrecional de la Administración, por lo que muchos de los BIC no cuentan con este importante instrumento de gestión administrativa. Es importante anotar que, por expreso mandato del artículo 10 de la Ley 388 de 1997[40], en el caso de inmuebles el PEMP se convierte en un determinante que debe ser tenido en cuenta en la elaboración de los planes de ordenamiento territorial de los municipios[41]. Sobre este punto, Santaella Quintero apunta que el PEMP adquiere la característica de un determinante que limita la discrecionalidad de los municipios en materia de planeación urbana porque los planes de ordenamiento territorial deben respetar las medidas que se hayan adoptado en el PEMP para proteger el inmueble declarado BIC[42].

---

40   Según el artículo 10 de la Ley 388 de 1997 un determinante en materia de planeación urbanística es una norma superior que debe ser obligatoriamente tenida en cuenta en la elaboración de los planes de ordenamiento territorial. Esta disposición expresamente señala: "En la elaboración y adopción de sus planes de ordenamiento territorial los municipios y distritos deberán tener en cuenta las siguientes determinantes, que constituyen normas de superior jerarquía, en sus propios ámbitos de competencia, de acuerdo con la Constitución y las leyes: […]".

41   Para un estudio detallado de los planes de ordenamiento territorial y su regulación en el ordenamiento jurídico colombiano, véase a Rincón Córdoba (2012).

42   Sobre los determinantes urbanísticos como elementos que limitan la autonomía de los municipios en materia de planificación urbana, Santaella Quintero (2018) anota lo siguiente: "En aras de asegurar la armonía y coordinación efectiva de las decisiones de planificación urbanística con las determinaciones de otras instancias administrativas a cargo de la gestión de intereses sectoriales relevantes desde una perspectiva supralocal, el artículo 10 Ley 388 de 1997 ha previsto un reenvío a dichas resoluciones, que en virtud de lo dispuesto en este proceso constituyen "normas de superior jerarquía" que condicionan la elaboración y adopción de los POT. Son los llamados determinantes de los POT. Ellas engloban decisiones de distinto rango (políticas, directrices, reglamentos, resoluciones, etc.) y origen (Nación y departamentos) que envuelven intereses colectivos o institucionales de escala supralocal. De ahí que encierren decisiones no pensadas desde la óptica del beneficio local, sino de toda la comunidad circun-

La segunda particularidad del régimen especial de protección creado por el artículo 11 de la Ley 397 de 1997, Ley General de Cultura, es que los propietarios de los BIC deben solicitar permiso a la Administración para adelantar cualquier clase de intervención sobre el bien[43]. Este régimen también exige como medida de protección la prohibición de exportar estos bienes. Excepcionalmente, la Administración puede autorizar la exportación temporal para su estudio científico o para su exposición al público por un periodo máximo de tres años. Otra de las medidas de este régimen especial de protección es que, en el caso de enajenación, los propietarios deben ofrecer el bien de forma preferente a la entidad que realizó el reconocimiento como BIC. Por último, es importante señalar que el acto administrativo de declaratoria debe ser remitido a la oficina de instrumentos públicos para que sea registrado en el folio de matrícula inmobiliaria del bien. Lo anterior para efectos de publicidad de la declaratoria y, en particular, para que las limitaciones y restricciones al derecho real de dominio sean oponibles a terceros[44].

Adicionalmente, como se señaló, existe la obligación de crear una lista indicativa de los bienes candidatos a BIC. Una vez el bien es reconocido definitivamente como BIC, las autoridades nacionales y territoriales tienen el deber de llevar un inventario de tales bienes. De conformidad con lo establecido en el artículo 14 de la Ley 397 de 1997, los inventarios de las autoridades territoriales deben ser remitidos al Ministerio de Cultura para que esta entidad lleve un registro final de todos los BIC. El registro busca dar publicidad y seguridad jurídica sobre los

---

dante, cuando no de la Nación entera. [...] Ahora, si bien se trata de restricciones a la discrecionalidad urbanística que se justifica por la necesidad de asegurar la coordinación interadministrativa entre estas decisiones municipales y las adoptadas por instancias superiores en defensa de intereses supralocales, es indudable que, por tratarse de decisiones tomadas en ámbitos concurrenciales no hay duda de que estas determinantes no pueden envolver resoluciones arbitrarias en términos de su contenido ni de la forma como se adoptan. Lo primero, dado que en tanto restricciones a la autonomía local tendrán que ser razonables, proporcionadas y respetuosas del núcleo esencial de esta garantía institucional. Y lo segundo porque, dada su incidencia sobre el territorio municipal, en virtud de la dimensión procedimental de la referida garantía institucional, no podrán ser adoptadas de manera completamente unilateral y jerárquica, esto es, sin brindar un mínimo de participación a las autoridades locales" (pp. 335-338).

43 El artículo 38 de Decreto 763 de 2009 define intervención de la siguiente manera: "Por intervención se entiende todo acto que cause cambios al SIC o que afecte el estado del mismo. Comprende, a título enunciativo, actos de conservación, restauración, recuperación, remoción, demolición, desmembramiento, desplazamiento o subdivisión, y deberá realizarse de conformidad con el Plan Especial de Manejo y Protección si éste existe. La intervención comprende desde la elaboración de estudios técnicos, diseños y proyectos, hasta la ejecución de obras o de acciones sobre los bienes".

44 Para un estudio detallado de los deberes y cargas establecidos por el ordenamiento jurídico colombiano para los propietarios de los bienes culturales que tienen el carácter de patrimoniales, véase a Pimiento Echeverri y Castro Rodríguez (2017).

bienes que están sometidos al régimen especial de protección. Hasta el momento el Ministerio de Cultura solo tiene publicado el registro de los BIC del ámbito nacional[45], por lo que para conocer los BIC del ámbito local se debe acudir a la información que suministre cada municipio y departamento.

Es importante resaltar que las anteriores medidas no obligan a los particulares a permitir el acceso del público a los bienes culturales de naturaleza privada. Esta omisión legislativa es relevante porque, de conformidad con los artículos 70 y 72 de la CP, el Estado tiene el deber de garantizar el acceso a la cultura y en especial a los bienes que conforman el patrimonio cultural de la nación. Por ende, la ley debió señalar los criterios que deben ser tenidos en cuenta para que los particulares puedan tener la posibilidad de disfrutar y acceder a los bienes culturales que se encuentren en manos de privados. En el caso de los bienes culturales de interés religioso, se debieron establecer unas pautas que garanticen que el acceso se pueda realizar en condiciones de pleno respeto a las creencias y convicciones de las personas interesadas en conocer dicho patrimonio.

Para las manifestaciones inmateriales, el artículo 11.1 de la Ley 397 de 1997, Ley General de Cultura, crea la lista representativa del patrimonio cultural inmaterial en la que se debe llevar el registro de dichas manifestaciones y su respectivo PES. Para este tipo de manifestaciones, las restricciones y medidas de fomento que se adopten deben estar indicadas en el mencionado PES. Es decir, no existen unas medidas previamente determinadas por la ley, como en el caso de los BIC, sino que estas medidas deben ser configuradas para cada manifestación en particular. En consecuencia, en este caso la elaboración del PES es de carácter obligatorio porque en este instrumento se señala el régimen al cual estará sometida la manifestación.

Por otra parte, una característica común de los todos bienes públicos que conforman el patrimonio cultural es el establecimiento de ciertas garantías especiales de protección, reconocidas directamente en los artículos 63 y 72 de la CP. Dichas garantías son denominadas por Pimiento Echeverri "el tríptico de protección constitucional de los bienes de uso público"[46]. Estas son: la inalienabilidad, la imprescriptibilidad y la inembargabilidad[47]. Con estas garantías

---

45   La lista de bienes declarados bienes de interés cultural del ámbito nacional puede consultarse en https://minicultura.gov.co/prensa/noticias/Documents/Patrimonio/BIENES%20DE%20INTER%c3%89S%20CULTURAL%20DEL%20%c3%81MBITO%20NACIONAL_diciembre%202020.pdf.

46   Al respecto véase a Pimiento Echeverri (2010 y 2015).

47   La Corte constitucional colombiana explicó de la siguiente manera el alcance de estas garantías: "a). Inalienables: significa que no se pueden negociar, esto es, vender, donar, permutar, etc. b). Inembargables: esta característica se desprende de la anterior, pues los bienes de las entidades administrativas no pueden ser objeto de gravámenes hipotecarios, embargos o apremios. c). Imprescriptibles: la defensa de la

se busca que los bienes culturales de propiedad del Estado continúen bajo su dominio[48]. Se considera que de esta manera se puede garantizar de una forma más eficaz el acceso de las personas a la cultura porque, en este caso, los bienes pueden estar destinados exclusivamente a fines culturales, sin tener que compatibilizar su uso con los intereses del propietario privado.

La garantía constitucional de la inalienabilidad de los bienes públicos que conforman el patrimonio cultural ha dado lugar a dos importantes sentencias en las que la Corte Constitucional determinó el alcance de esta garantía. En el primer caso el tribunal constitucional tuvo que resolver una demanda de inconstitucionalidad contra una ley que autorizó al Gobierno nacional a donar al municipio de Buenaventura (Valle del Cauca) un inmueble, al que previamente se le había otorgado el carácter de patrimonio cultural de la nación. Los demandantes de la ley manifestaron que no se podía autorizar la donación del inmueble porque los bienes culturales públicos son inalienables. La Corte Constitucional rechazó el argumento de los demandantes porque consideró que la prohibición de la inalienabilidad no era predicable de los actos de transferencia de dominio realizados entre entidades públicas. La Corte sostuvo que no se vulnera la prohibición de la inalienabilidad cuando se traslada el dominio entre entidades públicas porque el objetivo de esta garantía es evitar que los bienes culturales se transfieran a particulares y en este caso no se presentó dicho traspaso[49].

El segundo caso que tuvo que resolver la Corte Constitucional sobre este asunto se presentó cuando el legislador estableció cinco excepciones en las que se pueden enajenar de forma excepcional bienes públicos que conforman la categoría de patrimonio cultural[50]. De presentarse algunas de las causales es-

---

integridad del dominio público frente a usurpaciones de los particulares, que, aplicándoles el régimen común, terminarían por imponerse por el transcurso del tiempo" (sentencia T-566 de 1992). Esta explicación fue reiterada por la Corte en las sentencias T-572 de 1994, C-183 de 2003 y C-553 de 2014.

48   Al respecto, Pimiento Echeverri (2010) sostiene: "La inalienabilidad, la imprescriptibilidad y la inembargabilidad se perfilan en el derecho colombiano, como el régimen de protección por excelencia de los bienes de uso público. Se trata de un régimen construido en el tiempo bajo la influencia del derecho extranjero cuyas etapas están claramente definidas, el código civil y el código de procedimiento civil. Veremos sucesivamente la inalienabilidad como fundamento del sistema de protección y sus consecuencias prácticas –la imprescriptibilidad– y la jurisdiccional –la inembargabilidad–" (p. 153).

49   Al respecto, la Corte Constitucional sostuvo lo siguiente: "7.13. En efecto, si todas las autoridades públicas, tanto del nivel central como del nivel territorial, tienen el deber constitucional de proteger el patrimonio cultural de la Nación, es admisible que el Estado, por razones de interés general, pueda disponer de los bienes que hacen parte de dicho patrimonio, dentro del ámbito de la propiedad pública, mediante la reasignación de su manejo y administración entre entidades estatales, sin que ello implique desconocimiento de la prohibición constitucional de inalienabilidad que pesa sobre tales bienes" (Corte Constitucional, sentencia C-082 de 2014).

50   Ley 1955 de 2019. Artículo 83: "Modifíquese el artículo 10 de la Ley 397 de 1997, el cual quedará así:

tablecidas en la ley, la Administración puede transferir el dominio de los bienes culturales públicos a particulares. La disposición fue demandada por desconocer abiertamente la garantía constitucional de la inalienabilidad establecida en el artículo 72 de la CP. El demandante señaló que el artículo era inconstitucional porque establecía excepciones para una regla constitucional para la que el Constituyente no previó ningún tipo de salvedad.

La Corte Constitucional declaró exequibles las excepciones establecidas por el legislador en la sentencia C-082 de 2020. Esta declaratoria fue condicionada a que la enajenación no puede comprender bienes que conformen las categorías de patrimonio arqueológico o BIC que son decisivos para la configuración y conservación de la identidad nacional. En este último caso, el Consejo Nacional de Patrimonio Cultural tiene una amplia facultad discrecional para determinar si

---

Artículo 10. Inembargabilidad, Imprescriptibilidad e Inalienabilidad. Los bienes de interés cultural de propiedad de entidades públicas son inembargables, imprescriptibles e inalienables. Excepcionalmente podrán enajenarse a particulares bienes de interés cultural de propiedad de entidades públicas, previo concepto favorable del Consejo Nacional de Patrimonio Cultural o de los respectivos consejos departamentales o distritales de patrimonio cultural, según el caso, en los siguientes eventos: 1. Cuando el bien de interés cultural se encuentre en el marco del régimen de propiedad horizontal y la entidad pública sea propietaria de una o varias unidades de vivienda, comercio o industria, y la enajenación se requiera para garantizar la integridad y protección del inmueble. 2. Cuando la entidad pública sea propietaria del derecho proindiviso o cuota sobre bienes inmuebles, así como derechos fiduciarios en fideicomisos que tienen como bien(es) fideicomitido(s) inmuebles enajenación se requiera para garantizar la integridad y protección del inmueble. 3. Cuando el bien de interés cultural haya sido objeto de extinción de dominio. 4. Cuando el bien de interés cultural tenga uso comercial, de servicios o industrial y la entidad pública no pueda usarlo o mantenerlo, de forma que el bien tenga riesgo de deterioro. 5. Cuando la enajenación se haga a instituciones de educación superior o a entidades de derecho privado sin ánimo de lucro que desarrollen de forma principal actividades culturales o de defensa del patrimonio cultural. En todos los casos previstos en este artículo, el respectivo bien mantendrá su condición de bien de interés cultural y quien lo adquiera estará obligado a cumplir las normas aplicables en el régimen especial de protección. Dentro de los títulos jurídicos de enajenación a particulares y/o entidades públicas se incluye el aporte fiduciario. En todo caso la enajenación se regirá por el régimen de contratación que cobije a la respectiva entidad pública enajenante y demás normas aplicables. Parágrafo. El Ministerio de Cultura podrá autorizar la enajenación o el préstamo de bienes de interés cultural del ámbito nacional entre entidades públicas. Los municipios, los departamentos, las autoridades de los territorios indígenas y de las comunidades negras de que trata la Ley 70 de 1993, serán las encargadas de dar aplicación a lo previsto en este parágrafo respecto de los bienes de interés cultural declarados por ellas. Las autoridades señaladas en este parágrafo podrán autorizar a las entidades públicas propietarias de bienes de interés cultural para darlos en comodato a entidades privadas sin ánimo de lucro de reconocida idoneidad, hasta por el término de cinco (5) años prorrogables con sujeción a lo previsto en el artículo 355 de la Constitución Política, celebrar convenios interadministrativos y de asociación en la forma prevista en los artículos 95 y 96 de la Ley 489 de 1998 o en las normas que los modifiquen o sustituyan, y en general, celebrar cualquier tipo de contrato, incluidos los de concesión y alianzas público-privadas, que impliquen la entrega de dichos bienes a particulares, siempre que cualquiera de las modalidades que se utilicen se dirijan a proveer y garantizar lo necesario para la protección, recuperación, conservación, sostenibilidad y divulgación de los mismos, sin afectar su inalienabilidad, imprescriptibilidad e inembargabilidad".

el BIC que se pretende vender es decisivo para la configuración de la identidad nacional. Esta decisión de la Corte es un claro ejemplo de un caso de mutación constitucional, en el que el intérprete de la Constitución desborda los límites de la interpretación y desconoce abiertamente el tenor de una disposición constitucional para establecer una interpretación que es contraria al propio texto de la norma[51]. Como la regla de la inalienabilidad no establece excepciones, ni el legislador ni la Corte podían establecerlas. El tribunal justificó su decisión en que las excepciones tienen como finalidad la protección de los bienes culturales cuando el Estado no pueda garantizar su efectiva salvaguardia. Para la Corte, cuando el Estado no pueda garantizar la protección de los bienes culturales de su propiedad, se debe permitir que pueda enajenarlos a terceros que puedan realizar dicha protección[52].

La decisión de la Corte Constitucional de permitir que el legislador establezca excepciones a la inalienabilidad es cuestionable porque esta garantía constitucional, junto a la inembargabilidad e imprescriptibilidad, pretende que el Estado conserve el acervo de los bienes culturales que son de su propiedad. Aunque los particulares pueden ser propietarios de bienes que conforman el patrimonio cultural, la CP busca que el Estado sea el gran propietario de estos bienes. Lo anterior porque en caso de propiedad pública la gestión y la promoción culturales no entran en tensión ni conflicto con los intereses de los particulares propietarios. Si un bien cultural público está en riesgo de deterioro, se deben tomar las medidas pertinentes para corregir esa situación. De modo que establecer que, cuando existe riesgo de deterioro, el Estado puede vender los bienes, es un perverso incentivo para que de forma intencional se descuiden las medidas de protección sobre estos bienes.

Algunos autores sostienen que debe existir un régimen especial de protección del patrimonio cultural de la Iglesia católica[53]. Dicho régimen debe garantizar la protección del especial interés religioso que tienen estos bienes[54]. Para estos

---

51   Para un estudio del concepto jurídico de mutaciones constitucionales y los casos en que este fenómeno se ha presentado en Colombia, véase a López Cadena (2015).

52   El argumento principal de la Corte fue el siguiente: "Como se acreditó en el expediente, la excepción a la inalienabilidad de los bienes de interés cultural prevista por la expresión demandada tiene por finalidad garantizar su integridad y protección, particularmente en aquellos casos en que resulta imposible para el Estado hacerlo bajo su propiedad, por las cargas y los costos que esto implica. […] Así las cosas, la Corte concluye que la excepción normativa demandada se justifica, en términos generales, en la imperiosa necesidad de garantizar la protección y la integridad de los bienes de interés cultural, dadas las condiciones antes referidas" (Corte Constitucional, sentencia C-82 de 2020).

53   Al respecto véase, entre otros, a Motilla de la Calle (1995), Aldanondo Salaverría (1987, 2006 y 2014) y Coello de Portugal (2016).

54   Sobre este punto, Coello de Portugal (2016) recalca: "La inmensa mayoría de los bienes de titularidad

autores la regulación especial debe garantizar que el uso religioso no sea afectado gravemente por las medidas tendientes a proteger el interés cultural del bien. Los autores que defienden esta postura consideran que el régimen especial debe exonerar a la Iglesia católica de cumplir con la mayoría de las restricciones impuestas sobre los bienes culturales en aras de garantizar el derecho a la libertad de conciencia y de religión de los miembros de esa organización.

La propuesta de un régimen especial de protección para los bienes de la Iglesia católica es innecesaria porque en todos los casos se debe tratar de compatibilizar el interés del propietario privado con el interés del Estado de proteger el patrimonio cultural. Los PEMP y los PES son los instrumentos jurídicos adecuados para realizar esta compatibilización. Tejón Sánchez (2008) sostiene que exonerar a las organizaciones religiosas de algunas de las cargas y limitaciones al derecho de dominio por el uso religioso otorgado al bien podría constituir un hecho de discriminación porque estas asociaciones tendrían menos limitaciones sobre su patrimonio cultural que otros propietarios privados[55].

En Colombia, la Iglesia católica y demás organizaciones religiosas están sujetas al régimen especial de protección de los bienes y manifestaciones culturales que conforman el patrimonio cultural y, por consiguiente, deben soportar las restricciones al derecho de dominio establecidas en la Ley General de Cultura cuando los bienes son incluidos en el catálogo del patrimonio cultural por el procedimiento administrativo establecido en esa ley. Sin embargo, este régimen no se aplica para los bienes reconocidos como patrimoniales por el legislador. Como se explicará más adelante, la ausencia de un régimen de protección para los bienes culturales religiosos reconocidos por el legislador constituye un fuerte indicio de que la declaratoria no tenía como objeto la protección de los posibles valores que pueden representar los bienes, sino la elusión del carácter laico del Estado mediante la figura del patrimonio cultural.

En definitiva, los bienes culturales que conforman el patrimonio cultural y que son propiedad del Estado son inalienables, inembargables e imprescriptibles por expreso mandato de la CP. En el rango legal, el régimen de protección de los bienes que conforman el patrimonio cultural dependerá de si fueron declarados

---

eclesiástica culturalmente relevante, no obstante, se encuentran dedicados a las actividades religiosas o de culto divino que resultan propias de la actividad de cualquier iglesia o confesión. Y aquí es, específicamente, donde radica la verdadera u genuina justificación para la existencia de un estatuto jurídico particular de estos bienes pertenecientes al patrimonio cultural" (p. 266).

55   En este sentido, Llamazares Fernández y Llamazares Calzadilla (2011b) sostienen: "Lo discutible no es este régimen a que se someten los bienes en posesión de la Iglesia, lo discutible es que este no sea el régimen general al que deberían someterse los bienes integrantes del patrimonio cultural con independencia de quien sea su titular y con independencia del título de propiedad o posesión" (p. 222).

como tales por el procedimiento administrativo establecido en la Ley 397 de 1997 o directamente por el legislador mediante una ley. En el primer caso, los bienes y manifestaciones estarán sujetos al régimen general de protección establecido en la Ley 397 de 1997; en el segundo, el régimen legal será el establecido por el legislador en la ley que declara patrimonio cultural al bien o la manifestación.

Para finalizar este apartado, es importante resaltar que no es baladí el hecho de que un importante número de los bienes y manifestaciones de la Iglesia católica sean declarados parte del patrimonio cultural mediante el procedimiento legislativo ordinario. Lo anterior evita que la declaratoria de estos bienes tenga como consecuencia jurídica la aplicación del régimen especial de protección que limita seriamente el derecho del dominio sobre los bienes culturales de interés religioso. Como se verá más adelante, gracias a las leyes *ad hoc* la Iglesia católica se beneficia de varias subvenciones estatales dirigidas a la protección de sus bienes y manifestaciones culturales sin estar sometida a ningún tipo de régimen que la obligue a protegerlos y garantizar que todo el público pueda acceder a ellos.

V. LIMITACIONES AL DERECHO DE DOMINIO Y FUNCIÓN SOCIAL DE LA PROPIEDAD

Como se demostró en el acápite anterior, el régimen especial de protección de los BIC limita seriamente el derecho de dominio de los propietarios privados de estos bienes. Esta restricción tiene sustento constitucional en la función social que debe cumplir la propiedad en Colombia (artículo 58 CP)[56]. En efecto, desde la reforma constitucional de 1936, el ejercicio del derecho de propiedad privada debe realizarse de una forma que contribuya al bienestar social, por lo que este derecho puede estar sujeto al cumplimento de varias limitaciones, cargas y restricciones[57]. Aunque las limitaciones al derecho de dominio son legítimas por

---

56   CP. Artículo 58: "[…] La propiedad es una función social que implica obligaciones. Como tal, le es inherente una función ecológica".

57   En Colombia, la concepción clásica del derecho a la propiedad privada que consideraba que este era un derecho absoluto que otorgaba al propietario la libertad de usar, gozar y disponer arbitrariamente del dominio de la cosa tuvo su máxima expresión en el artículo 669 del Código Civil de 1873 (estatuto aún vigente). En la misma línea clásica del Código Civil, la Constitución Política de 1886 reconoció, en los artículos 31 y 32, el derecho absoluto a la propiedad privada y los demás derechos adquiridos con justo título. La atenuación del carácter absoluto de la propiedad privada y el reconocimiento de la función social de la misma fue plasmada por primera vez en el ordenamiento jurídico colombiano en el Acto Legislativo n.° 1 de 1936, que reformó varias disposiciones de la Constitución Política de 1886. En concreto, el artículo 8 de ese acto legislativo disponía: "La propiedad es una función social que implica obligaciones". Desde ese año, en Colombia el derecho a la propiedad privada o dominio

la función social que debe cumplir la propiedad, el legislador decidió establecer algunos mecanismos de compensación a favor de los propietarios privados de los BIC. Estos mecanismos fueron establecidos en el artículo 56 de la Ley 397 de 1997[58-59] y en el artículo 48 de Ley 388 de 1997[60]. Los mecanismos buscan compensar económicamente a los propietarios de los BIC por las cargas y restricciones que deben soportar sobre sus bienes.

Las limitaciones al derecho de dominio tienen como objeto la protección de los bienes culturales que representan valores considerados valiosos por el Estado. Es decir, se busca incrementar el acervo del patrimonio cultural presente en el territorio con medidas tendientes a evitar el deterioro y expolio de esos bienes. Como anota Tejón Sánchez, el régimen de limitación del dominio se

---

está sujeto al cumplimiento del deber de respetar la función social. Por su parte, la CP, además de reconocer la función social de la propiedad, se aparta completamente de la visión clásica de la propiedad que concibe el dominio como un derecho absoluto. En efecto, el carácter de Estado social de Derecho (artículo 1), el reconocimiento de la función social y ecológica de la propiedad privada (artículo 58) y la función social que debe cumplir el ejercicio del derecho a la libertad de empresa (artículo 333); son algunos de los elementos que permiten advertir el carácter solidario de la propiedad. Lo anterior llevó a que la Corte Constitucional declarara inexequible la expresión "arbitraria" del artículo 669 del Código Civil. En efecto, esa disposición señalaba: "El dominio que se llama también propiedad es el derecho real en una cosa corporal, para gozar y disponer de ella arbitrariamente, no siendo contra ley o contra derecho ajeno". El tribunal constitucional determinó que la anterior disposición era inconstitucional porque "De todo lo que anteriormente se ha expuesto se desprende con meridiana claridad que el concepto de propiedad que se consagra en la Constitución colombiana de 1991, y las consecuencias que de él hay que extraer, es bien diferente del que se consignó en el Código Civil y, por tanto, que el uso que allí se prescribe del concepto de propiedad, dista mucho de coincidir con el que ha propuesto el Constituyente del 91; por ende, se deduce que el contenido del art. 669 del Código Civil según el cual, el propietario puede ejercer las potestades implícitas en su derecho arbitrariamente, no da cuenta cabal de lo que es hoy la propiedad en Colombia" (Corte Constitucional, sentencia C-595 de 1999).

58   Ley 397 de 1997: Artículo 56. ‹Artículo modificado por el artículo 14 de la Ley 1185 de 2008›: "Los propietarios de bienes muebles e inmuebles declarados como de interés cultural, o los terceros que hayan solicitado y obtenido dicha declaratoria, podrán deducir la totalidad de los gastos en que incurran para la elaboración de los Planes Especiales de Protección y para el mantenimiento y conservación de estos bienes, aunque no guarden relación de causalidad con la actividad productora de renta. Para tener derecho a este beneficio las personas interesadas deberán presentar para aprobación del Ministerio de Cultura o de la autoridad territorial competente para efectuar la declaratoria de que se trate, el proyecto de Plan Especial de Protección, el proyecto de intervención o de adecuación del bien mueble o inmueble de que se trate. El Ministerio de Cultura reglamentará la aplicación de lo previsto en este artículo, para la salvaguardia y divulgación de las manifestaciones del patrimonio cultural inmaterial, en consideración a que este carece de propietario individualizado".

59   El artículo 56 de la Ley 397 de 1997 fue reglamentado por los artículos 77 a 79 del Decreto 763 de 2009.

60   Ley 388 de 1997. Artículo 48: "Los propietarios de terrenos e inmuebles determinados en los planes de ordenamiento territorial o en los instrumentos que los desarrollen como de conservación histórica, arquitectónica o ambiental, deberán ser compensados por esta carga derivada del ordenamiento, mediante la aplicación de compensaciones económicas, transferencias de derechos de construcción y desarrollo, beneficios y estímulos tributarios u otros sistemas que se reglamenten".

justifica porque tiene como finalidad la protección y conservación del patrimonio cultural[61]. Lo anterior, a su vez, tiene como objetivo garantizar que todas las personas puedan disfrutar del patrimonio cultural, de los bienes culturales que representan unos especiales valores para la comunidad.

La importancia cultural del bien obliga a los propietarios a tomar todas las medidas necesarias para su conservación. Esta carga es compensada por el legislador con varias medidas económicas establecidas a su favor. Aquí la principal obligación del Estado debe ser vigilar e inspeccionar que los particulares adelanten las acciones pertinentes para evitar el deterioro del bien. En caso de incumplir, la Administración puede imponer multas y las demás sanciones económicas establecidas en el artículo 15 de la Ley 397 de 1997, Ley General de Cultural. Por ende, en principio el responsable de la conservación del bien es el propietario. En caso de propiedad privada, los particulares tienen el deber de colaborar con el Estado para cumplir con los fines de conservación y protección de los bienes que forman parte del patrimonio cultural de la nación (artículo 95.8 de la CP).

Respecto de este punto, es importante reseñar el caso del templo católico San Pío x o Enea, ubicado en la ciudad de Manizales (Caldas) y declarado parte del patrimonio cultural mediante el Decreto 1962 del 11 de julio de 1983. Este inmueble sufrió un fuerte incendio el 24 de diciembre del año 2010, desastre que destruyó parcialmente la edificación. Con posterioridad a la destrucción del templo, algunos ciudadanos interpusieron una acción popular contra el municipio de Manizales, el departamento de Caldas y el Ministerio de Cultura porque consideraban que esas entidades habían vulnerado su derecho colectivo a disfrutar del patrimonio cultural al no haber aprobado partidas presupuestales para la reconstrucción del templo católico. Los ciudadanos consideraban que el carácter de patrimonio cultural del templo obligaba al Estado a reconstruir ese edificio de la Iglesia católica. El Tribunal Administrativo de Caldas y el Consejo de Estado acogieron las pretensiones de los demandantes, por lo que ordenaron a las entidades demandadas apropiar sendas partidas presupuestas para la reconstrucción del inmueble de la Iglesia católica[62]. Es decir, la reconstrucción de

---

61 Sobre este último punto, Tejón Sánchez (2008) sostiene: "A modo de conclusión, podemos afirmar que la función social del disfrute público que caracteriza a estos bienes hace que la propiedad que recae sobre los bienes materiales que sirven de soporte físico a los mismo deba ser considerados como una propiedad estatutaria, integrada por un conjunto de derechos y también de obligaciones, cuya finalidad es preservar el valor cultural ínsito al propio bien material y, en última instancia, garantizar aquel disfrute público" (p. 71).

62 Consejo de Estado, Sección Primera, sentencia del 6 de noviembre de 2014. radicado número 17001-23-31-000-2011-00416-01.

un inmueble de la Iglesia católica debe ser realizada por el Estado, con recursos públicos, dado su carácter de patrimonio cultural.

Las providencias proferidas por el Tribunal Administrativo de Caldas y confirmada por la Sección Primera del Consejo de Estado ameritan los siguientes comentarios: (1) ¿Es deber del Estado reconstruir los bienes patrimoniales de propiedad privada cuando estos sufran un grave deterioro o esta obligación debe estar a cargo de los particulares propietarios de los bienes? El fallo del Consejo de Estado parece indicar que el deber de proteger el patrimonio cultural implica que la administración debe asumir la tarea de reconstruir los bienes de titularidad privada, reemplazando en esta labor a los particulares propietarios de los bienes. (2) Por otra parte, si el edificio fue destruido, implica que pudieron desaparecer los elementos culturales que justificaron su declaratoria como parte del patrimonio cultural. Por tanto, debió determinarse cuáles fueron los elementos que justificaron la declaratoria y si son susceptibles de ser restaurados. (3) La providencia crea un perverso incentivo porque los particulares pueden omitir su deber de tomar las medidas para conservación del bien, dado que siempre se va a contar con la posibilidad de que el Estado concurra a la reconstrucción de sus bienes. A diferencia del famoso caso de la catedral de Notre Dame, en el que el inmueble es de propiedad del Estado francés, la capilla San Pío X de la ciudad de Manizales es de la Iglesia católica, por lo que esta organización religiosa debería ser la primera responsable de la reconstrucción de uno de sus inmuebles.

En definitiva, con las limitaciones al derecho de dominio se busca proteger los bienes culturales. Como existe un rompimiento de las cargas públicas que deben soportar los ciudadanos propietarios de los bienes culturales que conforman el patrimonio cultural respecto de las cargas que deben soportar los demás propietarios de bienes de naturaleza privada, el legislador estableció varias medidas de compensación económica. Estas medidas de compensación evitan que se configure un daño especial por rompimiento del deber de igualdad en las cargas públicas[63]. Por otra parte, con el precedente establecido por el

---

63   La responsabilidad del Estado por daño especial es un tipo de responsabilidad que se configura cuando, pese a que el Estado ha actuado legítimamente, causa un daño a una persona. El fundamento de esta especie de responsabilidad no es la tradicional actuación irregular del Estado (falla del servicio) sino el rompimiento de la igualdad frente las cargas públicas que deben asumir los ciudadanos. Rodríguez Rodríguez (2011) define la responsabilidad por daño especial de la siguiente manera: "A veces la Administración debe responder por los daños causados por una actividad completamente legítima, tanto desde el punto de vista sustancial como del procedimiento, cuando esos daños pueden ser calificados de especiales. Esta concepción del daño especial se fundamenta en el principio del derecho público de la igualdad de los ciudadanos ante las cargas públicas, según el cual, cuando un administrado soporta las cargas que pesan sobre los demás, nada puede reclamar del Estado, pero si en un momento dado

Consejo de Estado en la sentencia del templo católico San Pío X de la ciudad de Manizales se le impone un deber general al Estado de aportar recursos públicos para la reconstrucción de los bienes culturales que han sufrido grave deterioro y que son propiedad privada. Esta regla es desacertada porque se debe evaluar primero si el particular ha cumplido con su deber de concurrir a la protección del bien antes de aprobar una ayuda estatal para la reconstrucción. También es imperioso analizar en qué estado quedaron los elementos culturales que dieron lugar a la inclusión del bien en el catálogo del patrimonio cultural. Si es imposible recuperar los elementos culturales representativos del bien, lo que se debería realizar es la revocatoria del acto que le otorgó el carácter de patrimonio cultural. La destinación de recursos públicos para la restauración del bien que ya no representa valores culturales no tendría sustento en las normas culturales y, en consecuencia, se convertirían en un subsidio directo del Estado a un particular, hecho prohibido por el artículo 355 de la CP.

VI. PREVALENCIA DEL USO CULTURAL

En su mayoría, los bienes culturales de interés religioso fueron creados para cumplir funciones religiosas, litúrgicas o rituales. En muchas ocasiones, este fin está presente cuando adquieren la categoría de culturales y en el momento en que son declarados parte del patrimonio cultural. Este hecho puede dar lugar a que se presenten fuertes tensiones entre el valor cultural del bien y el uso religioso para el que fue creado[64]. En este caso, la declaratoria del bien como parte del patrimonio cultural no solo implica limitaciones al derecho de dominio del propietario (por lo general una organización religiosa), sino también al

---

debe soportar individualmente una carga anormal y excepcional, esa carga constituye un daño especial que la administración debe indemnizar" (p. 549).

64 Como advierte Coello de Portugal (2016), es importante distinguir entre los bienes de la Iglesia católica destinados a culto y otros bienes de propiedad de esa organización religiosa. Lo anterior porque los conflictos entre el uso religioso del bien y el deber de conservación y protección cultural solo se presentan cuando los bienes están destinados al culto o al cumplimiento de fines religiosos. Respecto de los otros bienes culturales de la Iglesia católica no se presenta ninguna tensión porque no son necesarios para ejercicio del derecho a la libertad de conciencia y religiosa. Sobre este punto este autor señala: "Por lo que ahora interesa, dentro de esta masa de bienes de titularidad eclesiástica pertenecientes al patrimonio cultural, hay que a su vez que distinguir aquellos que se destinan al culto y a las celebraciones litúrgicas propias de cada de las confesiones, de aquellos otros bienes patrimoniales pertenecientes al patrimonio cultural que siendo de titularidad eclesiástica carecen de afectación al culto. Bienes que pueden tener inmenso valor cultural pero que no se encuentran afectados a fines religiosos y que han podido acabar bajo la titularidad de la confesión religiosa por múltiples razones, como la herencia entre un conjunto más amplio de bienes, el legado o la donación, y que a pesar de su titularidad dominical eclesiástica, se encuentran completamente desafectados de la función religiosa" (Coello de Portugal, 2016, p. 266).

derecho fundamental a la libertad de conciencia y de religión de las personas que necesitan el bien para destinarlo a un uso cultual[65].

La utilización de forma permanente en rituales religiosos de un bien material declarado como patrimonio cultural puede llevar a su desgaste y deterioro, lo cual podría dar lugar a la afectación de su valor cultural. Por consiguiente, es necesario limitar su uso para efectos de poder protegerlo y conservarlo. Sin embargo, las restricciones sobre el uso del bien pueden implicar una grave vulneración al derecho a la libertad de conciencia de las personas que consideren que dicho uso es indispensable para el cumplimiento de sus creencias. Otro problema importante que se puede presentar en esta materia es cuando el bien cultural requiera ser reformado para actualizarlo a la nueva forma en que se realiza el culto o ritual religioso. Es paradigmático el caso de la catedral de Ávila (España), que requería ser modificada para ajustarse a los nuevos parámetros del Concilio Vaticano II; en particular, se necesitaba ajustar el altar para realizar las misas de frente al público. Sin embargo, estas reformas afectaban gravemente el contenido cultural del inmueble[66].

La Ley 397 de 1997, Ley General de Cultura, contempla esta situación y de forma desproporcionada establece la regla consistente en que en todos los casos debe primar el valor religioso sobre el cultural. La disposición en cuestión señala: "[…] Igualmente, se protegen la naturaleza y finalidad religiosa de dichos bienes, las cuales no podrán ser obstaculizadas ni impedidas por su valor cultural" (Ley 397 de 1997. Artículo 4, parágrafo final). Esta regla es desafortunada porque crea una presunción en favor del interés religioso sobre el cultural, lo cual desconoce que uno de los objetivos más importantes del reconocimiento como patrimonio cultural de un bien es su protección y conservación. En los casos en que se pueda compatibilizar el interés cultural y el uso cultual del bien debe permitirse, según la ley, que el bien pueda seguir cumpliendo el uso religioso para el que fue creado. No obstante, en algunos casos este uso puede deteriorar y poner el peligro el valor cultural del bien[67].

---

65   Sobre este punto, Aldanondo Salaverría (2006) advierte: "En efecto, a diferencia de la mayoría de los bienes culturales civiles, gran parte de los de la Iglesia católica son bienes culturales que están funcionalizados; esto es, afectados al cumplimiento específico de las tareas de la Iglesia, bienes que no son para la Iglesia únicamente testimonio de su pasado y objetos que tienen un valor en sí mismos, sino que cumplen una función cultual, litúrgica y devocional" (p. 149).

66   Para un estudio en que se abordan varios casos en los que se ha presentado conflictos de este tipo, véase a Aldanondo Salaverría (2014).

67   Aldanondo Salaverría (1987) utiliza el siguiente ejemplo para ilustrar los problemas que se pueden presentar cuando el uso religioso es incompatible con el deber de conservación cultural del bien: "A título anecdótico podemos comentar aquí un problema que se plantea en relación con el hebraísmo. Según las

Cuando se presente esta clase de tensión, debe estudiarse cada caso y ponderar el nivel de afectación de cada uno de los derechos en tensión, para luego establecer una solución particular para cada caso. Por ejemplo, si un cáliz, o cualquier otro objeto litúrgico, es declarado patrimonio cultural por el valor histórico o estético excepcional que representa y, a la vez, dicho bien fue creado para usarlo en ceremonias religiosas y actualmente tiene ese uso. En este ejemplo se debe determinar si el uso religioso está deteriorando el cáliz de manera significativa. En caso afirmativo se debe tratar de conservar ese bien y dejar de darle el uso que lo está afectando. Sin embargo, si el uso de ese bien es necesario e indispensable bajo las reglas de la doctrina de la organización religiosa, debe primar el uso religioso sobre los fines culturales por expreso mandato del parágrafo final del artículo 4 de la Ley General de Cultura. En este caso, el legislador ponderó a favor del derecho a la libertad de conciencia de los miembros de la organización creadora del bien. La regla legislativa es desacertada porque no tiene sentido declarar al cáliz como BIC, dado que no es posible aplicar el régimen especial de protección.

Para solucionar los casos de tensión que se puedan representar entre el interés cultural y religioso de un bien, se podría realizar una especie de test de la ponderación similar al propuesto por Alexy (2007). Esta herramienta jurídica podría llegar a ser útil para determinar si debe primar el fin religioso para el cual fue creado el objeto o su valor cultural. Aunque el principio de la proporcionalidad y el test de la ponderación fueron propuestos para los casos en que los tribunales constitucionales tuvieran que resolver conflictos entre derechos fundamentales, nada impide ampliar el espectro del test para eventos en los que la administración deba estudiar casos difíciles en los que se presente un conflicto entre dos principios de rango constitucional[68]. La autoridad administrativa debe

---

normas tradicionales de la religión hebraica, cuando los rótulos de la Ley están tan deteriorados que no pueden ser utilizados para la lectura, deben ser no sólo retirados del culto, sino sepultados e inutilizados. Naturalmente esta práctica podría infringir el artículo 36,2 anteriormente referido [deber de conservar el patrimonio cultural]. La solución pasaría no por la prohibición de esta práctica (que lesionaría de lleno el principio de libertad religiosa), sino por dejar sin aplicación a estos supuestos el artículo de la L. P. H. E." (293). No se comparte la solución propuesta por la autora porque no tiene sentido otorgarle carácter de patrimonio cultural a un bien que luego debe destruirse. Una de las principales finalidades del régimen de protección del patrimonio cultural es la conservación y protección de los bienes culturales. Por ende, para no desconfigurar la naturaleza de este régimen de protección, no se le debe otorgar el carácter de patrimonio cultural a los bienes que luego no se podrán proteger, dado que su uso religioso implica su deterioro o destrucción.

68   Para un estudio detallado del uso del principio de proporcionalidad en la actividad de la Administración en España, véase a Sarmiento Ramírez-Escudero (2004). Para un estudio riguroso del mismo tema en Colombia, véase a Marín Hernández (2018).

determinar en cada caso si es posible compatibilizar el uso religioso del bien con su conservación y salvaguardia cultural. En consecuencia, se tendrá que determinar si el uso del bien es idóneo y necesario para dar cumplimiento a los dogmas religiosos. Se deberá evaluar si el bien cultural puede ser remplazado por otro. En el ejemplo propuesto se debe establecer si el cáliz con importancia cultural puede ser sustituido en la ceremonia por otro objeto semejante que cumpla las mismas funciones religiosas.

La mejor oportunidad para ponderar y evitar este tipo de conflictos es el procedimiento de declaratoria, en el que se debe realizar un estudio previo para determinar el valor cultural que representa el bien o la manifestación y las posibles implicaciones que se presentarían con la declaratoria como patrimonio cultural. En este estudio se debe establecer las funciones religiosas que cumple bien, los valores que represente y si estos últimos son acordes con la CP. Se debe examinar con cuidado el uso religioso o cultual que tenga el bien para luego determinar si ese uso podría entrar en conflicto con el deber especial de protección que tiene el Estado sobre los bienes declarados patrimoniales. En el ejemplo propuesto se debe determinar si el uso del cáliz es indispensable para el correcto ejercicio del rito y luego evaluar si existe una forma alternativa de compatibilizar el uso cultual con el deber de conservación.

Si es imposible la compatibilización entre el uso cultual y el valor cultural que representa el bien, la Administración deberá plantearse la posibilidad de no otorgar el carácter de patrimonial a dicho bien. En este caso, con la declaratoria se podría vulnerar el derecho a la libertad de conciencia de los miembros de la organización religiosa, al imponer un deber de conservación y protección de imposible cumplimiento para los feligreses que requieren del bien para su uso religioso. La solución establecida por el legislador colombiano es contradictoria ya que no tiene ningún efecto útil declarar como patrimonial un bien que luego no se puede conservar ni proteger dado que su uso cultual lo impide. No tiene sentido declarar como patrimonial un bien cultural religioso cuando su uso es totalmente incompatible con los fines de la declaratoria. La propuesta de no reconocer el carácter de patrimonio cultural a los bienes y manifestaciones culturales religiosos no implica que no tengan un contenido cultural, pues dicho carácter no requiere reconocimiento alguno por parte del Estado. Únicamente implica que el Estado no debe declarar parte del patrimonio un bien que luego no podrá conservar porque su protección afecta el derecho a la libertad de conciencia y de religión de las personas que lo crearon.

Aldanondo Salaverría argumenta que la exclusión de los bienes culturales de las organizaciones religiosas del catálogo del patrimonio cultural puede dar lugar a la violación del derecho a la igualdad y al desconocimiento de la prohibición de discriminación por motivos religiosos[69]. Esta afirmación es cierta si la exclusión del bien es por causa de su relación con el fenómeno religioso. Sin embargo, pueden existir varias razones válidas para no incluir en el patrimonio cultural bienes de interés religioso. Como se ha señalado, los bienes o manifestaciones que constituyan alguna forma de apología al delito, que causen daños a terceras personas, que alteren el orden público o que representen valores contrarios a la CP no deben ser reconocidos como patrimoniales. Lo anterior porque con este reconocimiento el Estado tendría la obligación de proteger y promover bienes que representan valores contrarios a lo establecidos en la CP. En los ejemplos propuestos, la exclusión no representa ningún tipo de discriminación porque el motivo que justifica la decisión no tiene una relación directa con el valor religioso del bien.

Tampoco se presenta discriminación alguna cuando no se otorga el carácter de patrimonio cultural a los bienes de interés religioso debido a que su uso es incompatible con el régimen legal de conservación y protección del patrimonio cultural. En este caso, la no inclusión tiene como finalidad la garantía del derecho fundamental a la libertad de conciencia y de religión de las personas que requiere el bien para cumplir con los dogmas de la organización religiosa. Optar por la decisión de reconocer como parte del patrimonio cultural al bien e imponer serias restricciones a su uso religioso implica desconocer el derecho a la libertad religiosa de las personas que requieren utilizar el bien para cumplir sus deberes religiosos. Por su parte, la inclusión del bien en el catálogo del patrimonio cultural para después exceptuarlo del régimen legal de protección, como establece la Ley 397 de 1997, es innecesaria e innocua porque no tiene sentido otorgar a un bien el carácter de patrimonial para luego exonerarlo de

---

69   Cuando Aldanondo Salaverría (1987, 2006, 2014) sostiene que la exclusión de los bienes culturales del patrimonio cultural era discriminatoria estaba analizando el ordenamiento jurídico español. Sin embargo, los argumentos de la autora son plenamente trasladables al debate colombiano porque el artículo 46 de la CE es similar a lo establecido por el artículo 72 de la CP. En este sentido, la autora aduce: "La exención general del patrimonio cultural de las confesiones religiosas respecto de la protección estatal sería contraria a los preceptos y principios consagrados por nuestra carta constitucional por varias razones. *a*) En primer lugar el art. 46 CE asigna a los poderes públicos la tarea de garantizar la conservación y promover el enriquecimiento del patrimonio cultural de los pueblos de España cualquiera que sea su régimen y su titularidad. Pues bien, la exclusión de los bienes culturales de las confesiones religiosas y la limitación de la legislación a los bienes culturales profanos sería contraria al precepto, ya que éste se refiere a todos los bienes culturales; y bienes culturales –según la tradición y el entendimiento actual– son todos con independencia de que pertenezcan a las confesiones religiosas o a otros sujetos. *b*) En segundo lugar ha de señalarse que la exención de los bienes culturales de las confesiones religiosas contradiría frontalmente el principio de igualdad del art. 14 CE, que no permite que se deje sin tutela un patrimonio por razones religiosas" (Aldanondo Salaverría, 2006, p. 151).

la aplicación del régimen de protección dispuesto para estos bienes. Todas estas aristas deben ser analizadas en el proceso administrativo de declaratoria. Es importante que se determine si existe una manera de compatibilizar el uso ritual o cultual del bien con los deberes de conservación y protección que son consecuencia de la declaratoria como patrimonio cultural. En caso de que no exista la posibilidad de realizar la compatibilización, debe prevalecer el derecho a la libertad de conciencia y de religión de las personas que requieren usar el bien para lo que fue creado.

Otro de los problemas que se pueden presentar con el uso cultual del bien es el caso de las órdenes religiosas de la Iglesia católica que deciden establecer una vida de aislamiento o enclaustramiento alejados de las demás personas. Por lo general, los miembros de estas órdenes religiosas se aíslan de manera voluntaria en monasterios y edificios que con el paso del tiempo adquieren una gran importancia histórica, artística y arquitectónica. Las colecciones artísticas que poseen estas comunidades usualmente tienen un gran valor cultural. El problema jurídico que se puede presentar con la declaratoria de los edificios y colecciones es que la garantía de acceso al público desnaturaliza la finalidad de asilamiento propio de estas comunidades. Estas órdenes no permiten visitas de terceras personas porque buscan con su confinamiento llevar una vida consagrada a Dios sin distracciones del mundo exterior.

Con la declaratoria de un bien como parte del patrimonio cultural se busca la conservación del objeto y establecer unas medidas para garantizar que todas las personas puedan tener la posibilidad de disfrutar de dicho patrimonio. En el caso de los inmuebles y colecciones artísticas de las órdenes religiosas, la garantía de acceso puede entrar en tensión con el derecho a la libertad de conciencia y de religión de las personas que llevan una vida en aislamiento para estar más cerca de Dios. En efecto, una visita regular y periódica de terceras personas interesadas en los bienes culturales puede interferir gravemente con los fines de las órdenes en enclaustramiento. Por consiguiente, el derecho a la libertad de conciencia y de religión de los miembros de estas organizaciones puede verse gravemente afectado si se les obliga a abrir sus puertas al público.

Nuevamente, el PEMP es la mejor oportunidad para conciliar el deber que tiene el Estado de garantizar el acceso a los bienes que conforman el patrimonio cultural con el derecho que tienen los miembros de las organizaciones religiosas de llevar una vida aislada del mundo exterior. Así, por ejemplo, se podría llegar a acuerdos para que una pequeña parte de los inmuebles puedan ser visitados por el público. En este espacio se podría ubicar las colecciones muebles de interés cultural. Las demás partes del edificio seguirán siendo utilizadas para los fines religiosos de aislamiento a lo que están consagrados los miembros de esas organizaciones. Otra posible acción de compatibilización es la documentación digital del inmueble y sus colecciones para que estas puedan estar a disponibilidad del público mediante el uso de tecnologías que permitan una visita virtual.

Si es imposible realizar la compatibilización, no tiene sentido declarar patrimonio cultural un bien que luego no podrá ser visitado por las personas que quieran ejercer el derecho a acceder a los bienes que conforman el patrimonio cultural. Dos de los grandes propósitos de la declaratoria de un bien como parte del patrimonio cultural son su conservación y la creación de medidas que garanticen el acceso a las personas a dicho patrimonio. En el caso que estos propósitos sean de imposible cumplimiento porque se afectaría el derecho a la libertad de conciencia y de religión de los miembros de la organización que creó el bien, se debe evaluar la conveniencia de la declaratoria. No tiene sentido que la Administración se desgaste en la declaratoria de un bien que no podrá ser conservado o al cual no se permitirá el ingreso del público.

La interpretación del parágrafo final del artículo de la Ley 397 de 1997 debe realizarse de una manera en que se entienda que la norma ordena la compatibilización entre el uso religioso y el valor cultural del bien. En el caso de poder llegarse a una armonización, se debe buscar que las restricciones impuestas tendientes a conservar y proteger el bien o garantizar el acceso del público no obstaculicen el destino religioso. En el caso en que no exista posibilidad de realizar la compatibilización, no se debe incluir el bien en el catálogo del patrimonio cultural por las razones explicadas.

En resumen, en Colombia se puede declarar parte del patrimonio cultural bienes de interés religioso cuando estos representen valores que no sean contrarios a los principios constitucionales y al carácter laico del Estado. Con la declaratoria se pueden presentar conflictos y tensiones entre el valor religioso y el cultural del bien porque, por ejemplo, su uso en las ceremonias religiosas no permite su adecuada conservación. La regla establecida por el legislador ordena que en esta hipótesis debe prevalecer el interés religioso del bien sobre el cultural. Lo anterior hace inocua la declaratoria porque no permiten conseguir los objetivos que se pretende alcanzar con la inclusión de un bien en el catálogo del patrimonio cultural. Por ende, esta norma debe interpretarse en el sentido de que ordena compatibilizar el uso religioso con el interés de conservar el valor cultural del bien. En el caso en que sea imposible realizar tal compatibilización no tiene sentido declarar parte del patrimonio cultural un bien que luego no se podrá conservar o poner a disposición del público.

VII. CONSIDERACIONES FINALES

El estudio del régimen cultural colombiano muestra que cualquier bien o manifestación pueden ser declarados parte del patrimonio cultural. En efecto, el procedimiento de declaratoria realizado por el legislador no requiere ninguna clase de estudio para determinar el valor cultural del bien o manifestación que se pretenda reconocer como cultural. Esto conduce a que no se tenga certeza respecto al valor cultural que representan los bienes y las manifestaciones reconocidas como patrimoniales por el legislador. Como se verá en el siguiente capítulo, no es baladí el hecho de que un gran número de bienes de interés religiosos sean incluidos en el catálogo de patrimonio cultural justamente por este procedimiento.

Por otro lado, en el procedimiento administrativo adelantado por el Ministerio de Cultura sí se debe realizar un examen de los valores culturales que representan los BIC y las manifestaciones incluidos en la lista representativa del patrimonio cultural inmaterial. Sin embargo, el legislador otorgó a la Administración la facultad discrecional de decidir cuándo es necesario realizar el PEMP para los bienes reconocidos como BIC. Los PEMP deberían ser obligatorios en todos los casos de declaratoria porque el bien, al adquirir la naturaleza de patrimonio cultural, debe contar con las medidas particulares para la protección de su valor cultural. Es decir, además de las medidas generales establecidas en el régimen general de protección cultural, se deben tomar medidas específicas por la naturaleza y las particularidades de cada bien material. Justamente la adopción de estas medidas debe realizarse en la elaboración del PEMP.

En el caso específico de los bienes de interés cultural religioso es necesaria la existencia de un PEMP en el que se establezcan las medidas para compatibilizar el interés religioso del bien con los deberes de conservación cultural y garantía de acceso. Pocos de los bienes de interés religioso declarados como BIC tienen un PEMP. En consecuencia, no existen las medidas de gestión administrativa que garanticen la conservación y el acceso del público a dichos bienes.

El legislador estableció una regla consistente en que debe prevalecer el destino religioso para el cual fue creado el bien en todos los casos de incompatibilidad entre el uso cultual con las medidas de conservación y acceso. Esta regla es desproporcionada porque no tiene ningún sentido declarar patrimonio cultural un bien cuyo acceso al público y conservación no podrán ser garantizados. Precisamente, los PEMP son una valiosa herramienta de gestión administrativa en la que se debe intentar conciliar el uso religioso con el interés cultural. En los casos en que sea imposible realizar la compatibilización es mejor abstenerse de incluir el bien en el catálogo del patrimonio cultural porque no tiene sentido otorgar esta naturaleza a un bien que luego no se podrá conservar.

Como se abordará en el siguiente capítulo, el procedimiento legislativo utilizado para el reconocer los bienes que pueden conforman el patrimonio cultural de la nación y la ausencia de una regla que obligue siempre a la Administración a elaborar un PEMP en los casos de declaratoria de bienes de interés religioso son dos problemas del ordenamiento jurídico cultural colombiano. Estos permiten que la figura del patrimonio cultural sea utilizada para realizar una evasión a los deberes de neutralidad y separación en materia religiosa, que son propios del carácter laico del Estado.

CAPÍTULO QUINTO
El patrimonio cultural católico

Es importante empezar el capítulo aclarando que su denominación se debe al hecho de que la mayoría de los bienes y manifestaciones de origen o interés religioso declarados parte del patrimonio cultural en Colombia es de la Iglesia católica. Por ende, la expresión "patrimonio cultural religioso" hasta el momento es equiparable a patrimonio cultural católico. Lo anterior sin perjuicio de que en el futuro se empiece a reconocer como parte del patrimonio cultural bienes y manifestaciones de organizaciones religiosas cristianas, las cuales, como se ha explicado, experimentan un importante crecimiento en el país[1].

En este último capítulo se tienen todos los presupuestos teóricos y normativos para probar la hipótesis planteada en esta investigación En efecto, se estudiarán los principales casos en los que se advierte la tensión entre el deber de proteger el patrimonio cultural de interés u origen religioso y el principio de laicidad Se demostrará que en la mayoría de los casos la inclusión de los bienes y de las manifestaciones culturales de interés u origen religioso en el catálogo patrimonio cultural no tuvo como intención la protección de los posibles valores culturales que pueden representar esos bienes y manifestaciones. En estos casos, con la utilización de la figura del patrimonio cultural se busca proteger y promover al fenómeno religioso en general y a la Iglesia católica en particular. La verdadera intención de las declaratorias es evadir los deberes de neutralidad y separación en materia religiosa, propios del principio de laicidad, y así poder tener un título válido para transferir recursos públicos a la Iglesia católica. Esta circunstancia es una prueba más que permite advertir que el régimen jurídico colombiano se asemeja más a un modelo pluriconfesional en el que el fenómeno religioso es valorado de forma positiva.

Las intenciones ocultas de las declaratorias, sobre todo en los casos que fueron realizadas por el legislador, son las siguientes: (1) Encontrar una justificación válida para evadir la prohibición implícita de financiar a las organizaciones religiosas, en especial a la Iglesia católica. La declaratoria es utilizada para autorizar el destino de recursos públicos para la protección de los bienes y manifestaciones de interés u origen religioso sin que se tenga certeza de su importancia cultural. La autorización de gasto público no es acompañada de planes y estrategias para la salvaguardia y protección de los posibles valores culturales que pueden representar estos supuestos bienes culturales. (2) En la mayoría de estos casos se promueve los dogmas de la Iglesia católica porque la mayor parte de las declaratorias son sobre bienes de esa organización religiosa.

---

1   Para un análisis estadístico del crecimiento de las organizaciones religiosas cristianas no católicas en Colombia, véase a Beltrán Cely y Larotta Silva (2020).

Como una de las consecuencias de la declaratoria como parte del patrimonio cultural es la asunción del Estado del deber de conservar y promover los valores que representan los bienes y manifestaciones, en el caso colombiano el Estado termina por promover los dogmas de la Iglesia católica.

I. LOS BIENES MATERIALES DE INTERÉS CATÓLICO QUE CONFORMAN EL PATRIMONIO CULTURAL DE LA NACIÓN

Hasta el momento se ha utilizado la expresión "bienes culturales de interés u origen religioso" para referirse a los bienes que, además tener importancia cultural significativa, son destinados al culto o a cualquier otra práctica religiosa semejante, para los bienes que tuvieron origen religioso pero que fueron desacralizados y para los bienes culturales que son propiedad de las organizaciones religiosas, aunque nunca hayan tendido una destinación cultual. En el mismo sentido se utilizará la expresión "bienes culturales católicos" para hacer referencia a los bienes que son de la Iglesia católica o que tuvieron origen en esa organización, aunque actualmente estén desacralizados. La inclusión de esta última categoría se explica porque, aunque actualmente no tengan una destinación religiosa, simbólicamente aún representan valores de la organización que los creó.

Por otro lado, es conveniente aclarar que en esta parte del trabajo solo se abordará el análisis de los bienes culturales que conforman el patrimonio cultural del ámbito nacional. No se estudiarán los BIC de rango territorial porque la mayoría de los municipios y departamentos del país no tiene información clara sobre los bienes que las respectivas autoridades territoriales han declarado BIC. Como se explicó, la Ley 397 de 1997 establece, en su artículo 4, el deber de crear un inventario de los BIC que cada entidad territorial haya declarado como tal. Según la ley, este inventario debe ser enviado al Ministerio de Cultura para que esta entidad lleve un registro de los BIC nacionales y territoriales. Sin embargo, hasta el momento únicamente existe un registro de los BIC del ámbito nacional. Por ende, un estudio que abarque todos los BIC –nacionales y territoriales– implicaría la identificación y el examen de todos los BIC del ámbito territorial. Esta labor desbordaría los objetivos de este trabajo porque se debería investigar sobre la labor realizada en materia cultural por los 32 departamentos y los más de 1100 municipios del país. En consecuencia, solo se estudiarán los bienes culturales de la Iglesia católica declarados partes del patrimonio cultural de la nación por el Ministerio de Cultura o por el Congreso de la República[2].

---

2   El Ministerio de Cultura tiene información pública y de acceso abierto sobre los bienes BIC del ámbito

Este primer apartado ha sido dividido en dos subsecciones. En la primera se profundizará en el patrimonio cultural material de interés religioso sometido al régimen general de protección establecido en la Ley 397 de 1997, Ley General de Cultura. Y en la segunda parte se estudiarán los bienes materiales culturales de interés religioso que no están sometidos al régimen general de cultura por haber sido reconocidos como parte del patrimonio cultural por el legislador con posterioridad a la expedición de la Ley 397 de 1997.

A. LOS BIC DE INTERÉS CATÓLICO

El Ministerio de Cultura ha reconocido el carácter de BIC del ámbito nacional a 1109 bienes muebles e inmuebles[3]. De estos[4], 164 tienen origen o representan intereses religiosos. Este dato muestra que el 14,8% de los BIC del ámbito nacional tiene relación con el fenómeno religioso[5]. De los 164 BIC de interés religioso, solo tres bienes son de organizaciones religiosas diferentes a la Iglesia católica[6]. Por ende, no es desproporcionado sostener que los BIC de origen o interés religioso en Colombia son bienes culturales católicos.

---

nacional y las manifestaciones incluidas en la lista representativa del patrimonio cultural de la nación. Este hecho constituye una rara excepción porque, por regla general, las entidades que conforman la Administración pública tienen poca información de acceso abierto para los particulares. Conseguir información del Estado colombiano implica muchas veces utilizar la figura de derecho de petición y posteriormente interponer acciones judiciales (acción de tutela) contra el silencio guardado por la Administración. Lo anterior es una carga y un limitante para muchas de las investigaciones académicas que requieren información oficial del Estado. La lista de los BIC del ámbito nacional puede consultarse en https://mincultura.gov.co/prensa/noticias/Documents/Patrimonio/BIENES%20DE%20INTER%c3%89S%20CULTURAL%20DEL%20%c3%81MBITO%20NACIONAL_diciembre%202020.pdf.

3   La fuente de la información es la lista de bienes declarados BIC del ámbito nacional que lleva el Ministerio de Cultura. La última actualización de esta lista fue realizada por el Ministerio de Cultura el 2 de diciembre de 2020. La información puede consultarse en: https://mincultura.gov.co/prensa/noticias/Documents/Patrimonio/BIENES%20DE%20INTER%c3%89S%20CULTURAL%20DEL%20%c3%81MBITO%20NACIONAL_diciembre%202020.pdf.

4   El Ministerio de Cultura toma a los muebles como conjuntos que conforman una unidad. Por ende, para efectos de la cifra de 1109, cada colección de BIC muebles es contada como una unidad.

5   Mejía Arango (1999) advierte lo siguiente sobre el importante número de bienes de interés religioso católico declarados como parte del patrimonio cultural de la Nación: "Al mirar por ejemplo el listado de los monumentos nacionales de Colombia, se encuentra que en más del 90 por 100 está conformado por iglesias y edificios coloniales o construcciones institucionales de la primera república. No existe ninguna construcción de los grupos indígenas, de las comunidades negras. La memoria que legitima el Estado a través del patrimonio sigue siendo etnocentrista. Sólo la herencia hispánica es válida" (p. 213).

6   Estos bienes son: el Cementerio Hebreo del Sur en Bogotá, el Templo Presbiteriano Príncipe de Paz en Bogotá y la Iglesia Bautista la Loma en la Isla de San Andrés. La inclusión del templo bautista se explica porque el departamento del Archipiélago de San Andrés, Providencia y Santa Catalina es la única región de Colombia en el que la población no pertenece ni se identifica de manera mayoritaria

Como se explicó en el capítulo anterior, los BIC están sujetos a un régimen especial de protección establecido en la Ley 397 de 1997, Ley General de Cultura. Sin embargo, a algunos de los BIC del ámbito nacional les fue reconocido el carácter de patrimonio cultural de la nación antes de la expedición de la CP y de la Ley 397 de 1997. Este reconocimiento fue realizado en ciertos casos directamente por el legislador y en otros eventos por el desaparecido Consejo de Monumentos Nacionales[7]. La inclusión de estos bienes en el régimen especial establecido en la Ley 397 de 1997 tiene su fundamento en el literal b del artículo 4 de esa ley. Esta disposición establece que se consideran BIC del ámbito nacional los bienes reconocidos como parte del patrimonio cultural de la nación por las autoridades competentes antes de 1997[8]. Lo anterior implica que estos bienes están sujetos al régimen especial de protección establecido en la Ley General de Cultura.

El problema que genera la inclusión automática de los bienes que fueron declarados patrimonio cultural antes de la expedición de la Ley 397 de 1997 al régimen de los BIC es la falta de un examen que determine si los valores que representan esos bienes son acordes con los nuevos principios constitucionales. Como estos bienes fueron declarados parte del patrimonio cultural antes de la entrada en vigor de la CP y la Ley 397 de 1997, es necesario determinar qué valores representan. En el mismo sentido, la ausencia de un PEMP para estos bienes es un punto problemático porque no se cuenta con un plan administrativo que permita compatibilizar el valor religioso y el valor cultural de los bienes. Cuando fueron declarados parte del patrimonio cultural no se tuvieron en cuenta el principio de laicidad ni los deberes de separación y neutralidad en materia religiosa, pues en esa época regían la Constitución Política de 1886 y el Estado confesional católico establecido en esa carta política.

La inclusión automática como BIC de los bienes declarados parte del patrimonio cultural antes de 1997 debió ser acompañada de una serie de medidas

---

con la Iglesia católica. Este hecho se debe a que esa región insular fue colonizada por inmigrantes de origen inglés.

7   Para un estudio detallado de la historia de la legislación sobre el patrimonial cultural en Colombia, véase Mejía Arango (1999) y Charria García (2018).

8   Ley 397 de 1997. Artículo 4, literal b: "[…] Se consideran como bienes de interés cultural de los ámbitos nacional, departamental, distrital, municipal, o de los territorios indígenas o de las comunidades negras de que trata la Ley 70 de 1993 y, en consecuencia, quedan sujetos al respectivo régimen de tales, los bienes materiales declarados como monumentos, áreas de conservación histórica, arqueológica o arquitectónica, conjuntos históricos, u otras denominaciones que, con anterioridad a la promulgación de esta ley, hayan sido objeto de tal declaratoria por las autoridades competentes, o hayan sido incorporados a los planes de ordenamiento territorial".

para ajustar la declaratoria a los nuevos estándares establecidos en la CP y en la Ley 397 de 1997. El artículo 11.1 de esta ley dispone que el Ministerio de Cultura tiene la facultad de establecer cuándo los bienes culturales requieren la elaboración de un PEMP[9]. Esta disposición es optativa e insuficiente porque debió ordenar de forma imperativa la realización de un nuevo examen del bien y los valores que representa. Para el caso de los bienes culturales de interés religioso, la elaboración del PEMP no debe ser optativa sino obligatoria, dado que en todos los casos se requiere compatibilizar el interés religioso y el cultural del bien. Este es un deber imperioso en el caso de los bienes culturales de origen o interés religioso destinados al culto, porque este tipo de patrimonio es utilizado para ejercer de manera directa el derecho a la libertad de conciencia y de religión.

Como la Ley 397 de 1997 no estableció de manera obligatoria un nuevo examen y la elaboración de un PEMP, de los 87 bienes culturales de origen o interés religioso reconocidos como parte del patrimonio cultural antes de 1997, solo uno cuenta con un PEMP[10]. Por ende, en Colombia existen 86 bienes culturales católicos que conforman el patrimonio cultural de la nación sobre los cuales no se tiene plena certeza entre la compatibilidad de los valores que representan con los principios constitucionales, especialmente el principio de laicidad.

La mayoría de los bienes culturales de interés religioso declarados parte del patrimonio cultural con anterioridad a la Ley 397 de 1997 no cuenta con un PEMP que compatibilice el interés religioso y el interés cultural de ellos. En consecuencia, no existen mecanismos que garanticen, cuando los bienes están destinados a actos de culto, que todas las personas puedan acceder y disfrutar de sus valores culturales sin tener que participar en las ceremonias o rituales de la Iglesia católica. Esta omisión vulnera el derecho al acceso a la cultura porque no existen unas reglas claras de la manera en que los ciudadanos pueden acceder a esos bienes. Como la Ley 397 de 1997 no impone a los particulares propietarios de bienes culturales la obligación de permitir el acceso del público

---

9   Ley 397 de 1997. Artículo 11.1: "[...] El Ministerio de Cultura reglamentará para todo el territorio nacional el contenido y requisitos de los Planes Especiales de Manejo y Protección y señalará, en dicha reglamentación, qué bienes de interés cultural de la Nación, de los declarados previamente a la expedición de la presente ley, requieren de adopción del mencionado Plan y el plazo para hacerlo [...]".

10   La capilla de la Tercera es el único bien cultural de origen católico reconocido como parte del patrimonio cultural antes de la expedición de la Ley 397 de 1997 que cuenta con un PEMP. Este hecho se debe a que el bien hace parte del conjunto del Claustro de San Francisco en la ciudad de Cartagena de Indias. Con posterioridad a la declaratoria del bien (Decreto 1911 del 2 de noviembre de 1995), el antiguo claustro y la iglesia que hacen parte del mismo inmueble fueron reconocidas como parte del patrimonio cultural por el Ministerio de Cultura mediante la Resolución 1871 de 2000. Como la última inclusión fue realizada con posterioridad a la entrada en vigor de la Ley 397 de 1997, el Ministerio de Cultura aprobó un PEMP para todos los edificios que conforman el inmueble (Resolución 1458 de 2015).

a los bienes, es necesario que en el PEMP se acuerde con la Iglesia católica un horario de visitas para que todas las personas puedan tener la oportunidad de disfrutar de los bienes culturales católicos sin tener que participar en las ceremonias de esa organización. En España, por ejemplo, la Ley 16 de 1985, Ley del Patrimonio Histórico Español, ordena a los particulares propietarios de bienes que conforman el patrimonio cultural de esa nación permitir el acceso gratuito del público a esos bienes como mínimo durante cuatro días al mes[11]. Toda vez que la Ley 397 de 1997 no impone unilateralmente este deber, es necesario que en los PEMP se acuerde la manera como se va a garantizar el derecho de las personas a acceder a los bienes culturales católicos que hacen parte del patrimonio cultural[12].

La ausencia del PEMP pone en peligro el derecho fundamental a la libertad de conciencia y de religión porque no se establecen unos mecanismos para que las personas puedan disfrutar de los bienes culturales católicos destinados al culto sin estar obligadas a participar en los rituales y las ceremonias de esa organización religiosa. Es necesario que se acuerde con la Iglesia católica un horario de visitas para que todas las personas puedan acceder a los bienes culturales sin tener que verse obligadas a participar en una ceremonia religiosa. El acuerdo también debe garantizar que las personas con creencias religiosas puedan celebrar sus rituales sin perturbaciones o interferencias por parte de personas que únicamente quieren apreciar el valor cultural de los bienes. Es decir, se debe acordar un horario en que se puedan celebrar las ceremonias religiosas sin interferencias del público que solo está interesado en disfrutar

---

11   Ley 16 de 1985, Ley de Patrimonio Histórico Español. Artículo 13.2: "2. Asimismo, los propietarios y, en su caso, los titulares de derechos reales sobre tales bienes, o quienes los posean por cualquier título, están obligados a permitir y facilitar su inspección por parte de los Organismos competentes, su estudio a los investigadores, previa solicitud razonada de éstos, y su visita pública, en las condiciones de gratuidad que se determinen reglamentariamente, al menos cuatro días al mes, en días y horas previamente señalados. El cumplimiento de esta última obligación podrá ser dispensado total o parcialmente por la Administración competente cuando medie causa justificada. En el caso de bienes muebles se podrá igualmente acordar como obligación sustitutoria el depósito del bien en un lugar que reúna las adecuadas condiciones de seguridad y exhibición durante un período máximo de cinco meses cada dos años".

12   Como anota Tejón Sánchez (2008), se debe tener en cuenta que el derecho a acceder a la cultura y a los bienes que conforman el patrimonio cultural busca garantizar el derecho al libre desarrollo de la personalidad. Por ende, se debe buscar que todas las personas puedan acceder a estos bienes, independientemente sus convicciones y creencias. Expresamente la autora sostiene: "La relevancia de los bienes culturales, ya sean de interés religioso o no, por lo que respecta a la libre formación de la conciencia individual, exige que a la hora de tutelar los bienes culturales de interés religioso no se tenga únicamente el derecho a la libertad religiosa de los miembros de la confesión religiosa poseedora de los bienes, sino el derecho de los individuos a formar libremente su personalidad, con independencia de cual sea su cosmovisión y de si esta es religiosa o no" (Tejón Sánchez, 2008, p. 489).

del valor cultural del bien y un horario en el que las personas que no quieren participar en las ceremonias religiosas puedan acceder al patrimonio cultural sin tener que desconocer los mandatos de su conciencia.

En el acto de declaración o en los PEMP también se debe acordar si el Estado va a otorgar algún tipo de subvención directa para la protección de los bienes culturales católicos. Este acuerdo debe realizarse de manera tal que se garantice que las ayudas estatales estarán destinadas a la protección del bien y que todas las personas puedan disfrutar de los valores que representan. Por tal motivo, los acuerdos sobre subvenciones deben estar acompañados de una serie de medidas que permitan que todas las personas conozcan y aprovechen dichos bienes. Todas las ayudas estatales en materia cultural deben ir encaminadas a que los bienes culturales puedan ser conservados y apreciados por todas las personas. Si no se cumple con este propósito, la subvención se convierte en un subsidio para la organización religiosa, que disfrutaría de una ayuda económica del Estado sin contraprestación alguna. Este acto, además de constituir un evento de financiación directa sin contraprestación alguna –prohibido por el artículo 355 de la CP[13]–, pondría en ventaja a la Iglesia católica frente a otras organizaciones religiosas, por lo que se desconocería el mandato constitucional de igualdad de trato en materia religiosa (artículo 19.2 CP).

En el PEMP se debe asegurar que el bien pueda seguir siendo utilizado para los fines religiosos para los cuales fue creado, pero de una manera que no afecte su valor cultural. Aquí el Estado puede imponer una serie de restricciones sobre el uso del bien para garantizar su conservación y protección. Como se señaló, en el caso en que sea imposible conciliar el uso religioso del bien y las medidas de conservación y protección cultural, se deberá revocar la declaratoria como parte del patrimonio cultural, pues no tiene sentido seguir reconociendo carácter de patrimonio cultural a un bien que no puede protegerse ni conservarse sin afectar el derecho a la libertad de conciencia y de religión de los miembros de la organización que lo creó.

Si el nuevo examen tiene como resultado que el bien cultural de interés religioso representa valores que no se ajustan a los nuevos principios constitucionales, se deberá revocar la decisión de incluirlo en el catálogo del patrimonio cultural de la nación. De conformidad con lo establecido en el parágrafo 2 del artículo 8 de la Ley 397 de 1997, es posible revocar el acto de declaratoria de

---

13   CP. Artículo 355: "Ninguna de las ramas u órganos del poder público podrá decretar auxilios o donaciones en favor de personas naturales o jurídicas de derecho privado […]".

un BIC[14]. La revocatoria se justifica porque no puede conformar el patrimonio cultural un bien que represente valores contrarios a los principios establecidos en la CP. En caso de que los valores religiosos que representa el bien sean compatibles con los principios constitucionales, se deberá elaborar un PEMP en que se concilie el interés religioso y el interés cultural del bien. Esta compatibilización debe respetar el principio de laicidad y los deberes de separación y neutralidad religiosa. Si es imposible realizar la conciliación, se deberá revocar el acto de declaración como patrimonio cultural, pues no tiene sentido reconocerle carácter de patrimonio cultural a un bien que luego no se podrá proteger ni conservar[15].

No solo la ausencia de un PEMP pone en peligro el carácter laico del Estado, sino también la omisión de realizar un nuevo estudio que examine los valores que representan los bienes culturales declarados patrimonio cultural de la nación antes de la expedición de la Ley 397 de 1997. Lo anterior porque no se tiene certeza sobre el significado de los valores que representan estos bienes y si las obligaciones adquiridas por el Estado con la declaratoria son acordes con los deberes de neutralidad y separación en materia religiosa. Por ende, debe efectuarse un nuevo examen a los actos jurídicos mediante los cuales se otorgó a estos bienes el carácter de patrimonio cultural de la nación. Si tampoco existen unos criterios claros que garanticen que la protección y promoción de los bienes culturales católicos, se realizará de una manera que no se termine por promover de forma exclusiva los valores religiosos de la Iglesia católica.

La ausencia de un PEMP que armonice el interés religioso y el interés cultural de los bienes culturales católicos también se presenta con los BIC declarados parte del patrimonio cultural con posterioridad a la expedición de la Ley 397 de 1997. En efecto, de los 77 bienes culturales de interés religioso reconocidos como BIC por el Ministerio de Cultura, solo dos tienen aprobado un PEMP[16]. Este

---

14 Ley 397 de 1997. Artículo 8: "Parágrafo 2. La revocatoria del acto de declaratoria de bienes de interés cultural corresponderá a la autoridad que lo hubiera expedido, previo concepto favorable del respectivo Consejo de Patrimonio Cultural, en el caso en que dichos bienes hayan perdido los valores que dieron lugar a la declaratoria. Tratándose de la revocatoria de declaratorias de monumentos nacionales o bienes de interés cultural efectuadas por el Ministerio de Educación, la revocatoria corresponderá al Ministerio de Cultura".

15 El parágrafo final del artículo 4 de la Ley 397 de 1997 dispone que el interés religioso de los bienes culturales no puede ser obstaculizado por razones culturales. Como se explicó, esta disposición es desafortunada y debe ser interpretada de manera en la que se ordena la compatibilización entre el interés religioso y cultural del bien. Si esta no es posible, no tiene ningún sentido declarar patrimonio cultural un bien que luego no se va a poder proteger ni conservar dado su uso religioso.

16 Los bienes de interés religiosos reconocidos como BIC por el Ministerio de Cultura y que tienen aprobado un PEMP son: el cementerio de San Pedro en la ciudad Medellín y el edificio del Palacio Episcopal de la ciudad de Quibdó.

hecho se debe a que el artículo 11 de la Ley 397 de 1997 no impone el deber de elaborar de forma obligatoria un PEMP, sino que lo deja al arbitrio del Ministerio de Cultura. Este punto es un grave defecto de la ley, pues en el caso de los bienes culturales de origen o interés religioso es siempre necesario elaborar un PEMP que concilie el uso religioso y el cultural del bien. En consecuencia, para este punto son trasladables los argumentos y críticas que se señalaron para sostener que se vulnera el principio de laicidad y se pone en riesgo el derecho a la libertad de conciencia con la ausencia de un PEMP para los bienes culturales reconocidos como patrimonio cultural antes de la expedición de la Ley 397 de 1997.

Es reprochable que no se hayan elaborado PEMP para los bienes culturales católicos reconocidos como tales mediante el procedimiento establecido por la Ley 397 de 1997. La ausencia de estos planes no permite evaluar si existen medidas que compatibilicen el interés cultural y el interés religioso que representan estos bienes. Tampoco permite determinar si existen pautas que garanticen que todas las personas puedan acceder a los bienes sin tener que estar obligados a participar en los rituales y las ceremonias de la Iglesia católica. No existe excusa para no elaborar un PEMP dado que la naturaleza religiosa y, sobre todo, su destinación para fines religiosos hacen imperioso que se elaboren los planes para armonizar el interés cultual y el interés cultural que pueden representar los bienes.

En contraste, del estudio de los actos de declaratoria de los dos BIC con interés religioso que cuentan con planes especiales de manejo y protección se advierte que la inclusión de estos bienes en el catálogo del patrimonio no pone en riesgo el carácter laico del Estado. En efecto, el Ministerio de Cultura, mediante la Resolución 1616 de 1999, declaró parte del patrimonio cultural el cementerio de San Pedro de la ciudad de Medellín. En ese acto administrativo se señala que la inclusión en el catálogo del patrimonio cultural se justifica por la importancia histórica del cementerio. Lo anterior porque en este lugar reposan los restos de varios expresidentes de la República y de otros ilustres ciudadanos que tuvieron importantes cargos políticos, económicos y culturales como, por ejemplo, el escritor Jorge Isaacs y el periodista Fidel Cano.

El PEMP para este inmueble fue aprobado por la Resolución 1590 de 2014[17]. Este plan administrativo tiene por objetivo la conservación arquitectónica del inmueble y una estrategia de divulgación que incluye la creación de un museo que tiene por objeto explicar la importancia arquitectónica del cementerio y la

---

17   Este acto administrativo fue aclarado y adicionado por el Ministerio de Cultura mediante la Resolución 2953 de 2018.

vida de los ciudadanos ilustres enterrados en este sitio. Con el museo se crea un espacio cultural que permite el acceso al inmueble y el disfrute de los valores culturales que representa el bien sin que se deba participar en un ritual funerario. En consecuencia, con la declaratoria y las medidas de protección adoptadas para este caso no se promueven los valores religiosos que puede representar el cementerio de San Pedro.

Así mismo, el Ministerio de Cultura, mediante la Resolución 793 de 1998, declaró BIC el edificio del Palacio Episcopal de la ciudad de Quibdó. En este acto administrativo se señala que la declaratoria del inmueble se justifica porque el edificio representa un estilo arquitectónico republicano, característico de las construcciones realizadas en los primeros años del siglo XX en la ciudad de Quibdó. El PEMP para este inmueble fue aprobado por el Ministerio de Cultura mediante la Resolución 1642 de 2011[18]. Los objetivos principales establecidos en el plan son la restauración y conservación del inmueble y la creación de medidas de divulgación que permitan el acceso de todas las personas al edificio. En consecuencia, se puede advertir que la declaratoria como BIC del inmueble y el respectivo PEMP adoptado no promocionan los valores religiosos que eventualmente puede representar este edificio de la Iglesia católica. Si bien es cierto que se autoriza la destinación de recursos públicos para las medidas de restauración y conservación a favor del edificio, estas medidas van acompañadas de estrategias que buscan que todas las personas puedan disfrutar y acceder al inmueble, independientemente de sus creencias religiosas.

En definitiva, la inclusión por parte de la Administración en el catálogo del patrimonio cultural de los bienes materiales católicos denominados BIC constituye una seria amenaza para el carácter laico del Estado cuando la declaratoria no va acompañada de un PEMP que compatibilice el interés religioso y el interés cultural que puedan representar los inmuebles. La mayoría de los BIC de interés religiosos reconocidos antes y después de la entrada en vigor de la Ley 397 de 1997 no cuenta con un nuevo examen que permita determinar si los valores que representan son acordes con los nuevos principios constitucionales. En especial, no se tiene certeza respecto de si los valores que representan esos bienes son acordes con el principio de laicidad y con los deberes de neutralidad y separación en materia religiosa. Por otra parte, la no realización, en la mayoría de los casos de PEMP, desconoce el carácter laico del Estado y pone en peligro el derecho al acceso a la cultura y la libertad de conciencia. Lo anterior porque no se acordaron con la Iglesia católica unos espacios y horarios en que todas las personas puedan

---

18   Este acto administrativo fue parcialmente modificado por la Resolución 2847 de 2017.

acceder a los bienes sin estar obligadas a participar en las ceremonias y rituales de esa organización religiosa. Igualmente, con esta omisión se desconocen los principios administrativos de transparencia y seguridad jurídica porque no se tiene certeza de las medidas de protección que tomará la Administración y los recursos públicos que destinará para tal propósito.

B. EL PATRIMONIO CULTURAL MATERIAL DE LA IGLESIA CATÓLICA QUE NO ESTÁ SOMETIDO AL RÉGIMEN ESPECIAL DE PROTECCIÓN CULTURAL DE LA LEY 397 DE 1997

Hasta ahora, el Congreso de la República ha otorgado carácter de patrimonio cultural de la nación a 17 bienes inmuebles relacionados con el fenómeno religioso[19]. En este caso, la mayoría de los bienes son edificios destinados al culto de la Iglesia católica. Estos bienes no están sujetos al régimen especial de protección establecido en la Ley 397 de 1997 porque fueron declarados parte del patrimonio cultural directamente por el legislador mediante leyes *ad hoc* con posterioridad a 1997. Lo anterior implica que la declaratoria de estos inmuebles no está acompañada de medidas protección como la obligación de solicitar autorización previa para adelantar cualquier intervención sobre el bien o en caso de venta de ofrecerle el bien de manera preferente al Estado. El acto declaratorio como parte del patrimonio cultural tampoco debe ser inscrito en el folio de matrícula inmobiliaria, lo cual puede dar lugar a que terceros de buena fe aleguen que tal reconocimiento no le es oponible.

Las leyes que reconocieron a estos bienes como parte del patrimonio cultural de la nación no realizaron mención alguna sobre la importancia cultural de los inmuebles y los valores culturales que representan. Simplemente se limitaron a incluirlos en dicho catálogo. Estas leyes también omitieron establecer un PEMP

---

19   Los bienes declarados como parte del patrimonio cultural directamente por el legislador son los siguientes: el Templo Parroquial de San Sebastián en Morales (Bolívar), Templo Parroquial San Antonio de Padua en Soledad (Atlántico), Basílica Menor del Señor de los Milagros en San Benito Abad (Sucre), Templo Parroquial de Nuestra Señora de Chiquinquirá en Angostura (Antioquia), Templo Parroquial del Divino Salvador en Cucunubá (Cundinamarca), Iglesia de San Rafael Arcángel en San Juan del César (Guajira), Iglesia de San Francisco de Asías en San Juan del César (Guajira), Iglesia de San Francisco en Cartago (Valle del Cauca), Iglesia de San Jerónimo en Cartago (Valle del Cauca), Iglesia de Santa Ana en Cartago (Valle del Cauca), Seminario Conciliar María Inmaculada en Garzón (Huila), Concatedral de Nuestra Señora del Socorro en Socorro (Santander), Catedral de Nuestra Señora del Rosario en Honda (Tolima), Monumento a Cristo Rey en Belalcázar (Caldas), el Templo de la Parroquia de San Antonio de Padua en Pitalito (Huila) y el Santuario de Nuestra Señora de Valvanera en Pitalito (Huila) y el inmueble ubicado en la calle 5 n.° 4-51 de Popayán (Cauca).

para los inmuebles y no crearon medidas para compatibilizar su valor cultural y religioso.

Las leyes 503 de 1999, 532 de 1999, 571 de 2000, 891 de 2004, 1129 de 2007 y 1498 de 2011 incluyeron a los bienes culturales católicos en el catálogo del patrimonio cultural mediante artículos similares en su contenido. Por tanto, estas leyes se pueden agrupar y estudiar de manera conjunta porque siguen la misma estructura jurídica. En el artículo primero de las leyes se realiza la declaratoria del bien como parte del patrimonio cultural de la nación. Por su parte, el artículo segundo ordena a las autoridades nacionales y territoriales tomar las medidas necesarias para la protección y conservación del bien. Esta es una orden genérica porque no se determina qué clase de medidas se deben adoptar. Para que se pueda cumplir con los objetivos de protección y conservación, se autoriza a las autoridades nacionales y territoriales destinar recursos públicos para lograr dicho cometido. Por último, las leyes ordenan instalar una placa o un pergamino en la entrada del respectivo inmueble en los que se debe mencionar que el bien fue declarado parte del patrimonio cultural por el Congreso de la República[20]. Esta estructura tiene pequeñas variaciones entre cada ley. Por ejemplo, las leyes 503 y 532 de 1999 ordenan la conformación de una junta de conservación, que será la encargada de tomar las medidas para la protección de los inmuebles y debe administrar los recursos públicos destinados para tal fin. Las leyes disponen que las juntas tienen que ser integradas, entre otras personas, por el sacerdote encargado de la parroquia donde se encuentre el inmueble.

El segundo grupo de leyes que han reconocido como parte del patrimonio cultural de la nación a los inmuebles de la Iglesia católica son: las leyes 723 de 2001, 835 de 2003, 1049 de 2006 y 1853 de 2017. Estas leyes tienen en común que mediante ellas el Congreso de la República se unió a la conmemoración y celebración de las fiestas realizadas con ocasión de la fundación de un municipio. Una de las medidas adoptadas por el legislador para celebrar estos eventos fue declarar parte del patrimonio cultural los respectivos edificios de cultos de la Iglesia católica en cada una de las poblaciones que cumplían años. Estas leyes también ordenan la construcción de varias obras públicas como acueductos, parques, la pavimentación de varias vías y otras necesidades específicas de cada una de las localidades. Las leyes autorizan la destinación de recursos públicos para todos los fines y propósitos que motivaron su expedición. Por tanto, se

---

20 La orden de construir una placa sobre la fachada de los edificios puede implicar la modificación o incluso el deterioro de sus características culturales. En el eventual caso que estos edificios de culto tengan una importancia cultural significativa, la construcción de la placa puede implicar la alteración del bien y el cambio o daño de alguno de sus componentes.

puede inferir que se permite destinar recursos públicos para la protección y conservación de los edificios del culto católico incluidos en el catálogo del patrimonio cultural de la nación justamente por esas leyes.

La Ley 667 de 2001 no se puede clasificar en alguno de los dos grupos explicados en los párrafos anteriores. Lo anterior porque la ley fue expedida para rendir honores al ciudadano Mariano de Jesús Euse Hoyos por su beatificación por la Iglesia católica[21]. En el marco de esta ley se declaró monumento nacional el Templo Parroquial de Nuestra Señora de Chiquinquirá del municipio de Angostura (Antioquia). El artículo 2 de la ley ordena denominar al templo con el nombre de "Beato Mariano de Jesús Euse Hoyos". Esta orden tiene serios problemas de constitucionalidad porque es una vulneración flagrante del deber de separación entre el Estado y las iglesias. En virtud de este deber, el Estado tiene que abstenerse de interferir en los asuntos propios de las organizaciones religiosas, entre ellos el de establecer el nombre o denominación de los edificios de culto. Por último, la ley autoriza a las autoridades nacionales y territoriales destinar recursos para el mantenimiento y la conservación del edificio de culto de la Iglesia católica.

La Ley 1754 de 2015 tampoco puede ser clasificada en los dos grupos de leyes que se han explicado con anterioridad. Esta ley fue expedida para reconocer la importancia cultural y religiosa del monumento a Cristo Rey, ubicado en el municipio de Belalcázar (Caldas). La ley no otorga expresamente al monumento el carácter de patrimonio cultural; sin embargo, ordena a las autoridades encargadas de proteger dicho patrimonio conservar el inmueble. Por ende, de forma implícita realizó tal declaración. Para que pueda cumplirse con los fines de conservación y protección, se autoriza a las autoridades nacionales y territoriales a destinar recursos públicos para tal propósito[22].

Como se reseñó en la primera parte del trabajo, contra Ley 1754 de 2015 fue interpuesta una demanda de inconstitucionalidad por considerar que el reconocimiento cultural del monumento a Cristo Rey y la autorización para

---

21 Como se explicó en la primera parte de este trabajo, que el legislador rinda honores a los ciudadanos por su vida y obra religiosa desconoce el deber de neutralidad. Lo anterior porque el Estado toma postura positiva a favor de una vida religiosa, la cual considera digna de ser resaltada.

22 La Corte Constitucional en la sentencia C-570 de 2016 declaró parcialmente inexequible el preámbulo y el artículo 1 de la Ley 1754 de 2015. Estas disposiciones señalaban que el Congreso de la República reconocía: "el interés cultural y religioso que representaba el monumento a Cristo Rey". Para la Corte, el legislador no podía reconocer la importancia religioso del bien porque ese acto desconoce el carácter laico del Estado al entrar a valor el grado de importancia religiosa que tiene un inmueble de una determinada organización religiosa. En consecuencia, se ordenó retirar del ordenamiento jurídico la expresión "religioso", pero se mantuvo el reconocimiento de la importancia cultural del monumento.

destinar recursos para su conservación vulneraba el carácter laico del Estado. La Corte Constitucional declaró inexequible el reconocimiento que realizó la ley de la importancia religiosa del bien porque consideró que esa calificación es un asunto propio de la Iglesia católica[23]. Sin embargo, el reconocimiento de la importancia cultural del bien y la autorización para destinar recursos públicos para su conservación fueron declarados constitucionales porque la Corte estimó que tal reconocimiento estaba basado en motivos seculares que permiten cumplir con los estándares del *Lemon test* criollo.

En el modelo de laicidad colombiano basta con que el legislador invoque un motivo secular para que las leyes puedan pasar el examen de constitucionalidad, sin que sea necesario constatar si el motivo invocado en realidad existe. En temas relacionados con los bienes culturales religiosos basta con que se invoque el deber constitucional de proteger el patrimonio cultural para que la declaratoria del legislador sea avalada por el tribunal constitucional. Esta postura es desafortunada porque la Corte debería verificar qué valores representa el bien y si tiene la suficiente importancia cultural para ser reconocidos como parte del patrimonio cultural. También es importante que se examine si los valores que representa el bien son compatibles con los principios establecidos en la CP.

Las leyes que reconocen como parte del patrimonio cultural los edificios destinados al culto de la Iglesia católica y al monumento a Cristo Rey tienen en común la falta de determinación de los valores culturales que representan los inmuebles. En el primer grupo de leyes no se señala qué elementos culturales se tuvieron en cuenta para realizar la declaratoria. En el segundo grupo de leyes la declaratoria tienen la apariencia de ser un obsequio del legislador al municipio que está cumpliendo años y no una decisión basada en criterios culturales. Lo anterior porque el objeto de la ley es la asociación del Congreso de la República a un festejo local. Para conmemorar la fiesta, el Congreso autoriza la construcción de varias obras y, de paso, declara al edificio de culto de la Iglesia católica del respectivo pueblo como parte del patrimonio cultural de la nación. Estas declaratorias fueron realizadas dentro de un gran paquete de regalo de cumpleaños junto con la autorización de construir acueductos, puentes y otras obras para el progreso local del municipio homenajeado.

Estas declaratorias tienen un importante componente económico, dado que vienen acompañadas de la autorización para que el Estado destine recursos económicos para la conservación y protección de los bienes de culto de la Iglesia católica. Como en estos casos no se determinó si los inmuebles tienen

---

23   Corte Constitucional, sentencia C-570 de 2016.

una importancia cultural que amerite su inclusión en el catálogo del patrimonio cultural, se puede sostener que el Congreso de la República realizó este tipo de reconocimiento con el objeto de que exista una justificación válida que permita destinar recursos públicos para la Iglesia católica. Otra de las interpretaciones posibles del comportamiento del legislador es la sostenida por Salge Ferro y Jaramillo Echeverría, quienes consideran que declaratorias de este tipo buscan más beneficiar políticamente al autor del proyecto de ley que a los supuestos elementos culturales que se pretende proteger con la declaratoria[24].

El principio de laicidad y, en especial, el deber de separación entre el Estado y la Iglesia impiden que se destinen recursos públicos para la restauración y conservación de los edificios destinados al culto de la Iglesia católica o de cualquier otra organización religiosa. No obstante, la declaratoria como parte del patrimonio cultural habilita la destinación de estos recursos para este fin. Por ende, en estos casos es importante determinar si los inmuebles tienen alguna importancia cultural. Comoquiera que en las leyes en que se realizó la declaratoria no se demuestra la importancia cultural, razonablemente se puede inferir que el legislador quería evadir el cumplimiento de los deberes de separación y neutralidad en materia religiosa.

La falta de determinación de los valores culturales que representan estos inmuebles y la ausencia de un PEMP en que se compatibilice el interés cultural y el interés religioso constituyen un fuerte indicio de vulneración del principio de laicidad. La ausencia de un acuerdo con la Iglesia católica en el que se establezcan las medidas que esta organización debe adoptar para la conservación del bien permite advertir que no existía una real preocupación del legislador por la protección de los posibles elementos culturales que pueda representar el bien. La falta de un horario en que los bienes inmuebles puedan ser estudiados, observados y visitados sin tener que participar en los rituales y ceremonias de la Iglesia católica revela que el verdadero interés del legislador con la declaratoria era evadir la prohibición de destinar recursos públicos a las organizaciones religiosas y no garantizar el derecho de todos a acceder a los diferentes bienes que conforman el patrimonio cultural.

---

24 Sobre este punto señalan los autores citados: "En Colombia, las leyes de honores no solo celebran personas ilustres, sino que sirven para declarar un sinfín de cosas como patrimoniales. Pero esto que en principio actúa como una celebración y un reconocimiento a un conjunto de personas que por su mérito deben ser honradas públicamente en nombre de la nación, se ha convertido en un yacimiento político que enriquece simbólicamente a quién tramita y gestiona la iniciativa. En últimas, lo que se esconde tras este tipo de leyes es una transacción sutil que desplaza el beneficio de lo que se pretende declarar a quien termina incentivando la acción" (Salge Ferro y Jaramillo Echeverría, 2020).

Estas leyes ni siquiera le impusieron a la Iglesia católica el deber de solicitar autorización previa a las autoridades culturales para realizar cualquier acto de intervención y reforma sobre los inmuebles. Este hecho es preocupante porque, como se vio en el famoso caso de la catedral de Ávila en España, cuando la Iglesia católica requiere adecuar sus bienes inmuebles a los nuevos parámetros de sus dogmas no es especialmente cuidadosa con la conservación de los elementos culturales que pueden contener sus edificaciones[25].

La única medida de protección que se toma en las leyes analizadas es la autorización para destinar recursos para los inmuebles, sin que se establezcan qué medidas o estrategias de conservación se buscan conseguir con la destinación de esos dineros del Estado. En consecuencia, es evidente que las leyes pretendían eludir el carácter laico del Estado y su prohibición implícita de financiar a la Iglesia católica. En estos casos, la figura del patrimonio cultural no es utilizada para la protección de los posibles valores culturales que pueden representar los inmuebles de la Iglesia católica, sino para financiar directamente a esa organización.

Llama poderosamente la atención el que las leyes analizadas no se hayan ocupado de crear un régimen mínimo para la protección, conservación y promoción de los supuestos valores culturales de esos bienes. El régimen especial de protección establecido en la Ley 397 de 1997 solo se aplica para los BIC declarados mediante el procedimiento administrativo establecido por esa ley y para los bienes declarados como parte del patrimonio antes de la entrada en vigor de la ley. Por ende, es indispensable que el legislador en las leyes *ad hoc* establezca un régimen para la protección de los valores culturales que representan los bienes que reconoce como parte del patrimonio cultural. La ausencia de este régimen muestra que no existía ningún interés del legislador de proteger los posibles elementos culturales que pueden contener los bienes. Como las leyes no crearon un régimen especial de protección cultural ni adoptaron medidas particulares para la salvaguardia de los valores culturales que eventualmente puede representar los inmuebles, es claro que las leyes no tenían ningún propósito cultural.

Las anteriores leyes no han sido demandas ante la Corte Constitucional. De llegarse a presentar una demanda pública de inconstitucionalidad contra estas leyes es fácil prever que las leyes pasarán el examen de constitucionalidad porque, como se explicó en el segundo capítulo de este trabajo, la interpretación flexible del sexto criterio del *Lemon test* criollo admite todo tipo de medidas legislativas o administrativas con una fuerte motivación religiosa, siempre y cuando exista al menos un motivo secular. Para la Corte Constitucional, invocar

---

25   Para un estudio detallado de este caso véase a Aldanondo Salaverría (2008 y 2014).

la protección del patrimonio cultural constituye un motivo secular suficiente, aunque no se tenga certeza de si realmente el bien tiene la importancia cultural necesaria para ser incluido en el catálogo del patrimonio cultural.

En definitiva, con la declaratoria como patrimonio cultural de los inmuebles destinados a culto de la Iglesia católica y con el monumento a Cristo Rey el legislador buscaba obtener una justificación válida para poder transferir recursos a la Iglesia católica. Del análisis de las leyes no se encontraron motivos que justificaran el reconocimiento como patrimoniales de estos inmuebles. En primer lugar, las leyes omitieron señalar los valores culturales que representaban los bienes. En segundo lugar, no se establecieron medidas concretas para la protección de los inmuebles, ni se limitó el derecho al dominio de la Iglesia católica con el fin de proteger el valor cultural de los edificios destinados a culto. Por último, no se establecieron planes para compatibilizar el valor religioso con el posible valor cultural que representan los bienes, ni se establecieron pautas que permitan a todas las personas acceder y disfrutar de estos bienes sin tener que participar en ceremonias y rituales de la Iglesia católica.

II. LAS MANIFESTACIONES DE INTERÉS RELIGIOSO QUE CONFORMAN EL PATRIMONIO CULTURAL INMATERIAL DE LA NACIÓN

De manera similar a lo realizado con las manifestaciones culturales materiales, es conveniente dividir este acápite en dos apartados. En el primero se estudiarán las manifestaciones inmateriales que fueron reconocidas como tales por el Ministerio de Cultura y, en consecuencia, cuentan con un plan especial de salvaguardia de conformidad con lo establecido por la Ley 397 de 1997, Ley General de Cultura. En el segundo apartado se abordará el análisis de las manifestaciones culturales inmateriales que fueron declaradas como tales por el legislador, con posterioridad a la expedición de la Ley General de Cultura.

Como se explicó, las manifestaciones culturales declaradas patrimonio cultural directamente por el legislador no están sometidas al régimen especial de protección de la Ley 397 de 1997 porque este régimen es para los bienes y manifestaciones culturales reconocidas por el Ministerio de Cultura. Sin embargo, es importante señalar que algunas de las manifestaciones inmateriales fueron declaradas de forma paralela parte del patrimonio cultural tanto por el legislador como por el Ministerio de Cultura. En el caso de declaración paralela, las manifestaciones serán estudiadas en el primer apartado porque el reconocimiento efectuado por el Ministerio de Cultura las incorpora a la lista representativa del patrimonio cultural inmaterial de la nación y al régimen especial de protección creado por la Ley 397 de 1997.

A. LAS MANIFESTACIONES INMATERIALES RELIGIOSAS INCLUIDAS EN LA LISTA REPRESENTATIVA DEL PATRIMONIO CULTURAL INMATERIAL

Las manifestaciones culturales incluidas por el Ministerio de Cultura en la lista representativa del patrimonio cultural inmaterial de la nación son pocas en comparación con los bienes declarados como BIC por esa misma entidad. En efecto, solo 22 manifestaciones inmateriales han sido incluidas en la lista representativa. De las 22 manifestaciones, solo tres tienen una relación directa con el fenómeno religioso y, en particular, con la Iglesia católica[26]. Estas manifestaciones son: los gualíes, alabaos y levantamientos de tumbas del municipio del Medio San Juan (Chocó), las fiestas patronales de San Francisco de Asís en Quibdó (Chocó) y las procesiones de Semana Santa en Popayán (Cauca).

1. LOS GUALÍES, ALABAOS Y LEVANTAMIENTOS DE TUMBAS DEL MUNICIPIO DEL MEDIO SAN JUAN (CHOCÓ)

Los gualíes, alabaos y levantamientos de tumbas son rituales funerarios realizados principalmente por los habitantes del municipio del Medio San Juan en el departamento del Chocó, y se convirtieron en un rasgo distintivo de dicha localidad. Estos rituales son una mezcla de tradiciones africanas y católicas que se realizan para despedir a una persona que recientemente ha fallecido. La manifestación consiste en una combinación de oraciones católicas con cantos propios de los pueblos afrocolombianos de la región. La construcción y el adorno colorido de las tumbas constituyen otro de los elementos importantes de la tradición. El habitual novenario católico que es realizado durante los nueve

---

26 Algunas de las manifestaciones incluidas en la lista representativa del patrimonio cultural inmaterial son expresiones ancestrales de los pueblos indígenas como el sistema normativo Wayúu y el sistema de conocimiento ancestral de los pueblos arhuaco, kankuamo, kogui y wiwa. Estas manifestaciones tienen un fuerte contenido religioso. Sin embargo, no serán abordadas en este trabajo porque el principio de laicidad debe ser matizado cuando se trata de la protección de la identidad cultural de las minorías étnicas. Como se explicó en la parte inicial de este trabajo, se decidió excluir del presente estudio a las expresiones culturales de las minorías porque los deberes constitucionales para la protección de la identidad de estos grupos implican un marco jurídico especial en el que la laicidad debe sopesarse con el deber de proteger a las minorías y su identidad cultural.

días posteriores al entierro de la persona fallecida es acompañado de cánticos (gualíes y alabaos) propios de la comunidad afrocolombiana.

El Ministerio de Cultura incluyó esta manifestación en la lista representativa del patrimonio cultural inmaterial mediante la Resolución 3094 de 2014. La entidad sin ánimo de lucro que promovió el reconocimiento de esta tradición como parte del parte del patrimonio cultural no tiene ningún vínculo con la Iglesia católica ni con ninguna otra organización religiosa. Su inclusión en este catálogo fue acompañada de un PES, elaborado por iniciativa de la fundación que agrupa a los principales cantaores y sabedores de esta tradición. El PES aprobado es un buen ejemplo de la manera en que se puede proteger el patrimonio cultural sin afectar el principio de laicidad y los deberes de separación y neutralidad en materia religiosa. Lo anterior porque todas las medidas adoptadas en el plan van encaminadas al fortalecimiento y protección de los cánticos que acompañan los ritos funerarios y al levantamiento de tumbas coloridas propias de la cultura afrocolombiana.

Las principales medidas de protección adoptadas en el PES son las siguientes: 1. La creación de un reconocimiento o premio anual que resalte la vida y obra de un cantaor y sabedor destacado por la comunidad. El objetivo de este reconocimiento es resaltar la labor realizada por las personas que mantienen viva la tradición. Con la adopción de esta medida no se configura ningún tipo de vulneración al deber de separación entre el Estado y la Iglesia porque el reconocimiento no se otorga por la labor religiosa realizada, sino por la destreza y el compromiso con los cánticos. 2. La identificación y caracterización de las personas que se dedican a realizar los cánticos y demás expresiones que acompañan al ritual. 3. La realización de un proyecto documental que investigue y caracterice los principales elementos de la manifestación cultural. 4. La creación de escuelas-talleres y de grupos de semilleros para la preparación de las personas que quieran aprender a ejecutar la manifestación cultural. 5. El diseño de un proyecto de difusión nacional e internacional que visibilice la expresión cultural fuera del territorio en que tradicionalmente se lleva a cabo.

Para que se puedan cumplir los anteriores proyectos, se realizó un estudio del presupuesto que se requiere para lograr los objetivos planteados. Se estableció que los recursos se obtendrán de transferencias por parte de las autoridades nacionales, territoriales y por aportes de la comunidad. El dinero será administrado por una comisión compuesta por representantes de las autoridades locales y por algunos cantaores y sabedores. Es importante resaltar que a la Iglesia católica no le fue reconocido el derecho a tener un representante en esta comisión.

En el PES se señaló que se deben adelantar contactos con la Iglesia católica para proponerle que permita que en el transcurso de las misas que se realizan en esa región se ejecuten algunos cánticos de alabaos y gualíes como acompañamiento a las tradicionales canciones que se interpretan en el transcurso de las ceremonias religiosas de esa organización. Sin embargo, en el plan también se proyectó promover la representación de estos cánticos en espacios neutrales, como los colegios de la región o en los diferentes festivales culturales que se realizan en el departamento del Chocó. Lo anterior implica que el ritual va a ser representado en varios espacios neutrales y no únicamente en el contexto funerario y religioso para el que fue creado. Esta ampliación de la representación implica la creación de espacios de neutralidad en el que todas las personas, independientemente de sus creencias y convicciones, podrán disfrutar de la manifestación sin tener que verse obligadas a participar en un rito mortuorio asociado con la Iglesia católica y las tradiciones africanas.

2. LAS FIESTAS PATRONALES DE SAN FRANCISCO DE ASÍS DE LA CIUDAD DE QUIBDÓ (CHOCÓ)

Las fiestas patronales de San Francisco de Asís de la ciudad de Quibdó (Chocó) fueron reconocidas como parte del patrimonio cultural de la nación tanto por el legislador, mediante la Ley 993 de 2005[27], como por el Ministerio de Cultura. El último reconocimiento implicó la inscripción de la manifestación en la lista representativa del patrimonio cultural inmaterial (Resolución 1895 de 2011). La Unesco incluyó esta manifestación en la lista representativa del patrimonio cultural inmaterial de la humanidad en el 2012. Como se explicó, esta inclusión de la manifestación cultural en la lista representativa de las manifestaciones culturales inmateriales de la nación implica la activación del régimen especial de protección del patrimonio cultural establecido en la Ley 397 de 1997. Una de las medidas que contempla este régimen especial de protección es la elaboración de un PES de las manifestaciones inmateriales.

---

27   Esta ley fue demandada por inconstitucional por supuestamente vulnerar el carácter laico del Estado. Sin embargo, la Corte Constitucional declaró exequible la ley mediante la sentencia C-111 de 2017. Lo anterior porque en el modelo de laicidad colombiano basta con que el legislador invoque un motivo cultural para que las leyes que tienen relación con el fenómeno religioso superen el examen de constitucionalidad. No se comparte esta postura porque, como se ha explicado a largo de este trabajo, invocar la naturaleza cultural de una manifestación no es suficiente para que su declaratoria sea ajustada a la CP. En cada caso se debe examinar los valores que representan el bien o la manifestación declarado como parte del patrimonio cultural. En particular se debe estudiar sus particularidades y características para poder determinar si es posible compatibilizar el interés religioso y cultural que representa el bien o la manifestación.

La manifestación cultural tiene un claro vínculo con la Iglesia católica porque se realiza para conmemorar a una persona considerada santa por esa organización religiosa. Muchas de las expresiones realizadas en esta fiesta son rituales católicos como, por ejemplo, las procesiones en que la imagen del santo es paseada por algunas calles de la localidad. Sin embargo, en el marco de la conmemoración se realizan varias expresiones artísticas que no tienen relación con el catolicismo, sino que van encaminadas a resaltar la cultura afrocolombiana representativa de esa región del país. En efecto, con el paso del tiempo la fiesta patronal de San Francisco de Asís fue transformándose en la celebración popular Fiestas de San Pacho, en el que la mayoría de las muestras artísticas no tiene relación con los dogmas de la Iglesia católica. Los desfiles, comparsas, *balsadas* y conciertos de San Pacho son expresiones artísticas que resaltan la cultura afrocolombiana de la región y no la religiosidad al santo católico.

El PES aprobado por el Ministerio de Cultura para estas fiestas en términos generales es acorde con el principio de laicidad. La mayoría de los proyectos y planes elaborados en ese plan van encaminados a conservar y proteger las expresiones artísticas que no tienen relación con los dogmas de la Iglesia católica. Estos proyectos van dirigidos a generar incentivos económicos para los artistas y grupos que participan en las expresiones populares que se realizan en el transcurso de la fiesta. Estas expresiones populares no tienen un contenido religioso, pues consisten en comparsas, desfiles de disfraces y conciertos representativos de la cultura afrocolombiana. El PES elaborado se preocupó más por la protección de las diferentes expresiones culturales populares que por la protección de los rituales católicos.

Por ejemplo, uno de los proyectos creados por el PES para la conservación y protección de las fiestas es la creación de un festival de música. El festival busca promover la música tradicional de la región (chirimía). Así mismo, en el plan se determinó la creación de una escuela artística para la formación de las personas que deseen aprender a ejecutar las diversas expresiones artísticas que se realizan en la fiesta. Otro de los proyectos aprobado en el PES es la construcción de varias obras públicas como tarimas y plazas permanentes para la representación de los espectáculos artísticos. Todos estos proyectos son acordes con el carácter laico del Estado porque no fomentan los dogmas de la Iglesia católica, ni van encaminados a promover los rituales que realiza esta organización religiosa en el marco de la fiesta patronal de San Francisco de Asís.

No obstante, la última estrategia elaborada en el PES vulnera el principio de laicidad y los deberes de neutralidad y separación en materia religiosa. En efecto, este proyecto establece como propósito la divulgación de los valores religiosos que son propios de la comunidad franciscana. Para cumplir este objetivo, se establece la capacitación de los docentes de los colegios públicos del municipio de Quibdó para que estos puedan replicar los valores franciscanos en el sistema educativo. Según el PES, el proyecto se justifica porque es necesario que la expresión cultural no sea reducida a una simple expresión festiva de naturaleza carnavalesca[28]. Por tal razón, se señala que es indispensable que los niños conozcan y se apropien de los valores religiosos que dieron origen a la manifestación cultural.

El carácter laico del Estado no se vulnera si en los colegios públicos de Quibdó se explica de manera objetiva que las fiestas de San Pacho tienen origen en las fiestas patronales de San Francisco de Asís, propias de la Iglesia católica. No obstante, si esta explicación se realiza como una manera de adoctrinamiento religioso, en vez de una explicación histórica, sí pueden vulnerarse el principio de laicidad y los deberes de neutralidad y separación en materia religiosa. Como en el PES expresamente se señala que este proyecto tiene como propósito la difusión de los valores de la comunidad franciscana, la comunicación tiene más apariencia de propaganda religiosa que de un estudio histórico de los orígenes de la fiesta popular[29].

El PES establece que el sistema educativo sea utilizado para transmitir unos valores determinados de una comunidad religiosa de la Iglesia católica. Con esta obligación se desconoce el deber de neutralidad en materia religiosa, pues la estrategia implica que en el sistema educativo se deben trasmitir y difundir los valores de la comunidad franciscana. El Estado no debe realizar esta difusión porque es una función propia de las organizaciones religiosas. Al Estado realizar esta labor reemplaza a la Iglesia católica en una de sus principales funciones (adoctrinamiento). La difusión estatal hace que la Administración necesariamente tome postura a favor de los dogmas y creencias que está promoviendo al considerarlos dignos de ser difundidos a los niños y jóvenes en el sistema educativo. Una cosa es explicar el origen religioso de una determinada tradición

---

28   Sobre este punto de forma expresa el PES señala: "Para una parte significativa de los gestores de la Fiesta, los cuales se agrupan en la fraternidad franciscana, la manifestación tiene significado en cuanto promueve una serie de valores religiosos y un modelo de vida que encarna el santo patrono. Este principio debe entonces reproducirse en el escenario educativo y entre otros sectores de la población, para de ese modo garantizar que la celebración no se vea reducida a una simple expresión festiva o de carnaval" (Ministerio de Cultura, 2011).

29   El objetivo de este último proyecto del plan es el siguiente: "Generar mayor capacidad entre el grupo de profesores de los establecimientos escolares de Quibdó y los líderes barriales respecto al manejo de los principios que rigen la visión de vida franciscana, con el objeto de garantizar la difusión de éstos entre el conjunto de la población" (Ministerio de Cultura, 2011).

y otra cosa es difundir los valores de una comunidad de la Iglesia católica en el sistema educativo[30].

El Estado no debe difundir los valores de una determinada organización religiosa porque este hecho implica tomar postura a favor de ella, lo cual desconoce el principio de neutralidad. Con el establecimiento de este deber se desconoce la obligación de tratar igual a todas las organizaciones religiosas, establecido en el artículo 19.2 de la CP. Lo anterior porque el sistema educativo de la ciudad de Quibdó es utilizado para promover los valores de la comunidad franciscana en detrimento de los valores que sostengan otras organizaciones religiosas con presencia en esa ciudad y de otros sectores que no comparten la visión religiosa del mundo.

El deber de separación también es desconocido porque se utiliza el sistema educativo y los profesores públicos (funcionarios del Estado) para el cumplimiento de una misión que solo debe competerle a la Iglesia católica. En efecto, si esta organización advierte que las procesiones y los rituales religiosos realizados para conmemorar la fiesta patronal de San Francisco de Asís han dado lugar a la creación de una especie de carnavales populares sin contenido religioso puede válidamente realizar una campaña para que sus fieles vuelvan a otorgarle a la fiesta patronal el significado religioso de antaño. Sin embargo, esta empresa debe ser un objetivo particular de la organización religiosa y no del Estado. Si la Iglesia católica quiere que sus miembros cumplan con sus rituales y no participen en las expresiones artísticas populares, puede empezar una campaña para que sus seguidores comprendan el significado religioso de las fiestas. Esta tarea es un deber propio de las organizaciones religiosas, por lo que el sistema educativo y los docentes estatales no deben ser utilizados para efectuar dicha labor.

3. LAS PROCESIONES DE SEMANA SANTA DE LA CIUDAD DE POPAYÁN (CAUCA)

Las procesiones de Semana Santa que se realizan en la ciudad de Popayán (Cauca) fueron incluidas en la lista representativa del patrimonio cultural inmaterial por el Ministerio de Cultura mediante la Resolución 2433 de 2009.

---

30 Como se explicó en el capítulo segundo de esta obra, el modelo de laicidad colombiano (pluriconfesionalidad) permite que el sistema educativo tenga como una de sus finalidades el adoctrinamiento religioso de los niños y adolescentes. Para cumplir con este fin es obligatorio que en todas las instituciones educativas del país –públicas y privadas– se ofrezca la asignatura de adoctrinamiento religioso.

Estas procesiones también fueron declaradas directamente por el legislador como parte del patrimonio cultural de la nación (Ley 891 de 2004)[31] e inscrita por la Unesco en la lista representativa del patrimonio cultural inmaterial de la humanidad en el 2009. Estas procesiones, propias de la Iglesia católica, son realizadas para conmemorar la muerte y pasión de Jesucristo. Se tiene registro de la realización de las procesiones de Semana Santa en la ciudad de Popayán desde una época muy temprana de la etapa colonial (1566).

El contenido religioso de esta manifestación es innegable, pues el reglamento en el que se establece la forma en que se deben realizar las procesiones requiere aprobación por parte del obispo de la ciudad de Popayán. A su vez, las personas que participan de manera activa en la manifestación adelantando labores de síndicos, cargueros, regidores, decanos y otros similares son nombrados por los sacerdotes católicos de las parroquias del centro de la ciudad. Las procesiones se realizan en un horario nocturno de martes a sábado santos y el Domingo de Ramos se realiza una procesión previa y diurna.

El PES elaborado para la protección de esta manifestación cultural identificó tres factores determinantes que se deben proteger y conservar con el objeto de que las procesiones puedan seguir realizándose. El plan señala que sobre estos factores debe estar basada toda la política pública para la protección de la manifestación inmaterial. Los factores son: 1. El centro histórico de la ciudad de Popayán, lugar donde se lleva a cabo la manifestación. 2. La conservación de los bienes muebles que se utilizan en la procesión. 3. El mantenimiento del carácter espiritual y religioso de las procesiones[32]. Para preservar la manifestación se establecen algunas medidas, como la restauración y protección de los bienes muebles utilizados en las procesiones. También se crea un proyecto para la capacitación técnica de los artesanos que elaboran los muebles y joyas utilizados en la procesión. Por último, se elabora un proyecto para la investigación, estudio y documentación de los elementos que caracterizan a las procesiones.

Uno de los criterios que se identificaron en el PES señala que un factor determinante para la continuidad de la manifestación cultural es la preservación de su carácter religioso. La identificación de este hecho no afecta el carácter laico del Estado porque la naturaleza religiosa de estas procesiones es innegable,

---

31   La Corte Constitucional declaró exequible esta ley en la sentencia C-570 de 2016.

32   En el PES se identificó este último factor de la siguiente manera: "Permanencia del culto católico y la preservación del carácter espiritual de las procesiones: La arquidiócesis y el clero conjuntamente con la Junta permanente Pro Semana Santa deben establecer un programa de motivación y apropiación de este elemento patrimonial que es el soporte de esta manifestación de fe popular" (Ministerio de Cultura, 2008).

por lo que esta manifestación se seguirá realizando mientras los miembros de la Iglesia católica continúen con el ritual. Las medidas y los proyectos adoptados en el PES van encaminados a preservar los diferentes elementos culturales de la manifestación y no a la promoción de los valores religiosos que representan estas procesiones.

En el PES no se contemplan medidas para la protección de los valores religiosos de la manifestación, pues lo que se pretende es proteger y conservar las diferentes expresiones culturales que la acompañan. Las medidas de divulgación adoptadas en el plan van enfocadas a explicar las razones históricas por la que las procesiones de Semana Santa adquirieron el carácter de rasgo distintivo del municipio de Popayán. También se establece una estrategia de promoción nacional e internacional de las procesiones con el objetivo de incentivar el turismo, puesto que en los últimos años las procesiones de Semana Santa se han convertido en el evento turístico más importante de la ciudad.

El PES de las procesiones de Semana Santa de Popayán fue elaborado de una manera acorde con el principio de laicidad porque los proyectos y estrategias de conservación que se adoptaron no van encaminados a fomentar de manera directa los rituales católicos, sino que buscan promover las múltiples expresiones artísticas que tienen lugar con ocasión de las procesiones. La Iglesia católica sigue a cargo de la dirección y control de la procesión religiosa y de la designación de las personas que puede participar activamente en la procesión como cargueros, regidores y decanos. Lo anterior no puede ser de otra forma porque el deber de separación en materia religiosa le impide al Estado intervenir en asunto propios de las organizaciones religiosas.

Por su parte, los diferentes eventos artísticos como el bienal musical, así como las medidas de apoyo económico y de capacitación para los artesanos y artistas que elaboran diferentes muestras representativas de la manifestación están a cargo de una junta Pro Semana Santa, asociación que no está subordinada a la Iglesia católica. La junta está conformada por varias personas que representan diferentes grupos de interés de la ciudad y es la encargada de administrar los recursos públicos que las autoridades nacionales y territoriales aportan para los proyectos establecidos en el PES. Por ende, no se presenta una transferencia de recursos públicos a la Iglesia católica. Todo lo anterior permite sostener que el PES respeta plenamente el principio de laicidad y los deberes de neutralidad y separación en materia religiosa.

4. CONSIDERACIONES FINALES SOBRE LAS MANIFESTACIONES INMATERIALES RELIGIOSAS INCLUIDAS EN LA LISTA REPRESENTATIVA DEL PATRIMONIO CULTURAL INMATERIAL

El reconocimiento en el catálogo del patrimonio cultural de las manifestaciones culturales inmateriales de interés católico, incluidas por el Ministerio de Cultura en la lista representativa del patrimonio cultural, no da lugar a la vulneración del principio de laicidad. Lo anterior se debe a que la inclusión en el catálogo fue acompañada de planes de salvaguardia aprobados por un grupo técnico del Ministerio de Cultura. Las medidas de protección elaboradas en estos planes van encaminadas a preservar las diversas expresiones artísticas que acompañan a la manifestación, sin que ese hecho implique una promoción de los ritos o valores religiosos que pueden representar las manifestaciones.

Los planes de salvaguardia están enfocados a la protección y promoción de las diferentes expresiones culturales que tienen lugar en el transcurso de las manifestaciones. La única excepción a esta tendencia se presenta con el último proyecto aprobado en el PES de las fiestas patronales de San Francisco de Asís en Quibdó. Salvo esta excepción, todas las estrategias y los planes de conservación respetan los deberes de neutralidad y separación en materia religiosa porque están enfocados en la protección de las expresiones artísticas. Los dogmas y rituales religiosos no son tenidos en cuenta en los planes de protección. Así, por ejemplo, en el PES para las procesiones de Popayán se contemplan medidas para la protección y conservación de los bienes muebles utilizados en las procesiones, pero no se toma ninguna medida económica de financiación de estas procesiones como ritual religioso. Es decir, se protege a los bienes muebles por tener el carácter de patrimonio cultural, pero no se patrocina económicamente la realización de la procesión. A la Iglesia católica no se le otorga una función importante en la coordinación, administración y supervisión de las estrategias adoptadas en los planes de salvaguardia. En cambio, esta función es asignada a juntas y entidades sin ánimo de lucro conformadas por representantes de diferentes sectores sociales. Adicionalmente, a estas juntas se les otorga la función de administrar los recursos públicos destinados para cumplir los diferentes proyectos adoptados en los planes.

Es menester resaltar que el respeto y cumplimiento del principio de laicidad en este particular caso no desconfigura la hipótesis de la presente investigación porque estos casos son excepcionales en el ordenamiento jurídico colombiano. Como se ha puesto de presente, la violación del principio de laicidad es la regla general para los bienes y manifestaciones incluidos en el catálogo del patrimonio cultural de la nación por el legislador o por la propia Administración. En el caso de la declaratoria de la Administración la vulneración del principio de laicidad se configura por la ausencia de un PEMP para los BIC de interés religioso.

B. LAS MANIFESTACIONES INMATERIALES DE INTERÉS RELIGIOSO RECONOCIDAS COMO PARTE DEL PATRIMONIO CULTURAL POR EL LEGISLADOR

Las manifestaciones culturales inmateriales relacionadas con el fenómeno religioso y que fueron reconocidas directamente por el legislador como parte del patrimonio cultural son pocas en comparación con la cantidad de bienes materiales de la Iglesia católica que han sido objeto de la misma declaración. Estas manifestaciones tienen en común el hecho de estar relacionadas con un mismo acontecimiento y que son promovidas por la misma organización religiosa: las procesiones de Semana Santa de la Iglesia católica[33].

Como se explicó en el segundo capítulo de este trabajo, el Congreso de la República reconoció, mediante la Ley 891 de 2004, como parte del patrimonio cultural de la nación las fiestas y procesiones de Semana Santa que se realizan en la ciudad de Popayán (Cauca). A su vez, las procesiones del municipio de Pamplona (Norte de Santander) fueron reconocidas como parte del patrimonio cultural por la Ley 1645 de 2013. Las procesiones de la ciudad de Tunja (Boyacá) por la Ley 1767 de 2015 y las del municipio de Envigado (Antioquia) por la Ley 1812 de 2016. Excepto las procesiones de Popayán, las demás celebraciones de Semana Santa no cuentan con un PES porque no fueron incluidas en la lista representativa del patrimonio cultural inmaterial por el Ministerio de Cultura[34].

Las leyes que han reconocido a las procesiones de Semana Santa como parte del patrimonio cultural de la nación han sido objeto de fuertes cuestionamientos constitucionales por supuestamente lesionar el carácter laico del Estado. Lo

---

33   Se excluye de este estudio a las fiestas de San Pedro realizadas en los municipios de Neiva (Huila) y El Espinal (Tolima). Estas celebraciones fueron declaradas parte del patrimonio cultural de la nación por las leyes 1026 de 2006 y 1637 de 2013. Si bien es cierto que estas fiestas tuvieron un origen religioso, su actual naturaleza y contenido es plenamente secular. A diferencia de las fiestas de San Pacho, de la ciudad de Quibdó, en las que existe una mezcla entre el contenido secular y religioso en las celebraciones, las fiestas de San Pedro no conservan vínculo con su origen religioso. Así, por ejemplo, el legislador resaltó que uno de los motivos que justificaban la declaratoria de la fiesta de San Pedro de Neiva era la importancia que había adquirido el Reinado Nacional del Bambuco, realizado en esa ciudad en el transcurso de las fiestas sampedrinas.

34   El Ministerio de Cultura incluyó a las procesiones de Semana Santa que se realizan en la ciudad de Popayán en la lista representativa del Patrimonio Cultural Inmaterial de la Nación mediante la Resolución 2433 de 2009. En este acto administrativo también se aprobó el respectivo PES para esta manifestación cultural de interés y origen religioso.

anterior llevó a que se presentaran varias demandas de inconstitucionalidad contra estas leyes. Como se estudió en el capítulo segundo, las sentencias que resolvieron las demandas de inconstitucionalidad son importantes para comprender las principales características del Estado laico colombiano y el alcance *Lemon test* criollo. En especial, estas sentencias dieron lugar a una interpretación flexible del sexto criterio de esta prueba, que admite cualquier tipo de medida del Estado –administrativa o legislativa– con una fuerte connotación religiosa. Siempre que se encuentre un sustento secular a la medida, esta será constitucional, aunque la justificación secular sea débil en comparación con la religiosa.

En esta parte del trabajo no se abordará de nuevo el análisis de las sentencias de constitucionalidad que resolvieron las demandas presentadas contra las leyes que reconocieron las procesiones de Semana Santa como parte del patrimonio cultural de la nación. Lo anterior porque este trabajo ya fue realizado con detenimiento en el capítulo segundo. Como se analizó, estas sentencias consolidaron una línea jurisprudencial que sostienen que las leyes que tienen relación con el fenómeno religioso son constitucionales siempre y cuando exista un motivo secular que las justifique. Este motivo no debe ser preponderante o fuerte frente a las justificaciones religiosas. Basta con que exista un motivo secular para que la ley pueda pasar el *Lemon test* criollo y ser declarada constitucional. Precisamente, la Corte Constitucional declaró exequible la mayoría de estas leyes porque consideró válida la justificación señalada por el legislador de estar cumpliendo con el deber constitucional de proteger la cultura y el patrimonio cultural. Sin embargo, como se demostrará a continuación, esta última justificación es falsa ya que, con excepción de las procesiones de Popayán, no existen los estudios técnicos que evidencien la importancia cultural de estas procesiones y un PES para su protección. Por ende, no se puede sostener que se está cumpliendo con el deber constitucional de proteger el patrimonio cultural.

En este acápite se llevará a cabo un estudio de las leyes que declararon parte del patrimonio cultural las procesiones de Semana Santa con el objeto de determinar si se identificaron los valores culturales que representan esas manifestaciones. Se estudiará si el elemento cultural que justificó que la Corte Constitucional declarara exequibles las leyes es compatible con el principio de laicidad. Luego se evaluará si las medidas de protección adoptadas en cada una de las leyes son acordes con los deberes de neutralidad y separación en materia religiosa.

Contrario a lo sostenido por la Corte Constitucional, se intentará demostrar que no es suficiente invocar el deber de proteger la cultura para que la declaratoria de una procesión católica pueda pasar el examen de constitucionalidad. Por el contrario, se deben analizar los valores que representan las manifestaciones y si las medidas adoptadas por el legislador en cada caso son acordes con los deberes de separación y neutralidad en materia religiosa. Además, se hará énfasis en las implicaciones que conlleva la inclusión de las procesiones católicas en el catálogo del patrimonio cultural y no en la transcendencia que tuvieron las sentencias para establecer la naturaleza laica del Estado colombiano.

Para empezar el análisis, es conveniente señalar que las leyes de Popayán y Pamplona declaran parte del patrimonio cultural a las procesiones de Semana Santa realizadas en esas ciudades. Por su parte, la ley de Tunja reconoce como parte del patrimonio cultural las celebraciones de Semana Santa realizadas en esa ciudad. Esta segunda expresión es más amplia que la utilizada para los casos de Popayán y Pamplona porque permite reconocer otras manifestaciones culturales relacionadas con la Semana Santa pero que no tienen relación directa con las procesiones católicas. Por su parte, la ley de Envigado es la que más asocia al Estado con la Iglesia católica porque reconoce como patrimonio cultural las celebraciones de Semana Santa que se realizan en la Parroquia Santa Gertrudis la Magna de ese municipio. Esta última ley limita la manifestación cultural a los actos y celebraciones realizados en una parroquia específica de un determinado municipio.

Cuando el legislador cierra el ámbito de la declaratoria a las procesiones católicas de un municipio o condiciona la declaratoria a las celebraciones que organiza una parroquia determinada el vínculo con la Iglesia católica es evidente y fuerte, lo cual disminuye la línea de separación entre el Estado y las iglesias. En estos eventos se excluyen a las manifestaciones culturales que tienen relación con la Semana Santa, pero que no son propiamente organizadas por la Iglesia católica. En torno a la Semana Santa se realizan diversas expresiones artísticas y culturales como recitales, encuentros de danza, arte, música y hasta justas deportivas porque en Colombia esta fecha es una semana no laboral para la mayoría de la población[35]. Estas expresiones estarían excluidas de la declaratoria, pese a constituir rasgos distintivos de la localidad, porque no tienen relación directa con las procesiones católicas.

Las leyes no explican los motivos que justifican la inclusión de las procesiones católicas en el catálogo del patrimonio cultural de la nación. Sin embargo, de un estudio de cada una de las exposiciones de motivos que presentaron

---

35   De conformidad con lo establecido en la Ley 51 de 1983, los únicos días no laborales de Semana Santa son el Jueves y Viernes Santo. Sin embargo, el sistema educativo, la rama judicial y varias entidades públicas y privadas tienen establecidos acuerdos para que los trabajadores puedan disfrutar de un descanso durante todos los días de la Semana Santa. Por ende, un gran parte del sector productivo del país no realiza labores durante toda esta semana. Este hecho es aprovechado para promover la realización de diferentes actividades lúdicas en esa fecha.

los autores de los proyectos que dieron lugar a la expedición de estas leyes se pueden inferir que la principal causa que llevó a dicho reconocimiento fue el carácter histórico de las procesiones. En efecto, en las exposiciones de motivos se destaca que estas procesiones y celebraciones de Semana Santa se realizan de forma ininterrumpida desde la Colonia. Todas las exposiciones de motivos hacen especial énfasis en las pruebas documentales que acreditan que dichas procesiones son realizadas al menos desde el siglo XVI[36]. Este argumento, si bien es cierto, es insuficiente porque la mayoría de los municipios colombianos está en la misma situación fáctica. En su mayoría, los municipios del país fueron fundados por los españoles en el periodo colonial y uno de los rituales que se han realizado en esas localidades de manera ininterrumpida desde su fundación son precisamente las procesiones de Semana Santa. Por ende, no es una particularidad especial que en la mayoría de los municipios del país las celebraciones de Semana Santa se realicen desde la fundación de la respectiva localidad.

Estas leyes también tienen en común el exhorto que realiza el legislador al Ministerio de Cultura para que inicie el trámite respectivo para incluir a las procesiones católicas en la lista representativa del patrimonio cultural inmaterial de nación. Como se ha señalado a largo de este trabajo, únicamente la inclusión que realiza el Ministerio de Cultura en la lista representativa del patrimonio cultural permite la aplicación del régimen general de protección cultural establecido en la Ley 397 de 1997. Es muy significativo que el legislador advierta el déficit de protección que se presenta porque las manifestaciones no están sometidas al régimen especial de la Ley 397 de 1997. Sin embargo, el Congreso de la República, en vez de crear un régimen, así sea provisional, de protección para cada una de las manifestaciones, se limitó a realizar un simple exhorto al Ministerio de Cultura para que inicie el trámite administrativo. Hasta la fecha esta invitación del legislador no se ha efectuado, entre otras cosas, porque no tiene carácter obligatorio. Si realmente el legislador hubiese estado preocupado por proteger estas manifestaciones, hubiese creado un régimen de protección cultural para las procesiones y celebraciones de Semana Santa. No tiene sentido

---

36   La exposición de motivos del proyecto que dio lugar a la expedición de la Ley 891 de 2004 (Popayán) fue publicada en la Gaceta del Congreso número 498 del 2002. Asimismo, la exposición de motivos del proyecto que permitió la expedición de la Ley 1645 de 2013 (Pamplona) fue publicada en la Gaceta del Congreso número 503 de 2012. Por su parte, la exposición de motivos que dio lugar a la expedición de Ley 1767 de 2015 (Tunja) fue publicada en la Gaceta del Congreso número 489 de 2014. Finalmente, la exposición de motivos del proyecto que permitió la expedición de la Ley 1812 de 2016 (Envigado) fue publicado en la Gaceta del Congreso número 609 de 2015. Estas gacetas pueden consultase en: http://svrpubindc.imprenta.gov.co/senado/

declarar parte del patrimonio cultural a un bien o una manifestación cultura sin establecer ciertas medidas para proteger los valores culturales que representan.

La ausencia de un régimen especial de protección viene acompañada por una autorización a las autoridades nacionales y territoriales para que destinen recursos públicos a la protección de las procesiones y celebraciones de Semana Santa. Es decir, el legislador autoriza sin condición alguna la destinación de recursos públicos para unas manifestaciones sobre las cuales no se tiene establecido qué medidas de protección y promoción se requieren para su protección. La ausencia de las medidas de protección unida a la autorización sin condiciones para destinar recursos públicos para promover estas manifestaciones permite advertir el afán del Congreso de la República de autorizar gasto público a favor de la Iglesia católica. Lo anterior constituye un fuerte indicio de que la preocupación del legislador no era la protección del patrimonio cultural sino evadir el carácter laico del Estado para encontrar una figura que permita la financiación de la antigua Iglesia oficial del Estado. Es decir, la figura jurídica del patrimonio es utilizada únicamente para fines de elusión del carácter laico del Estado y no para la protección de elementos culturales que se consideran valiosos.

Así mismo, la ausencia de planes de salvaguardia no permite compatibilizar el interés religioso y el eventual valor cultural que pueden representar las procesiones católicas de Semana Santa. Aunque las procesiones de Semana Santa son un rito característico de la Iglesia católica, la inclusión en el catálogo del patrimonio cultural lleva a que el Estado deba garantizar el derecho de todas las personas acceder y disfrutar de estas expresiones culturales. Para que se pueda cumplir tal cometido es importante que en el PES se establezcan unas medidas que permitan que todas las personas tengan la posibilidad de acceder a las procesiones sin que tener que verse obligadas a participar de manera activa en los rituales de la Iglesia católica.

La exigencia de garantizar un espacio en que las personas puedan disfrutar de las procesiones de Semana Santa sin participar en las ceremonias de la Iglesia católica puede parecer una obligación contraria a la naturaleza misma de estas manifestaciones. Sin embargo, el PES aprobado por el Ministerio de Cultura para los gualíes, alabaos y levantamientos de tumbas del municipio del Medio San Juan es un buen ejemplo de cómo se puede garantizar el acceso a manifestaciones inmateriales religiosas sin tener que obligar a las personas a participar en los rituales religiosos. En efecto, en este plan se acordó como una de las medidas para la promoción de la manifestación su representación en espacios diferentes al ámbito religioso original en que se desarrollan habitualmente. Para tal fin, se establece que se realizaría una serie de representaciones de los canticos en diferentes encuentros artísticos y culturales ajenos al contexto religioso.

Otra de las opciones que se podrían plantear para garantizar el acceso de todas las personas es la separación entre el ritual religioso y las demás manifestaciones culturales que se realizan con ocasión de la Semana Santa. En este caso el Estado se enfocaría en promover las manifestaciones culturales que se realizan en las fiestas de Semana Santa que no constituyen ritual religioso. Aquí se puede garantizar el acceso de todas las personas, sin que deban participar en ceremonia religiosa alguna. Mientras tanto las procesiones religiosas propiamente dichas serian únicamente promovidas por la Iglesia católica, ya que al tratarse de un ritual religioso que no es accesible para todas las personas, su impulso es competencia exclusiva de esa organización.

Lo explicado convierte en imperiosa la creación de planes de salvaguardia en los que se establezcan las medidas y estrategias que se deben adoptar para que los eventos culturales que se realizan en las fiestas de Semana Santa puedan ser disfrutadas por todas las personas, independientemente de su filiación religiosa. La ausencia de estas medidas y la autorización para destinar recursos para la realización de las procesiones católicas permiten advertir que la intención del legislador no era la protección de los derechos culturales establecidos en la CP. En consecuencia, se puede válidamente sostener que el verdadero objetivo del Congreso de la República era evadir la prohibición de financiación directa a la Iglesia católica.

Un problema especial se presenta con la Ley 1645 de 2013, que reconoce como parte del patrimonio cultural a las procesiones católicas de Semana Santa que se hacen en el municipio de Pamplona[37]. El artículo 6 de la ley ordena a la Arquidiócesis de Pamplona elaborar el proyecto de PES que se debe presentar al Ministerio de Cultura para proteger las procesiones, con el objeto de iniciar el respectivo procedimiento administrativo para incluir la manifestación en la lista representativa del patrimonio cultural de la nación. Esta orden claramente desconoce el deber de separación entre el Estado y las iglesias porque impone una función a la Iglesia católica que debe ser principalmente competencia del Estado. En efecto, si la manifestación cultural fue declarada parte del patrimonio cultural, es obligación del Estado crear un PES para su protección. Transferirle este deber a la Arquidiócesis de Pamplona es otorgarle una función que compete al Estado. La protección de supuesto valor cultural que representan las

---

37   Ley 1645 de 2013: Artículo 6: La Arquidiócesis y el municipio de Pamplona, elaborarán la postulación de la Semana Santa a la lista representativa de patrimonio cultural inmaterial y el Plan Especial de Salvaguardia (PES), así como la postulación a la Lista Indicativa de Candidatos a Bienes de Interés Cultural (Licbic), y el plan especial de manejo y protección de las imágenes que se utilizan en las procesiones de la Semana Santa de Pamplona.

procesiones está sujeta a que la Iglesia católica cumpla la orden del legislador y elabore un proyecto de PES.

Tal como era de suponer, la orden que se impartió en la ley no ha sido cumplida. Por tanto, no existe un PES que compatibilice el interés religioso con los eventuales valores culturales que pueden contener las procesiones de Semana Santa de Pamplona. Este comportamiento omisivo de la Iglesia católica era previsible porque en los planes especiales de salvaguardia se establecen, por regla general, medidas que están enfocadas más en preservar las expresiones culturales de contenido popular que los rituales religiosos. La ausencia de un PES pone a la Iglesia católica en el mejor de los escenarios posibles porque, por una parte, tiene acceso directo a la financiación pública que autoriza la ley. Por otra parte, la ausencia de medidas que ordenen proteger las expresiones populares que no tienen contenido religioso permite que todos los recursos públicos se destinen a la protección de sus ritos.

Es oportuno reiterar que la Corte Constitucional en la sentencia C-224 de 2016 estudió una demanda de inconstitucionalidad interpuesta contra el artículo 8 de la ley que declaró parte del patrimonio cultural las procesiones de Semana Santa de Pamplona. Esta disposición autorizaba al municipio de Pamplona asignar anualmente una partida del presupuesto de esa localidad para la promoción y protección de la procesión de la Iglesia católica. En la providencia referida, la Corte declaró inconstitucional la norma demandada porque advirtió que el objetivo del legislador, expresado en la exposición de motivos del proyecto de ley era el fortalecimiento de la fe católica. En consecuencia, el tribunal constitucional determinó que la ley desconocía el principio de laicidad porque su intención era el fortalecimiento de la Iglesia católica. Al llegar a la anterior conclusión, la consecuencia lógica era declarar inconstitucional en su integridad la Ley 1645 de 2013. No obstante, la Corte únicamente declaró inexequible el artículo controvertido en la demanda.

La decisión de la Corte Constitucional es paradójica porque desconoce su consolidada línea jurisprudencial sobre el deber oficioso de ese tribunal de integrar la unidad normativa en las demandas públicas de inconstitucionalidad. Este deber indica que cuando la Corte advierta que existen otras disposiciones que tienen una estrecha relación con la norma originalmente demandada, debe integrarlas al examen de constitucionalidad[38]. Disposiciones que no fueron con-

---

38 En uno de los primeros fallos, que dio lugar a la línea jurisprudencial sobre el deber de integrar la unidad normativa en las demandas de inconstitucionalidad, la Corte Constitucional sostuvo lo siguiente: "Cuando la Corte Constitucional establezca que una norma no demandada se encuentra en íntima,

trovertidas inicialmente por el demandante deben ser incluidas en el examen de constitucionalidad porque su estrecha relación con la disposición originalmente demandada hace que deban correr la misma suerte de la norma controvertida[39]. Para el caso de la Ley 1645 de 2013, la Corte Constitucional concluyó que la finalidad del proyecto de ley era el fortalecimiento de la fe católica. Por ende, el tribunal constitucional debió declarar la inconstitucionalidad no solo del artículo demandado, sino de la totalidad de la ley, porque la exposición de motivos sustentaba los propósitos de todo el proyecto y no únicamente los del artículo controvertido.

En definitiva, la declaratoria de las procesiones de Semana Santa por parte del legislador es un claro ejemplo de la manera en que la figura jurídica del patrimonio cultural es utilizada para evadir el carácter laico del Estado y la prohibición implícita de financiar a la Iglesia católica. Si la verdadera preocupación del Congreso de la República hubiese sido la protección de los posibles elementos culturales que contienen estas manifestaciones, se habría preocupado un poco más por determinar el valor cultural de estas manifestaciones y por establecer medidas para su protección y promoción. No obstante, la única medida que se adopta es la autorización para destinar recursos públicos a favor de las procesiones cuando no se tiene claro qué estrategias son las adecuadas para garantizar que esas manifestaciones puedan ser accesibles a todas las personas sin tener que verse obligadas a participar en ceremonias y rituales de la Iglesia católica.

III. CONSIDERACIONES FINALES

El Congreso de la República ha declarado parte del patrimonio cultural de la nación varios bienes y manifestaciones de la Iglesia católica. El problema con estas declaraciones es que no determinaron el valor cultural de los elementos religiosos elevados a la categoría de patrimonio cultural. Por ende, estas decisiones no son técnicas sino políticas. Este hecho constituye un uso abusivo de esta figura, pues se abre la puerta para que se incluyan en el catálogo del patrimonio cultural bienes y manifestaciones que no tienen el suficiente valor cultural, pero sí el respaldo político.

---

necesaria e indudable relación lógica y jurídica con la disposición objeto de análisis, puede extender su decisión para cobijar aquélla, en defensa de la prevalencia material y efectiva de la Constitución" (Corte Constitucional, sentencia C-344 de 1995).

39 Para un estudio detallado de la acción pública de inconstitucionalidad y sus particularidades en Colombia, véase a Roa Roa (2019) y Julio Estrada (2003).

Estas declaratorias son contrarias al principio de laicidad y desnaturalizan las obligaciones constitucionales que tiene el Estado en materia cultural. Con las declaratorias efectuadas por el legislador se viola la obligación constitucional de proteger el patrimonio cultural de la nación porque se incluyen bienes y manifestaciones que no tienen la importancia para estar dentro de este catálogo. Este hecho hace que el Estado deba proteger y promover bienes y manifestaciones sin el suficiente valor cultural, en perjuicio de elementos que sí tienen una verdadera importancia cultural. Estos últimos bienes y manifestaciones –con verdadera importancia cultural– deben compartir los recursos que destina el Estado para la protección de la cultura con elementos que no merecen tal protección por no tener la suficiente relevancia cultural.

El deber constitucional de proteger el patrimonio cultural también se vulnera en el hipotético caso de que los bienes y las manifestaciones católicas cuenten con el suficiente valor para pertenecer al patrimonio cultural. Esta vulneración se configura porque en las declaratorias realizadas por el legislador no se establecen un PEMP o un PES en los que se adopten las medidas y estrategias para la protección y promoción de los valores culturales que pueden representar los bienes y manifestaciones de origen o interés católico. Por tal razón, la eventual relevancia cultural se encuentra en peligro por la ausencia de estas medidas. Es menester resaltar que la única medida de protección adoptada por el legislador en estas leyes es la autorización para que las autoridades nacionales y territoriales destinen recursos para la protección de los bienes y manifestaciones. Estas autorizaciones son poco efectivas si no se determinan previamente los planes y estrategias para la defensa del valor cultural de estos elementos. La ausencia de estos planes y estrategias desconoce el principio de transparencia porque se autoriza gasto público sin que previamente se conozca su destinación final.

El principio de laicidad también es vulnerado con las declaratorias realizadas por el legislador porque con estas surge el deber de conservar y promover los valores que representan los bienes y manifestaciones católicos. Como no existe certeza del valor cultural, el Estado termina por proteger y promover los dogmas religiosos que representan estos elementos. Esta situación va en contra del deber de neutralidad religiosa e ideológica porque la protección y promoción de los valores religiosos hace que el Estado tome partida a favor de la Iglesia católica y los dogmas que representan sus bienes culturales. El deber de separación también se desdibuja con las declaratorias realizadas por el legislador porque el Estado asume varias actividades que deben ser propias de la Iglesia católica como, por ejemplo, la promoción de sus rituales o el mantenimiento de los edificios destinados a culto.

Como se ha advertido a lo largo de este trabajo, algunos bienes y manifestaciones de origen o interés religioso tienen el valor cultural suficiente para pertenecer a la categoría de patrimonio cultural de la nación. En estos casos se debe encontrar la fórmula para que el principio de laicidad no sea vulnerado en aras de cumplir con el deber constitucional de proteger el patrimonio cultural. En Colombia existen algunos ejemplos en los que se ha podido realizar una ponderación adecuada entre estos dos mandatos constitucionales. Así, en los casos de los gualíes, alabaos y levantamientos de tumbas del municipio del Medio San Juan (Chocó) o en las fiestas de San Pacho en la ciudad de Quibdó (Chocó) se estableció un PES que garantiza la efectiva protección de los valores culturales de esas manifestaciones culturales sin que se vulnere el principio de laicidad. En los PES, para estas dos manifestaciones se respetó adecuadamente el principio de laicidad porque ninguna de las medidas de protección adoptadas promovía los dogmas o valores de la Iglesia católica. Los planes y estrategias de promoción y protección apuntan a salvaguardar los valores culturales de las manifestaciones, dejándole a la Iglesia católica la promoción de los valores religiosos.

Las declaratorias que se acompañan de un PEMP o un PES son excepcionales en el ordenamiento jurídico colombiano porque antes de la entrada en vigor de la Ley 397 de 1997 la Administración no estaba obligada a elaborar estos planes. A su vez, la Ley 397 de 1997 otorga a la Administración una facultad discrecional para determinar si se requiere elaborar estos planes. Por su parte, el legislador no ha elaborado nunca esta clase de medidas cuando otorga a un bien o manifestación el carácter de patrimonio cultural. Como se ha podido constatar, estos planes son mecanismos de planeación adecuados porque en ellos se identifican los valores culturales que representan los bienes y manifestaciones, y se establecen las estrategias para que la protección cultural no implique el desconocimiento del principio de laicidad.

Es preciso aclarar que el hecho de que las declaraciones realizadas por el legislador sean sobre bienes y manifestaciones de la Iglesia católica no va en contravía de la tesis de la pluriconfesionalidad del Estado colombiano, defendida en este trabajo. En efecto, a primera vista se podría llegar a la conclusión de que el uso abusivo de la figura del patrimonio cultural para beneficiar a la Iglesia católica es una prueba que esa organización religiosa continúa siendo la única Iglesia oficial. No obstante, como se demostró en el segundo capítulo de esta investigación, una de las características del régimen colombiano es extender los privilegios de la antigua Iglesia oficial a las demás organizaciones que lo soliciten. Por ende, es muy probable que en el futuro cercano las organizaciones religiosas cristianas –no católicas– empiecen a hacer cabildeo en el Congreso de la República para que sus bienes y manifestaciones sean incluidos en el catálogo del patrimonio cultural.

De presentarse la inclusión en el catálogo del patrimonio cultural de bienes y manifestaciones de organizaciones religiosas cristianas no católicas, es previsible suponer que las leyes que realicen dichas declaratorias superarán el examen de constitucionalidad. Es menester recordar que, por la interpretación flexible del sexto criterio del *Lemon test* criollo, las medidas estatales con motivaciones religiosas fuertes son constitucionales siempre que se pueda encontrar un motivo secular que justifique la medida. Como se encuentra en las sentencias de constitucionalidad de las procesiones de Semana Santa, el supuesto motivo secular en estos casos es el cumplimiento del deber constitucional de proteger la cultura y el patrimonio cultural, aunque no se tenga certeza de la importancia cultural que representa el bien o manifestación. Por tal razón, es altamente probable que estas leyes sean declaradas acordes con la CP y el modelo de laicidad (pluriconfesionalidad) establecido por la Corte Constitucional. La constitucionalidad de estas leyes se vería reforzada por el criterio de la extensión de los privilegios, estándar que es característico del modelo pluriconfesional colombiano. En virtud de este criterio, todas las prerrogativas de la Iglesia católica tienen la vocación de poder ser extendidas a las demás organizaciones religiosas.

1. La laicidad es un principio constitucional de carácter orgánico que pretende garantizar que todas las personas puedan ejercer el derecho a la libertad de conciencia en condiciones materiales de igualdad. Hasta ahora el Estado laico es la mejor forma de organización política creada para garantizar el derecho a la libertad de conciencia y de religión. Otros modelos de Estado que reconocen el derecho a la libertad de conciencia tienen cláusulas –constitucionales o legales– que otorgan ciertos privilegios al fenómeno religioso, en general, o a una organización religiosa, en particular. Por ejemplo, en los Estados confesionales, que reconocen el derecho a la libertad de religión, la organización religiosa oficial goza de privilegios como financiación directa del Estado o la prerrogativa de poder transmitir sus dogmas en el sistema educativo mediante la asignatura de adoctrinamiento religioso. Estos privilegios les permiten a los miembros de la Iglesia oficial ejercer su derecho a la libertad de conciencia en unas condiciones mucho más cómodas que los integrantes de otras organizaciones religiosas. Por tanto, el ejercicio de este derecho no se realiza en condiciones materiales de igualdad.

2. Uno de los presupuestos del principio de laicidad que permiten garantizar el ejercicio del derecho a la libertad de conciencia en condiciones de igualdad es que la libertad de conciencia sea interpretada de una manera que abarca las ideas íntimas y fuertes de las personas que provienen tanto del fenómeno religioso (creencias) como de sistemas éticos seculares (convicciones). No es relevante para la garantía eficaz de este derecho el origen de la convicción o creencia, sino que estas sean tan importantes para las personas que llegan a predeterminar el proyecto de vida, los planes personales y el libre desarrollo de la personalidad. Se protegen esas ideas porque son importantes para los individuos y no porque sean relevantes en sí mismas para el Estado. Es decir, se protege a la persona y su conciencia en cuanto manifestación del derecho a la libertad de conciencia y de religión, y no una determinada ideología u organización religiosa.

Cuando el derecho a la libertad de conciencia es disgregado en dos derechos independientes –conciencia y religión– se genera la apariencia de que el fenómeno religioso es valorado positivamente, por lo que la religión es considerada un bien jurídico valioso con un reconocimiento expreso en el texto constitucional. Esta calificación positiva trae importantes problemas para el ejercicio del derecho a la libertad de conciencia en condiciones materiales de igualdad porque el Estado justificará la concesión de los privilegios y las prerrogativas para el fenómeno religioso argumentando que tiene sustento en la especial importancia constitucional de este bien jurídico. Este hecho dará lugar a que la cosmovisión religiosa esté en una situación de privilegio respecto de otras visiones del mundo no teístas.

3. El principio de laicidad obliga al Estado a comportarse de manera neutral en materia religiosa e ideológica y estar orgánicamente separado de las organizaciones religiosas. Neutralidad y separación son los deberes característicos del principio de laicidad. La separación conlleva para el Estado el deber de separar totalmente su estructura orgánica de la estructura de las organizaciones religiosas. Esto implica que estas no pueden ejercer funciones públicas y que sus líderes no pueden ser equiparados a funcionarios del Estado. Además, las decisiones del Estado no pueden ser justificadas o motivadas por razones de conveniencia religiosa. El Estado en el ejercicio de su soberanía es independiente de las organizaciones religiosas.

Por su parte, el deber de neutralidad obliga al Estado a no valorar ni calificar los dogmas de las organizaciones religiosas e ideológicas. Mientras estos dogmas no sean abiertamente incompatibles con los principios constitucionales, ni atenten contra derechos de terceras personas, los poderes públicos se deben abstener de calificarlos. A su vez, la neutralidad implica que el Estado no se puede identificar, ni siquiera simbólicamente, con las organizaciones religiosas. El cumplimiento de este deber impide, por ejemplo, que las ceremonias estatales puedan contener rituales religiosos.

Es importante que en los edificios y espacios tutelados por la Administración Pública no se coloquen símbolos religiosos e ideológicos, pues este hecho puede comprometer la neutralidad del Estado al generar la apariencia de que se identifica con la organización y los dogmas que representa el símbolo. Excepcionalmente la presencia de estos símbolos no vulnera el carácter laico del Estado cuando este hecho se debe a motivos culturales y la naturaleza del objeto impide su traslado a un museo o espacio cultural semejante. La neutralidad también implica la obligación para los servidores públicos de comportarse neutrales cuando ejercen sus funciones. Por ende, el ejercicio de sus deberes debe cumplirse de conformidad con lo establecido por el ordenamiento jurídico. Ningún parámetro de la ética privada debe guiar el cumplimiento de las obligaciones de los servidores públicos.

4. La Corte Constitucional sostiene que la CP contiene las disposiciones y los presupuestos necesarios para calificar a Colombia como un Estado laico. Por ende, existe una consolidada y pacífica línea jurisprudencial en que se señala que Colombia es un Estado laico desde la expedición de la CP. Se comparte la tesis de que la CP contiene los presupuestos para poder catalogar a Colombia como un Estado laico porque la actual carta política no reconoce expresamente una organización religiosa como oficial y porque se garantiza el derecho a la libertad de conciencia y de religión. No obstante, no se puede desconocer que la CP tiene dos disposiciones que son problemáticas para el principio de laicidad. En efecto,

la invocación de Dios en el preámbulo constitucional y la disposición que obliga al presidente de la República a tomar posesión de su cargo con la fórmula "Juro a Dios" son contrarias a los presupuestos teóricos del principio de laicidad. Estas disposiciones generan la apariencia de que el fenómeno religioso es valorado positivamente en el modelo colombiano porque se invocó la protección de Dios para la expedición de la propia carta política y para comprometer al presidente de la República a respetar los deberes de su cargo. Las disposiciones constitucionales en mención darán lugar a que la Corte elabore un modelo de laicidad que no corresponde con los presupuestos teóricos básicos del principio de laicidad, es decir, que no es acorde con los deberes de neutralidad y separación.

5. La Corte Constitucional afirma que Colombia es un Estado laico. No obstante, las características del supuesto modelo de laicidad, creado por esa misma entidad judicial, permiten sostener una de las hipótesis principales de esta investigación: el modelo colombiano se asemeja más a un Estado pluriconfesional que a uno laico. Los Estados pluriconfesionales se caracterizan por valorar positivamente el fenómeno religioso y por otorgarles el estatus de Iglesia oficial a varias organizaciones religiosas. El modelo colombiano tiene las dos anteriores características.

6. La valoración positiva del fenómeno religioso que realiza la Corte Constitucional es contraria al principio de laicidad, en especial al deber de neutralidad. Con esta valoración, el Estado está calificando una visión del mundo, por lo que no se comporta de manera neutral. Además, este hecho es utilizado para sostener la superioridad de esta cosmovisión y para otorgarle prerrogativas y beneficios jurídicos. Un Estado en un modelo realmente laico, en aras de garantizar la igualdad en el ejercicio del derecho a la libertad de conciencia, debe abstenerse de valorar cualquier visión del mundo –teísta o no teísta– para que no se creen imaginarios de que una es mejor que otras.

La calificación positiva también hace perder de vista que el fenómeno religioso es importante solo en la medida en que se requiera para proteger el derecho a la libertad de conciencia de las personas. Un problema adicional que genera esta calificación es que no se tiene en cuenta que dentro del fenómeno religioso existen varias organizaciones religiosas que sostienen dogmas contrarios a los principios establecidos en la CP. Por ejemplo, el derecho fundamental a la igualdad y la prohibición de discriminar a las personas por su orientación sexual es desconocido por varias organizaciones que catalogan las conductas de las personas homosexuales como desviadas y pecaminosas. Por ende, estos dogmas religiosos no deben tener una calificación positiva por parte de un Estado respetuoso de la supremacía constitucional y comprometido con la protección de los derechos fundamentales de sus ciudadanos.

7. El criterio jurisprudencial de la extensión de los privilegios y prerrogativas jurídicas de la Iglesia católica a las demás organizaciones religiosas que lo soliciten es el mejor ejemplo del carácter pluriconfesional del Estado colombiano. En efecto, la entrada en vigor de la CP no significó la eliminación de los privilegios jurídicos de la Iglesia católica en su condición de antigua iglesia oficial, pues la Corte Constitucional decidió extenderlo a las demás organizaciones religiosas que se lo solicitaron. Esto conlleva, por ejemplo, a que los altos jerarcas de las diferentes organizaciones religiosas puedan solicitar pasaporte diplomático al Estado colombiano o que las exenciones tributarias creadas en los tiempos del Estado confesional sean ahora para todas las organizaciones religiosas que lo soliciten. Así pues, se puede sostener que de facto el Estado colombiano es pluriconfesional porque varias organizaciones religiosas son beneficiarias de los privilegios creados para la antigua Iglesia oficial.

8. El otro criterio jurisprudencial que permite sostener que Colombia es un Estado pluriconfesional es el *Lemon test* criollo. Esta prueba fue creada por la Corte Constitucional para los casos en que es fácticamente imposible extender el privilegio de la Iglesia católica a las demás organizaciones religiosas. Cuando la Corte no puede extender el privilegio, realiza esta prueba para determinar si la medida se ajusta al principio de laicidad. La finalidad del *Lemon test* criollo es evaluar cuándo las medidas estatales –administrativas o legislativas– vulneran el carácter laico del Estado. Y aunque la mayoría de los puntos que contiene la prueba apunta al respeto de los deberes de separación y neutralidad, el sexto criterio desnaturaliza la prueba. En efecto, el sexto criterio del *Lemon test* criollo permite la adopción de medidas estatales con justificaciones o motivaciones religiosas, siempre y cuando vayan acompañadas de una justificación o motivación secular. En una primera etapa jurisprudencial la justificación secular debía ser fuerte o predominante frente al motivo religioso, que debía ser anecdótico o accidental. Sin embargo, la Corte Constitucional cambió de postura e interpretó de manera flexible este sexto criterio. Ahora basta con que exista un motivo o justificación secular, aunque lo religioso sea la justificación predominante para la adopción de la medida. En consecuencia, el modelo colombiano admite medidas estatales adoptadas por motivos religiosos, siempre que esta venga acompañada de cualquier justificación secular. Así, por ejemplo, en el caso del cerro del Santísimo, se admitió que el Estado construyera un monumento religioso colosal porque esa medida tiene una justificación secular, que es la promoción del turismo.

La interpretación flexible del sexto criterio del *Lemon test* criollo desconoce el deber de separación, propio del principio de laicidad, porque se pierde la autonomía del Estado frente a las organizaciones religiosas. Lo anterior porque mediante el cabildeo político estas organizaciones pueden imponer medidas administrativas y legislativas que tiene como justificación principal algún interés de índole religioso. Este tipo de medidas públicas con contenido religioso se ajusta más a las características de un Estado pluriconfesional que profesa una valoración positiva del fenómeno religioso y permite la confusión de lo religioso y lo estatal.

9. El concepto jurídico de *cultura* establecido por la Unesco y adoptado por el ordenamiento jurídico colombiano dispone que la cultura está conformada por los bienes y manifestaciones que tienen la naturaleza de rasgos distintivos del grupo. Para que un bien o una manifestación adquieran el carácter de cultura no se requiere una declaración por parte del Estado, pues es suficiente con que adquiera la naturaleza de rasgos distintivos. Este concepto visibiliza el hecho de que algunos de los rasgos característicos de los conglomerados sociales pueden ser contrarios a los principios y valores establecidos en la Constitución. Por ende, existen varios casos de bienes culturales que representan valores contrarios a la CP.

Por su parte, el concepto jurídico de *patrimonio cultural* establece que para que un bien o manifestación pueda ser incluido en el catálogo del patrimonio cultural se requiere una declaratoria expresa del Estado. En consecuencia, los bienes culturales que forman parte del patrimonio cultural son los que han sido declarados como tales por el Estado. Comoquiera que con la declaratoria surge el deber de proteger y promover los valores culturales que representan estos bienes, el Estado debe ser muy cuidadoso y evitar declarar patrimonio cultural bienes y manifestaciones que simbolizan valores contrarios a los principios constitucionales. Existen bienes y manifestaciones de origen o interés religioso que representan valores acordes con los principios constitucionales, por lo que podrán ser declarados parte del patrimonio cultural. Sin embargo, también algunos de estos bienes y manifestaciones representan valores contrarios a los principios constitucionales por lo que, pese a su innegable valor cultural, no podrán ser declarados patrimonio cultural.

10. La CP contiene varias disposiciones que reconocen la importancia de la diversidad cultural y establecen la obligación de proteger y promover la cultura. El derecho a la cultura es garantizado en el texto constitucional principalmente con las disposiciones en las que se impone al Estado los deberes de garantizar el acceso de todas las personas a la cultura, de garantizar la libertad de creación artística y el deber especial de proteger el patrimonio cultural de la nación (artículos 70, 71 y 72 de la CP). Esta triada de derechos es la base del ordenamiento jurídico cultural colombiano. Es importante poner de presente que de manera general el Estado debe garantizar el acceso de las personas a la cultura, mientras que de manera particular debe proteger y promover los bienes que conforman el catálogo del patrimonio cultural de la nación.

11. Las obligaciones reforzadas que tiene el Estado con los bienes y manifestaciones culturales que conforman el patrimonio cultural dan lugar a una fuerte tensión con el principio de laicidad cuando los elementos culturales son de origen o interés religioso. En efecto, la inclusión de los bienes y manifestaciones en el catálogo del patrimonio obliga al Estado a proteger y promover los valores que representan estos elementos. La tensión se presenta porque los bienes y las manifestaciones de interés religioso representan fuertes valores que el Estado no deber proteger ni mucho menos promover. Por ende, el reto es establecer un marco jurídico adecuado para que la protección y promoción de estos bienes y manifestaciones se realice sin que se vulnere el carácter laico del Estado. El marco debe apuntar a que se protejan los valores culturales y no los religiosos.

12. El régimen cultural colombiano permite que la figura del patrimonio cultural sea utilizada de una manera abusiva para otorgar el carácter de patrimonio cultural a bienes y manifestaciones religiosas sobre cuya importancia cultural no hay certeza. La declaratoria es efectuada sin que se determine previamente el valor cultural de los bienes y manifestaciones, y sin que se compatibilice el principio de laicidad con el deber constitucional de proteger el patrimonio cultural. Esta situación se presenta por dos factores: el modelo pluriconfesional establecido por vía jurisprudencial y las particularidades del régimen cultural colombiano.

13. El uso abusivo de la figura del patrimonio cultural ocurre porque los procedimientos establecidos por el ordenamiento jurídico para la declaratoria de los bienes que conforman dicha categoría no son adecuados para garantizar el respecto al principio de laicidad. El primer procedimiento es el legislativo, efectuado por el Congreso de la República mediante el trámite de una ley ordinaria. Mediante este procedimiento el órgano legislativo puede declarar, sin ningún sustento técnico-cultural, parte del patrimonio cultural cualquier bien o manifestación. El Congreso no está obligado a examinar ni a determinar los valores culturales que representan los bienes o manifestaciones. Basta la simple voluntad del legislador para que cualquier bien o manifestación adquieran el carácter de patrimonio cultural. Es decir, la decisión es política, no técnica. Este hecho conlleva un alto riesgo de que se termine incluyendo en el catálogo del patrimonio cultural elementos sin el suficiente valor cultural, pero sí político, o peor aún, que representan valores culturales contrarios a los establecidos en la CP, entre ellos al principio de laicidad.

Los bienes y manifestaciones incluidos por el Congreso de la República en el catálogo del patrimonio cultural no están sometidos, por expreso mandato legal, al régimen de protección cultural establecido en la Ley 397 de 1997, Ley General de Cultura. La protección de estos elementos depende en cada caso de las medidas *ad hoc* de protección establecidas en cada ley declaratoria. Por regla general, estas leyes solo contemplan como medida de protección una autorización genérica para que el Estado destine recursos para la conservación del supuesto valor cultural que simbolizan los bienes y manifestaciones.

14. En el procedimiento administrativo de declaratoria, regulado por la Ley 397 de 1997, Ley General de Cultura, es necesario realizar un estudio técnico en el que se establezcan los valores culturales que se van a proteger con la declaratoria. Pese a que la obligación de realizar el estudio técnico es un valioso paso en el camino correcto, este procedimiento contiene un grave problema que repercute en los bienes y manifestaciones de origen o interés religioso. El problema se presenta porque la ley otorga a la Administración la facultad discrecional para determinar si se requiere elaborar un plan especial para la protección del BIC. La mayoría de los BIC de interés religioso no cuenta con estos planes. La elaboración de los planes de protección debe ser obligatoria en el caso de declaratoria de bienes de interés religioso porque siempre es necesario crear estrategias para que la inclusión en el catálogo del patrimonio cultural no implique al Estado promover los valores religiosos que representan estos objetos.

15. El anterior escenario crea las condiciones perfectas para que la figura del patrimonio cultural sea utilizada para declarar parte del patrimonio cultural bienes de origen o interés religioso con el único fin de transferir recursos públicos a la Iglesia católica. No es baladí que en las leyes de declaratoria no se determine el valor cultural que representan los bienes y manifestaciones religiosas declarados parte del patrimonio. Tanto en el procedimiento legislativo como en el administrativo no se adoptan planes y estrategias para la protección y promoción de los supuestos valores culturales de esos bienes y manifestaciones. Igualmente, la ausencia de medidas para garantizar que todas las personas, independientemente de sus creencias o convicciones, tengan la posibilidad de acceder y disfrutar del contenido de este acervo cultural es otro fuerte indicio de la falta de motivación cultural de las declaratorias. Lo anterior da lugar a que se utilice la figura del patrimonio cultural como un instrumento para crear una justificación jurídica con el fin de que las autoridades nacionales y territoriales puedan transferir dinero público a las organizaciones religiosas, en especial a la Iglesia católica.

16. Las debilidades del régimen jurídico de la cultura se complementan con el modelo pluriconfesional de Estado. En efecto, la Corte Constitucional ha declarado constitucionales las leyes declaratorias de los bienes y manifestaciones de origen o interés religioso porque considera que, en virtud del sexto criterio del *Lemon test* criollo, estas disposiciones tienen una motivación secular que es la protección del patrimonio cultural. Este razonamiento tiene un grave problema porque omite el hecho de que las leyes no determinaron el

valor cultural de los bienes y manifestaciones, no establecieron planes para la salvaguardia del supuesto valor cultural ni crearon medidas para garantizar que todas las personas tengan la posibilidad de acceder y disfrutar de este acervo cultural. Por ende, se puede razonablemente sostener que en su mayoría las declaratorias no buscaban proteger los supuestos valores culturales de los bienes y manifestaciones religiosos.

17. La situación descrita es contraria a los presupuestos teóricos del principio de laicidad y al deber constitucional de proteger el patrimonio cultural. Se desconoce el principio de laicidad porque en la mayoría de los casos se otorga sin sustento cultural alguno la categoría de patrimonio cultural a bienes y manifestaciones de origen religioso. Por tanto, el Estado no es neutral en materia religiosa porque adopta medidas que únicamente tienen una justificación religiosa. Lo anterior con el objeto de poder transferir recursos públicos a la organización religiosa titular de los bienes y manifestaciones.

Con este tipo de declaratorias, también se desconoce el deber del Estado de proteger el patrimonio cultural. En efecto, la obligación de proteger el patrimonio es vulnerada porque se incluyen el este catálogo bienes y manifestaciones que no tienen el suficiente valor para estar dentro de esta categoría, por lo que se desnaturaliza la importancia de esta figura. La consecuencia de esta inclusión es que los bienes y manifestaciones –sin valor cultural– son destinatarios de sendas partidas presupuestales que podrían ser empleadas en la protección de bienes y manifestaciones que sí tienen un importante valor cultural.

18. Hasta el momento los bienes y manifestaciones religiosos que el legislador y la administración han declarado patrimonio cultural son en su mayoría de la Iglesia católica. Este hecho puede, razonablemente, tomarse como un ejemplo de que la Iglesia católica continúa siendo la oficial y, por ende, el modelo de Estado colombiano es confesional. No obstante, en esta investigación se sostiene que el modelo colombiano es pluriconfesional. El hecho de que hasta ahora la Iglesia católica sea la única beneficiaria del uso abusivo de la figura del patrimonio cultural no desconfigura la hipótesis defendida del carácter pluriconfesional del Estado colombiano. El modelo pluriconfesional parte del presupuesto de que existen varias organizaciones religiosas oficiales. Las prerrogativas en materia cultural que goza la Iglesia católica no desvirtúan la pluriconfesionalidad porque en virtud del criterio de la extensión las demás organizaciones religiosas pueden solicitar ser beneficiarias de los privilegios inicialmente establecidos para la Iglesia católica. En materia cultural nada impide que en el futuro cercano las organizaciones religiosas cristinas realicen *cabildeo* en el Congreso de la República para beneficiarse de la figura del patrimonio cultural en términos similares a aquellos en que lo ha hecho la Iglesia católica.

Bogotá, D, C., 18 de mayo de 2020. Oficio n.° 236

Señor
Sergio Alejandro Fernández Parra

Ref.: Comunicación recibida en el botón web
de PQRS de la Corte Constitucional,
el 13 de mayo de 2020. PET25272

Respetado ciudadano:

Por instrucciones del Presidente de la Corte Constitucional[,] de manera atenta doy respuesta al escrito de la referencia, mediante el cual solicita: "De forma comedida y atenta, en ejercicio de mi derecho fundamental de petición, establecido en el artículo 23 de la Constitución Política, reglamentado por la Ley 1437 de 2011, solicito lo siguiente: Según información publicada en varios medios de comunicación del país, el ciudadano Juan Sebastián Vega en el año 2016 mediante derecho de petición solicitó a la Corte Constitucional retirar el crucifijo que está en la Sala Plena de esa Corporación. De conformidad con la información publicada por diferentes medios periodísticos, la petición fue denegada por decisión de la Sala Plena de la Corte. Así las cosas, mediante la presente petición solicito copia de la petición interpuesta por el ciudadano Juan Sebastián Vega y la respuesta dada por la Corte. Por respeto al derecho fundamental a la intimidad solo solicito copia del contenido de la pregunta y la respuesta, excluyendo todos los datos personales que puedan afectar el derecho a la intimidad del peticionario original. Gracias por la atención prestada, Sergio Alejandro Fernández Parra".

Al respecto, le informo que mediante escrito del 9 de junio de 2016 la Presidenta de la Corte Constitucional[,] doctora María Victoria Calle Correa, dio respuesta de la siguiente forma:

"En atención a su derecho de petición de la referencia, en el que hace alusión a la libertad de conciencia y cultos, así como a los principios superiores de no discriminación por razones religiosas e igualdad de las distintas confesiones e iglesias y en el que solicita que con el fin de garantizar el deber de proteger los derechos fundamentales de los funcionarios de la Corte Constitucional que profesan una religión diferente a la católica sea retirado el crucifijo ubicado en la sala de deliberaciones, le informo que su solicitud fue considerada por la Sala Plena de este Tribunal, discutida en distintas sesiones y se resolvió por la mayoría de los magistrados denegar su solicitud.

El crucifijo tiene una connotación histórica para la Corte. El mismo se encuentra instalado en ese recinto desde el 7 de julio del año 1999, fecha en la que se realizó la primera sesión de la Sala Plena de este Tribunal en el edificio del actual Palacio de Justicia, después de trasladarse los despachos de esta corporación de su anterior sede situada en una edificación de la calle 72 de la ciudad de Bogotá, donde había desarrollado labores desde 1992 hasta ese año.

Además, tiene un significado cultural, debido a que fue labrado en madera por un artesano del sector de La Candelaria de reconocido talento.

La presencia de la imagen de un Cristo en el recinto en el que delibera la Sala Plena de la Corporación no obedeció a una decisión institucional de la Corte que conste en acto normativo o administrativo. Se trató de la iniciativa de uno de los magistrados que conformaba este Tribunal, hace 20 años, que donó la imagen, a lo que se procedió con la aquiescencia de los demás magistrados, con la manifestación disidente de uno de ellos.

No encuentra la Corporación que existan motivos para que por fuera de las circunstancias de contexto que condujeron a la ubicación de la imagen, esta sea retirada.

La Corte ha defendido durante todos estos años la neutralidad religiosa dentro de una aproximación que propende por [*sic*] la tolerancia y la igualdad. Pero, [*sic*] no considera que la permanencia del crucifijo en el recinto donde sesiona desconozca los derechos fundamentales invocados por usted".

Cordialmente,

Mario Martínez Alférez
Abogado sustanciador Sala Plena

Abramovich, Víctor y Courtis, Christian (2004). *Los derechos sociales como derechos exigibles*, 2.ª ed. Madrid: Trotta.

Abramovich, Víctor y Courtis, Christian (2006). *Los derechos sociales en el debate democrático*. Madrid: GPS.

Aguirre, Javier y Peralta, Carlos Andrés (2021). La Constitución Política de 1991 y la diversidad religiosa: un análisis de la discusión doctrinal sobre la laicidad del Estado colombiano. *Revista de Derecho del Estado*, 50, pp. 135-164. Recuperado de https://doi.org/10.18601/01229893.n50.06.

Aláez Corral, Benito (2017). Neutralidad del Estado y símbolos religiosos en el espacio público. *Anuario de Derecho Eclesiástico del Estado*, 23, pp. 217-256. Recuperado de https://www.boe.es/biblioteca_juridica/anuarios_derecho/abrir_pdf.php?id=ANU-E-2017-10021700256_ANUARIO_DE_DERECHO_ECLESI%C3%81STICO_Neutralidad_del_Estado_y_s%C3%ADmbolos_religiosos_en_el_espacio_p%C3%BAblico.

Aldanondo Salaverría, Isabel (1987). Protección de los bienes culturales y libertad religiosa. *Anuario de Derecho Eclesiástico del Estado*, 3, pp. 285-298. Recuperado de https://boe.es/biblioteca_juridica/anuarios_derecho/abrir_pdf.php?id=ANU-E-1987-10028500298_ANUARIO_DE_DERECHO_ECLESI%C3%81STICO_Protecci%C3%B3n_de_los_bienes_culturales_y_Libertad_religiosa.

Aldanondo Salaverría, Isabel (2006). El patrimonio cultural de las confesiones religiosas. *Revista catalana dret public*, 33, pp. 149-179. Recuperado de http://revistes.eapc.gencat.cat/index.php/rcdp/article/view/2111.

Aldanondo Salaverría, Isabel (2008). La reforma de la catedral de Ávila, interés cultural y exigencias litúrgicas: Historia de un conflicto (a propósito de la sentencia del Tribunal Superior de Castilla y León, n.° 637/2005, de 28 de enero). *Patrimonio cultural: Documentación, estudios e información*, 48, pp. 37-54.

Aldanondo Salaverría, Isabel (2014). Neutralidad ideológica-religiosa del Estado en el ámbito del patrimonio cultural de las confesiones religiosas. Reflexiones en torno a algunos casos controvertidos. *Revista General de Derecho Canónico y Derecho Eclesiástico del Estado*, 34.

Alegre Ávila, Juan Manuel (1994). *Evolución y régimen jurídico del patrimonio histórico*, t. I. Madrid: Ministerio de Cultura.

Alexy, Robert (2007). *Teoría de los derechos fundamentales*, 2.ª ed. [Traducido al español de *Theorie der Grundrechte*]. Madrid: Centro de Estudios Políticos y Constitucionales.

Alvarado Bedoya, Omar Alejandro (2015). Laicidad y secularización. La tarea pendiente en la democracia colombiana. *Anuario de Derecho Constitucional Latinoamericano*, XXI, pp. 583-603. Recuperado de https://www.corteidh.or.cr/tablas/r14677-1.pdf.

Amaya González, Renata Inés (2018). *Del imperio del Estado confesional a la Constitución de 1991: confesionalidad, pluri-religiosidad o confesionalidad en el caso colombiano*. (Tesis doctoral). Universidad Nacional de Colombia, Bogotá, Colombia. Recuperado de https://repositorio.unal.edu.co/handle/unal/69627.

Amaya Navas, Óscar Darío (2016). *La Constitución ecológica de Colombia*, 3.ª ed. Bogotá: Universidad Externado de Colombia.

Ansuátegui Roig, Francisco Javier (1997). *Poder, ordenamiento jurídico, derechos*. Madrid: Dykinson.

Arango Restrepo, Ana Catalina (2018). Presidencialismos. *Eunomía. Revista en Cultura de la Legalidad*, 14, pp. 244-261. Recuperado de https://doi.org/10.20318/eunomia.2018.4167.

Arango Restrepo, Ana Catalina (2019). Mutaciones del presidencialismo. La transformación del poder judicial en Colombia (1974-2018). *Estudios constitucionales*, 17(2), pp. 91-120. Recuperado de http://www.estudiosconstitucionales.cl/index.php/econstitucionales/article/view/571.

Arango Rivadeneira, Rodolfo (2005). *El concepto de Derechos Sociales Fundamentales*. Bogotá: Legis.

Ansuátegui Roig, Francisco Javier (2005). Ordenamiento jurídico y derechos humanos, en Tamayo Acosta, Juan José (dir.). *10 palabras clave sobre derechos humanos* (pp. 305-347). Estella (Navarra): Verbo Divino.

Arias Trujillo, Ricardo (2009). La Iglesia católica colombiana durante el siglo XX. *Istor Revista de Historia Internacional*, 37, pp. 48-80. Recuperado de http://www.istor.cide.edu/archivos/num_37/dossier4.pdf.

Asís Roig, Rafael de (2000). *Las paradojas de los derechos fundamentales como límites al poder*. Madrid: Dykinson.

Asís Roig, Rafael de (2001). *Sobre el concepto y fundamento de los derechos. Una aproximación dualista*. Madrid: Dykinson.

Baldasarre, Antonio (2001). *Los derechos sociales*. Bogotá: Universidad Externado de Colombia.

Barranco Avilés, María del Carmen (2004). *La teoría jurídica de los derechos fundamentales*. Madrid: Dykinson.

Barrero Ortega, Abraham (2000). Origen y actuación de la libertad religiosa, en *Revista Derechos y libertades*, 9, pp. 93-121. Recuperado de https://e-archivo.uc3m.es/handle/10016/1397.

Barrero Ortega, Abraham (2006). *La libertad religiosa en España*. Madrid: Centro de Estudios Políticos y Constitucionales.

Barrero Rodríguez, Concepción (1990). *La ordenación jurídica del patrimonio histórico*. Madrid: Civitas.

Beltrán Cely, William Mauricio (2012). Descripción cuantitativa de la pluralización religiosa en Colombia. *Universitas Humanísticas*, 73, pp. 201-237. Recuperado de https://revistas.javeriana.edu.co/index.php/univhumanistica/article/view/3636.

Beltrán Cely, William Mauricio (2013). Pluralización religiosa y cambio social en Colombia. *Theologia Xavierana*, 63(175), pp. 57-85. Recuperado de https://revistas.javeriana.edu.co/index.php/teoxaveriana/article/view/9303.

Beltrán Cely, William Mauricio (2019). La presencia protestante en Colombia. Balance con motivo de los 500 años de la Reforma, en Meier, Markus Daniel (ed.). *500 años de la Reforma. Un asunto para América Latina* (pp. 149-175). Bogotá: Universidad Externado de Colombia.

Beltrán Cely, William Mauricio y Larotta Silva, Sonia Patricia (2020). *Diversidad religiosa, valores y participación política en Colombia*. Bogotá: Universidad Nacional de Colombia.

Beltrán y Puga, Alma (2020). La rebelión de Antígona: el movimiento feminista y la construcción de la laicidad en la Constitución de 1991, en Fernández Parra, Sergio Alejandro, Malagón Penen, Lina y Sierra León, Yolanda (eds.). *Desafíos constitucionales del Estado laico: género, educación, cultura y justicia* (pp. 61-120). Bogotá: Universidad Externado de Colombia.

Berlin, Isaiah (1988). *Cuatro ensayos sobre la libertad*, 3.ª reimpr. [Traducido al español de *Four Essays on Liberty*]. Madrid: Alianza.

Blancarte, Roberto (2012). ¿Cómo podemos medir la laicidad? *Estudios sociológicos*, 30(88), pp. 233-247. Recuperado de https://estudiossociologicos.colmex.mx/index.php/es/article/view/164/164.

Blancarte, Roberto (2013). *Laicidad en México*. México: Universidad Nacional Autónoma de México.

Blancarte, Roberto (2015). ¿Por qué la religión "regresó" a la esfera pública en un mundo institucionalizado? *Estudios Sociológicos*, 33(99), pp. 659-673. Recuperado de https://estudiossociologicos.colmex.mx/index.php/es/article/view/1394.

Bogdandy, Armin Von (2015). Ius Constitutionale Commune en América Latina: una mirada a un constitucionalismo transformador. *Revista de Derecho del Estado*, 34, pp. 3-50. Recuperado de https://doi.org/10.18601/01229893.n34.01.

Botero Marino, Catalina (2001). Preámbulo de la Constitución de Colombia, en Torres del Moral, Antonio y Tajadura Tejada, Javier (eds.). *Los preámbulos constitucionales en Iberoamérica* (pp. 20-47). Madrid: Centro de Estudios Políticos y Constitucionales.

Botero Marino, Catalina (2009). *La acción de tutela en el ordenamiento constitucional colombiano*. Bogotá: Consejo Superior de la Judicatura.

Bovero, Michelangelo (2013). *El concepto de laicidad*. México: Universidad Nacional Autónoma de México. Recuperado de http://catedra-laicidad.unam.mx/detalle-jorge-carpizo/32/2-El-concepto-de-laicidad.

Bushnell, David (2004). *Colombia. Una nación a pesar de sí misma. De los tiempos precolombinos a nuestros días*, 4.ª ed. Bogotá: Planeta.

Camarero Suárez, María Victoria y Zamora Cabot, Francisco Javier (2015). La Sentencia del TEDH en el caso S.A.S. c. Francia: un análisis crítico. *Revista General de Derecho Canónico y Derecho Eclesiástico del Estado*, 37.

Canal Silva, Manuela (2020). Planificación y Administración Pública: entre lo deseable y lo posible, en Rincón Córdoba, Jorge Iván y Cabeza Manosalva, Nicolás (eds.). *Ordenación del territorio, ciudad y derecho urbano. Competencias, instrumentos de planificación y desafíos* (pp. 290-326). Bogotá: Universidad Externado de Colombia.

Cañamares Arribas, Santiago (2011). Los símbolos religiosos en el espacio público, en *El Cronista del Estado Social y Democrático de Derecho*, 20, pp. 60-67.

Capdevielle, Pauline (2015). *Libertad de conciencia frente al Estado laico*. México: Universidad Nacional Autónoma de México. Recuperado de http://catedra-laicidad.unam.mx/detalle-cultura-laica/67/La-libertad-de-conciencia-frente-al-Estado-laico.

Capdevielle, Pauline (2019). Laicidad y nuevo constitucionalismo latinoamericano, en Capdevielle, Pauline y Arlettaz, Fernando (coords.). *Escenarios actuales de la laicidad en América Latina* (pp. 97-124). México: Universidad Nacional Autónoma de México. Recuperado de http://catedra-laicidad.unam.mx/detalle-cultura-laica/788/Escenarios-actuales-de-la-laicidad-en-Am%C3%A9rica-Latina.

Capodiferro Cubero, Daniel (2010). La configuración de la objeción de conciencia a la práctica del aborto tras su reconocimiento expreso en el ordenamiento español: el artículo 19.2 de la Ley Orgánica 2/2010, de 3 de marzo. *Laicidad y libertades*, 10, pp. 41-76.

Capodiferro Cubero, Daniel (2013). La objeción de conciencia. Estructura y pautas de ponderación. Barcelona: Bosch.

Capodiferro Cubero, Daniel (2015). *La objeción de conciencia a la interrupción del embarazo*. Madrid: Centro de Estudios Políticos y Constitucionales.

Castellanos Valenzuela, Gonzalo (2011). *Régimen jurídico del patrimonio arqueológico en Colombia*, 3.ª ed. Bogotá: Instituto Colombiano de Antropología e Historia.

Castro Jover, María Adoración (2003). Laicidad y actividad positiva de los poderes públicos. *Revista General de Derecho Canónico y Derecho Eclesiástico del Estado*, 3, pp. 1-32.

Castro Jover, María Adoración (2016). Libertad de conciencia, objeción de conciencia y derecho a la objeción de conciencia. *Quaderni di diritto e politica ecclesiastica*, 24(2), pp. 441-464.

Cavelier Gaviria, Germán (1988). *Las relaciones entre la Santa Sede y Colombia*, vol. I. Bogotá: Kelly.

Cavelier Gaviria, Germán (1989). *Las relaciones entre la Santa Sede y Colombia*, vol. II. Bogotá: Kelly.

Cebriá García, María Dolores (2011). Objeción de conciencia del personal sanitario y reformas legislativas en España. *Revista General de Derecho Canónico y Derecho Eclesiástico del Estado*, 27, pp. 1-36.

Celador Angón, Óscar (2007). *El Derecho de libertad de cátedra. Estudio legal y jurisprudencial*. Madrid: Universidad Carlos III de Madrid.

Celador Angón, Óscar (2008). Derecho a la educación, libertad de enseñanza y laicidad del Estado. *Cuadernos de Derecho Judicial*, 1, pp. 45-109.

Celador Angón, Óscar (2009). Libertad de conciencia y sistema electoral en Méjico. *Laicidad y libertades: escritos jurídicos*, (9)1, pp. 75-116.

Celador Angón, Óscar (2010). Laicidad y educación. Análisis comparado del derecho de los padres a elegir la educación religiosa de sus hijos. *Isotimia: Revista Internacional de Teoría Política y Jurídica*, 3, pp. 35-61.

Celador Angón, Óscar (2011). *Libertad de conciencia y Europa. Un estudio sobre las tradiciones constitucionales comunes y el Convenio Europeo de Derechos Humanos*. Madrid: Dykinson.

Celador Angón, Óscar (2014). *Libertad de conciencia y escuela en Estados Unidos*. Madrid: Dykinson.

Celador Angón, Óscar (2016). El estatuto público de los símbolos religiosos. *Letra Internacional*, 123, pp. 55-72.

Celador Angón, Óscar (2017). *Orígenes histórico constitucionales del principio de laicidad.* Valencia: Tirant.

Celador Angón, Óscar (2020a). Neutralidad de los poderes públicos y símbolos políticos. *Revista General de Derecho Administrativo*, 53, pp. 1-27.

Celador Angón, Óscar (2020b). Libertad de conciencia, integración e inmigración. Lecciones desde el Reino Unido. *Cuadernos Electrónicos de Filosofía del Derecho*, 43, pp. 65-86. Recuperado de https://ojs.uv.es/index.php/CEFD/article/view/17059/pdf.

Charria García, Fernando (2018). *Patrimonio cultural en Colombia, aspectos históricos jurídicos.* (Tesis doctoral). Universidad Nacional de Educación a Distancia, Madrid, España. Recuperado de http://e-spacio.uned.es/fez/eserv/tesisuned:ED-Pg-DeryCSoc-F charria/CHARRIA_GARCIA__Fernando_Tesis.pdf.

Chinchila Herrera, Tulio Elí (2009). *Qué son y cuáles son los derechos fundamentales. Las nuevas líneas de la jurisprudencia*, 2.ª ed. Bogotá: Temis.

Coello de Portugal, José María (2016). Algunos problemas jurídicos sobre la utilización de los inmuebles de titularidad eclesiástica pertenecientes al patrimonio cultural. *Revista Patrimonio, Cultura y Derecho*, 20, pp. 263-280.

Comanducci, Paolo (2000). Derechos humanos y minorías: un acercamiento analítico neoilustrado. En Carbonell, Miguel, Cuz Parcero, Juan y Vázquez, Rodolfo (comp.). *Derechos sociales y derechos de las minorías* (pp. 185-206). México: Universidad Nacional Autónoma de México.

Comité de Derechos Económicos, Sociales y Culturales (2009). *Observación General n.º 21*. Recuperado de https://undocs.org/es/E/C.12/GC/21.

Constant, Benjamin (2019). *La libertad de los modernos*. [Traducido al español de *De la liberté des anciens comparée à celle des modernes*]. Madrid: Alianza.

Cortina Orts, Adela (2009). *Las fronteras de la persona. El valor de los animales, la dignidad de los humanos*. Madrid: Taurus.

Cubillas Recio, Luís (1997). *Enseñanza confesional y cultura religiosa*. Valladolid: Universidad de Valladolid.

Devlin, Pactrick (2010). *La imposición de la moral*. [Traducido al español de *The Enforcement of Morals*]. Madrid: Dykinson.

Díaz Rendón, Sergio (2015). *La laicidad como límite a la libertad de expresión en las campañas políticos-electorales en México*. (Tesis doctoral). Universidad Carlos III de Madrid.

Díaz Rendón, Sergio (2017). *Laicidad. Concepto, origen y perspectiva histórica y contemporánea en México*. México: Tirant lo Blanch.

Dworkin, Ronald (1994). *El dominio de la vida. Una discusión acerca del aborto, la eutanasia y la libertad individual* [Traducido al español de *Life's Dominion. An Argument about Abortion, Euthanasia and Individual Freedom*]. Barcelona: Ariel.

Dworkin, Ronald (2008). *La democracia posible. Principios para un nuevo debate político* [Traducido al español de *Is Democracy Possible Here?: Principles for a New Political Debate*]. Barcelona: Paidós.

Dworkin, Ronald (2012). *Una cuestión de principios*. [Traducido al español de *A Matter of Principle*]. Buenos Aires: Siglo veintiuno editores.

Dworkin, Ronald (2016). *Religión sin dios*. [Traducido al español de *Religion without God*]. Madrid: Fondo de Cultura Económica.

Eco, Humberto (1984). *Apocalípticos e integrados*, 7.ª ed. [Traducido al español de *Apocalittici e integrati*]. Valencia: Lumen.

Espinosa Díaz, Ana (2016). *La enseñanza religiosa en centros docentes. Una perspectiva constitucional*. Madrid: Centro de Estudios Políticos y Constitucionales.

Estrada-Vélez, Sergio (2009). ¿Derecho fundamental a la libertad de conciencia sin objeción? Algunos apuntes para su reconocimiento como garantía fundamental. *Estudios Sociojurídico*, 11(1), 65-83. Recuperado de https://revistas.urosario.edu.co/index.php/sociojuridicos/article/view/40.

Félix Ballesta, María Ángeles (1997). Aproximación histórica de las relaciones Iglesia-Estado en Colombia. *Anuario de Derecho Eclesiástico del Estado*, 13, pp. 77-136. Recuperado de https://www.boe.es/biblioteca_juridica/anuarios_derecho/abrir_pdf.php?id=ANU-E-1997-10007700136_ANUARIO_DE_DERECHO_ECLESI%C3%81STICO_Aproximaci%C3%B3n_hist%C3%B3rica_de_las_relaciones_Iglesia-Estado_en_Colombia.

Fernández-Coronado González, Ana (1985). La cooperación económica del Estado con las confesiones religiosas. *Revista de Administración Pública*, 108, pp. 365-401. Recuperado de http://www.cepc.gob.es/publicaciones/revistas/revistaselectronicas?IDR=1&IDN=106&IDA=23459.

Fernández-Coronado González, Ana (2002). *El derecho de la libertad de conciencia en el marco de la Unión Europea: pluralismo y minorías*. Madrid: Colex.

Fernández-Coronado González, Ana (2012). Marco comparado de la libertad religiosa en Europa. *Revista de Derecho de la Uned*, 11, pp. 279-316. Recuperado de https://doi.org/10.5944/rduned.11.2012.11134.

Fernández-Coronado González, Ana y Pérez Álvarez, Salvador (2018). Nuevas claves jurídicas de la asistencia *religiosa en España*. Valencia: Tirant.

Fernández-Miranda Campoamor, Alfonso (1988). *De la libertad de enseñanza al derecho a la educación. Los derechos educativos en la Constitución española*. Madrid: Centro de Estudios Ramón Areces.

Fernández Parra, Sergio Alejandro (2010). La objeción de conciencia de los funcionarios judiciales (Sentencia T-388 de 2009). *Revista Derecho del Estado*, 24, pp. 271-276. Recuperado de https://revistas.uexternado.edu.co/index.php/derest/article/view/446/425.

Fernández Parra, Sergio Alejandro (2019a). *Laicidad y libertad de conciencia en Colombia*. Bogotá: Universidad Externado de Colombia.

Fernández Parra, Sergio Alejandro (2019b). El margen nacional de apreciación y el contenido de la libertad de pensamiento conciencia y religión en el Convenio Europeo de Derechos Humanos. *Eunomía. Revista en Cultura de la Legalidad*, 17, pp. 68-99. Recuperado de: https://doi.org/10.20318/eunomia.2019.4992.

Fernández Parra, Sergio Alejandro (2020). Protección estatal de la Semana Santa católica: ¿defensa del patrimonio cultural de la nación o vulneración del principio de laicidad? En Fernández Parra, Sergio Alejandro, Malagón Penen, Lina y Sierra León, Yolanda (eds.). *Desafíos constitucionales del Estado laico: Género, educación, cultura y justicia* (pp. 253-307). Bogotá: Universidad Externado de Colombia. Recuperado de https://publicaciones.uexternado.edu.co/catalog/product/view/id/384133/.

Ferrajoli, Luigi (2016). *Derechos y garantías. La ley del más débil*, 8.ª ed. Madrid: Trotta.

Ferreiro Galguero, Juan (2010). Reminiscencias del sistema de Iglesia de Estado en países de la Unión Europea. *Anuario de Derecho Eclesiástico del Estado*, 26, pp. 203-263. Recuperado de https://www.boe.es/biblioteca_juridica/anuarios_derecho/abrir_pdf.php?id=ANU-E-2010-10020300263_ANUARIO_DE_DERECHO_ECLESI%C3%81STICO_Iglesia_de_Estado_en_pa%C3%ADses_de_la_Uni%C3%B3n_Europea.

Ferreiro Galguera, Juan (2017). Desarrollo de los acuerdos de cooperación de 1992: luces y sombras. *Revista General de Derecho Canónico y Eclesiástico del Estado*, 44.

Fink, Lauren; Stanhope, Kaitlyn; Rochat, Roger & Bernal Oscar (2016). El feto también es mi paciente. Actitudes hacia el aborto y la referencia entre médicos objetores de conciencia en Bogotá, Colombia. *International Perspectives on Sexual and Reproductive*

Health, vol. 42(2), pp. 71-80. Recuperado de https://www.guttmacher.org/sites/default/files/article_files/42e1016sp.pdf.

Fioravanti, Maurizio (2016). *Los Derechos Fundamentales*, 7.ª ed. *Apuntes de historia de las constituciones*. [Traducido al español de *Appunti di storia delle costituzioni moderne. Le libertà fondamentali*]. Madrid: Trotta.

Franceschini, Francesco (1966). Relazione della commissione d'indagine per la tutela e la valorizzazione del patrimonio storico, archeologico, artistico, e del paesaggio. *Rivista Trimestrale di Diritto Pubblico*, 16, pp. 119-244.

García de Enterría, Eduardo (1979). La Constitución como norma jurídica. *Anuario de Derecho Civil*, 32, pp. 291-342. Recuperado de https://www.boe.es/publicaciones/anuarios_derecho/abrir_pdf.php?id=ANU-C-1979-20029100342.

García de Enterría, Eduardo (1983). Consideraciones sobre una nueva legislación del patrimonio artístico, histórico y cultural. *Revista Española de Derecho Administrativo*, 39, pp. 575-591.

García Jaramillo, Leonardo (2013). *Laicidad y justicia constitucional: el caso colombiano*. México: Universidad Nacional Autónoma de México. Recuperado de http://catedra-laicidad.unam.mx/detalle-jorge-carpizo/73/33-Laicidad-y-justicia-constitucional.

García Jaramillo, Leonardo (2016). De la "constitucionalización" a la "convencionalidad" del ordenamiento jurídico. La contribución del ius constitutionale commune. *Revista Derecho del Estado*, 36, pp. 131-166. Recuperado de https://doi.org/10.18601/01229893.n36.05.

García Roca, Francisco Javier (2007). La muy discrecional doctrina del margen de apreciación nacional según el Tribunal Europeo de Derechos Humanos: soberanía e integración. *Teoría y Realidad Constitucional*, 27, pp. 117-143. Recuperado de https://doi.org/10.5944/trc.20.2007.6778.

García Roca, Francisco Javier (2010). *El margen de apreciación nacional en la interpretación del Convenio Europeo de Derechos Humanos: soberanía e integración*. Cizur Menor (Navarra): Civitas.

García Villegas, Mauricio (2009). *Normas de papel: la cultura del incumplimiento de las reglas*. Bogotá: Siglo del Hombre.

García Villegas, Mauricio (2012). Constitucionalismo aspiracional. Derecho, democracia y cambio social en América Latina. *Análisis Político*, 25(75), pp. 89-110. Recuperado de https://revistas.unal.edu.co/index.php/anpol/article/view/43508.

Gargarella, Roberto (2011). Democracia deliberativa y sus presuntas paradojas. En García Jaramilo, Leonardo (coord.). *La democracia deliberativa al debate* (pp. 137-148). Medellín: Universidad de Eafit. Recuperado de https://publicaciones.eafit.edu.co/index.php/cuadernos-investigacion/article/view/1264.

Gargarella, Roberto (2015). La interpretación y el diálogo democrático. *Parlamento y Constitución. Anuario*, 17, pp. 37-65. Recuperado de https://parlamentoyconstitucion.cortesclm.es/recursos/articulos/PyC17_Gargarella_Interpretacion.pdf.

Gargarella, Roberto (2018). Sobre el "Nuevo Constitucionalismo Latinoamericano". *Revista Uruguaya de Ciencia Política*, 27(1), pp. 109-129. https://doi.org/10.26851/rucp.27.5.

Gargarella, Roberto y Courtis, Christian (2009). *El nuevo constitucionalismo latinoamericano: promesas e interrogantes*. Santiago de Chile: Cepal. Recuperado de https://repositorio.cepal.org/bitstream/handle/11362/6162/S0900774_es.pdf?sequence=1&isAllowed=y.

Garzón Valdés, Ernesto (1992). "No pongas tus sucias manos sobre Mozart". Algunas consideraciones sobre el concepto de la tolerancia. *Estudios*, 29, pp. 33-50. Recuperado de http://estudios.itam.mx/sites/default/files/estudiositammx/files/029/000170860.pdf.

Giannini, Massimo Severo (1976). I beni culturali. *Rivista Trimestrale di Diritto Pubblico*, 26, pp. 3-38.

Giannini, Massimo Severo (2005). Los bienes culturales [traducido al español de I beni culturali]. *Revista Patrimonio, Cultura y Derecho*, 9, pp. 11-42.

González González, Fernán Enrique (1987). Iglesia y Estado desde la convención de Rionegro hasta el Olimpo Radical (1863-1878). *Anuario Colombiano de Historia Social y de la Cultura*, 15, pp. 91-163. Recuperado de https://revistas.unal.edu.co/index.php/achsc/article/view/36102.

Gutiérrez Beltrán, Andrés Mauricio (2007). *El bloque de constitucionalidad. Concepto y fundamentos*. Bogotá: Universidad Externado de Colombia.

Gutiérrez del Moral, María Jesús (2007). Laicidad y cooperación con las confesiones en España. *Revista General de Derecho Canónico y Eclesiástico del Estado*, 15.

Guzmán Jiménez, Luis Felipe y Ubajoa Osso, Juan David (2020). La personalidad jurídica de la naturaleza y de sus elementos versus el deber constitucional de proteger el medio ambiente. En García Pachón, María del Pilar (ed). *Reconocimiento de la naturaleza y de sus componentes como sujetos de derecho* (pp. 162-219). Bogotá: Universidad Externado de Colombia.

Habermas, Jürgen (2006). *Entre naturalismo y religión*. Barcelona: Paidós.

Häberle, Peter (2000). *Teoría de la Constitución como ciencia de la cultura*. [Traducido al español de *Verfassungslehre als Kulturwissenschaft, Schriften zum Öffentlichen Recht*]. Tecnos: Madrid.

Häberle, Peter (2001). *El Estado Constitucional*. Universidad Nacional Autónoma de México.

Häberle, Peter (2012). *El himno nacional como elemento de identidad cultural del Estado constitucional*. Madrid: Dykinson.

Hart, H. L. A. (2006). *Derecho, libertad y moralidad*. [Traducido al español de *Law, Liberty and Morality*]. Madrid: Dykinson.

Hernández Becerra, Augusto (2018). Preámbulo, principios y valores. En Correa Henao, Magdalena; Osuna Patiño, Néstor y Ramírez Cleves, Gonzalo (eds.). *Lecciones de derecho constitucional*, tomo II. Bogotá: Universidad Externado de Colombia.

Herrera Prieto, Juan Camilo (2020a). La idea de un derecho común en América Latina a la luz de sus críticas teóricas. Recuperado de https://papers.ssrn.com/sol3/papers.cfm?abstract_id=3652404.

Herrera Prieto, Juan Camilo (2020b). La idea de un derecho común en América Latina a la luz de sus críticas prácticas. Recuperado de https://papers.ssrn.com/sol3/papers.cfm?abstract_id=3652423.

Hinestrosa Forero, Fernando (2018). Apuntes sobre el Concordato. *Revista de Derecho Privado*, 34, pp. 5-16. Recuperado de https://revistas.uexternado.edu.co/index.php/derpri/article/view/5258/6377.

Houck, Oliver (2017). El segundo viaje de Noé: el reconocimiento jurisprudencial de los derechos de la naturaleza. *Revista Aranzadi de Derecho Ambiental*, 38, pp. 67-92.

Hoyos Castañeda, Ilva (2007). Los desafíos jurídicos frente a la objeción de conciencia. Reflexiones a partir del caso colombiano. *Vida y ética*, 8(2), pp. 135-162. Recuperado de https://repositorio.uca.edu.ar/bitstream/123456789/1547/1/vidayetica2007-2.pdf.

Insignares Gómez, Roberto Carlos (2015). *Hacienda y cultura*. (Tesis doctoral). Universidad Carlos III, Madrid, España. Recuperado de https://e-archivo.uc3m.es/handle/10016/22338.

Julio Estrada, Alexei (2003). *Las ramas ejecutiva y judicial del poder público en la Constitución colombiana de 1991*. Bogotá: Universidad Externado de Colombia.

Kymlicka, Will (1996). *Ciudadanía multicultural: una teoría liberal de los derechos de las minorías*. [Traducido al español de *Multicultural Citizenship: A Liberal Theory of Minority Rights*]. Barcelona: Paidós.

Kymlicka, Will (2003). *La política vernácula: nacionalismo, multiculturalismo y ciudadanía.* Barcelona: Paidós.

Latinobarómetro (2018). *Resultados por sexo y edad. Colombia, 2018.* Recuperado de http://www.latinobarometro.org/latCodebooks.jsp.

Lemaitre Ripoll, Julieta (2013). *Laicidad y resistencia.* México: Universidad Nacional Autónoma de México. Recuperado de http://catedra-laicidad.unam.mx/detalle-jorge-carpizo/38/6-Laicidad-y-resistencia.

Llamazares Calzadilla, María Cruz (2015). *Ritos, signos e invocaciones: Estado y simbología religiosa.* Madrid: Dykinson.

Llamazares Fernández, Dionisio (1989). El principio de cooperación del Estado con las confesiones religiosas: fundamentos, alcance y límites. *Anuario de Derecho Eclesiástico del Estado,* 5, pp. 69-102. Recuperado de https://boe.es/biblioteca_juridica/anuarios_derecho/abrir_pdf.php?id=ANU-E-1989-10006900101_ANUARIO_DE_DERECHO_ECLESI%C3%81STICO_El_principio_de_cooperaci%C3%B3n_del_Estado_con_las_confesiones_religiosas:_fundamentos,_alcance_y_l%C3%ADmites.

Llamazares Fernández, Dionisio (2005). A modo de presentación. Laicidad, libertad de conciencia y acuerdos del Estado con las confesiones religiosas. En Llamazares Fernández (dir.). *Libertad de conciencia y laicidad en las instituciones y servicios públicos.* (pp. 7-32). Madrid: Dykinson.

Llamazares Fernández, Dionisio (2006a). Laicidad, sistema de acuerdos y confesiones minoritarias en España. *Revista catalana de dret públic,* 33, pp. 71-112. Recuperado de http://revistes.eapc.gencat.cat/index.php/rcdp/article/view/2109.

Llamazares Fernández, Dionisio (2006b). Educación para la ciudadanía, laicidad y enseñanza de la religión. *Laicidad y libertades: escritos jurídicos,* 6, pp. 219-266.

Llamazares Fernández, Dionisio (2010). *Educación para la ciudadanía y objeción de conciencia,* 2.ª ed. Madrid: Dykinson.

Llamazares Fernández, Dionisio (2012). De la verdadera tolerancia en materia de libertad religiosa. Réplica a Weiler. *El Cronista del Estado Social y Democrático de Derecho,* 27, pp. 37-42.

Llamazares Fernández, Dionisio y Llamazares Calzadilla, María Cruz (2011a). *Derecho a la libertad de conciencia I. Conciencia, tolerancia y laicidad,* 4.ª ed. Madrid: Thomson Reuters.

Llamazares Fernández, Dionisio y Llamazares Calzadilla, María Cruz (2011b). *Derecho a la libertad de conciencia II. Conciencia, identidad personal y solidaridad,* 4.ª ed. Madrid: Thomson Reuters.

Locke, John (1999). Ensayo y carta sobre la tolerancia. [Traducido al español de *An Essay on Tolerance and epistola de tolerantia*]. Madrid: Alianza.

Lombardía Díaz, Pedro y Fornés de la Rosa, Juan (2007). El derecho eclesiástico. En Ferrer Ortiz, Javier (coord.). *Derecho Eclesiástico del Estado Español*, 6.ª ed. (pp. 21-52). Pamplona: Universidad de Navarra.

Loperena Rota, Demetrio (1996). *El derecho al medio ambiente adecuado*. Madrid: Civitas.

López Cadena, Carlos (2015). *Mutación de los derechos fundamentales por la interpretación de la Corte Constitucional colombiana*. Bogotá: Universidad Externado de Colombia.

López Medina, Diego Eduardo (2006). *El derecho de los jueces*, 2.ª ed. Bogotá: Legis.

López Michelsen, Alfonso (2006). *La estirpe calvinista de nuestras instituciones políticas*, 6.ª ed. Bogotá: Legis.

López Ramón, Fernando (1981). Ideas acerca de la intervención administrativa sobre el medio ambiente. *Documentación Administrativa*, 190, pp. 39-55. Recuperado de https://revistasonline.inap.es/index.php/DA/article/view/4530/4584.

Malagón Penen, Lina (2018). La lucha del movimiento social católico en contra del matrimonio igualitario en Colombia: un medio para legitimar el estilo de vida católico (2009-2015). *Estudios socio-jurídicos*, 20(2), pp. 129-163. Recuperado de http://dx.doi.org/10.12804/revistas.urosario.edu.co/sociojuridicos/a.6000.

Marín Hernández, Hugo Alberto (2018). *El principio de proporcionalidad en el derecho administrativo colombiano*. Bogotá: Universidad Externado de Colombia.

Martínez Blanco, Antonio (1990). La enseñanza de la religión en el Derecho español. *Anuario de Derecho Eclesiástico del Estado*, 6, pp. 157-206. Recuperado de https://www.boe.es/biblioteca_juridica/anuarios_derecho/abrir_pdf.php?id=ANU-E-1990-10015700206_ANUARIO_DE_DERECHO_ECLESI%C3%81STICO_La_ense%C3%B1anza_de_la_Religi%C3%B3n_en_el_Derecho_espa%C3%B1ol._Antecedentes_r%C3%A9gimen_y_problemas_actuales.

Martínez Dalmau, Rubén (2019). Fundamentos para el reconocimiento de la naturaleza como sujeto de derechos. En Estupiñán Achury, Liliana; Storini, Claudia, Martínez Dalmau, Rubén y Carvalho Dantas, Fernando Antonio (eds.). *La naturaleza como sujeto de derechos en el constitucionalismo democrático* (pp. 31-47). Bogotá: Universidad Libre.

Martínez Pino, Joaquín (2012). La Comisión Franceschini para la salvaguardia del patrimonio italiano. Riesgo, oportunidad y tradición de una propuesta innovadora. *Revista Patrimonio Cultural y Derecho*, 16, pp. 189-208.

Matallana Camacho, Ernesto (2015). *Manual de contratación de la Administración Pública. Reforma de la Ley 80 de 1993*, 4.ª ed. Bogotá: Universidad Externado de Colombia.

Matiz López, Paula Jimena (2020). El mito de la neutralidad: religión, arte y objetos en museos estatales. En Fernández Parra, Sergio Alejandro, Malagón Penen, Lina y Sierra León, Yolanda (eds.). *Desafíos constitucionales del Estado laico: Género, educación, cultura y justicia (*pp. 309-336). Bogotá: Universidad Externado de Colombia. Recuperado de https://publicaciones.uexternado.edu.co/catalog/product/view/id/384133/.

Mejía Arango, Juan Luís (1999). Legislación sobre el patrimonio cultural en Colombia. *Revista Patrimonio, Cultura y Derecho,* 3, pp. 201-213.

Meier, Markus Daniel (2019). *500 años de la Reforma. Un asunto para América Latina.* Bogotá: Universidad Externado de Colombia.

Mill, John Stuart (2013). *Sobre la libertad,* 3.ª ed. [Traducido al español de *On Liberty*]. Madrid: Alianza.

Ministerio de Cultura (2008). *Plan especial de salvaguardia de las procesiones de Semana Santa de Popayán.* Recuperado de http://patrimonio.mincultura.gov.co/SiteAssets/Paginas/Procesi%C3%B3n-Semana-Santa-de-Popayan/06-Procesiones%20de%20Semana%20Santa%20de%20%20Popay%C3%A1n%20-%20PES.pdf

Ministerio de Cultura (2011). *Plan especial de salvaguardia de las fiestas de San Grancisco de Asís de San Pacho en Quibdó.* Recuperado de http://patrimonio.mincultura.gov.co/Paginas/PES-Fiesta-de-San-Francisco-de-As%C3%ADs-en-Quibd%C3%B3-(Colombia).aspx

Monterroza Baleta, Vanessa (2020). Los símbolos religiosos en las instituciones educativas: estudio a partir del conflicto de derechos. En Fernández Parra, Sergio Alejandro, Malagón Penen, Lina y Sierra León, Yolanda (eds.). *Desafíos constitucionales del Estado laico: Género, educación, cultura y justicia (*pp. 215-250). Bogotá: Universidad Externado de Colombia. Recuperado de https://publicaciones.uexternado.edu.co/catalog/product/view/id/384133/.

Montoya-Vacadíez, Diego Mauricio (2014). Mitos y realidades de la objeción de conciencia en la praxis médica. *Revista de las Ciencias de la Salud,* 12(3). Recuperado de https://doi.org/10.12804/revsalud12.03.2014.11.

Motilla de la Calle, Agustín (1995). Algunas consideraciones en torno a la naturaleza jurídica y eficacia normativa de los Acuerdos aprobados según el artículo 7 de la Ley Orgánica de Libertad Religiosa. *Anuario de Derecho Eclesiástico,* 10, pp. 345-368.

Motilla de la Calle, Agustín (1995). *Régimen jurídico de los bienes histórico – artísticos de la Iglesia católica.* Madrid: Eurolex.

Murcia González, Andrés (2015). L*os derechos implicados en el ámbito educativo. La competencia social y ciudadana en la legislación española*. (Tesis doctoral). Universidad Carlos III, Madrid, España. Recuperado de https://e-archivo.uc3m.es/handle/10016/22472#preview.

Naranjo Mesa, Vladimiro (2010). *Teoría Constitucional e Instituciones Políticas*, 11.ª ed. Bogotá: Temis.

Navarro-Valls, Rafael (1986). La objeción de conciencia al aborto. Derecho comparado y Derecho español. *Anuario de Derecho Eclesiástico del Estado*, 2, pp. 257-310.

Navarro-Valls, Rafael (1996). La objeción de conciencia al aborto. *Cuadernos de Judicial*, 1, pp. 41-62.

Navarro-Valls, Rafael (2008a). Neutralidad y actividad positiva. Observaciones para una interpretación laica de la constitución del profesor A. Ruiz Miguel. *Revista General de Derecho Canónico y Eclesiástico del Estado*, 18, pp. 1-22.

Navarro-Valls, Rafael (2008b). El principio constitucional de cooperación Estado- iglesias. *Nueva Revista de Política, Cultura y Arte*, 118, pp. 67-77.

Navarro-Valls, Rafael y Martínez Torrón, Javier (1997). *Las objeciones de conciencia en el Derecho español y comparado*. Madrid: McGraw-Hill.

Oehling de los Reyes, Alberto (2012). El himno nacional como símbolo jurídico-constitucional en España: cuestiones conexas, regulación y efectividad práctica. Estudio preliminar. En Häberle, Peter. *El himno nacional como elemento de identidad cultural del Estado constitucional* (pp.11-47). Madrid: Dykinson.

Oliva Martínez, Juan Daniel (2012). *Los pueblos indígenas a la conquista de sus derechos. Fundamentos, contextos formativos y normas de derecho internacional*. Madrid: Universidad Carlos III de Madrid.

Ollero Tassara, Andrés (2009). *Un Estado laico. Libertad religiosa en perspectiva constitucional*. Cizur Menor (Navarra): Aranzadi.

Ollero Tassara, Andrés (2017). Laicidad positiva, igualdad consiguiente. Diálogo sobre el artículo 16 de la Constitución española. *Persona y derecho. Revista de fundamentación de las Instituciones Jurídicas y de Derechos Humanos*, 77, pp. 93-131. Recuperado de https://doi.org/10.15581/011.77.93-131.

Ortega y Gasset, José (1942). *Ideas y creencias*. Madrid: Revista de Occidente.

Osuna Patiño, Néstor Iván (1998). *Tutela y amparo: derechos protegidos*. Bogotá: Universidad Externado de Colombia.

Osuna Patiño, Néstor Iván (2006). Los reclamos de las minorías y el constitucionalismo. En Carbonell, Miguel y Valadés, Diego (Coord.) *El Estado Constitucional contemporáneo. Culturas y sistemas jurídicos comparados*, t. I (pp. 663-686). México: Universidad Nacional Autónoma de México.

Osuna Patiño, Néstor Iván (2017). Derechos y libertades constitucionales. En Correa Henao, Magdalena; Osuna Patiño, Néstor Iván y Ramírez Cleves, Gonzalo (eds.). *Lecciones de Derecho Constitucional*, t. I (pp. 343-384). Bogotá: Universidad Externado de Colombia.

Osuna Patiño, Néstor Iván (2020). La objeción de conciencia en una Constitución laica. En Fernández Parra, Sergio Alejandro, Malagón Penen, Lina y Sierra León, Yolanda (eds.). *Desafíos constitucionales del Estado laico: Género, educación, cultura y justicia* (pp. 419-459). Bogotá: Universidad Externado de Colombia.

Padrón Pardo, Floralba; Julio Estrada, Alexei y Sierra Porto, Humberto (2018). El sistema normativo en Colombia. En Correa Henao, Magdalena; Osuna Patiño, Néstor y Ramírez Cleves, Gonzalo (eds.). *Lecciones de derecho constitucional*, t. II (pp. 83-164). Bogotá: Universidad Externado de Colombia.

Palacios Torres, Alfonso (2003). *Concepto y control del procedimiento legislativo*. Bogotá: Universidad Externado de Colombia.

Palomino Lozano, Rafael (2014). Neutralidad del Estado y espacio público. Cizur Menor (Navarra): Arazandi.

Palomino Lozano, Rafael (2018). Libertad religiosa, aconfesionalidad y cooperación. En González Hernández, Esther; Rubio Núñez, Rafael y Pendás García, Benigno (eds.). *España constitucional (1978-2018). Trayectorias y perspectivas (pp. 2189-2199)*. Madrid: Centro de Estudios Políticos y Constitucionales.

Parejo Alfonso, Luciano (2013). *Cultura y descentralización*. Madrid: Universidad Carlos III de Madrid. Recuperado de https://e-archivo.uc3m.es/handle/10016/17624

Parejo Alfonso, Luciano (2020). La actuación administrativa a caballo de la división entre formación y simple ejecución y el caso de la planificación y el plan. *Revista de Derecho Público: Teoría y Método*, v. 1, pp. 7-40. Recuperado de: https://doi.org/10.37417/RPD/.

Parekh, Bhikhu (2005). *Repensado el multiculturalismo: diversidad cultural y teoría política*. Madrid: Istmo.

Peces-Barba Martínez, Gregorio (1988). *Escritos sobre derechos fundamentales*. Madrid: Eudema.

Peces-Barba Martínez, Gregorio (1993). *Derechos y Derechos Fundamentales*. Madrid: Centro de Estudios Constitucionales.

Peces-Barba Martínez, Gregorio (1995). *Curso de Derechos Fundamentales. Teoría General.* Madrid: Universidad Carlos III de Madrid.

Peces-Barba Martínez, Gregorio (1997). Derechos de los animales o deberes hacia los animales. *En VV. AA.*, *Animales de compañía, fuente de salud. Comunicaciones III Congreso Internacional* (pp. 229-233). Barcelona: Fondo Editorial y Fundación Purina.

Peces-Barba Martínez, Gregorio (2007). *Educación para la ciudadanía y Derechos Humanos.* Madrid: Espansa.

Peces-Barba Martínez, Gregorio (2010). *Diez lecciones sobre Ética, Poder y Derecho.* Madrid: Dykinson.

Pérez de la Fuente, Óscar (2002). *Acerca de la relación entre cultura y derechos.* Madrid: Dykinson. Seminario de Filosofía del Derecho. Madrid: Universidad Carlos III de Madrid. Recuperado de https://e-archivo.uc3m.es/handle/10016/8871#preview.

Pérez de la Fuente, Óscar (2005). *Pluralismo cultural y derechos de las minorías: Una aproximación iusfilosófica.* Madrid: Dykinson.

Pimiento Echeverri, Julián Andrés (2010). *Teoría de los bienes de uso público.* Bogotá: Universidad Externado de Colombia.

Pimiento Echeverri, Julián Andrés (2015). *Derecho administrativo de bienes. Los bienes públicos: historia, clasificación, régimen jurídico.* Bogotá: Universidad Externado de Colombia.

Pimiento Echeverri, Julián Andrés y Castro Rodríguez, Alexandra (2017). El régimen del patrimonio cultural en Colombia. Una visión desde el punto de vista normativo. En López Ramón, Fernando (coord.). *El patrimonio cultural en Europa y Latinoamérica* (pp.225-259). Madrid: Instituto Nacional de Administración Pública.

Pizzorusso, Alessandro (1984). *Lecciones de Derecho Constitucional. Tomo I.* Madrid: Centro de Estudios Constitucionales.

Pizzorusso, Alessandro (1986). Libertad de lengua y derechos lingüísticos: un estudio comparado. *Revista Vasca de Administración Pública*, 16, pp. 13-28. Recuperado de https://www.euskadi.eus/r61-s20001x/es/t59aWar/t59aMostrarFicheroServlet?t59aIdRevista=2&R01HNoPortal=true&t59aTipoEjemplar=R&t59aSeccion=38&t59aContenido=2&t59aCorrelativo=1&t59aVersion=1&t59aNumEjemplar=16.

Pizzorusso, Alessandro (2000). El uso del lenguaje como objeto de regulación jurídica. *Boletín Mexicano de Derecho Comparado*, 98, pp. 785-805. Recuperado de https://revistas.juridicas.unam.mx/index.php/derecho-comparado/article/view/3638/4416.

Pizzorusso, Alessandro (2002). Las "generaciones" de derechos. *Anuario de derechos humanos. Nueva época*, 3, pp. 493-514. Recuperado de https://revistas.ucm.es/index.php/ANDH/article/view/ANDH0202110493A.

Polo Sabau, José Ramón (2002). *¿Derecho Eclesiástico del Estado o libertades públicas?* Málaga: Universidad de Malaga.

Polo Sabau, José Ramón (2016). La prohibición del velo islámico integral en el espacio público: el concepto de vida en comunidad como límite a los derechos fundamentales en el caso S.A.S. contra Francia. En Aláez Corral, Benito (coord.).*Complejidad del espacio público, democracia y regulación del ejercicio de derechos fundamentales*. Madrid: Centro de Estudios Políticos y Constitucionales.

Polo Sabau, José Ramón (2020). Los símbolos religiosos en terreno público frente al principio de aconfesionalidad en el Derecho norteamericano (comentario a la sentencia del Tribunal Supremo de los Estados Unidos de 20 de junio de 2019, American Legion v. American Humanist Association). *Revista General de Derecho Administrativo*, 54.

Prieto de Pedro, Jesús (1991). Concepto y otros aspectos del patrimonio cultural en la Constitución. En Martín-Retortillo, Sebastián (Coord.). *Estudios sobre la Constitución española. Homenaje al profesor Eduardo García de Enterría, Tomo II, De los derechos y deberes fundamentales* (pp. 1551-1572). Madrid: Civitas.

Prieto de Pedro, Jesús (2004). *Cultura, culturas y constitución*. 2ª reimpr. Madrid: Centro de Estudios Políticos y Constitucionales.

Prieto de Pedro, Jesús (2008). Derechos culturales, el hijo pródigo de los Derechos Humanos. *Crítica*, 952, pp. 19-23. Recuperado de http://www.revista-critica.com/administrator/components/com_avzrevistas/pdfs/8faba99a65f4110cf8e820c099f65db8-952-Presente-y-futuro-de-los-derechos-humanos---marzo-2008.pdf.

Prieto Martínez, Vicente (2008). *Libertad religiosa y confesiones. Derecho eclesiástico del Estado colombiano*. Bogotá: Temis.

Prieto Martínez, Vicente (2009). Laicidad positiva del Estado colombiano. *Pensamiento y cultura*, 12(1), pp. 39-65. Recuperado de https://pensamientoycultura.unisabana.edu.co/index.php/pyc/article/view/1215

Prieto Martínez, Vicente (2010). El Concordato de 1973 y la evolución del Derecho Eclesiástico colombiano. Situación actual y perspectiva de futuro. *Revista General de Derecho Canónico y Derecho Eclesiástico del Estado*, 22.

Prieto Martínez, Vicente (2011). *Estado laico y libertad religiosa. Antecedentes y desarrollo de la Constitución colombiana de 1991*. Bogotá: Dike.

Prieto Martínez, Vicente (2013). *La objeción de conciencia en instituciones de salud*. Bogotá: Temis.

Prieto Martínez, Vicente (2015). *Libertad religiosa, laicidad y autonomía*. Bogotá: Temis.

Prieto Martínez, Vicente (2019). *Libertad religiosa y de conciencia en el Derecho colombiano*. Bogotá: Temis.

Prieto Sanchís, Luís (2004). Principios constitucionales del Derecho Eclesiástico español. En Ibán Pérez, Carlos Iván; Prieto Sanchís, Luis y Motilla de la Calle, Agustín. *Manual de Derecho Eclesiástico* (pp. 21-54). Madrid: Trotta.

Prieto Sanchís, Luís (2005). Religión y política. (Apropósito del Estado laico). *Revista Persona y Derecho*, 53, pp. 113-138. Recuperado de https://revistas.unav.edu/index.php/persona-y-derecho/article/view/32477/27766.

Rawls, John (1996). *El liberalismo político*. [Traducido al español de *Political Liberalism*]. Barcelona: Crítica.

Rawls, John (2001). *El derecho de gentes y "una revisión de la idea de razón pública"*. [Traducido al español de *The Law of People*]. Barcelona: Paidós.

Restrepo-Navarro, Paulina (2018). *El derecho del patrimonio cultural colombiano puesto a prueba con la restitución internacional de bienes arqueológicos*. Bogotá: Ministerio de Cultura.

Restrepo Piedrahita, Carlos (2016). *Anotaciones sobre los Estados totalitarios*. Bogotá: Universidad Externado de Colombia.

Ricaurte Pérez, Carlos Víctor (2006). Estado laico y la garantía del derecho a la igualdad en materia religiosa. *Revista de Derecho del Estado*, 2, pp. 129-145. Recuperado de: https://revistas.uexternado.edu.co/index.php/derest/article/view/719/681

Rincón Córdoba, Jorge Iván (2004). *Las generaciones de los derechos fundamentales y la acción de la administración pública*, 2ª ed. Bogotá: Universidad Externado de Colombia.

Rincón Córdoba, Jorge Iván (2012). *Planes de ordenamiento territorial, propiedad y medio ambiente*. Bogotá: Universidad Externado de Colombia.

Roa Roa, Jorge Ernesto (2019). *Control de constitucionalidad deliberativo. El ciudadano ante la justicia constitucional, la acción pública de inconstitucionalidad y la legitimidad democrática del control judicial al legislador*. Bogotá: Universidad Externado de Colombia.

Rodríguez Palop, María Eugenia (2002). *La nueva generación de derechos humanos. Origen y justificación*. Madrid: Dykinson.

Rodríguez Rodríguez, Libardo (2011). *Derecho Administrativo. General y colombiano*. Bogotá: Temis.

Rolla, Giancarlo (1989). Bienes culturales y constitución. *Revista del Centro de Estudios Constitucionales*, 2, pp. 163-180. Recuperado de http://www.cepc.gob.es/publicaciones/revistas/fondo-historico?IDR=15&IDN=1228&IDA=35288.

Rubio Llorente, Francisco (2012). *La forma del poder. Estudios sobre la Constitución*, 3.ª ed. Madrid: Centro de Estudios Políticos y Constitucionales.

Ruiz Miguel, Alfonso (2008). Para una interpretación laica de la constitución. *Revista General de Derecho Canónico y Derecho Eclesiástico del Estado*, 18, pp. 1-29.

Ruiz Miguel, Alfonso (2013). *Laicidad y constitución*. México: Universidad Nacional Autónoma de México.

Ruiz Miguel, Alfonso (2020). *Cuestiones de principios: entre política y derecho*. Madrid: Centro de Estudios Políticos y Constitucionales.

Ruiz Miguel, Alfonso (2021). Razonando Cuestiones de principios. (Respuesta a mis críticos). *Eunomía. Revista en Cultura de la Legalidad*, 20, pp. 463-486. Recuperado de https://doi.org/10.20318/eunomia.2021.6090.

Salazar Ugarte, Pedro (2013). El nuevo constitucionalismo latinoamericano (una perspectiva crítica). En González Pérez, Luís Raúl y Valadés, Diego (Coord.). *El constitucionalismo contemporáneo. Homenaje a Jorge Carpizo* (pp. 345-387). México D.F: Universidad Nacional Autónoma de México. Recuperado de https://archivos.juridicas.unam.mx/www/bjv/libros/7/3271/22.pdf.

Salge Ferro, Manuel y Jaramillo Echeverri, Luís Gonzalo. *Sobre el nada discreto encanto del carriel y nuestra burocracia patrimonial*. Recuperado de https://cerosetenta.uniandes.edu.co/sobre-el-nada-discreto-encanto-del-carriel-y-nuestra-burocracia-patrimonial/.

Santaella Quintero, Héctor (2017). Bases constitucionales de la protección del patrimonio cultural en Latinoamérica. En López Ramón, Fernando (coord.). *El patrimonio cultural en Europa y Latinoamérica* (pp. 201-224). Madrid: Instituto Nacional de Administración Pública.

Santaella Quintero, Héctor (2018). La ordenación del territorio y el ordenamiento urbano en el Derecho colombiano. En Robledo Silva, Paula; Covilla Martínez, Juan Carlos y Santaella Quintero, Héctor (eds.). *Derecho de las entidades territoriales*. Bogotá: Universidad Externado de Colombia.

Santofimio Gamboa, Jaime Orlando (2017). *Compendio de Derecho Administrativo*. Bogotá: Universidad Externado de Colombia.

Sarmiento Ramírez-Escudero, Daniel (2004) *El control de proporcionalidad de la actividad administrativa*. Valencia: Tirant.

Sierra León, Yolanda y Asprilla Arriaga, Paula (2020). El mito de la neutralidad: religión, arte y objetos en museos estatales. En Fernández Parra, Sergio Alejandro, Malagón Penen, Lina y Sierra León, Yolanda (eds.). *Desafíos constitucionales del Estado laico: Género, educación, cultura y justicia* (pp. 337-370). Bogotá: Universidad Externado de Colombia. Recuperado de https://publicaciones.uexternado.edu.co/catalog/product/view/id/384133/

Souto Paz, José Antonio (1987). *Derecho Canónico*, 2.ª ed. Madrid: Universidad Nacional de Educación a Distancia.

Souto Paz, José Antonio (1995). *Derecho Eclesiástico del Estado. El derecho de la libertad de ideas y creencias*, 3.ª ed. Madrid: Marcial Pons.

Stephen, James Fitzjames (1993). *Liberty, Equality, Fraternity*. Indianápolis: Liberty Fund.

Suárez Pertierra, Gustavo (2002). La cuestión religiosa: vigencia de la constitución, 25 años después. *Cuadernos constitucionales de la cátedra Fadrique Furio Ceriol*, 40, pp. 45-55.

Suárez Pertierra, Gustavo (2006). Estado y religión. La calificación del modelo español. *Revista Catalana de Dret Públic*, 33, pp. 15-42. Recuperado de http://revistes.eapc.gencat.cat/index.php/rcdp/article/view/2107.

Suárez Pertierra, Gustavo (2011). Laicidad y cooperación como bases del modelo español: un intento de interpretación integral (y una nueva plataforma de consenso). *Revista Española de Derecho Constitucional*, 92, pp. 41-64. Recuperado de file:///Users/SergioFernandez/Downloads/Dialnet-LaicidadYCooperacionComoBasesDelModeloEspanol-3723238.pdf.

Tajadura Tejada, Javier (1997). *El preámbulo constitucional*. Granada: Comares.

Tajadura Tejada, Javier (2001). La función Política de los preámbulos constitucionales. *Cuestiones Constitucionales. Revista Mexicana de Derecho Constitucional*, 5, pp. 235-263. Recuperado de http://dx.doi.org/10.22201/iij.24484881e.2001.5.5629.

Taylor, Charles (2012). Laicismo y multiculturalismo. En *Valores y ética para el siglo XXI* (pp. 77-103). Madrid: Fundación BBVA. Recuperado de https://www.bbvaopenmind.com/wp-content/uploads/2012/01/BBVA-OpenMind-libro-2012-Valores-y-Etica-para-el-siglo-XXI.pdf.

Taylor, Charles (2015). *La Era Secular*, tomo II. Barcelona: Gedisa.

Tejón Sánchez, Raquel. (2008). *Confesiones religiosas y Patrimonio Cultural*. Madrid: Ministerio de Justicia.

Torres Gutiérrez, Alejandro (2016). La Ley de separación de 1905: luces y sombras en la génesis de la idea de laicidad en Francia. *Anuario de historia de la Iglesia*, 25, pp. 165-192. Recuperado de https://revistas.unav.edu/index.php/anuario-de-historia-iglesia/article/view/5512/4733

Tylor, Edward Burnett (1977). Cultura primitiva: Los orígenes de la cultura. [Traducido al español de *Primitive Culture: Researches into the Development of Mythology, Philosophy, Religion, Language, Art and Custom*]. Madrid: Ayuso.

Unesco (2001). *Declaración Universal sobre la Diversidad Cultural*. Recuperado de http://portal.unesco.org/es/ev.php-URL_ID=13179&URL_DO=DO_TOPIC&URL_SECTION=201.html.

Upegui Mejía, Juan Carlos (2009). *Doce tesis en torno al concepto de Estado social de Derecho. Discurso jurisprudencial, elementos, usos.* Bogotá: Universidad Externado de Colombia.

Uprimny Yepes, Rodrigo (2011). Las transformaciones constitucionales recientes en América Latina: tendencias y desafíos. *Revista Pensamiento Penal*. Recuperado de http://www.pensamientopenal.com/doctrina/28469-transformaciones-constitucionales-recientes-america-latina-tendencias-y-desafios

Uprimny Yepes, Rodrigo (2012). La Constitución de 1991 como constitución transformadora. ¿un neoconstitucionalismo fuerte y una democracia débil? En Jost, Stefan (ed.). *20 años de la Constitución Colombiana. Logros, retrocesos y agenda pendiente* (pp. 38-53). Bogotá: Fundación Konrand Adenauver. Recuperado de https://www.kas.de/c/document_library/get_file?uuid=f4a5896c-7e2c-c62c-de04-dabfa1241c3d&groupId=287914.

Valero Heredia, Ana (2009). La libertad de conciencia del menor de edad desde una perspectiva constitucional. Madrid: Centro de Estudios Políticos y Constitucionales.

Vaquer Caballería, Marcos (1998). *Estado y cultura: la función cultural de los poderes públicos en la Constitución Española*. Madrid: Centro de Estudios Ramón Areces.

Vaquer Caballería, Marcos (2020). El derecho a la cultura y el disfrute del patrimonio cultural. *PH: Boletín del Instituto Andaluz de Patrimonio Histórico*, 28, pp. 48-73.

Vargas del Campo, José Rodrigo (2003). La libertad de cultos en la jurisprudencia colombiana. *En IV Jornadas de Derecho Constitucional y Administrativo: El régimen de las libertades, la responsabilidad de la Administración Pública*, (pp. 50-71). Bogotá: Universidad Externado de Colombia.

Vargas Llosa, Mario (2013). *La civilización del espectáculo*. Bogotá: Alfaguara.

Vázquez Alonso, Víctor Javier (2012). *Laicidad y constitución*. Madrid: Centro de Estudios Políticos y Constitucionales.

Vázquez Alonso, Víctor Javier (2017). Justicia Constitucional y secularismo en Colombia. Cuadernos Manuel Giménez Abad, n.° 13, pp. 133-141. Recuperado de https://dialnet.unirioja.es/servlet/articulo?codigo=6004806

Vázquez Alonso, Víctor Javier (2020). Twitter no es un foro público pero el perfil de Trump sí lo es. Sobre la censura privada de y en las plataformas digitales en los EE. UU. *Estudios de Deusto* (68)1, pp. 475-508. Recuperado de https://doi.org/10.18543/ed-68(1)-2020pp475-508

Vázquez Cardozo, Rodolfo (2010). Laicidad, religión y deliberación pública. En Vázquez Cardozo, Rodolfo, Ruiz Miguel, Alfonso y Vilajosana Rubio, Josep María (eds.). *Democracia, religión y Constitución*, (pp. 13-46). Madrid: Fontamara.

Vázquez Cardozo, Rodolfo (2021). Laicidad, ¿neutralidad? y deliberación pública. Un diálogo con Alfonso Ruiz Miguel. Comentario a Alfonso Ruiz Miguel, Cuestiones de principios: entre política y Derecho. *Eunomía. Revista en Cultura de la Legalidad*, 20, pp. 415-425. Recuperado de https://doi.org/10.20318/eunomia.2021.6085

Vázquez García-Peñuela, José María (2005). La enseñanza de la religión católica en España. Algunos aspectos de su régimen jurídico. *Revista del Instituto Superior de Teología de las Islas Canarias*, 36, pp. 271-308. Recuperado de http://www.biblioistic.es/Biblioteca_ISTICGC/Almogaren_files/Almogaren_36_Junio%202005.pdf.

Velasco Caballero, Francisco (1994). El medio ambiente en la Constitución: ¿Derecho público subjetivo y/o principio rector? *Revista Andaluza de Administración Pública*, 19.

Viciano Pastor, Roberto y Martínez Dalmau, Rubén (2011). El nuevo constitucionalismo latinoamericano: fundamentos para una construcción doctrinal. *Revista General de Derecho Público Comparado*, 9. Recuperado de https://www.iustel.com/v2/revistas/detalle_revista.asp?id=14&numero=9.

Viciano Pastor, Roberto (2012). *Estudios sobre el nuevo constitucionalismo latinoamericano*. Valencia: Tirant.

Viciano Pastor, Roberto (2019). La problemática constitucional del reconocimiento de la naturaleza como sujeto de derechos en la Constitución del Ecuador. En Estupiñán Achury, Liliana; Storini, Claudia, Martínez Dalmau, Rubén y Carvalho Dantas, Fernando (eds.). *La naturaleza como sujeto de derechos en el constitucionalismo democrático* (pp. 137-154). Bogotá: Universidad Libre. Recuperado de: https://repository.unilibre.edu.co/bitstream/handle/10901/16011/Derechos%20Naturaleza%20%20%281%2912-2019.pdf?sequence=7&isAllowed=y.

Viladrich Bataller, Pedro-Juan y Ferrer Ortiz, Javier. Los principios informadores del derecho eclesiástico español. En Ferrer Ortiz, Javier (coord.). *Derecho Eclesiástico del Estado Español*, 6.ª ed. Pamplona: Universidad de Navarra.

Villar Borda, Luís (2007). Estado de Derecho y Estado social de Derecho. Revista Derecho del Estado, 20, pp. 73-96. Recuperado de https://revistas.uexternado.edu.co/index.php/derest/article/view/705.

Weiler, Joseph (2012). Estado y Nación; iglesia, mezquita y sinagoga: la sinopsis. *El cronista del Estado Social y Democrático de Derecho*, 27, pp. 28-33.

Young, Iris Marion (2000). *La justicia y la política de la diferencia*. [Traducido al español de *Justice and the Politics Difference*]. Madrid: Cátedra.

JURISPRUDENCIA

Corte Constitucional de Colombia

Sentencia C-479 de 1992.

Sentencia C-027 de 1993.

Sentencia C-568 de 1993.

Sentencia C-088 de 1994.

Sentencia C-350 de 1994.

Sentencia C-511 de 1994.

Sentencia C-555 de 1994.

Sentencia C-344 de 1995.

Sentencia C-104 de 1996.

Sentencia C-609 de 1996.

Sentencia C-616 de 1997.

Sentencia C-478 de 1999.

Sentencia C-595 de 1999.

Sentencia C-431 de 2000.

Sentencia C-924 de 2000.

Sentencia C-671 de 2001.

Sentencia C-152 de 2003.

Sentencia C-183 de 2003.

Sentencia C-477 de 2005.

Sentencia C-742 de 2006.

Sentencia C-094 de 2007.

Sentencia C-575 de 2009.

Sentencia C-728 de 2009.

Sentencia C-434 de 2010.

Sentencia C-542 de 2010.

Sentencia C-666 de 2010.

Sentencia C-766 de 2010.

Sentencia C-818 de 2010.

Sentencia C-817 de 2011.

Sentencia C-082 de 2014.

Sentencia C-264 de 2014.

Sentencia C-553 de 2014.

Sentencia C-948 de 2014.

Sentencia C-073 de 2016.

Sentencia C-224 de 2016.

Sentencia C-441 de 2016.

Sentencia C-567 de 2016.

Sentencia C-570 de 2016.

Sentencia C-111 de 2017.

Sentencia C-034 de 2019.

Sentencia C-346 de 2019.

Sentencia C-082 de 2020.

Sentencia SU-842 de 2013.

Sentencia SU-214 de 2016.

Sentencia SU-626 de 2016.

Sentencia SU-649 de 2017.

Sentencia T-002 de 1992.

Sentencia T-406 de 1992.

Sentencia T-409 de 1992.

Sentencia T-411 de 1992.

Sentencia T-566 de 1992.

Sentencia T-543 de 1993.

Sentencia T-572 de 1994.

Sentencia T-104 de 1996.

Sentencia T-393 de 1997.

Sentencia T-101 de 1998.

Sentencia T-982 de 2001.

Sentencia T-800 de 2002.

Sentencia T-227 de 2003.

Sentencia T-026 de 2005.

Sentencia T-332 de 2005.

Sentencia T-376 de 2006.

Sentencia T-448 de 2007.

Sentencia T-044 de 2008.

Sentencia T-760 de 2008.

Sentencia T-327 de 2009.

Sentencia T-399 de 2009.

Sentencia T-915 de 2011.

Sentencia T-453 de 2012.

Sentencia T-603 de 2012.

Sentencia T-627 de 2012.

Sentencia T-1085 de 2012.

Sentencia T-139 de 2014.

Sentencia T-731 de 2016.

Sentencia T-498 de 2017.

Sentencia T-675 de 2017.

Sentencia T-049 de 2019.

Sentencia T-447 de 2019.

Sentencia T-124 de 2021.

CONSEJO DE ESTADO DE COLOMBIA

Sala de Consulta y Servicio Civil, concepto del 27 de febrero de 2014, rad. 110010306000 20140000700 (2197).

Sección Primera, sentencia del 6 de noviembre de 2014, rad. 17001-23-31-000-2011-00416-01.

Sección Primera, sentencia del 12 de noviembre de 2015, rad. 11001032400020110026800.

Sección Primera, auto del 5 de septiembre de 2016, rad. 11001-03-24-000-2014-00573-00.

Sección Primera, sentencia del 30 de julio de 2020, rad. 25000-23-15-000-2020-01905-01.

TRIBUNAL CONSTITUCIONAL DE ESPAÑA

STC 1/1981, del 26 de enero.

STC 5/1981, del 13 de febrero.

STC 24/1982, del 13 de mayo.

STC 19/1985, del 13 de febrero.

STC 340/1993, del 16 de noviembre.

STC 166/1996, del 28 de octubre.

STC 177/1996, del 11 de noviembre.

STC 46/2001, del 15 de febrero.

STC 128/2001, del 4 de junio.

STC 154/2002, del 18 de julio.

STC 190/2020, del 15 de diciembre.

TRIBUNAL EUROPEO DE DERECHOS HUMANOS

STEDH, Asunto Hassan y Tchaouch contra Bulgaria, del 26 de octubre de 2000.

STEDH, Asunto Refah Partisi y otros contra Turquía, del 31 de julio de 2001.

STEDH, Asunto Refah Partisi y otros contra Turquía, del 13 de febrero de 2003.

STEDH, Asunto Kuznetsov y otros contra Rusia, del 11 de enero de 2007.

STEDH, Asunto Lautsi contra Italia, del 3 de noviembre de 2009.

STEDH, Asunto Lautsi contra Italia, del 18 de marzo de 2011.

STEDH, Asunto Eweida y otros contra el Reino Unido, del 15 de enero de 2013.

STEDH, Asunto SAS contra Francia, del 1.º de julio de 2014.

Editado por el Departamento de Publicaciones
de la Universidad Externado de Colombia
en abril del 2022

Se compuso en caracteres Ehrhardt MT Regular de 11,5 puntos
y se imprimió sobre Holmen Book Cream de 70 gramos
Bogotá (Colombia)

Post tenebras spero lucem